티벳 스승들에게
깨달음의 길을 묻는다면

람림 ལམ་རིམ།

티벳 스승들에게
깨달음의 길을 묻는다면

처음 펴낸 날 | 2004년 10월 18일
고침판 | 2005년 8월 15일
개정증보판 1쇄 | 2021년 6월 30일
개정증보판 2쇄 | 2025년 4월 30일

편역 | 초펠
개정증보판 편역 | 게시 소남갈첸
발행인 | 게시 소남갈첸
펴낸 곳 | 도서출판 하늘호수
편집 디자인 | 맑은소리맑은나라

등록 | 2005년 5월 17일 (제331-2021-000001호)
주소 | 부산광역시 서구 해돋이로 250 한국티벳불교사원 광성사
전화 | 051-243-2468

ISBN 978-89-956762-4-0 03220
값 30,000원

티벳 스승들에게
깨달음의 길을 묻는다면

람림 ལམ་རིམ།

초펠 편역 • 게시 소남 증보판 편역

하늘호수

람림

티벳어 '쟝춥 람림'의 줄임말로 '쟝춥'은 깨달음, '람'은 길 '림'은 순서라는 뜻이다. '선근을 갖춘 행운아가 완전한 깨달음(菩提)을 이루기 위해 대승의 길(道)로 나가는 데 있어서 반드시 실천 수행해야 할 팔만사천대장경의 핵심을 빠짐없이 모두 갖춘 올바른 차제(순서)'라는 의미로 티벳에서 통용되고 있다.

보리심

티벳불교에서 말하는 보리심은 '깨달음의 마음'이 아니라 '일체중생이 모든 고통에서 벗어나기를 바라는 큰 연민(大悲)과 자신이 그 일을 반드시 성취하고 말겠다는 확고한 결심을 바탕으로 완전한 깨달음을 얻으려는 보살의 마음'이다.

보리도차제 수행을 널리 알리는 데 큰 발자취를 남긴 **파봉카 린뽀체**

공덕의 근원

쫑카빠 대사

1. 도의 뿌리인 스승을 의지하는 방법

    모든 공덕의 바탕인 은혜로운 스승을
    이치에 맞게 의지함은
    도의 뿌리임을 바르게 알고서
    많은 정진과 큰 공경으로 의지하게 가피하소서.

2. 하사도 - 유가구족의 몸을 의미 있게 하기

    한번 얻은 유가(有暇)의 이 좋은 몸
    매우 얻기 힘든 큰 뜻 알고서
    밤낮 모두 핵심 구하는 마음
    끊임없이 일어나게 가피하소서.

3. 삶의 무상함을 깨우쳐 인과법의 이치대로 행하기

    몸, 목숨 흔들리는 물거품같이 금방 소멸하기에
    죽음을 기억하고 죽은 뒤 몸과 그림자처럼
    흑(黑)·백(白) 인과(因果) 뒤따르는 것 확고히 알아
    불선(不善)들 작고 작은 것들도 소멸시키고
    선(善)들 모두 행하기 위해 항상 근면 갖추게 가피하소서.

4. 중사도 - 사성제를 통해 해탈을 구하는 마음 일으키기

　　채워도 만족되지 않으며 모든 고통의 문이자
　　믿고 맡길 수 없는 윤회의 허물을 알고서
　　해탈의 행복 추구함이 크게 일어나게 가피하소서.

　　해탈을 구하는 청정한 마음이 이끄는
　　매우 신중한 기억〔正念〕과 알아차림〔正知〕으로
　　불법의 뿌리 별해탈계(別解脫戒)를
　　수행의 핵심으로 삼게 가피하소서.

5. 상사도 - 대승의 입문인 보리심을 일으켜 육바라밀행 하기

　　나 자신 윤회 바다에 떨어진 것처럼
　　어머니였던 모든 중생도 같음을 알아
　　중생제도의 짐 지는 최상의 보리심 익어지게 가피하소서.

　　보리심 일으켰어도 삼종계(三種戒)에 익숙지 않으면
　　보리 성취 못함을 바르게 알고서
　　보살계를 힘찬 정진으로 실천하게 가피하소서.

6. 사마타와 위빠사나 함께 닦기

　　뒤집힌 현상에 대한 산란함을 멸하고
　　바른 뜻을 이치에 맞게 살펴
　　사마타〔止〕와 위빠사나〔觀〕 함께 하는 도(道)
　　속히 마음속에 일어나게 가피하소서.

7. 밀교의 입문인 관정을 받고 금강승계를 지켜 두 가지 차제를 닦기

공통도 닦아 근기가 되었다면
모든 승의 최상인 금강승
선연 갖춘 이가 들어가는 청정한 관문에
어려움 없이 속히 들어가게 가피하소서.

그때 두 가지 성취 이루는 바탕인
청정한 서언과 계 지키는 것에
꾸밈없는 확신 얻고서
목숨 다해 지키게 가피하소서.

그 뒤 밀법의 두 가지 요체들 제대로 알고서
하루 네 번 바른 수행에 방일치 않고 정진하여
바른 분의 말씀처럼 행하게 가피하소서.

8. 수행의 장애에서 벗어나 바른 스승과 헤어지지 않도록 회향하기

이러한 참된 길 보여주신 선지식과
이치대로 행하는 벗들 오래 머물고
안과 밖 모든 장애 완전히 소멸하게 가피하소서.

태어나는 모든 생마다
바른 스승과 헤어지지 않고
수승한 불법을 실천하여
십지(十地)와 오도(五道)의 공덕 다 이루어
금강지불(金剛持佛)의 경지 속히 얻게 하소서.

도의 세 가지 핵심

쫑카빠 대사

존귀하고 거룩하신 스승님들께 귀의합니다.

1. 저자의 다짐

    부처님의 모든 가르침의 핵심
    보살님들께서 찬탄하신 도
    행운아들이 들어가는 해탈의 문을
    제가 할 수 있는 만큼 설하겠나이다.

2. 듣는 이에게 바른 자세로 들을 것을 청함

    윤회의 안락에 집착하지 않고
    유가구족의 몸 뜻있게 하기 위해 정진하여
    승리자를 기쁘게 하는 도(道) 확고히 믿는
    행운아들은 청정한 마음으로 들으소서.

3. 먼저 출리심을 일으켜야 하는 이유

    청정한 출리심 없이 고해(苦海) 윤회의
    행복을 바라는 집착에서 벗어날 방법이 없고
    윤회에 탐착함은 중생들 더욱 속박하기에
    먼저 출리심을 일으켜야 하네.

4. 출리심을 일으키는 방법

　　유가구족의 몸 얻기 어려움과 삶의 무상함을
　　사유해 익힘으로 금생에 대한 집착을 끊고
　　거짓 없는 업보와 윤회의 고통들 거듭 사유하면
　　내생에 대한 집착을 끊을 수 있네.

5. 출리심이 생겼다고 말할 수 있는 경계

　　이렇게 사유해 익힘으로
　　윤회의 행복을 바라는 마음 한 찰나도 일어나지 않고
　　밤낮으로 끊임없이 해탈을 구하는 마음 일어나면
　　그때 출리심이 생겨난 것이네.

6. 보리심을 일으켜야 하는 이유

　　출리심 그 또한 참된 보리심의
　　토대 없이는 위없는 깨달음인
　　완전한 행복의 원인 될 수 없기에
　　지혜로운 이들 보리심을 일으켜야 하네.

7. 보리심을 일으키는 방법

　　거센 네 강의 급류에 휩쓸려
　　벗어나기 힘든 강력한 업의 속박에 묶이고
　　아상의 쇠창살에 갇힌 채
　　칠흑 같은 무지의 어둠에 둘러싸였네.

끝없는 윤회에 태어나고 또 태어나
세 가지 고통에 쉼 없이 짓눌리는
이런 상태에 빠진 어머니였던 중생들의
모습을 사유하여 보리심을 일으켜야 하네.

8. 공성을 깨달아야 하는 이유

    공성을 깨닫는 지혜 갖추지 못하면
    출리심과 보리심을 잘 닦더라도
    윤회의 뿌리 자를 수 없기에
    연기법을 깨닫기 위해 정진하소서.

9. 부처님께서 기뻐하시는 도

    윤회하거나 해탈한 모든 존재들이
    인과가 절대 거짓 아님을 보고
    아상으로 지은 모든 것 멸할 때
    부처님 기뻐하시는 도에 들어간 것이네.

10. 견해에 대한 분석의 미완성

    거짓 없이 나타나는 연기법과
    언설 벗어난 공성에 대한 이해 둘
    모순으로 인식함이 남아있는 한
    아직도 능인의 뜻 깨달은 것 아니네.

11. 견해에 대한 분석의 완성

　언젠가 이 둘의 뜻을 관통하여
　연기법 참되게 보는 그 순간
　존재에 대한 아상 모두 사라지며
　그때 공성의 사유가 완성된다네.

12. 견해에 대한 또 다른 분석의 완성

　또한 연기법으로 상견을 없애고
　공성으로 단견을 없애
　인과로 드러난 공성의 이치 깨달으면
　극단의 견해에 빠지지 않게 되네.

13. 회향

　이러한 도의 세 가지 핵심을 바르게 깨닫고
　오지에 머물며 힘찬 정진으로
　궁극의 경지 속히 이루소서. 아들이시여!

람림 재출간에 붙여

시방삼세 모든 불보살님께 지극한 마음으로 귀의합니다.

유구한 세월을 지내오는 동안 부처님의 가르침은 최상의 덕목으로 자리 잡아 중생들을 이로운 길로 안내해주고 있습니다.

네 가지 승(乘)

먼저 깨달음에 이르는 네 가지 승(乘)의 전반적인 수행체계를 이해하는 것이 중요합니다. 성문승(聲聞乘)과 독각승(獨覺乘)은 비슷하게 자신의 해탈을 목적으로 별해탈계를 받고 아함경 등 주로 초기경전을 바탕으로 삼학을 수행하며, 보살승(菩薩乘)은 중생구제를 위해 성불하려는 목적으로 반야경·화엄경·법화경 등을 배우고 보리심을 일으켜 보살계를 받고 육바라밀을 수행하며, 금강승(金剛乘)은 속히 성불하려는 목적으로 금강승계를 받고 소작(所作)·행(行)·요가(瑜伽)·무상요가(無上瑜伽)의 밀경(密經)을 배워 생기차제(生起次第)와 원만차제(圓滿次第)를 수행합니다.

네 가지 마음동기

수행에 들어가기 전에 먼저 바른 마음동기를 일으켜 마음의 자세부터 바르게 하는 것이 중요하며, 이에 다음과 같은 네 가지 마음동기가 있습니다. 첫째 이번 생을 위해 풍족한 물질이나 육체적인 안락이 아닌 정신적인 행복을 바라는 마음동기, 둘째 이번 생에 대한 집착을 버리고 선업을 쌓아 다음 생에 인간·천신의 몸을 받기를 바라는 마음동기, 셋째 윤회의 안락을 버리고 삼독의 번뇌를 끊어 윤회에서 벗어나려는 마음동기, 넷째 이기심을 버리고 일체중생을 위해 보리심을 일으켜 성불하려는 마음동기입니다.

교법과 증법, 문사수의 체계

부처님의 가르침은 크게 교학적인 가르침과 수행적인 가르침 둘로 나눌 수 있으며, 다시 말해 경·율·논 삼장(三藏)의 교법(敎法)과 계·정·혜 삼학(三學)의 증법(證法)을 말합니다. 이 또한 듣고 생각하고 닦는 문사수(聞思修)의 체계를 통해 삼장에 관해 들어서 이해한 것을[문聞] 논리적으로 분석하고 사유하여 확신한 뒤[사思] 삼학을 실천하여 직접 경험해 보는[수修] 과정으로 수행해야 합니다.

불교수행의 핵심 - 지혜와 방편

불교수행의 핵심은 지혜와 방편이며, 이 둘은 새의 양 날개나 마찬가지이므로 공성을 깨닫는 지혜와 자비와 이타의 보리심인 방편 이 둘이 원만하게 발전할 수 있도록 함께 수행해 나가야 합니다. 이와 같이 수행의 길로 나갈 때 체계적인 수행을 할 수 있도록 이끌어주는 지침서가 바로 보리도차제(菩提道次第) 람림입니다.

삼사도

수행자는 그 근기와 마음동기에 따라 선업을 쌓아 자신의 윤회의 안락함만을 추구하는 하근기와 이를 뒤로하고 악업을 행하지 않아 자신의 해탈만을 구하는 중근기, 그리고 자신의 고통으로 타인의 모든 고통이 완전히 소멸하기를 바라는 상근기의 셋으로 나눌 수 있습니다. 이들 수행자가 근기에 맞게 순서대로 실천해야 할 삼사도차제(三士道次第)의 체계적인 수행 방법이 잘 드러난 람림은 일체중생을 위해 완전한 깨달음을 얻기 원하는 대승의 길을 가는 수행자라면 반드시 의지해야 할 매우 중요한 가르침입니다.

스승을 모시는 자세

부처님의 가르침에 의지해 생기는 모든 공덕은 스승을 의지함으로써 이룰 수 있습니다. 세간에서는 흔히들 배우자를 잘못 만나면 평생 고생한다고 말하지만, 스승을 잘못 만나면 세세생생 고생하게 됩니다. 따라서 스승으로 모시기 전에 스승으로서 갖춰야 할 자격들을 다 갖추고 있는지 신중하게 따져 보아야 하고, 스승으로 모시고 난 뒤에는 스승의 허물을 찾거나 공경하지 않는다면 자신에게 손해가 될 뿐입니다. 마음공부나 내면적인 수행의 진전은 스승을 얼마나 공경히 잘 모시는지에 달려있습니다. 그러므로 모든 공덕의 뿌리와 같은 스승을 부처님으로 여겨 공경히 잘 모시는 것이 무엇보다 중요합니다.

논리적으로 공부하는 방식

부처님께서 "내가 한 말이라도 잘 살펴서 받아들여야 하지 단지 존경하기 때문이어서는 안 된다."라고 말씀하셨습니다. 티벳에서는 제자가 스승께서 가르쳐주신 내용에 관해 논리적인 이유와 경론의 근거를 묻거나 따져서 분석하지 않고, 적당히 수박 겉핥기식으로 대충 배우지 않습니다. 배운 내용에 궁금한 점이 있다면 반드시 질문하고 그에 대한 답을 들어서 이해해야 하며, 이에 법우들과 논리적으로 묻고 따지는 논쟁이나 토론 방식의 공부를 병행하면 불법을 굉장히 심도 있게 배울 수 있습니다.

재출간하게 된 연유와 개정·증보된 내용

『티벳 스승들에게 깨달음의 길을 묻는다면』이라는 제목으로 2004년에 처음 발간되었던 이 책은 이듬해 고침판으로 재출간하여 그동안 수많은 불자들에게 '람림 지침서'라고 해도 좋을 정도로 널리 읽혀왔습니다. 그렇기에 절판된 후로도 책을 찾는 불자들이 적지 않아 재출간의 시기를 기다리며 이왕이면 내용을 보완하고 첨삭해서 발간해야겠다고 다짐하였고, 각고의 노력 끝에 마침내 개정증보판이 나오게 되었습니다.

이번 개정증보판에서는 '로종〔마음 바꾸기〕' 수행과 '선정〔사마타, 止〕'을 비롯한 상사도의 수행차제에 대한 내용을 대폭 수정·보완하였으며, 특히 이무아(二無我)에 관한 불교 사대학파별 견해와 밀교의 수행체계에 관한 내용을 추가해 이전 책에서 간략하게 다루었던 '지혜〔위빠사나, 觀〕'와 금강승에 대한 내용을 좀 더 자세하게 보완하였습니다. 또한 중관의 견해에 통달한 빨덴 닥빠 큰스님께서 최근에 저술하신 공성과 자비에 관한 핵심 요약 또한 번역하여 부록에 실었습니다.

세심하게 수정·보완하였음에도 여러 가지로 부족한 점들이 적지 않으리라 생각합니다. 너그러운 마음으로 지적해 주시면 향후 재출간할 때 반영될 수 있도록 하겠습니다.

아울러 깨달음의 길을 묻는 한국 불자들에게 람림을 소개하기 위해 먼저 편역하여 기틀을 잡아주신 초펠스님을 비롯한 승가와 재가불자님들, 그리고 이 책이 출간될 수 있도록 도와주신 모든 분께 진심으로 두 손 모아 감사의 인사를 올립니다.

끝으로, 불법의 왕이신 달라이 라마 존자님의 장수를 기원하고 존자님의 뜻대로 세계평화와 종교 간의 화합이 이루어지길 바라며, 특히 이 책과 인연이 있는 독자 여러분들께서는 한반도의 평화와 티베트의 자유를 모두 함께 기원해 주시길 바랍니다.

이러한 인연 공덕으로 일체중생이 세세생생 부처님께서 찬탄하신 이 청정한 가르침과 단 한순간도 떨어지지 않게 하고 불법이 온 누리에 널리 퍼지게 하소서.

2021년 5월 26일 티벳 부처님 오신 날에
게시 소남 걀첸 합장

▎추천하는 글 ▎

수행하는 모든 이에게
'진지한 조력자'가 되길 기대하며

    21세기 세계화를 추구하는 한국 사회와 문화 현실 속에서 불교 또한 옛것만을 고집할 수 있는 시대는 이제 아닌 듯합니다. 이러한 배경하에 '불교의 세계화'라는 다소 생소한 단어를 떠올릴 때 먼저 불교 역사를 더듬어 볼 필요가 있습니다.
    석가모니 부처님께서 '연기법'을 설하신 후 400여 년 뒤 인도 땅에 다시 용수보살께서 나타나 연기법의 내용을 한층 심화한 '공(空)-중관(中觀) 사상'으로 풀이하시면서 불교철학은 그 탄탄한 뿌리를 내렸습니다. 그 후 '밀법'이 다시 등장하여 수행 체계를 더욱 다양화하였지만, 이는 인도 땅에서 꽃을 피우는 대신 백설의 땅 히말라야의 깊은 심장인 티벳으로 은둔하게 되었습니다. 지리적 환경을 비롯한 티벳의 여러 조건과 잘 맞물린 밀법은 천 년 동안 그 정수를 다져왔습니다.
    한편 21세기 지구촌 사회에서는 그 밀법조차도 더 이상 숨어 있을 수 없게 되었습니다. 서구 문명이 자랑하는 최첨단 과학이 겨우 해결하기 시작한 문제들을 이미 불교철학에서는 깊이 다루어왔기 때문에, 주로 합리적인 이성을 추구하는 서양인들에게 관심과 호기심의 대상이 되어왔으며, 특히 티벳에서 발전시킨 불교에 대한 서양인들의 연구 열풍은 대단하다고 하지 않을 수 없습니다. 그러한 서양인들의 관심은 티벳불교가 '한 생에 성불할 수도 있다는 밀법 수행체계'를 갖추고 있어서만이 결코 아닙니다.

　티벳불교에 관심을 갖고 조금만 들여다보아도 그것은 철저하게 부처님 가르침을 근본으로 하고 있고, 각자의 근기에 맞는 수행체계를 잘 정립해 왔으며, 보리심을 바탕으로 지혜와 방편을 함께 수행하는 완벽한 체계를 갖추고 있음을 볼 수 있습니다. 티벳불교는 고대 인도 불교철학의 근간을 이룬 나란다 대학의 학풍을 그대로 이어왔으며, 학문과 수행을 겸비한 수많은 대수행자들이 실제 수행을 통해 부처님 말씀을 검증한 후 이를 다시 심화시킨 수많은 논서들은 그 증거가 되고 있습니다.

　개성과 세계화를 추구하는 이 시대에는 그것이 아무리 수승한 경지의 사람에게 맞는다고 하여도 어느 하나가 더 이상 최고라고 주장할 수 없게 되었습니다. 부처님께서 중생 각자의 근기에 맞게 팔만사천법문을 설하셨듯이, 현대의 불교도들은 다각적인 정신적 교류를 통하여 보다 체계적이고 합리적인 깨달음의 길을 찾아야 할 때입니다.

　따라서 불교도뿐만 아니라 그가 지금 이 순간 비록 불교도가 아니더라도 의식의 확장에 관심이 있는 분들에게 이 책은 작은, 그러나 각자의 근기에 맞는 수행의 길을 보여주는 '아주 진지한 조력자'가 되어 주리라 믿어 의심치 않는다는 것을 추천하는 글로 대신하고자 합니다.

　　　　　　　　　　　　조계총림 송광사 방장 보성 합장

머리글

람림을 한국에 소개하며

불자라면 누구나 윤회세계가 고통 그 자체임을 알기에 두려워하는 마음을 가지고 있습니다. 또한 그 고통에서 벗어나고자 하는 힘의 원천을 불·법·승 삼보에 대한 믿음에서 찾으려 합니다. 그러나 이것만으로는 부족합니다. 요행히 부처님 가르침을 접하였더라도 불법의 도리를 제대로 알지 못하면, 지도 없이 목적지를 향하는 것과 같아 깨달음의 길에서 오히려 멀어질 수 있기 때문입니다.

이번 생에 윤회의 고통에서 벗어나 완전한 깨달음을 얻기 원한다면, 무엇보다 우리는 석가모니 부처님을 비롯하여 수많은 불보살과 스승들께서 앞서 걸어가셨던 그 길을 살피고, 그분들이 전수한 '요의법(了義法)'을 충실히 배워야 합니다. 티벳불교에서는 이러한 요의법 없이 공부하는 것은 눈먼 이가 도움 없이 길을 나서는 것과 같다고 여길 정도로 요의법과 그 순서[차제]를 중요하게 여깁니다.

이러한 것들을 충실하게 갖추지 못한 채 자족적인 수행에 머무르거나, 어느 특정 수행에만 매몰되어 자신의 짧은 소견만이 진리라고 믿는 안타까운 현상은 시공을 초월하여 반복되어 온 것입니다. '람림'은 이처럼 불행한 현실을 안타까워하신 스승들의 한없는 연민심에서 탄생하였습니다.

팔만사천법문이 모두 요의법이요, 차제 아닌 것이 없지만,

람림은 그중에서도 특별한 의미를 담고 있습니다. 갓 수행에 입문한 이를 위한 인과와 출리심의 가르침에서부터 수행에 익숙해진 이를 위한 보리심 수행에 이르기까지 부처님 가르침의 핵심을 일목요연하게 담고 있어, 마치 나침반처럼 수행의 길을 상세하게 제시해주고 있기 때문입니다. 스승 '아띠샤'께서 『보리도등론』을 설하신 지 1천여 년, '쫑카빠' 대사께서 중생의 근기에 맞게 『대보리도차제론〔보리도차제광론〕』을 지으신 지 6백여 년이 지나는 동안 셀 수 없이 많은 이들이 람림에 의지하여 깨달음의 길을 걸어간 것도 람림이 갖는 커다란 힘일 것입니다.

티벳에 전해지는 대표적인 람림은 총 여덟 편인데, 이번에 편역한 람림은 '쫑카빠' 대사의 『대보리도차제론』과 '파봉카 린뽀체'의 보리도차제 법문을 의지한 것입니다. 그 가운데 밀교에 관한 부분은 올바른 스승의 가르침에 의지하는 전통을 따라야 하기 때문에, 이와 관련하여 육바라밀 마지막 부분에 해당하는 '시네〔선정, 止〕'와 '학통〔지혜, 觀〕'은 편역하지 않았습니다. 미리 양해를 구하며, 추후에 다시 완역할 기회가 올 것을 기대합니다.

람림의 내용을 한국인의 정서에 맞게 전달하는 데 적지 않은 어려움을 겪었다는 것도 미리 말씀드리고 싶습니다. 아직 역자가 한국어에 능통하지 않아서이겠지만, 한국에 출간된 티벳불교 번역물들 대부분은 주로 다른 한문 문화권 국가에서 유통되고 있는 것들을 직역한 수준이거나 영어 서적을 재번역한 정도여서, 이를 그대로 옮길 경우 원래의 뜻이 제대로 살아나지 않아 참고하기 어려웠습니다. 그래서 이 책에서는 원전의 의미를 널리 통용되는 한글식 표현으로 옮기기 위해 노력하였습니다. 여기에는 귀한 시간을 내어 검토와 토론을 마다하지 않은 여러 스님과 불자들의 도움이 없었다면 불가능했을 일입니다. 앞으로도 표현에 어색한 부분이 있다면, 뜻있는 이들의 지적과 토론을 통하여 함께 고쳐 나가기를 기대하겠습니다.

　부처님을 지칭하는 표현 또한 역자를 고민하게 한 부분이었습니다. 티벳어로 '붓다'를 '쌍게'라고 하는데, 쌍게의 '쌍'은 번뇌장(煩惱障)과 소지장(所知障)에서 벗어나 '모든 장애를 극복한 이'를 일컬으며, '게'는 '일체지를 갖춘 이'를 일컫습니다. 원전의 이러한 깊은 뜻을 살리려면 '쌍게'를 '붓다'로 옮기는 것이 정확하겠지만, 한국에서는 '부처님'으로 널리 통용되고 있어서 몇 차례 고치기를 거듭한 끝에 부득이하게 '부처님'이라고 표현할 수밖에 없었습니다. 독자 여러분들께서 이 책을 읽을 때는 '부처님'을 '쌍게[붓다]'의 본래 의미로 되살려 읽으시면 더 유익할 것입니다.

　그리고 이 책에서 비유를 들어 설명한 부분은 역자가 한국의 실정에 맞게 편역한 것임을 밝힙니다. 이는 일찍이 '쫑카빠' 대사께서 『대보리도차제론』을 지으실 때 그러한 부분을 허용하셨습니다. 혹시 적절하지 못한 비유가 있다면, 독자들께서 자비로운 마음으로 지적하여 주시기를 바랍니다. 마지막으로 이 책이 출간되기까지 함께해주신 모든 분들께 지면을 빌어 감사의 뜻을 전합니다.

　오직 원하는 것은 이러한 공덕으로 은혜로운 부처님의 가르침이 시방삼세 온갖 곳에 두루 전해져 모든 중생들이 윤회의 고통에서 벗어나 완전한 깨달음을 이루고, 더불어 이 책이 소승이나 대승, 금강승이라고 하는 등 법에 대한 분별심을 끊고 완전한 깨달음으로 통하는 문의 역할을 할 수 있게 되기를 부처님 전에 기원합니다.

옴 무니 무니 마하무니예 쏘하

2005년 8월
초펠 합장

차례

기도문   공덕의 근원 | 쫑카빠 대사 6
       도의 세 가지 핵심 | 쫑카빠 대사 9

람림 재출간에 붙여 | 게시 소남걀첸 13

추천하는 글   수행하는 모든 이에게 '진지한 조력자'가 되길
         기대하며 | 보성 18

머리글   람림을 한국에 소개하며 | 초펠 20

제1편 발심하고자 하는 이들을 위하여

1. 발심하고자 하는 이들을 위하여 45
2. 람림에 관하여 51
3. 아띠샤 스승의 생애 57
4. 람림의 네 가지 위대함과 세 가지 특징 86
   4.1. 보리도차제의 네 가지 위대함 86
      1) 모든 가르침을 서로 어긋남 없이 깨닫게 하는 위대함 86
      2) 모든 경론이 요의법임을 깨닫게 하는 위대함 88
      3) 부처님의 뜻인 정법을 쉽게 깨닫게 하는 위대함 90
      4) 큰 죄들이 저절로 소멸하게 하는 위대함 90
   4.2. 보리도차제의 세 가지 특징 92
      1) 모든 가르침의 핵심을 요약하여 빠짐없이 갖추고 있다 92
      2) 주로 마음을 변화시키기 위해 순서대로 설명하였으므로 실천하기가
         쉽다 93

3) 위대한 스승이신 나가르주나와 아상가의 교학에 뛰어난 릭뻬쿠쥭과 쎌링빠의 전통에 따라 만들어져 다른 것보다 더 특별하다 93

5. 어떻게 듣고 어떻게 가르쳐야 하는가 96
　5.1. 가르침을 듣는 방법 96
　　1) 들음으로써 생기는 이득 96
　　2) 법과 가르치는 이를 공경하기 101
　　　(1) 번뇌 없이 법을 듣기 101
　　　　① 자만심 없이 듣기 101
　　　　　가. 때를 잘 맞추어 듣기 101
　　　　　나. 공경히 대하기 101
　　　　　다. 시봉하기 102
　　　　　라. 무엇이든 기쁜 마음으로 하기 102
　　　　　마. 어떤 일이라도 순종하기 102
　　　　　바. 스승의 흠을 찾지 않기 102
　　　　② 함부로 하지 않고 듣기 102
　　　(2) 스승을 대할 때 마음에 두지 말아야 할 다섯 가지 102
　　3) 듣는 이의 참다운 자세 103
　　　(1) 장애가 되므로 버려야 할 세 가지 103
　　　　① 집중하지 않음 103
　　　　② 좋지 못한 마음동기를 가짐 104
　　　　③ 들어도 기억하지 못함 104
　　　(2) 갖추어야 할 인식 여섯 가지 105
　　　　① 자신이 환자라는 인식 105
　　　　② 정법이 약이라는 인식 107
　　　　③ 스승은 의술이 뛰어난 의사라는 인식 107
　　　　④ 반드시 실천해야만 병이 나을 수 있다는 인식 107
　　　　⑤ 여래가 최고의 성인이라는 인식 109
　　　　⑥ 불법을 이 세상에 오래도록 지속시키겠다는 인식 109
　5.2. 가르치는 방법 115
　　1) 가르침으로써 얻어지는 이득 116
　　2) 부처님과 가르침을 공경하기 117
　　3) 바른 마음동기로 가르치기 117

4) 가르칠 대상을 분별하기　119
  5.3. 듣는 이와 가르치는 이가 함께 해야 할 일　120

6. 제자를 바르게 이끌기　121
  6.1. 도의 근원이 되는 근본스승을 의지하는 방법　121
   1) 관상을 하거나 공부할 때 하는 일　122
    (1) 어떻게 준비해야 하는가　122
     ① 수행하는 장소를 쓸고 닦는 방법과 불상·경전·탑 등을 바르게
        모시는 방법　122
       가. 수행하는 장소를 쓸고 닦는 방법　122
       나. 불상·경전·탑 등을 바르게 모시는 방법　131
     ② 거짓 없는 공양물을 법답게 올리는 방법　133
       가. 거짓 없는 공양물　133
         ■ 다섯 가지 삿된 방법으로 구한 재물〔五邪命〕　134
       나. 거짓 없는 마음동기　135
         ■ 어떻게 법답게 공양물을 차릴 것인가　136
     ③ 관상하는 자세와 삼보에 귀의함과 사무량심　139
       가. 관상하는 자세 여덟 가지　139
       나. 마음동기　142
     ④ 촉싱〔福田〕　145
         ■ 복전을 관상한 후 귀의하는 방법　150
     ⑤ 공덕을 쌓고 업장을 소멸하는 일곱 가지〔七支供養〕　160
       가. 절하기　160
       나. 공양물 올리기　163
       다. 참회하기　164
         ■ 죄업을 소멸하는 네 가지 힘〔四對治力〕　168
       라. 수희(隨喜)하기　170
       마. 부처님께 법륜 굴려주시기를 권청(勸請)하기　173
       바. 부처님께 오래도록 열반에 드시지 말 것을 권청하기　174
       사. 회향(迴向)하기　175
     ⑥ 발원할 때 바른 마음동기와 일치시키기　177
    (2) 근본스승을 의지하는 방법　178
     ① 근본스승을 의지함으로써 생기는 이득　179

　　　　　가. 근본스승을 의지하여 부처의 경지와 가까워지는 이득   180
　　　　　　　㉠ 근본스승의 가르침대로 수행함으로써 부처의 경지와 가까워진다   180
　　　　　　　㉡ 근본스승에게 공양을 올리고 시봉함으로써 부처의 경지와 가까워진다   181
　　　　　나. 근본스승을 의지하여 부처님께서 기뻐하시는 이득   181
　　　　　　　㉠ 불보살들보다 근본스승에게 공양을 올리는 공덕이 더 크다   181
　　　　　　　㉡ 근본스승은 직접 공양을 드시므로 공덕이 더욱더 크다   182
　　　　　다. 근본스승을 의지하여 악지식에게 해침을 당하지 않는 이득   183
　　　　　라. 근본스승을 의지하여 번뇌와 악행이 모두 저절로 사라지는 이득   183
　　　　　마. 근본스승을 의지하여 오도와 십지의 수행이 증장되는 이득   183
　　　　　바. 근본스승을 의지하여 세세생생 선지식과 만나게 되는 이득   184
　　　　　사. 근본스승을 의지하여 삼악도에 떨어지지 않는 이득   185
　　　　　아. 근본스승을 의지하여 일시와 궁극의 모든 뜻이 저절로 이루어지는 이득   185
　　② 근본스승을 의지하지 않거나 의지하고 나서 비방하여 짓는 죄   186
　　　　　가. 근본스승을 비방하면 일체 부처님들을 비방하는 것과 같다   186
　　　　　나. 근본스승에게 분심을 가지면 쌓은 공덕이 사라지고 지옥에 태어난다   188
　　　　　다. 밀교에 의지하여 수행하더라도 깨달음을 성취하지 못한다   188
　　　　　라. 지옥의 길을 닦는 것과 같다   189
　　　　　마. 깨달음을 새롭게 얻지 못하고 얻은 것마저 없어지게 된다   189
　　　　　바. 이번 생에 병들고 자신이 원치 않는 일이 생긴다   190
　　　　　사. 세세생생 삼악도를 돌고 돌게 된다   190
　　　　　아. 세세생생 스승을 만나지 못하게 된다   191
　　　　　　　■ 어떻게 스승을 바르게 찾을 것인가   192
　　③ 마음으로 근본스승을 모시는 방법   194
　　　　　가. 근본이 되는 스승에 대한 믿음을 닦기   194
　　　　　　　㉠ 근본스승을 부처로 보아야 하는 이유   195
　　　　　　　㉡ 근본스승을 부처로 볼 수 있는 이유   198
　　　　　　　㉢ 근본스승을 부처로 보는 방법   198
　　　　　　　■ 근본스승이 곧 부처라고 석가모니 부처님께서도 말씀하셨다   199

　　　　■ 근본스승은 모든 부처님의 중생제도의 행을 대신하시는
　　　　　분이다　199
　　　　■ 지금도 불보살님께서 중생구제의 행을 하고 계신다　200
　　　　■ 내가 보는 것이 맞다고 할 수 없다　201
　　　나. 스승의 은혜를 생각하고 공경하기　204
　　　　㉠ 근본스승이 부처님보다 더 은혜로운 두 가지 이유　204
　　　　㉡ 법을 설해 주시는 은혜　205
　　　　㉢ 우리 마음에 가피를 주시는 은혜　206
　　　　㉣ 수행할 수 있도록 물질적으로 베푸시는 은혜　207
　　　④ 행으로 근본스승을 모시는 방법　208
　2) 쉴 때 하는 일　208

6.2. 스승에게 의지해서 마음을 닦는 방법　211
　1) 유가구족(有暇具足)의 몸을 의미 있게 보내야 하는 이유　211
　　(1) 유가구족의 몸을 인식하기　213
　　　① 팔유가(八有暇)　213
　　　　가. 지옥에 태어나지 않은 것　213
　　　　나. 아귀로 태어나지 않은 것　214
　　　　다. 축생으로 태어나지 않은 것　214
　　　　라. 오래 사는 신으로 태어나지 않은 것　214
　　　　마. 부처님 가르침을 모르는 땅에 태어나지 않은 것　216
　　　　바. 부처님의 존재를 모르는 시대에 태어나지 않은 것　216
　　　　사. 감각기관을 움직이는 데에 장애가 없는 것　216
　　　　아. 그릇된 견해를 품지 않은 것　216
　　　② 십구족(十具足)　217
　　　　가. 인간으로 태어난 것　217
　　　　나. 불법이 존재하는 땅에 태어난 것　217
　　　　다. 가르침을 이해하는 능력이 있는 것　217
　　　　라. 오역죄(五逆罪)를 범하지 않은 것　217
　　　　마. 신심을 갖춘 것　218
　　　　바. 석가모니 부처님께서 존재하시는 것　218
　　　　사. 정법이 설해지고 있는 것　218
　　　　아. 그 가르침이 현재까지 전해지고 있는 것　218
　　　　자. 그 가르침을 받는 것　218

차. 주변의 도움을 받는 것 218
        (2) 유가구족의 몸으로 큰 뜻을 이룰 수 있음을 생각하기 219
            ① 일시적으로 큰 뜻을 이룰 수 있음을 알아차리기 219
            ② 궁극적으로 큰 뜻을 이룰 수 있음을 알아차리기 219
            ③ 매 순간 큰 뜻을 이룰 수 있음을 알아차리기 220
        (3) 유가구족의 몸을 받기가 어려움을 생각하기 221
            ① 유가구족의 몸으로 태어날 원인을 찾기가 어려움을 관상하기 221
            ② 유가구족의 몸을 받기가 어려움을 비유를 들어 관상하기 223
            ③ 유가구족의 몸을 받기가 실제로 결과 면에서 어려움을 알아차리기 224
    2) 유가구족의 몸을 의미 있게 보내는 방법 226

제2편 수행을 시작한 초심자를 위한 수행 체계
하사도차제(下士道次第)와 공통의 마음 닦는 방법

1. 다음 생의 일을 중요하게 생각하기 229

   1.1. 이 세상에 영원히 살 수 없어 죽게 됨을 생각하기 229

   1) 죽음을 생각하지 않아서 생기는 손실 229
      (1) 수행할 생각도 하지 못하는 손실 230
      (2) 생각해도 실천하지 못하는 손실 230
      (3) 실천하더라도 완벽하게 하지 못하는 손실 230
      (4) 지속적으로 실천하지 못하는 손실 233
      (5) 자신을 악하게 하는 손실 233
      (6) 죽을 때 후회하게 되는 손실 233
   2) 죽음을 생각함으로써 생기는 이득 234
      (1) 죽음을 생각함으로써 큰 뜻을 얻게 되는 이득 234
      (2) 죽음을 생각함으로써 큰 힘을 얻게 되는 이득 235
      (3) 죽음을 생각함으로써 후회 없이 매우 기뻐하며 죽게 되는 이득 235
   3) 죽음의 실제를 생각하기 236
      (1) 아홉 가지 면에서 죽음을 사유하기 236
         ① 반드시 죽게 됨을 사유하기 236
            가. 죽음을 피할 수 없음을 사유하기 236
            나. 타고난 수명은 늘릴 수 없음을 사유하기 237
            다. 살아있을 때 수행할 시간을 갖지 못한 채 죽게 됨을 사유하기 237
         ② 언제 죽을지 모름을 사유하기 238
            가. 죽음은 갑자기 찾아옴을 사유하기 238
            나. 죽을 원인은 많고 살 원인은 적음을 사유하기 239
            다. 몸은 매우 연약하므로 언제 죽을지 모름을 사유하기 239
         ③ 죽을 때 수행 외에는 아무것도 도움이 되지 않음을 사유하기 240
            가. 재물도 아무런 도움이 되지 않음을 사유하기 240
            나. 일가친척들도 도움이 되지 않음을 사유하기 241
            다. 자신의 몸도 도움이 되지 않음을 사유하기 241
      (2) 죽음의 상태를 관상하기 242

1.2. 다음 생에 태어날 삼선도와 삼악도의 행복과 고통을 관상하기　244
　1) 지옥의 고통을 관상하기　245
　　(1) 불지옥〔팔열지옥八熱地獄〕의 고통을 관상하기　245
　　　① 등활지옥(等活地獄)의 고통을 관상하기　246
　　　② 흑승지옥(黑繩地獄)의 고통을 관상하기　248
　　　③ 중합지옥(衆合地獄)의 고통을 관상하기　248
　　　④ 규환지옥(叫喚地獄)의 고통을 관상하기　248
　　　⑤ 대규환지옥(大叫喚地獄)의 고통을 관상하기　249
　　　⑥ 초열지옥(焦熱地獄)의 고통을 관상하기　249
　　　⑦ 대초열지옥(大焦熱地獄)의 고통을 관상하기　249
　　　⑧ 무간지옥(無間地獄)의 고통을 관상하기　250
　　(2) 변두리지옥〔근변지옥近邊地獄〕의 고통을 관상하기　251
　　　① 메마무르기옵 지옥의 고통을 관상하기　251
　　　② 로낙기담 지옥의 고통을 관상하기　252
　　　③ 뿌디땀베탕 지옥의 고통을 관상하기　252
　　　④ 추룽럽메 지옥의 고통을 관상하기　253
　　(3) 얼음지옥〔팔한지옥八寒地獄〕의 고통을 관상하기　253
　　　① 알부타 지옥의 고통을 관상하기　254
　　　② 니랄부타 지옥의 고통을 관상하기　254
　　　③ 알찰타 지옥의 고통을 관상하기　254
　　　④ 확확파 지옥의 고통을 관상하기　254
　　　⑤ 호호파 지옥의 고통을 관상하기　254
　　　⑥ 올발라 지옥의 고통을 관상하기　254
　　　⑦ 발특마 지옥의 고통을 관상하기　255
　　　⑧ 마하발특마 지옥의 고통을 관상하기　255
　　(4) 고독지옥(孤獨地獄)의 고통을 관상하기　256
　2) 아귀의 고통을 관상하기　258
　　(1) 아귀의 일반적인 고통을 관상하기　258
　　(2) 아귀 각각의 또 다른 고통을 관상하기　259
　　　① 무재아귀(無財餓鬼)의 고통을 관상하기　259
　　　② 소재아귀(少財餓鬼)의 고통을 관상하기　260
　　　③ 다재아귀(多財餓鬼)의 고통을 관상하기　260
　3) 축생의 고통을 관상하기　263

        (1) 축생의 일반적인 고통을 관상하기 263
          ① 서로 잡아먹는 고통을 관상하기 263
          ② 어리석고 무지한 고통을 관상하기 264
          ③ 추위와 더위에 시달리는 고통을 관상하기 264
          ④ 배고픔과 목마름의 고통을 관상하기 265
          ⑤ 부림을 당하는 고통을 관상하기 266
        (2) 축생 각각의 고통을 관상하기 266

  2. 다음 생에 행복할 수 있는 방법 270
    2.1. 불법의 입문인 귀의하기 270
      1) 삼보에 귀의해야 하는 이유 270
      2) 귀의하는 대상 271
        (1) 귀의처를 알아차리기 271
        (2) 귀의할 만한 가치가 있음을 알아차리기 273
      3) 귀의하는 방법 275
        (1) 삼보 각각의 위대한 공덕 275
          ① 위대한 부처님의 공덕 275
            가. 위대한 몸의 공덕 275
            나. 위대한 음성의 공덕 276
            다. 위대한 마음의 공덕 277
            라. 위대한 행의 공덕 278
          ② 위대한 가르침의 공덕 279
          ③ 위대한 승가의 공덕 280
        (2) 귀의할 서원 280
        (3) 귀의했음을 타인에게 발설하지 않기 280
      4) 귀의함으로써 생기는 이득 282
      5) 귀의한 후 배워야 할 가르침 285
        (1) 귀의처마다 각각 따라야 할 가르침 285
          ① 하지 말아야 할 것 285
          ② 반드시 해야 할 것 286
            가. 불보에 대하여 286
            나. 법보에 대하여 287

　　　　다. 승보에 대하여　287
　(2) 공통으로 배워야 할 가르침　287
　　① 귀의처의 위대한 공덕을 자주 사유하기　288
　　② 삼보의 은혜를 생각하여 언제나 공양 올리기　288
　　③ 다른 사람들도 귀의하도록 이끌기　288
　　④ 신심으로 밤낮을 여섯 번으로 나누어 삼보에 귀의하기　288
　　⑤ 무슨 일을 하더라도 삼보에 의지하기　289
　　⑥ 어떤 상황에서도 삼보를 버리지 않기　289
2.2. 모든 행복의 뿌리인 인과에 대한 온전한 신심　289
　1) 인과를 전체적으로 사유하는 방법　291
　　(1) 실제로 인과를 전체적으로 사유하는 방법　291
　　　① 인과는 반드시 존재함을 사유하기　292
　　　② 업은 갈수록 늘어남을 사유하기　293
　　　③ 짓지 않은 업은 과보가 생겨나지 않음을 사유하기　295
　　　④ 한번 쌓은 업은 절대로 없어지지 않음을 사유하기　295
　　(2) 인과를 개별적으로 사유하는 방법　296
　　　① 불선업을 사유하기　298
　　　　가. 불선업의 실제　298
　　　　　㉠ 살생　299
　　　　　㉡ 도둑질　302
　　　　　㉢ 삿된 음행　303
　　　　　㉣ 거짓말　303
　　　　　㉤ 이간질　304
　　　　　㉥ 거친 말　305
　　　　　㉦ 쓸데없는 잡담　305
　　　　　㉧ 주인이 있는 물건을 탐내는 마음　306
　　　　　㉨ 남을 해치려는 마음　307
　　　　　㉩ 그릇된 견해　307
　　　　나. 죄의 과보가 무겁고 가벼움의 차이　308
　　　　　㉠ 죄 자체의 무거움의 차이　308
　　　　　㉡ 마음동기에 따른 무거움의 차이　309
　　　　　㉢ 행에 따른 무거움의 차이　309
　　　　　㉣ 대상에 따른 무거움의 차이　309

ⓜ 항상 행함에 따른 무거움의 차이 309
           ⓗ 치료제의 유무에 따른 무거움의 차이 310
        다. 불선업 각각의 과보 310
      ② 선업을 사유하기 313
        가. 선업의 실제 313
        나. 그 각각의 과보 314
      ③ 불선업과 선업의 대상에 따른 과보의 크고 작음 315
        가. 대상에 따른 과보의 크고 작음 315
        나. 몸의 구별에 따른 과보의 차이 315
        다. 행에 따른 과보의 차이 316
        라. 마음동기에 따른 과보의 차이 317
  2) 인과를 세부적으로 구별하여 사유하는 방법 317
    (1) 특별한 여덟 가지 자격 317
    (2) 여덟 가지 자격에 따른 행위 318
    (3) 여덟 가지 자격이 생기는 원인 319
      ① 장수하는 원인 319
      ② 용모와 신체가 단정하고 장중하게 되는 원인 319
      ③ 귀한 가문에 나는 원인 321
      ④ 경제력을 갖추고 그 세력이 크게 되는 원인 322
      ⑤ 말로 남을 해치지 않아 모든 사람이 말을 따르게 되는 원인 323
      ⑥ 보시와 정진의 공덕을 갖추어 대중들이 공양을 올리게 되는 원인 323
      ⑦ 남성의 뿌리를 가지는 원인 323
      ⑧ 해침이 적고 병이 없으며 몸과 마음이 용감해지는 원인 323
  3) 인과를 취하고 버리는 방법 324
    (1) 일반적인 참회 방법 324
    (2) 죄업을 소멸하는 네 가지 힘〔四對治力〕으로 참회하는 방법 325
      ① 자기가 쌓아온 죄를 알고 몸서리치면서 후회하는 힘 326
      ② 치료제가 되는 행을 하는 힘 326
      ③ 다시는 죄를 짓지 않겠다고 결심하는 힘 326
      ④ 참회할 대상을 아는 힘 326

차례 33

제3편 수행에 익숙해지기 시작한 이를 위한 수행 체계
중사도차제(中士道次第)와 공통의 마음 닦는 방법

1. 해탈하고자 하는 마음 331

    ■ 사성제(四聖諦) 333

    1.1. 윤회함으로써 갖는 공통적인 고통을 사유하기 335
        1) 변하는 허물을 사유하기 335
        2) 만족하지 않는 허물을 사유하기 337
        3) 몸을 자주 바꾸어야 하는 허물을 사유하기 338
        4) 반복해서 자궁 속에 잉태되는 허물을 사유하기 340
        5) 신분이나 지위가 자주 바뀌는 허물을 사유하기 340
        6) 친구가 없는 허물을 사유하기 341
    1.2. 각각의 고통을 관상하기 342
        1) 인간의 고통을 관상하기 342
            (1) 태어나는 고통을 관상하기 343
            (2) 늙는 고통을 관상하기 344
            (3) 병드는 고통을 관상하기 345
            (4) 죽는 고통을 관상하기 346
            (5) 좋아하는 것과 헤어져야 하는 고통을 관상하기 346
            (6) 싫어하는 것과 만나야 하는 고통을 관상하기 346
            (7) 좋아하는 것을 갖고자 해도 구하지 못하는 고통을 관상하기 347
        2) 아수라의 고통을 관상하기 349
        3) 신들의 고통을 관상하기 350

2. 해탈에 이르는 길의 본질 358

    2.1. 집제로 인해 윤회함을 알아차리기 358

1) 번뇌가 생기는 것　358
　　(1) 번뇌를 알아차리는 것　359
　　　　■ 근본번뇌(根本煩惱)　359
　　(2) 번뇌가 생기는 순서　363
　　(3) 번뇌의 원인　364
　　　　① 의지처　364
　　　　② 대상　365
　　　　③ 나쁜 조건을 가까이함　366
　　　　④ 그릇된 가르침　367
　　　　⑤ 훈습　367
　　　　⑥ 망상을 일으킴　367
　　(4) 번뇌의 허물　368
2) 업을 쌓게 되는 것　369
　　(1) 마음속에 조작하는 사유 작업〔思業〕　369
　　(2) 사업 이후에 일으키는 업〔思已業〕　370
3) 죽어서 다시 태어나는 것　370
　　(1) 죽음　371
　　(2) 바르도〔중음신〕　372
　　(3) 태어남　373
　　　　■ 십이연기(十二緣起)　374

2.2. 해탈의 본질을 알아차리기　377
　　1) 어떤 몸이 윤회에서 벗어날 수 있는가　377
　　2) 어떤 수행에 의지해야 윤회에서 벗어날 수 있는가　378
　　　　■ 파계(破戒)의 네 가지 문과 이를 막는 방법　383

제4편 수행에 익숙해진 이를 위한 수행 체계
상사도차제(上士道次第)

1. 오직 보리심만이 대승의 입문이며 보리심을 일으키는 이득 388

    ■ 열 가지 이득 391

2. 보리심을 일으키는 방법 400

   2.1. 보리심을 닦는 실질적인 순서 400

   1) 일곱 가지 인과법으로 보리심 닦기 402
      (1) 어머니임을 알아차리기 402
      (2) 은혜를 기억하기 407
      (3) 은혜에 보답하기 408
      (4) 중생들을 향한 자애심을 사유하기 409
      (5) 큰 연민심〔大悲心〕을 사유하기 410
      (6) 확고하게 결심하기 412
      (7) 발심하기 413
   2) 평등하게 자기와 타인을 바꾸기 415
      (1) 보리심을 닦기 위한 예비수행 416
      (2) 보리심을 닦는 본수행 416
        ① 속제 보리심 닦기 417
          가. 자기와 타인을 평등하게 사유하기 417
          나. 이기심의 허물을 다양하게 사유하기 417
          다. 이타심의 이득을 다양하게 사유하기 420
          라. 자기와 남을 실질적으로 바꾸어 사유하기 422
          마. '똥렌〔주고받기〕'을 관상하기 423
        ② 진제 보리심 닦기 425
      (3) 보리심의 역연을 순연으로 바꾸기 426
        ① 생각으로 역연을 순연으로 바꾸는 방법 426
          가. 행동으로 바꾸기 427
          나. 견해로 바꾸기 429

② 행으로 역연을 순연으로 바꾸는 방법　431
(4) 평생 닦아야 할 수행의 핵심　431
　① 살아있을 때 실천하는 다섯 가지 힘　431
　　가. 마음동기의 힘　432
　　나. 선행의 종자인 자량을 쌓는 힘　432
　　다. 익숙하게 하는 힘　432
　　라. 이기심을 물리치는 힘　433
　　마. 회향발원의 힘　433
　② 죽음에 이르기 전 마지막에 실천하는 다섯 가지 힘　433
　　가. 마음동기의 힘　433
　　나. 선행의 종자인 자량을 쌓는 힘　434
　　다. 업장을 소멸하는 힘　435
　　라. 발원의 힘　435
　　마. 익숙하게 하는 힘　435
(5) 마음 닦는 수행의 경계　437
　① 모든 수행에 대한 핵심을 하나로 꿰기　437
　② 두 가지 증명　437
　③ 늘 행복한 마음 갖기　438
　④ 산란함 속에서도 닦을 때 흔들림이 없기　438
　⑤ 닦음의 기준이 다름　439
　⑥ 닦음의 증거 다섯 가지　439
(6) 마음 닦는 수행의 서언　440
　① 수행을 다짐해놓고 어겨서는 안 된다　440
　② 수행한다고 해서 함부로 행동해서는 안 된다　440
　③ 수행할 때 한결같이 해야 한다　441
　④ 거친 마음을 그대로 두지 말고 선하게 계속 발전시켜야 한다　441
　⑤ 다른 사람의 결점을 말하지 말아야 한다　442
　⑥ 남의 결점이나 허물을 살피지 말고 자기 허물만 살펴야 한다　442
　⑦ 번뇌 가운데 가장 강한 것부터 먼저 닦아야 한다　443
　⑧ 보상을 바라지 말아야 한다　443
　⑨ 독이 있는 음식은 버려야 한다　444
　⑩ 고통을 다정하게 섬기지 말아야 한다　444
　⑪ 심술궂은 농담에 냉정해야 한다　444

⑫ 앙심을 품고 벼르지 말아야 한다　444
⑬ 남의 약점을 찌르지 말아야 한다　445
⑭ '조'의 짐을 황소에게 지우지 말아야 한다　445
⑮ '로종' 수행을 헛된 곳에 쓰지 말아야 한다　445
⑯ 남보다 공(功)을 먼저 차지하려고 들지 말아야 한다　446
⑰ 선신을 잡신으로 낮추지 말아야 한다　446
⑱ 행복을 차지하려고 남에게 슬픔을 주지 말아야 한다　446

(7) 마음 닦는 수행의 학처(學處)　447
① 배운 내용 모두를 하나로 귀결시켜야 한다　448
② 모든 장애를 하나로 묶어서 조복시켜야 한다　448
③ 처음과 마지막에 해야 할 일이 있다　449
④ 좋은 일이든 나쁜 일이든 모든 상황을 이겨내야 한다　449
⑤ 수지한 계율과 '로종'의 서언을 목숨처럼 지켜야 한다　449
⑥ 세 가지 어려움을 이겨내는 수행을 해야 한다　450
⑦ 세 가지 주된 원인을 지어야 한다　450
⑧ 세 가지 흔들림 없는 태도에 대해 기억해야 한다　450
⑨ 세 가지 갈라놓을 수 없는 것을 지녀야 한다　450
⑩ 모든 사물에 대하여 결코 치우침 없는 마음으로 대해야 한다　451
⑪ 모든 방편을 깊고 넓게 쓰도록 힘써야 한다　451
⑫ 항상 가까운 관계에 있는 사람들에 대해서 관상해야 한다　451
⑬ 환경에 연연하지 말아야 한다　452
⑭ 바로 지금 온 힘을 다 쏟아야 한다　452
⑮ 뒤바뀐 행을 하지 말아야 한다　452
　■ 앞뒤가 뒤바뀐 여섯 가지 행　453
⑯ 하다 말다 하지 말아야 한다　454
⑰ 자신의 능력을 과소평가하지 말아야 한다　454
⑱ 살피고 따져서 자유로워져야 한다　454
⑲ 허풍 떨지 말아야 한다　454
⑳ 앙갚음하지 말아야 한다　455
㉑ 변덕 부리지 말아야 한다　455
㉒ 보답과 명예를 바라지 말아야 한다　455

2.2. 보리심을 수계의식으로 지니는 방법　456

3. 보리심을 일으키고 보살행을 닦는 방법 461
　3.1. **육바라밀을 닦는 법** 462
　　1) 보시바라밀 462
　　　(1) 물질적인 것을 공양 올리는 재시(財施) 462
　　　(2) 법과 관련된 것들을 공양 올리는 법시(法施) 463
　　　(3) 두려움 없는 상태로 만들어주는 무외시(無畏施) 464
　　2) 지계바라밀 466
　　　(1) 소극적으로 악을 막아 자신을 이익 되게 하는 섭율의계(攝律儀戒) 466
　　　(2) 적극적으로 모든 선을 행하여 자신을 이롭게 하는 섭선법계(攝善法戒) 467
　　　(3) 일체중생을 이롭게 하는 섭중생계(攝衆生戒) 467
　　3) 인욕바라밀 468
　　　(1) 원한과 헐뜯음을 알고 참아내는 내원해인(耐怨害忍) 468
　　　(2) 온갖 고통을 받아들여야 함을 알고 참아내는 안수고인(安受苦忍) 471
　　　(3) 생멸하지 않는 법의 이치를 알아서 흔들림이 없는 무생법인(無生法忍) 472
　　4) 정진바라밀 473
　　　■ 세 가지 게으름 473
　　　(1) 인욕의 갑옷을 입고 정진하기 475
　　　(2) 모든 선행을 닦기 위해 정진하기 475
　　　(3) 일체중생을 이롭게 하기 위해 정진하기 475
　　5) 선정바라밀 476
　　　(1) 선정을 닦을 때 갖추어야 할 여섯 가지 조건 477
　　　　① 적합한 환경을 갖추어야 한다 477
　　　　② 욕심이 적어야 한다 479
　　　　③ 만족할 줄 알아야 한다 479
　　　　④ 청정한 계율을 지켜야 한다 479
　　　　⑤ 의미 없는 일을 그만두어야 한다 479
　　　　⑥ 욕심 등의 분별망상을 버려야 한다 480
　　　(2) 선정수행의 다섯 가지 장애를 여덟 가지 대치법으로 닦아 사마타를 이루는 방법 480
　　　　① 게으름의 허물 481
　　　　② 요의법을 잊어버리는 허물 482
　　　　③ 혼침(惛沈)과 도거(掉擧)의 허물 484

④ 혼침과 도거가 있는 상태에서 그 대치법을 행하지 않는 허물　487
　　　⑤ 혼침과 도거가 없는 상태에서 대치법을 행하는 허물　491
　　(3) 선정을 닦는 아홉 단계인 구주심(九住心)을 이루는 방법　493
　　　① 안주심(安住心)　493
　　　② 섭주심(攝住心)　496
　　　③ 해주심(解住心)　496
　　　④ 전주심(轉住心)　497
　　　⑤ 복주심(伏住心)　497
　　　⑥ 식주심(息住心)　497
　　　⑦ 멸주심(滅住心)　498
　　　⑧ 성주심(性住心)　498
　　　⑨ 지주심(持住心)　499
　　(4) 구주심을 여섯 가지 힘〔六力〕으로 이루는 방법　500
　　(5) 구주심에 선정사작의(禪定四作意)가 있는 이치　500
　　(6) 실제 사마타를 이루는 이치　501
　6) 지혜바라밀　505
　　(1) 유부와 경량부의 인무아와 법무아에 관한 견해　506
　　(2) 유식학파(唯識學派)의 인무아와 법무아에 관한 견해　510
　　(3) 자립논증중관학파(自立論證中觀學派)의 인무아와 법무아에 관한 견해　512
　　(4) 귀류논증중관학파(歸謬論證中觀學派)의 인무아와 법무아에 관한 견해　513

3.2. 사섭법(四攝法)을 행하는 법　535
　1) 사섭법의 뜻　535
　2) 사섭법인 이유　536
　3) 사섭법의 작용　536
　4) 제자를 이끌기 위해 사섭법에 의지해야 하는 이유　537
　5) 사섭법의 조금 자세한 설명　537
　　(1) 보시섭　537
　　(2) 애어섭　537
　　(3) 이행섭　538
　　(4) 동사섭　539

3.3. 금강승의 가르침을 배우는 방법　539
　1) 현교와 밀교의 간략한 특징　540

2) 부처님 법 중에서 대승, 대승의 법 중에서도 밀법 541
3) 현교와 밀교를 구분할 수 있는 네 가지 특징 543
4) 근(根)·도(道)·과(果)의 삼신(三身) 545
5) 세 가지 몸과 세 가지 마음 547
6) 현·밀의 수행으로 처음 발심하고 중간에 자량을 쌓아 마지막에 성불하는 이치 548
7) 성불한 후 중생제도를 위한 최상의 행, 설법 552
8) 종의(宗義)와 승(乘)의 면에서 불법으로 들어가는 두 가지 문 556
9) 바라밀승과 금강승을 구분하는 주요 기준 557
10) 네 가지 딴뜨라 559

마무리 글 람림 전체의 의미를 『보리도차제광론』 마지막에 다음과 같이 요약하다 563

부록 보리도차제 기원문 | 쫑카빠 대사 568
공성을 분석하는 방법에 대한 핵심 요약
　　　　　　　　| 게시 빨덴닥빠 570
진정한 평화와 행복의 바탕이자 뿌리인 자애와 연민에 관하여 | 게시 빨덴닥빠 580

진언 석가모니불 진언 587
관세음보살 진언 587
따라보살 진언 587
문수보살 진언 587
금강수보살 진언 587
금강살타보살 진언 588

제1편
발심하고자 하는 이들을 위하여

석가모니 부처님을 시봉하며 가장 많은 설법을 들어 제1차 결집에서 중요한 역할을 한
아난다

1. 발심하고자 하는 이들을 위하여

'쫑카빠' 대사께서 "유가구족(有暇具足)[1]의 이 몸은 보배로운 여의주보다 더 귀한 것입니다. 이렇게 보배로운 몸을 받은 것은 이번 생뿐이며, 이는 얻기가 매우 어려울 뿐만 아니라 금방 잃어버릴 수도 있어 마치 반딧불과도 같습니다. 이러한 이치를 알아서 세간의 모든 일을 할 때 벼의 겨를 털어내듯 밤낮없이 의미 있는 일을 찾아야 합니다. 나도 수행자로서 이렇게 실천할 것이니 당신도 깨달음을 얻고자 한다면 이와 같이 따르소서."라고 말씀하셨다.

우리는 시작 없는 전생부터 지금까지 윤회의 삶 속에서 고통을 받으며 한 번도 진정으로 행복했던 적이 없었고, 의미 있는 일을 해본 적도 없었다. 다행히 이번 생에 수행하기 좋은 조건인 인간의 몸을 얻었으니 '의미 있는 일〔수행〕'을 하지 않으면 안 된다. 만약 귀한 몸 얻은 것을 기뻐할 줄 모르고 물질을 얻는 것만 좋아해서, 수행하기 좋은 조건인 인간의 몸을 허비한다면 진정 안타까운 일이 아닐 수 없다. 보배로운 여의

---

[1] 육도(六道) 중에서 수행하기에 가장 적합한 인간이 갖춘 조건으로 '하사도' 편에서 상세하게 설명할 것이다.

주보다 더 고귀한 이 몸으로 의미 있는 수행을 한다면, 삼악도(三惡道)에 떨어지는 것을 막을 수 있으며, 제석천(帝釋天)은 물론 완전한 깨달음의 경지인 금강지불(金剛持佛)에도 이를 수 있다. 그러나 이 몸을 가볍게 쓴다면 수많은 여의주를 헛되이 버리는 것보다 더 안타까운 일이며, 자기 자신을 속이는 일로 이보다 더 어리석은 일은 없을 것이다.

이와 같이 의미 있는 일을 지금 해야 하는 이유는 누구에게나 죽음은 반드시 찾아오며 언제 죽을지도 모르기 때문이다. 지금 주변에 있는 친구나 친척들은 백 년이 지나면 한 명도 남아있지 않을 것이다. 또 예전에 금강신(金剛身)을 얻은 석가모니 부처님께서도 열반에 드셨고, 그 이후로 수많은 스승들도 모두 열반에 드시어 이제는 그 명호만 남아있으니, 나 혼자 영원히 살 수 있다는 희망은 어디에도 없다.

우리는 언제 죽을지 모르며, 내년 이맘때는 지금처럼 인간세계에 있으면서 옷을 입고 있을지 아니면 짐승처럼 옷 대신 털을 뒤집어쓰고 머리 위에 뿔을 세우고 있을지, 아귀로 태어나 물 한 방울도 찾지 못하고 있을지, 추위로 꽁꽁 얼어붙는 얼음지옥이나 뜨겁게 타오르는 불지옥과 같은 무시무시한 지옥에 태어나 고통받고 있을지 아무도 모른다. 죽은 후에도 식(識)은 끊어지지 않으며, 우리가 지은 업력 때문에 반드시 다시 태어나는 원인이 되어 천상, 인간, 아수라, 축생, 아귀, 지옥 중 어딘가로 반드시 다시 태어나게 된다.

만약 불지옥에 태어나면 우리의 몸이 불과 한 덩어리가 되는 고통 속에서 살아야 하고, 그보다 조금 나은 지옥에 태어나더라도 하루에 백 번 태어나고 백 번 죽는 등의 고통을 겪게 된다. 지금 불에 손이 닿기만 해도 참지 못하는데, 그런 지옥에 태어나면 어떻게 참을 수 있겠는가.

또 아귀로 태어나면 수년 동안 물 한 방울조차 얻지 못할 수도 있다. 며칠간 단식할 때의 고통도 몹시 견디기 힘들어 하는데, 과연 아귀로 태어나면 참을 수 있겠는가.

축생으로 태어나는 경우도 마찬가지이다. 들개가 어떻게 먹이를 찾아 헤매고 잠잘 곳을 찾아다니는지를 자세히 들여다보면, 과연 우리가 그런 것을 참을 수 있겠는가.

이와 같이 삼악도와 자신의 경계는 들이마시고 내쉬는 호흡 끝에 있다. 자세히 살피지 않는다면 자신은 삼악도에 떨어지지 않는다고 장담할 수도 있을 것이다. 왜냐하면 계도 받았고, 기도도 하며, 살인 등과 같은 큰 죄를 저지른 일도 없다고 생각하기 때문이다. 그러나 그것은 다만 자세히 살피지 않아서 생기는 착각일 뿐 삼악도에 떨어지느냐 마느냐는 인과, 즉 업에 따라 결정된다. 인과는 살아있을 때 쌓았던 선업과 불선업을 동시에 갖고 있으며, 어떤 업을 더 많이 쌓았는지에 따라 죽을 때 삼선도나 삼악도에 태어나게 된다.

이와 같이 자신이 지은 업의 마음동기와 행, 마무리를 살펴보면 어떤 업이 더 많은지 알 수 있다. 우리 스스로 죄를 조금밖에 짓지 않았다는 생각이 들더라도, 실제로 그 과보는 아주 크게 작용하는 경우가 많다.

예를 들어 모기 한 마리를 잡을 때 몹시 화가 나서 손으로 힘껏 내려쳐 모기를 죽인 후 이제는 되었다고 안도하는 마음을 가진다면, 그 과보는 실로 엄청나게 크다. 또 다른 사람과 다툴 때 크게 화를 내면서 거친 말로 상대방의 마음을 다치게 하고는 마음속으로 한 치의 후회도 없이 후련해 한다면, 이는 마음동기와 행, 마무리를 온전히 갖추어 그 과보가 더욱더 커지게 된다.

　이와 반대로 선행을 하더라도 그 과보가 매우 약한 경우가 있다. 과보를 크게 하려면 다른 이들을 위하는 마음동기를 일으키고, 행을 한 공덕 또한 남들을 위해 원만하게 회향해야 한다. 선행을 할 때는 될 수 있으면 최고의 마음동기인 일체중생을 위한 마음으로 행해야 하며, 그렇게 하지 못하면 윤회세계의 고통에서 벗어나겠다는 마음이라도 일으켜야 하고, 이마저도 어려우면 다음 생의 과보를 생각하면서 행해야 하는데, 우리에게는 그러한 마음동기가 너무 부족하다.

　이번 생의 부귀영화에만 골몰하여 선행을 한다면 죄업만 따라올 뿐이다. 이런 마음동기라면 진언을 백팔 번 외우는 동안에도 마음이 집중되지 않아 졸거나 산란함에 빠지게 된다. 또한 회향할 때도 이번 생에서의 재물이나 무병장수 등에만 치우치게 되므로, 비록 선행을 할지라도 그 과보는 작기만 하다.

　어떤 사람은 마음동기가 바르지 않고, 어떤 사람은 행이 바르지 않으며, 어떤 사람은 마무리가 바르지 않고, 어떤 사람은 마음동기와 행, 마무리 모두 바르지 않은 경우도 있는데, 살펴보면 우리의 행에는 공덕보다 죄가 더 많음을 알 수 있다. 이처럼 죄업이 더 많으면, 우리가 갈 곳은 삼악도밖에 없음을 알아야 한다.

　예언자나 점쟁이에게 다음 생에 어디에 태어나는지를 물어보았을 때 그들이 조금 더 좋은 곳에 태어난다고 말해주면 기뻐하지만, 만약 좋지 않은 곳에 태어난다고 하는 말을 들으면 미리 앞날을 걱정하며 슬퍼한다. 하지만 그 말을 어찌 다 믿을 수 있겠는가. 그런 일에 매달리기보다는 부처님과 수많은 위대한 스승들께서 전해주신 가르침을 따라야 할 것이다. 불선업을 지으면 고통이 따르고 삼악도에 태어나며, 선행을 하면 삼선도에 태어나 행복을 누리게 된다고 성현들께서 말씀하셨다. 이렇게 생각해 보면 다음 생에 어디에 태어나 어떤 모습으로 바뀌게 될지는 지금이라도 자기 자신이 알 수 있을 것이다.

한편 자신이 생각해 보아도 삼악도에 태어날 수밖에 없는 상황이라면 그곳에 태어나지 않을 방법을 지금부터 찾아야 한다. 예를 들어 사형을 당할 죄수가 사형당하지 않기 위해서는 그 방법을 찾아야 하듯이, 삼악도를 벗어나려면 삼악도에서 벗어날 수 있는 길을 찾아야 한다. 이와 같이 살펴보았을 때 본인이 엄청나게 큰 죄를 지어 삼악도에 떨어질 처지라면 거기에서 벗어나기 위해 어떤 행을 하더라도 옳고 그름을 잘 판단해서 지금보다 더 세심하게 행해야 한다.

만약 부처님께서 우리를 지옥에서 꺼내주거나 물로 죄업을 씻어주실 수 있다면, 이미 모든 죄인이 다 구제되어 이러한 고통의 세계가 없겠지만, 그런 일은 세상 어디에도 없다. 우리가 이 사바세계에서 벗어나는 길은 오로지 우리 자신이 부처님의 가르침인 인과를 바르게 이해하고 실천하는 것에 달려있다. 삼보(三寶)에 귀의하여 인과법대로 실천할 때 윤회의 고통에서 벗어나게 되며, 나아가 현재 나의 부모나 형제자매뿐만 아니라 과거에 은혜로운 내 어머니였던 일체중생도 고통에서 벗어나게 할 수 있다. 이것이 '수행을 시작한 초심자를 위한 수행체계〔하사도차제下士道次第〕'[2]와 '수행에 익숙해지기 시작한 이를 위한

---

[2] 수행에 입문한 이의 근기와 마음동기에 따라 수행 방법을 크게 하사도차제(下士道次第), 중사도차제(中士道次第), 상사도차제(上士道次第) 셋으로 나누어 설명한다.

수행체계〔중사도차제中士道次第〕'의 공통적인 마음동기이다.

  그와 같은 수행할 능력이 자신에게 있는지를 살펴보면, 이미 우리가 잘 갖추고 있음을 알 수 있다. 왜냐하면 생 중에서 최고의 생인 인간의 몸을 받고 태어났기 때문이다. 우리가 수행하지 않아서 문제이지 인간은 한 생 한 몸으로 완전한 깨달음을 성취할 수 있으며, 윤회세계에서 벗어나 대승의 수행을 만날 수 있는 조건을 갖추고 있다. 모든 장애에서 벗어나 있고, 수행하기 좋은 조건들을 갖춘 이 귀한 몸을 받았을 때 완전한 경지에 이를 수 있도록 노력해야 한다. 그렇게 하지 않는다면 언제 또다시 이러한 좋은 기회를 얻을 수 있겠는가.

2. 람림에 관하여

　　부처의 경지에 도달하기 위해서는 수행을 해야 하며, 실천하기 위해서는 그 방법을 알아야 한다. 방법을 모르면서 수행한다면, 지도 없이 목적지를 향해 가거나, 눈먼 이가 도움 없이 길을 가는 것과 같다. 아무도 없는 산속 토굴에서 진언을 외우거나 기도하여 작은 삼매의 경지를 얻고는 그것이 마치 진리라도 되는 것처럼 여기는 경우가 종종 있는데, 이런 방법으로는 진정한 발전이 있을 수 없다. 그러므로 수행하는 방법을 알기 위해서는 그 의미를 완전하고 명료하게 갖춘 요의법(了義法)[3]을 배워야 한다.

　　우리가 배워야 할 요의법은 부처님의 가르침에서부터 대철학자들의 기록이며, 수많은 구도자가 수행을 통해 깨우친 경험들이다. 만일 수행을 해도 결과가 없다고 해서 부처님의 가르침도 아니고 선지식들도 모르는 것을 심오한 요의법으로 여겨 따른다면, 정법이 아닌 삿된 길로 빠질 위험이 크다. 마치 배고픈 개들이 살피지 않고 아무거나 먹고 만족해하는 것과 같

---

[3] 이제(二諦)인 진제(眞諦)와 속제(俗諦) 둘 중에서 주로 궁극적인 깨달음의 진리인 진제에 관해 설한 가르침을 말한다.

다. 이는 세세생생 잘못된 길로 빠지는 지름길이니 처음부터 법을 잘 살피고 시험해본 후 따라야 한다.

그러한 요의법의 왕이 '람림'이므로 람림을 배워서 바르게 실천하겠다는 마음동기를 갖고, 이 책의 내용을 쉼 없이 배우고 익혀 깊게 사유하고 관상(觀想)의 경험을 쌓으면, 다른 어떤 수행을 하더라도 큰 효과가 있을 것이다. 람림은 모든 수행법을 빠짐없이 다 갖춘 올바른 가르침이다. 또한 매우 깊은 밀교의 내용에 의지해서 한 생에 깨달을 수 있는지 없는지는 람림의 내용을 얼마나 실천하느냐에 달려있다.

람림은 '쫑카빠' 대사의 저서도 '아띠샤' 스승의 저서도 아닌, 부처님으로부터 전해 내려오는 가르침이다. 람림의 의미를 알게 되면, 팔만사천대장경이 곧 람림임을 알 수 있다. 넓은 바다와 같은 람림은 미륵보살로부터 '아상가(무착無着)'로 이어지는 '광대한 수행의 법맥(갸첸쬐규)'과 문수보살로부터 '나가르주나(용수龍樹)'로 이어지는 '심오한 견해의 법맥(섭모따규)', 이 두 갈래로 나누어졌다. 이를 후대에 '아띠샤' 스승께서 광대한 수행의 법맥은 스승 '쎌링빠'로부터 받고, 심오한 견해의 법맥은 스승 '릭뻬쿠쥭'으로부터 받아서 하나의 큰 물길(람림)로 발전시키셨다.

'아띠샤' 스승께서는 이러한 법맥뿐만 아니라 문수보살로부터 '샨티데바(적천寂天)'로 이어지는 광대한 수행의 법맥 등 현교와 밀교의 모든 법맥을 『보리도등론(菩提道燈論)』에 담아 그 가르침을 티벳에 전수하셨다. '아띠샤' 스승께서는 그와 같이 통합해 가르치셨지만, 담고 있는 내용의 분량에 따라 후대에 다시 '경을 자세하고 넓게 공부한 후 경에 의지해 수행하는 자(까담슝빠와)', '람림에 의지해 수행하는 자(까담람림빠)', '핵심적인 내용만 골라내어 수행하는 자〔까담멩악빠〕', 이 세 갈래로 나누어졌다.

위의 세 갈래를 '쫑카빠' 대사께서 스승 '로닥 남카걀첸'과 '다고르 켄첸 쵀꺕상뽀'를 통해 하나로 묶어서 라뎅 지역의 사자처럼 생긴 바위 밑에서 기도하며 『보리도차제광론〔대보리도차제론〕』을 저술하셨다. 그때 대사께서는 왼쪽 머리 위에 '아띠샤' 스승의 상을 모시고 기도하면서 부처님으로부터 시작해 람림의 법맥을 잇고 있는 모든 스승들을 뵙게 되었으며, 직접 그분들이 법을 토론하는 모습도 뵈었다. 특히 '아띠샤' 스승과 그의 수제자인 '돔뙨빠', '뽀또와', '싸라와' 이 네 분의 형상을 한 달간 계속해서 뵙기도 했으며, 기도의 마지막 무렵에는 '돔뙨빠', '뽀또와', '싸라와' 세 분이 '아띠샤' 스승 안으로 흡수되고, '아띠샤' 스승께서 손을 들어 '쫑카빠' 대사의 정수리에 수기를 내리시며, "부처님의 가르침을 열심히 설파하라! 그러면 그에 대한 도움은 내가 줄 것이다."라고 말씀하셨으니, 이는 『보리도차제광론』을 저술하라는 말씀을 전해 받은 것을 의미한다. 처음에 대사는 '선정〔사마타, 止〕' 편까지만 저술하였으나, 후에 문수보살께서 화현하여 '지혜〔위빠사나, 觀〕' 편마저도 저술하도록 권하셨다.

이처럼 문수보살을 비롯한 위대한 람림의 스승들로부터 권유를 받아 저술한 『보리도차제광론』은 부처님의 모든 가르침의 핵심을 모은 바다와 같은 큰 가르침이다.

후에 대사께서는 『보리도차제광론』의 핵심이 되는 내용을 다시 추려서 『보리도차제약론』을 저술하셨으니, 『보리도차제약론』은 부처님의 모든 가르침의 핵심 내용을 요약하여 귀에서 귀로 전수하는 '녠귀'를 바탕으로, 『보리도차제광론』은 그 핵심 내용을 경론을 통하여 자세히 전수하는 '쎄귀'를 바탕으로 저술하셨다. 그리고 대사께서는 이를 후대 사람들의 근기와 상황에 맞게 수행할 수 있도록 줄이거나 늘려서 다시 저술해도 된다는 말씀을 남기셨다. 이에 따른 『보리도차제광론』과 관련된 여러 저술이 있다.

예를 들면 제3대 달라이라마 '쏘남갸초'의 『람림쎄르슌마』와 이에 대한 주석서로 제5대 달라이라마 '롭상갸초'의 『잠뻴셀룽』, '빤첸 롭상최갠'의 『데람』과 그에 대한 주석서로 '제준 롭상예쎄'의 『뉴르람』이 있다. 그 외에도 '쫑카빠' 대사의 대·중·소 람림 세 가지와 '닥뽀 나왕닥빠'의 『렉쑹닝쿠』 등이 가장 많이 알려진 여덟 가지 람림의 저술로 전해지고 있다. 이 여덟 가지 람림은 각각 방편이 다른 내용을 담고 있으므로 이들을 따로따로 전수받아야 한다.

부처님 당시에는 '룽균〔구전口傳〕'만 있었으나 후대 사람들이 구전만으로는 이해할 수 없어서 '티균〔광해廣解〕'이 생겨났고, 이에 '쎄티', '마르티', '냠티', '뇽티'가 있다. '쎄티'는 단어 하나하나의 의미를 깊게 설명하여 가르치는 것이고, '마르티'는 이렇게 구구절절 설명하기보다는 의술이 뛰어난 의사가 시체를 해부하여 제자에게 오장육부가 무엇인지 직접 보여주듯이 문장의 핵심을 자세히 일러주는 것이다. '냠티'는 스승이 자신의 경험에 의지하여 제자의 근기에 맞게 가르치는 것이며, '뇽티'는 스승이 제자와 같이 살거나 가까이 있으면서 제자가 하나를 완벽하게 깨우칠 때까지 다음 것을 가르치지 않는 것이다. 이와 같은 '티균'의 방법으로 배우는 것은 특히 업을 녹이는 비법이며, 불보살들의 불가사의한 가피를 입게 된다.

부처님의 모든 가르침의 핵심적인 의미이자 보살들이 찬탄하신 람림은 출리심(出離心)[4]의 하사도차제〔수행을 시작한 초심자를 위한 수행체계〕, 사바세계가 의미 없음을 아는 중사도차제〔수행에 익숙해지기 시작한 이를 위한 수행체계〕, 보배로운 보리심[5]과 중도(中道)의 견해를 익히는 상사도차제〔수행에 익숙해진 이를 위한 수행체계〕로 이루어지며, 이 모든 차제는 앞서 말한 네 가지 가르치는 방법에 의지해 배워야 한다.

한편 람림의 실체가 무엇이고, 몇 개의 항목으로 구성되어 있으며, 그 단계적인 수행체계가 무엇인지에 대해 구체적으로 알아야 한다. 또한 거기에 나오는 고사(故事)나 요의법 등을 가슴속에 새긴 후 수행해야 한다. 이와 같은 절차도 없이 마음대로 섞어 수행하게 되면 발전이 없다. 마치 차, 소금, 밀가루, 쌀 등을 따로따로 나누지 않고, 봉지 하나에 모두 집어넣어 마구 섞어서 사용하는 것과 같다.

예전에 인도의 가장 큰 두 대학 중 하나였던 날란다 대학에서는 스승의 청정한 말, 제자의 청정한 마음, 청정한 내용의 가르침, 이 세 가지로 가르치고 배웠다고 한다. 또 다른 대학인 비끄라마쉴라 대학에서는 위대한 저술가, 위대한 법, 어떻게 가르치고 배워야 하는지에 대한 방법, 이 세 가지를 특히 강조하였으며, 이 두 대학에서는 공통으로 기초적인 가르침을 가장 중요하게 여겨 강조해왔다.

여기 람림의 특징은 다름 아닌 부처님의 가르침에 의지한 인도 불교 대학자들의 전통과 수없이 이어져 내려온 스승들의

---

4) 생사윤회의 고통에서 벗어나고자 하는 마음.
5) 이타행(利他行)에 의지하여 완전한 깨달음에 이르기를 발원하는 마음이며, 대승의 도(道)를 주관한다.

실천을 통해 정법임이 증명된 것들이다. 만약 정법이 아닌 것에 의지하여 수행한다면 스스로 믿음과 정진을 크게 할 수 없거니와 깨달음도 있을 수 없다. 또한 아주 훌륭한 정법이라고 해서 한 가지에만 집착하여 수행한다면, 출리심·보리심·공성을 깨닫는 바른 견해[6]와 같은 가장 근본적인 것을 알지 못하게 될 뿐만 아니라 기본적인 삼보의 특별하고 위대한 가치조차도 알지 못하게 된다. 그러므로 불법의 근원이 되는 부처님을 비롯한 위대한 스승들의 생애를 통해 깨우치는 방법을 자세하게 알아야 한다.

위에서 말한 바와 같이 부처님으로부터 뻗어 나온 심오하고 광대한 두 가지 길을 '아띠샤' 스승께서 다시 하나로 묶어 티벳에서 『보리도등론』을 가르치셨다. 그러므로 부처님을 비롯한 많은 스승의 생애를 다 알아야 하겠지만, 여기서는 '아띠샤' 스승의 생애만을 간추려서 말하고자 한다.

---

[6] 티벳어로 '람쪼남쑴'이라고 하며, 쫑카빠 대사의 '도의 세 가지 핵심〔삼요도三要道〕'을 말한다.

3. 아띠샤 스승의 생애

　천 년 전 인도 동부의 큰 도시 벵골 지역 근처에 인구가 십만 명쯤 되는 왕국이 있었다. 그곳은 황금으로 된 지붕이 있는 아주 부유한 곳이었는데, '아띠샤' 스승께서는 왕 '게외뻴'과 왕비 '뺄모외쎌' 사이에서 많은 상서로운 징조와 함께 태어나셨다.

　그가 태어난 지 18개월이 되자 부모는 왕자를 궁전 근처에 있는 '비까말라뿌리'라는 사원에 데리고 갔다. 가는 길에 왕자를 보기 위해서 많은 사람들이 모여들었는데 왕자가 그들을 보고서, "이분들은 누구인가요?"라고 묻자 왕과 왕비가 "이들은 우리의 백성이다."라고 답했다. 그러자 왕자는 매우 자애롭고 연민에 찬 눈빛으로 그들을 쳐다보면서 아주 감미로운 목소리로, "이분들도 모두 나와 같이 좋은 부모 밑에 태어나 정법에 의지하여 자라나게 하소서!"라고 축원하였고, 거기에 모여든 사람들은 모두 크게 감동하였다.

　사원 안으로 들어가니 그의 부모와 다른 사람들은 이번 생에 많은 재산을 모으고 무병장수하며, 다음 생에도 삼악도로 떨어지지 않고 삼선도에 태어나게 해달라고 기도하였다. 하지만 왕자는 "불구가 아닌 이런 귀한 인간의 몸을 얻어서 삼보를 뵐 수 있으니, 항상 존경하는 마음으로 삼보를 정수리에 받들어 당장 오늘부터 귀의하겠습니다. 언제나 세속적인 법에 얽매이지 않고 출가자들 속에서 정법을 닦아 자만심 없이 삼보를 공경하고, 일체중생을 자비심으로 보게 하소서!"라고 기도하였다. 왕자가 태어난 지 18개월밖에 되지 않았음에도 이미 삼보에 귀의하면서 발심한 것을 보면 그것만으로도 우리에게 믿음의 대상이 된다.

왕자는 세 살이 될 때까지 점성학과 글, 문법 등을 배웠는데, 들으면 바로 깨칠 수 있었다. 그 당시 불교도와 외도를 구분하는 것은 매우 힘든 일이었으나, 무척이나 영특했던 왕자는 이미 여섯 살 때부터 불교와 외도를 구분할 줄 알았다고 한다.

한편 열한 살이 되었을 때 많은 공주들이 춤과 노래 등 여러 방법으로 왕자를 유혹했지만, 그의 마음은 전혀 끌리지 않았다. 그중에서 따라보살의 화신인 피부가 파란 한 여인이 "덕 있는 분이시여! 집착하지 마소서. 집착하지 마소서. 진흙탕에 빠진 코끼리처럼 당신이 진흙탕에 빠지게 되면 계율이라는 커다란 옷이 파괴되지 않겠습니까?"라고 외쳤다. 첫 번째 집착하지 말라는 것은 이번 생에 집착하지 말라는 뜻이고, 두 번째 집착하지 말라는 것은 사바세계에 집착하지 말라는 의미였다. 코끼리가 진흙탕에 빠지는 것에 비유한 것은 코끼리는 몸집이 너무 커서 다른 동물이 진흙탕 속에 빠졌을 때보다 빠져나오기가 훨씬 더 힘든 것을 의미한다. 이 말을 듣고 왕자도 흔쾌히 받아들였다.

그 후 왕자는 군복을 입고 130마리의 말을 이끌며 매우 영

소승과 대승, 밀교에 이르기까지 모든 불법의 요지를 『보리도등론』에 담아 티벳에 전수한
인도의 스승 **아띠샤**

리한 방법으로 산을 돌아다녔는데, 남들의 눈에는 사냥을 나선 것처럼 보였지만, 사실 그는 스승을 찾아다니고 있었다. 그러던 중 어느 바위산에서 스승 '제따리'를 뵙게 되었다. 그로부터 삼보에 귀의하는 법과 발심하는 가르침을 받고, 날란다 대학에 계신 스승 '쟝춥상뽀'를 뵈라는 지시도 받았다. 날란다 대학에서 스승을 찾아뵙고 공양물로 보석을 올리자, 스승은 삼매에 든 후 왕자의 신(身)·구(口)·의(意)에 가피를 내리고 보리심을 일으키는 법에 관해 많은 가르침을 베푸셨다. 스승 '쟝춥상뽀'는 다른 스승인 '릭뻬쿠죽'에게 왕자를 보내셨고, 그 스승 또한 보리심을 일으키는 법 등에 관한 가르침을 준 후 스승 '아와두띠빠'에게 왕자를 보내셨다. 스승 '아와두띠빠'는 왕자에게 "오늘 왕궁으로 돌아가서 가정을 가진 자들의 허물을 보고 돌아오라."라고 이르셨다.

 그가 왕궁으로 돌아오자 부모는 "어디에 갔었더냐? 피곤하지 않더냐? 마음이 외롭지는 않더냐? 정말 잘 돌아왔다."라고 말하면서 무척 기뻐하였다. 이에 왕자는 "의지처인 스승들을 만나기 위해 바위산이 있는 오지를 찾아다녔는데, 어디를 가도 사바세계의 허물만 보았습니다. 모두가 사바세계의 허물을 말할 뿐이었습니다. 기회가 되면 저는 수행자의 길을 갈 것입니다."라고 대답했다. 그러자 왕과 왕비는 "왕자가 왕권을 쥐고서 삼보에 공양을 올리며, 가난한 사람들에게 보시도 하고, 사원도 세워서 수행자들을 모신다면 이것도 매우 좋은 일이다."라며 타일렀다. 그러나 왕자는 "사바세계를 자세히 들여다보았는데, 왕권을 쥐고 싶은 마음은 티끌만큼도 없습니다. 황금으로 된 궁전은 감옥과 별반 차이가 없고, 아리따운 궁녀들은 귀신의 딸인 마녀들과 다르지 않으며, 맛난 음식은 개고기나 고름, 피와 전혀 차이가 없습니다. 값비싼 비단옷이나 아름다운 장식품 또한 더러운 가죽옷과 한 치의 차이도 없으니, 이제 저는 선정을 닦는 수행을 하고자 숲속으로 떠날 것입니다. 오늘 당장 고기, 우유, 꿀과 달착지근한 엿과자를 챙겨주십시오. 저는 스승 '아와두띠빠'께 갈 것입니다."라고 노래 부르자 부모는 왕자가 원하는 대로 하라고 허락했다.

왕자는 천 마리의 말과 함께 숲속으로 다시 들어가 '아와두띠빠'로부터 대승의 보리심을 일으키는 관정을 받고, 다시 검은 산의 사원에 계신 스승 '라훌라'를 뵈러 갔다. '아와두띠빠'와 '라훌라'는 왕자의 전생 스승들이었다.

그때 '라훌라'는 밀교를 가르치고 있었는데, 왕자가 법을 구하러 온 것을 알고 겁을 주기 위해 벼락을 내렸다. 그러나 벼락은 왕자의 정수리에 떨어지지 않고, 외도들의 탑이 있는 산을 내리쳤다. 그러자 거기서 밀교를 배우고 있던 제자들이 "이분이 누구신가요?"라고 물어오니 스승은 "552생 동안 수행자로만 태어나신 분이다. 이번 생에 벵골의 법왕 '게외뻴'의 왕자로 태어났으나, 왕위에 집착하지 않고 수행하고 싶어서 오신 것이다."라고 설명했다. 모두 크게 감동하여 일어서서 왕자를 맞이하였다.

왕자는 스승을 뵙자마자 "큰 스승님께서는 들으소서. 궁전에서 나와 깨달음을 얻고 싶지만, 유명한 가문에 태어난 탓에 벵골 지역에 묶일 위험이 있습니다. 스승 '제따리'와 '쟝춥상뽀', '릭뻬쿠죽', '아와두띠빠' 등을 뵈었지만, 아직도 왕권에서 벗어나지 못했습니다. 그리고 이제 스승 '아와두띠빠'께서 저를 당신에게 보내셨습니다. 저에게 대승의 보리심을 일으키는 관정을 내리시어 묶여 있는 세속에서 벗어나게 하소서."라고 간청을 드리자 13일 동안 왕자에게 구체적으로 밀교의 관정을 주셨으며, '예셰 쌍외 도르제'라는 밀교에 입문한 비밀의 이름도 주셨다.

　왕자가 다시 궁전으로 돌아갈 때 스승은 여덟 분의 '알몸 분노 남녀 합일존'을 대동하여 보냈다. 그러자 왕은 마음이 바뀌어 왕자를 스승 '아와두띠빠'에게 다시 돌려보냈다. 왜냐하면 이때 왕자도 '이담 헤루까〔데촉〕'[7]의 모습으로 갔기 때문이다. 궁전 근처에 도착했을 때 왕자는 모든 사람을 알아보았으나, 그들은 왕자를 알아보지 못하고 오히려 그가 한 분노존의 모습에 두려워할 뿐이었다. 왕자는 3개월 동안 미친 척하면서 알몸의 분노존들과 함께 뜀박질하며 달리곤 했다.

　모두들 왕자가 왕권을 계승하리라는 희망을 버리고 눈물을 흘렸다. 특히 왕이 "아들인 네가 태어날 때 나타난 많은 상서로운 징조를 보고서 나는 기쁜 마음으로 네가 왕권을 이어받을 것이라고 마음에 깊이 새겼는데, 너는 어찌하여 숲속으로 가려는 마음이 났느냐?"라고 묻자 왕자는 "만약 제가 이 왕권을 쥐면 이번 생에 잠시 부왕과 함께 살 수는 있겠지만, 세세생생 아버지와 아들의 관계가 될지는 알 수 없습니다. 하지만 왕권을 버리고 깨달음을 얻게 되면, 세세생생 기쁨의 도반이 될 것입니다. 그러니 저의 뜻을 허락하여 주십시오."라고 간청했다. 한편 왕비는 "일체중생에게 도움이 되는 것도 중요하니, 스승의 가르침을 따라 행복하게 수행하여 내생에 영원한 동반자가 될 수 있도록 기도하겠소."라며 허락하였다.

　새벽 일찍 왕자는 알몸의 분노존들과 함께 숲속으로 스승

---

7) 밀교에서 수행의 방편으로 삼는 또 다른 부처님의 형상을 '이담'이라고 하며, '헤루까'는 다양한 형태의 이담 중 하나이다.

'아와두띠빠'에게 돌아갔으며, 여기서 그는 공의 사상과 인과의 연기법에 대해 자세하게 배웠다. 스물한 살부터 스물아홉 살까지 스승 '아와두띠빠' 아래에서 '듣고 생각하고 닦는 문사수(聞思修)의 수행'을 실천하였다.

그러나 많은 스승으로부터 밀교에 대한 가르침을 받자 자신이 밀교에 능통하다는 교만이 생기게 되었는데, 그때 꿈에 '칸돌마'[8]들이 나타나 이제까지 왕자가 보지 못한 많은 밀교 경전을 보여줌으로써 그의 교만한 마음을 없애주었다. 그 후 그가 밀교에 대해 더 많이 배워서 이번 생에 성불하겠다는 마음을 먹자, 스승 '라훌라굽따'께서 신통력으로 벽을 통과해 왕자 앞에 나타나서, "여기 중생들을 두고 어디로 가려고 하느냐? 출가하라. 네가 출가하면 많은 중생을 불법으로 인도하여 크게 돕게 될 것이다."라고 출가하기를 권유하셨다. 또한 부처님과 미륵보살께서도 꿈에 화현하여 출가하기를 권유하셨다.

그리하여 그는 스물아홉 살에 출가하였다. 157분의 스승을 모시고 현교와 밀교의 모든 가르침을 배웠으며, 특히 스승 '다르마락키타'로부터 18부파의 교리를 모두 배워 그 분야의 최고가 되었다. 그가 완전한 깨달음을 이루기 위한 지름길이 무엇인지를 알려고 고심하자, 스승 '라훌라굽따'께서 신통력으로 그것을 알고 찾아와, "아무리 불보살님들을 많이 친견하고 선정에 깊이 들 수 있더라도, 그것만이 완전한 깨달음의 지름길은 아니다. 보리심을 닦아야 하며, 자비의 본존인 관세음보살을 마음에 새겨 이 사바세계가 다할 때까지 중생을 위해서 살겠다는 확고한 결심을 하고, 실천하는 것만이 지름길이다."라고

---

8) 밀교의 여성 호법신(護法神)을 말하며 '다끼니'라고도 한다.

이르셨다.

'아띠샤' 스승께서는 보드가야의 대탑을 탑돌이 하면서 두 개의 진흙으로 만든 불상이 서로 질문하고 답하는 것을 보셨다. 또한 남쪽 하늘에서 인간의 몸을 벗어난 두 여인 역시 이와 비슷한 질문과 대답을 하고 있는 것을 보았다. "빨리 완전하게 깨닫고 싶다면 정법으로 어떤 것을 따라야 하며, 어떤 수행법을 배워야 합니까?"라고 한 여인이 묻자, "보리심을 배워야 합니다."라고 다른 여인이 대답하였다. 보리심에 대해 공부해야 한다는 말을 들은 '아띠샤' 스승께서는 탑돌이를 멈추고서 물을 한 방울도 흘리지 않고 다른 통에 옮겨 담듯이 그 내용을 마음속에 그대로 담아 두셨다.

대탑 안으로 들어가자 나이가 든 두 여인이 있었다. 그중 나이 많은 여인이 조금 어린 이에게 "깨닫고 싶으면 보리심을 행하라."라고 일러주는 것을 들었다. '아띠샤' 스승께서는 다시 대탑 위로 올라가 '간돌라'[9]를 탑돌이 하셨는데, 그곳에 있는 불상이 "빨리 깨닫고 싶다면 보리심을 배워라."라고 '아띠샤' 스승에게 말하였다. 대탑 아래로 내려와 다시 탑돌이를 할 때 상아로 조각된 불상 역시 "빨리 깨닫고 싶으면 보리심을 배워야 한다."라고 일러주었다.

'아띠샤' 스승께서는 보리심을 완전히 배우기 위해서 모든 법을 갖춘 스승을 찾아 나섰고, 마침내 '보리심의 주인'으로 유명했던 스승 '쎌링빠'를 만나 뵙기 위해 쎌링국으로 떠나기로 결정하셨다. 길을 잘 아는 상인들과 함께 배를 타고 쎌링국을 향해 무려 13개월 동안이나 항해하였고, 심한 파도와 태풍으로

---

9) 보드가야 대탑 맨 윗부분을 말하며, 나가르주나가 부처님 진신사리를 봉안하여 불사하였다고 전한다.

몹시 위험했지만 기도의 힘으로 이러한 위태로움을 헤치고 무사히 쎌링국에 도착하셨다. 어릴 때부터 자비심으로 기도하고 수많은 수행을 해왔음에도 불구하고, 스승께서 어렵고 힘든 여행을 마다하지 않고 보리심을 가르쳐줄 스승을 찾아 나서신 것을 보면, 보리심 수행이 얼마나 위대한 것인지 짐작할 수 있다.

쎌링국에 도착한 '아띠샤' 스승께서는 선정을 닦고 있는 많은 '쎌링빠'의 제자들을 만날 수 있었다. 하지만 곧바로 스승 '쎌링빠'를 뵈러 가지 않고, 동행했던 다른 수행자 125명과 함께 14일 동안 쉬면서 스승 '쎌링빠'에 관하여 그의 제자들에게 많은 것을 물어보셨다. 보통 사람 같으면 곧바로 스승을 뵈러 갔을 테지만, '아띠샤' 스승께서는 그렇게 하지 않고 스승에 대해 살피는 것을 중요하게 여기셨다. 그 사이 '쎌링빠'의 유식학파 제자들이 스승에게 가서 요즘 동서고금에도 찾아보기 힘든 인도의 대학자 '아띠샤'가 수행자 125명과 함께 13개월 동안 고행을 하며 배를 타고 와서 스승께 삼세의 모든 부처님이 되게 하는 보리심에 관한 법문을 듣고, 보리심을 일으켜서 대승의 마음을 닦고자 여기에 와 있다고 말씀드렸다.

스승 '쎌링빠'께서도 이런 대학자가 우리 나라에 왔으니 나가서 맞이해야 한다고 말씀하셨다. 한편 '아띠샤' 스승과 그의 수행자들이 스승 '쎌링빠'의 수행처에 가까이 왔을 때 아라한처럼 매우 믿음직스러운 비구 535명과 사미 62명, 총 597명이 스승 '쎌링빠'를 에워싼 채 함께 마중 나온 것을 보았다. 그들은 모두 같은 색깔의 가사를 수하고, 저마다 주장자를 들고 있었다. 이는 석가모니 부처님께서 살아계실 때 아라한들이 부처님을 호위하고 가는 것과 같아서 '아띠샤' 스승의 마음에 큰

아띠샤 스승에게 보리심에 관한 모든 것을 전수하신 쎌링국의 스승 **쎌링빠**

환희심이 일어났다.

'아띠샤' 스승과 수행자 125명은 대학자들로서 삼장(三藏)을 통달한 비구들이었다. 이들은 말린 사프란꽃의 암술로 물들인 노란 가사를 입고 주장자를 들고서, '아띠샤' 스승의 뒤를 한 치의 흐트러짐 없이 한 사람이 끼어 설 수 있을 정도로 일정하게 간격을 두고 줄지어 나섰다. 선신(善神)들 또한 매우 기뻐하면서 꽃비를 내렸다.

'쎌링빠'측 사람들은 두 스승이 그와 같이 서로 공경하며 만나는 모습을 보고서 벅찬 감동을 받았다. '아띠샤' 스승께서는 안이 훤히 들여다보이는 보병에 금, 은, 진주, 산호, 삼색으로 된 유리 보석 등을 가득 채워 스승 '쎌링빠'께 공양 올리셨다. 안이 다 들여다보이는 보병을 올린 것은 '아띠샤' 스승께서 보리심을 닦는 비법을 남김없이 전수 받을 수 있는 상서로운 징조라고 모두가 여겼다. 두 분은 마음이 매우 잘 통해서 베개를 맞대고 주무실 정도로 아주 절친하게 12년을 함께 보내셨다.

그동안 '아띠샤' 스승께서는 미륵보살로부터 스승 '아상가〔무착無着〕'로 이어진 반야〔지혜〕의 숨겨진 모든 의미와 문수보살로부터 '샨티데바〔적천寂天〕'로 이어진 '자타(自他) 바꾸기' 등에 관한 '듣고 생각하고 닦는 수행〔문사수聞思修〕'을 모두 마치고, 보리심이 저절로 일어나는 특별한 경지에 이르셨다. 스승 '쎌링빠'께서도 '아띠샤' 스승을 '보리심에 대한 가르침의 최고 주인'으로 명명하신 후, "여기에 있지 말고 설산의 나라 북쪽으로 가라. 거기서 제자들을 가르쳐라."라고 간곡히 이르셨다. 그곳은 바로 티벳을 말하는 것이다.

'아띠샤' 스승께서는 쎌링국에서 돌아오신 후, 먼저 인도 보드가야에서 세 번의 논쟁을 통해 외도들을 물리치셨다. 그 후 '마하발라' 왕이 '아띠샤' 스승을 비끄라마쉴라 대사원으로 모시고 갔다. '아띠샤' 스승께서는 모든 철학에 능통했고, 모든 것에 좋고 싫은 분별이 없었으며, 인도 전역에 걸쳐 모든 이들의 공경을 받으셨다. 두 번째 석가모니 부처님께서 오신 것처럼 삼장과 밀교의 사부(四部) 딴뜨라 등 모든 가르침의 주인공이 되셨다.

그 당시 티벳에서는 '아띠샤' 스승 이전에 전해진 불법이 거의 사라져 후대 사람들이 다시 불법을 받아들이기 시작하는 때였다. 그런데 어떤 사람들은 율(律)이 최고라고 하면서 밀교를 무시했고, 다른 한편에서는 밀교가 최고라고 하면서 율을 무시했다. 또한 밀교와 현교를 차가운 것과 뜨거운 것처럼 아주 다른 것으로 생각하기도 했다.

그때 인도에서 온 삿된 스승들이 티벳의 황금을 탐내어 흑마술 등으로 티벳 사람들을 속여서 부처님의 가르침을 바르게 전파하는 데 많은 어려움을 주곤 했다. 티벳의 왕 '예쎄외'는 그런 현상에 대해 마음이 편치 않아서 티벳에 바른 가르침을 전파하는 데 도움을 주실 스승을 모시기 위해 티벳의 지혜로운 어린 동자 스물한 명을 인도로 보냈으나, 대번역가 '린첸상뽀'와 소번역가 '렉뻬쎄랍' 외에 다른 이들은 열병으로 모두 죽었다. 그 두 사람이 많은 법을 배웠지만, '아띠샤' 스승을 모시는 일은 실패하였다. 인도에서 돌아온 두 사람은 왕에게 "인도의 대학자들 중에서 부처님의 모든 가르침인 밀교와 현교에 대해 상충하는 견해를 가지고 있지 않으면서 티벳에 도움을 줄 수 있는 스승은 비끄라마쉴라 대사원에 계신 왕족 출신의 '아띠샤' 스승뿐이니, 그분을 티벳에 모셔야 한다고 모든 수행자가 한결같이 말합니다."라고 말씀드렸다. 왕은 그 말을 듣는 순간 일말의 의구심조차 모두 사라졌고, 특히 '아띠샤' 스승의 이름을 듣기만 했는데도 환희심이 넘쳤다.

왕은 다시 '갸쬔쎙게'와 일행 여덟 명을 많은 황금과 함께 '아띠샤' 스승께 보냈으나, 이번에도 역시 모시지 못하였다. 그러자 이번에는 왕이 직접 '아띠샤' 스승을 모시러 가기로 하고, 이에 필요한 황금을 찾으러 나섰다. 이때 외도인 '갈록' 왕은 '예쎼외' 왕이 불교를 새로이 받아들이기 위해 황금을 찾으러 나선 것을 알고, 그것을 포기하지 않으면 죽이겠다고 협박하면서 몸을 포박한 후 감옥에 가두었다.

왕의 조카 '쟝춥외'가 감옥에서 왕을 구해내려고 '갈록' 왕에게 가니, "'아띠샤'를 데리고 오는 것을 중단하고 내가 믿는 종교로 귀의하거나, 왕의 몸 크기만 한 황금을 가져오면 풀어주겠다."라고 말했다. 왕의 조카가 그만큼의 황금을 구해왔지만, '갈록' 왕은 다시 머리 크기만큼의 황금이 모자란다며 왕을 풀어주지 않았다. '쟝춥외'는 다른 방법이 없었으므로 '예쎼외' 왕이 있는 감옥 문 앞에 가서, "당신 몸만큼의 황금이 필요하다고 하여 '갈록' 왕에게 주었지만, 머리 크기만큼의 황금이 더 필요하다고 하면서 당신을 풀어주지 않습니다. 만약 그와 전쟁을 해서 이겨도 많은 사람이 죽게 될 것이며, 그렇다고 해서 '아띠샤' 스승을 모시지 못하고 '갈록' 왕의 밑으로 들어가는 것은 죽는 것보다 못하다고 생각합니다. 제가 황금을 더 찾는 동안 전생의 업을 생각하고 삼보에 귀의하면서 마음을 굳게 먹고 기다려 주십시오."라고 간곡히 부탁했다.

그러자 왕은 "네가 어리고 귀여움만 받아서 아직은 고생을 모르리라 생각했는데, 이제 보니 내가 죽어도 네가 다 알아서 할 수 있겠구나! 나한테는 그것만으로도 충분하다. 내 소원인

티벳에 청정한 불법이 뿌리내리는 것을 이루지 못하고 죽으면 안 된다고 생각했다. 설령 이번에 죽지 않는다고 하더라도 이제 나도 늙어서 앞으로 살 수 있는 시간은 10년 정도에 불과한데, 많은 황금을 바쳐 내 목숨을 살린다면 이것도 삼보에 부끄러운 일이다. 전생에 수없이 많이 태어났지만 정법을 위해 목숨을 바친 일은 없었을 터이니, 이번 생에 정법을 위해서 죽는다면 그것도 좋은 일이다. 내 몸 크기만큼의 황금을 찾는 일도 힘들었는데, 다시 머리 크기만큼의 황금을 찾는 일은 더욱 어려운 일이다. 그러므로 더는 '갈록' 왕에게 단 한 푼의 황금도 바치지 마라. 모든 황금을 가지고 인도로 가서 '아띠샤' 스승을 꼭 모시도록 하여라. '아띠샤' 스승께 '제가 당신과 부처님의 가르침을 위해서 목숨을 '갈록' 왕에게 보시하오니, 세세생생 저를 아들처럼 이끌어주소서! 제 소원은 당신께서 티벳에 오시어 부디 부처님의 가르침을 전하시는 일뿐입니다. 다음 생에 당신을 반드시 뵐 수 있는 가피를 저에게 내려주소서.'라는 말씀을 꼭 전하여라."라며 단단히 일렀다.

왕은 다시 조카에게 "그러니 나를 감옥에서 구하는 것을 포기하고, 불법을 전하는 일에만 전념하라."라고 일렀다. 힘이 다 빠지고 목소리는 쉬어 있었지만, 오직 티벳과 중생에 대한 연민, 부처님의 가르침과 '아띠샤' 스승에 대한 믿음만으로 용감한 마음을 지닌 '예셰외' 왕과 헤어지기가 차마 힘들었지만 조카 '쟝춥외'는 되돌아갔다.

'예셰외' 왕의 뒤를 이어 왕위를 계승한 '쟝춥외'는 감옥에 있는 왕의 모든 소원이 다 이루어질 수 있도록, 그 당시 티벳의 삿된 스승들이 펼친 정법이 아닌 것들을 모두 없애기 위해 '아띠샤' 스승을 모시고자 했다. 그리하여 마음의 힘에 의지해

꿋꿋하게 삼보에 기도하며 '아띠샤' 스승을 모시는 일을 누가 헤낼 수 있을지 많은 이들에게 자문을 구했다.

마침내 그는 오직 번역가 '낙초'만이 그 일을 할 수 있음을 알게 되었다. '낙초'는 그 당시 궁탕 지역의 황금 법당에서 수행 중이었다. '쟝춥외' 왕이 '낙초'를 불렀는데, 혹시나 그가 인도로 가는 것을 거절할까 두려워 자신이 앉는 중앙의 높은 자리에 그를 앉히는 등 극진한 대우를 하며 아낌없는 찬탄의 말로 공경을 다했다.

그리고 티벳 땅에 처음 불교가 전파됐던 경위와 발전 과정, 현재 불교의 모습이 어떠한지에 관해 설명했다. 위대한 학자들은 다 죽었고, 삼촌 '예셰외' 왕이 많은 사람과 함께 황금을 인도로 보냈으나 그들 대부분은 죽고 결국 '아띠샤' 스승도 모시지 못했으며, 많은 황금을 '갈록' 왕에게 바쳤으나 왕을 구해내지 못한 것 등을 설명했다. 그러면서 '쟝춥외' 왕은 "중생들의 원력도 이와 같고, 우리가 부탁할 사람은 오직 '낙초' 당신뿐이니 어찌하겠습니까? 여기에 황금 칠백 냥이 있으니 이를 가지고 가서 '아띠샤' 스승께 올리고, '아귀의 나라처럼 되어버린 척박한 티벳에 이제는 양 한 마리 크기만큼의 황금조차 찾기가 어려우나, 이 모든 재산과 총명한 사람들을 다 바칩니다. 이번에도 당신이 티벳에 오시지 않는다면, 당신은 자비로운 분이라고 할 수 없으며 우리에게도 더는 희망이 없으니 불법을 신봉하지 못하게 될 것입니다.'라고 여쭈시오. 혹시 '아띠샤' 스승께서 티벳에 오시지 못하더라도, 이 말씀은 꼭 전할 수 있도록 노력하시오."라고 무릎이 다 젖도록 눈물을 흘리면서 '낙초'에게 말했다.

'낙초'는 여행 경험이 없는 데다 인도에 갈 마음조차 전혀 없었지만, 왕의 호소에 차마 거절할 수 없었다. '감옥에 있는 예쎼외 왕을 만나 본 적은 없지만, 왕의 말이 이치에 맞고 그들이 겪어온 일들을 생각해 보면 재산은 물론 생명까지 위협받으면서도 티벳을 위해 고생을 무릅쓰고 있는데 비해 나는 분수에 넘치게 살아왔구나.'라고 그는 생각했다.

우는 사람의 얼굴을 보면 같이 따라 울고 싶어진다는 속담이 있듯이 '쟝춥외' 왕이 우는 것을 보자 '낙초'도 몸이 떨리고 눈에 눈물이 가득 고여 차마 얼굴을 들어 왕을 쳐다볼 수가 없었다. 그는 이번 생은 어디에도 집착하지 않겠다고 결심하면서, 기꺼이 인도로 가겠다고 왕의 간청을 받아들였다.

'낙초'가 일곱 명의 수행원과 황금 칠백 냥을 들고 인도를 향해 떠날 때 왕이 직접 멀리까지 배웅하면서, "비구여! 나의 부탁을 들어 꼭 성공하십시오. 이번 여행길이 무척 고생스럽겠지만 열심히 노력하고 건강 조심하십시오. 당신이 돌아오면 꼭 보답하겠습니다."라고 간곡히 일렀다. 멀리서 '낙초' 일행을 한참 동안 지켜보던 '쟝춥외' 왕이 다시 '낙초'를 큰 소리로 불러 세워 '아띠샤' 스승을 생각하고 기도하면서 길을 계속 가라고 일렀다.

그 후 '낙초' 일행이 네팔 지역에 도착했을 때 길에서 한 행인을 만났다. 그는 "멀리 큰일을 하러 가시는 것처럼 보이오. 길을 갈 때 삼보에 귀의하고, '설산의 나라 티벳에 삼세 부처님의 근원인 정법이 증장하게 하소서!'라고 마음속으로 외우면서 가면 모든 장애로부터 보호받을 것이오."라고 말했다. '낙초'가 그에게 누구냐고 묻자 행인은 자신이 누군지는 다음에 천천히 알게 될 것이라고 대답했다. 그 후에도 가는 도중에 많은 장애를 만났지만, 이처럼 '돔뙨빠'의 화신으로 관세음보살이 다양한 모습을 나투어 그것을 극복할 수 있도록 도와주었다.

드디어 '낙초' 일행은 비끄라마셜라 대학에 도착했다. 예전에 '아띠샤' 스승을 모시기 위해 왔다가 그곳에 머무르며 공부하고 있던 '갸쬔쎙게'가 대문에 난 조그만 감시용 창문을 통해 티벳 말로, "당신들은 어디에서 왔습니까?"라고 물었다. "우리는 응아리 지역에서 왔소."라고 답하자 그는 "문지기 동자에게 가져온 황금들을 다 보관시키시오."라고 말했다. 어린 문지기 동자는 황금 덩어리를 한쪽 구석에 두면서, "이렇게 믿는 마음이 최고의 친구이지요. 이제 마음 놓고 주무십시오."라고 말하며 일행을 안심시켰다. 어린 동자의 입에서 이런 말이 나오는 것을 보아 그가 보통 사람이 아니라는 확신을 하게 되었고, 그들은 더욱 마음을 놓을 수 있었다.

다음날 새벽 사원의 문이 열리자 한 젊은이가 다가와, "티벳인들이여! 당신들은 어디에서 왔소? 오는 길이 힘들지는 않았는지요?"라고 티벳 유목민의 말투로 물었는데, 그 말에 일행은 오는 동안의 모든 피로를 씻게 되었다. "우리는 응아리 지역에서 왔으며, 무사히 여기에 도착했습니다."라고 답하면서 그가 누구이며 어디로 가는지를 묻자, "나도 티벳인이며, 지금 티벳으로 돌아갈 것이오. 우리 티벳인들은 말이 많고 마음이 조급해서 꼭 숨겨야 하는 말을 숨길 줄 모르나, 중요한 일은 숨겨야 합니다. '갸쬔쎙게'가 이곳의 티벳관에 머물고 있으니 그곳을 찾아가십시오."라고 말했다.

일행이 그곳을 찾아 나섰는데 길목에서 지팡이를 든 노인 한 분을 뵙게 되었다. 그 노인이 "너희들은 어디에서 무엇 때문에 왔고, 어디로 가느냐?"라고 물어오자 "우리는 티벳에서 왔고, '아띠샤' 스승을 모시러 왔습니다. '걔쥔쎙게'의 방은 어디입니까?"라고 물었다. 그러자 노인은 "조금 전 젊은이가 한 말이 맞구나! 티벳 사람들은 숨길 줄을 모르는구나! 지나가는 노인네에게도 마음속의 말을 다 하는 것을 보니, 너희들은 일을 성사시키기가 힘들겠구나. 나한테 말하는 것은 괜찮지만, '아띠샤' 스승 외에는 그 누구에게도 이 일을 말하지 마라!"라고 단단히 이르면서 '걔쥔쎙게'의 방으로 그들을 안내했다. 노인은 천천히 걸었고 '낙초' 일행은 무척 빨리 걸었지만, 그를 따라가기가 너무 힘들었다. 노인은 '걔쥔쎙게'가 머무는 티벳관 앞에 기다리면서, "큰일을 할 때는 천천히 해야 한다."라며 '낙초'에게 다시 한 번 더 일러두었다.

　일행은 '걔쥔쎙게'의 방에 들어가 약간의 황금을 공양 올린 후 그들의 목적을 자세하게 설명했다. '걔쥔쎙게'는 그들에게 "여기서는 '아띠샤' 스승을 모시러 왔다고 말하지 말고, 다만 유학 왔다고만 말하라."라고 주의를 시켰다. 그리고 "'내땐라드 나아가라(이하 '내땐'이라 함)'라는 분이 있는데, 여기서 가장 힘이 있으며 '아띠샤' 스승을 모시고 있다. 그분이 이 사실을 알면 더더욱 안 된다. 가져온 황금의 반을 그분께 올리고 나서 너희들은 티벳에서 왔고, 예전에 '아띠샤' 스승을 모시려 했으나 모시지 못했으며, '아띠샤' 스승과 다름없는 분에게 배우고 싶다고 말하라."라고 덧붙였다. 그러고 나서 지혜로운 방편으로 '아띠샤' 스승께서 나오실 때 기회를 보아 함께 직접 부탁드려 보자는 의견도 내었다.

　'낙초'와 '걔쥔쎙게'는 '아띠샤' 스승을 모시고 있는 '내땐'에게 가져온 황금의 반을 가지고 가서 미리 들어둔 대로 고했다. '내땐'은 "잘했다. 여기에 사람이 귀하여 보내지 않는 것이 아니라 '아띠샤' 스승과 견줄 만한 학자들이 여기에도 없다. 인도에서도 '아띠샤' 스승은 불법의 뿌리인데, 만약 티벳에 보내면 여기와 티벳 둘 다 복이 없어진다."라고 하는 등 핑계를 대면서 변명하였다.

한편 '낙초' 일행은 '아띠샤' 스승을 곧바로 뵐 기회가 없자 그가 다니는 길목을 지키며 뵙기를 기다렸다. 어느 날 관세음보살의 화신이 인도의 학자들과 왕들이 모르게 조용한 때를 기다려 '낙초'와 '갸쬔쎙게'를 오라고 이른 후 '아띠샤' 스승의 방으로 데리고 갔다.

황금으로 만달라 공양을 올린 후 '갸쬔쎙게'가 '아띠샤' 스승께 고했다. 티벳의 왕은 보살의 화신이며, 이전의 법왕이신 '쏭쩬 감뽀', '티쏭 데우쩬', '티렐빠 쩬' 시대에 불교가 얼마나 융성했으며, '랑다르마' 왕 때 불교가 얼마나 파괴되었는지, '예쎼외' 왕과 '쟝춥외' 왕이 당신을 모시기 위해 얼마나 많은 고생을 했는지와 '예쎼외' 왕이 감옥에서 한 말들을 전했다. 또한 지금 티벳에 정법이 아닌 것들이 많이 전파되어 있는 현실도 고했다. 그래서 지금 '낙초' 일행이 당신을 모시기 위해 다시 왔으니, 작년에는 아무런 응답도 주지 않으셨지만 이번에는 꼭 들어달라고 간청했다. 그러자 '아띠샤' 스승께서는 "티벳의 왕들은 보살들이다. 이전의 법왕들도 모두 보살의 화신이며, 현재의 티벳 왕도 보살의 화신이다. 그렇지 않다면 불법의 불씨를 되살릴 수가 없다. 보살들의 말씀을 어기면 안 되는 것이다. 만약 내가 어긴다면 그 왕에게도 부끄러운 일이다. 그분은 사람도 많이 잃고 재산도 많이 낭비했으니, 너희 티벳인들도 불쌍하구나! 나는 지금 나이가 많은 데다 열쇠도 많이 쥐고 있다. 여기서 마무리해야 할 일도 많아서 지금 당장 티벳

여성의 몸으로 발심하고 도를 닦아 성불한 후 자비로운 어머니처럼 항상 중생을
질병과 장애로부터 보호해주시는 **따라보살**

에 가기는 힘들지만, 내가 한번 살펴보도록 하겠다. 황금은 당분간 도로 가져가 보관하고 있어라."라고 하면서 황금을 돌려주셨다.

'아띠샤' 스승께서는 티벳과 인연이 있는 제자들에게 자신이 티벳으로 가게 되면 불법에 도움이 되는지, 자신의 수명에 장애가 있는지를 살펴보도록 지시하셨다. 관세음보살과 따라보살이 "만약 당신이 티벳에 간다면 불법과 중생들에게 도움이 될 것이고, 특히 한 우바새(優婆塞)[10]를 통해 큰 도움을 줄 수 있다. 하지만 티벳에 가면 수명은 짧아진다."라고 하자 스승께서는 수명이 얼마나 짧아지는지에 대해 다시 물으셨다. "만약 티벳에 가지 않으면 92세까지 살겠지만, 티벳에 가게 되면 73세까지밖에 살 수 없어서 20년 정도 수명이 짧아진다."라는 말을 듣고, '아띠샤' 스승께서는 티벳에 도움이 된다면 수명이 짧아지는 것은 괜찮다며 큰 용기를 내셨다.

이에 인도의 승가와 후원자들은 만약 '아띠샤' 스승께서 티벳으로 가신다면 인도에는 불법의 근본이 사라지게 될 것이라고 한결같이 반대했다.

'아띠샤' 스승께서는 지혜로운 방편으로 티벳으로 간다고 말하지 않고, 부처님께서 깨달음을 얻으셨던 보드가야 등의 성지에 공양을 올리기 위해 순례하겠다며 성지로 떠나셨다. 또한 스승께서는 가피가 담긴 많은 불상과 경전들을 관세음보살의 화신인 상인들의 도움을 받아 몰래 티벳으로 보내어 미리 모시게 했다. 보드가야 순례를 마친 '아띠샤' 스승께서는 네팔과

---

10) 우바새, 우바이는 각각 재가의 남녀로, 불도에 들어가 삼보에 귀의하고 오계(五戒)를 받아 삼보를 극진히 섬기는 이들을 말한다. 여기서는 '돔된빠' 스승을 가리킨다.

티벳에도 성지가 있는 것 같으니 그곳의 성지를 순례하겠다고 말해 '내땐'의 허락을 받아냈다. '내땐'은 '아띠샤' 스승께서도 티벳으로 가는 것을 좋아하시고, 티벳 사람들도 '아띠샤' 스승을 티벳에 모시기를 고집하니 잠시 티벳에 가는 것은 허락하였지만, '낙초'로부터 3년 안에 티벳에서 인도로 다시 모셔오겠다는 맹세를 받아냈다.

'아띠샤' 스승 일행이 네팔을 향해 출발하자 티벳의 왕 '쟝춥외'는 300마리의 말을 이끌고 성대하게 마중을 나섰다. 모든 사람이 '아띠샤' 스승을 뵙는 것만으로도 갑자기 신심이 일어나고 마음이 누그러졌다. '아띠샤' 스승께서 티벳에 도착하시자 '쟝춥외' 왕은 "여기 북쪽 설산의 나라에서는 전대 법왕들의 많은 고행과 노력으로 불법의 뿌리를 내렸지만, '랑다르마' 왕 때 그것이 파괴되었습니다. 그 후 법왕들이 다시 부처님의 가르침을 펴려고 노력했으나, 어떤 이들은 밀교에 의지하면서 계율을 무시하고, 어떤 이들은 계율은 지키지만 밀교를 무시합니다. 이처럼 현교와 밀교를 차갑고 뜨거운 것처럼 상반되게 생각하고 있습니다. 특히 긴 머리채는 상투를 틀고 빨간색이나 파란색 승복을 입은 자들이 인도에서 와 아직 준비도 되지 않은 이들에게 기초도 없이 밀교를 가르침으로써 부처님의 가르침인 정법의 가치를 떨어뜨리고 있습니다."라고 눈물을 흘리면서 티벳의 상황을 자세하게 말씀드렸다.

"이제 '아띠샤' 스승께서는 저희 어리석은 티벳인들에게 지나치게 심오하고 수준 높은 교리보다는 불법의 기초인 인과에 대한 가르침을 베풀어 주십시오. 특히 스승께서 실천하고 계신 부처님의 가르침인 현교와 밀교의 내용을 간추려 그것을 빠짐없이 실천하기 쉽게 하고, 티벳인 모두에게 도움이 될 수 있는 방법을 가르쳐주십시오." 하고 왕은 간절히 청하였다. 그 외에도 '쟝춥외'는 수행과 관련된 많은 질문을 드렸다.

"보살계(菩薩戒)를 받으려면 별해탈계(別解脫戒)를 먼저 지녀야 합니까?"

"지혜와 방편 둘 중 하나만으로도 깨달을 수 있습니까?"

"관정을 받지 않은 이들에게 밀교를 설해도 됩니까?"

"출가자에게 세 번째 관정인 지혜 관정을 주어도 됩니까?"

"관정을 부여할 수 있는 금강상사(金剛上師) 관정을 받지 않은 이가 밀교의식을 행할 수 있습니까?"

이러한 질문에 '아띠샤' 스승께서는 매우 기뻐하시며, 그에 대한 답으로『쟝춥람기된마〔보리도등론菩提道燈論〕』를 직접 저술해 가르치셨다. 그 서문에 "선한 제자 '쟝춥외'의 요청으로『보리도등론』을 설한다."라는 대목이 나오는데, '쟝춥외'를 선한 제자라고 하신 이유는 그가 공양을 많이 올려서가 아니라 이처럼 지혜롭게 법문을 요청했기 때문이다. 만약 '쟝춥외'가 처음부터 밀교적인 관정을 달라든지 특별한 능력을 부여받고자 했다면, 스승께서는 그다지 기뻐하시지 않았을 것이다. 그의 질문에 대한 답으로 설하신 것이『보리도등론』이며, 이로 인해 당시 티벳에 난무하고 있던 사이비 종교와 거칠고 바르지 못한 가르침들이 저절로 사라지게 되었다.

이렇게 '아띠샤' 스승께서 응아리 지역에서 가르치신 지 3년이 되어갈 무렵, '낙초'는 '내땐'에게 했던 맹세 때문에 "이제는 인도로 돌아가셔야 합니다."라고 말씀을 올렸다. 이에 '아띠샤' 스승께서는 인도로 돌아가는 척하면서 네팔과 가까운 지역인 뿌랑으로 가셨다.

그때 인도에서 따라보살이 "한 명의 우바새를 통해 너의 가르침이 이어질 것이다."라고 여러 번 예언했던 것을 떠올리며 그가 오는지를 날마다 살피셨다. '나의 우바새가 나타나지 않는다. 따라보살께서 거짓말을 하셨을까?'라고 걱정할 정도로 '아띠샤' 스승께서는 제자가 나타나기만을 손꼽아 기다리셨다.

그러던 어느 날 우바새 '돔뙨빠'가 '아띠샤' 스승의 처소에 도착했으나, 스승께서 어떤 집의 공양청을 받아서 외출 중이며 곧 돌아오실 터이니 기다리고 있으라는 말만 듣게 되었다. 그러자 '돔뙨빠'는 "나는 진정한 대승의 큰 스승을 뵙기 위해서 왔다. 찰나의 앞뒤를 고르라고 한다면 앞을 택할 만큼 급하니 나는 여기서 기다리지 않고 스승을 뵈러 갈 것이다. 지금 어디에 계시는가?"라며 다급하게 스승을 찾아 나섰다. 때마침 돌아오시는 '아띠샤' 스승을 길목에서 뵌 '돔뙨빠'는 스승을 뵙자마자 오체투지로 예를 올렸다.

스승께서는 다가온 '돔뙨빠'의 정수리에 손을 얹고 산스크리트어로 많은 축복을 내리셨다. '아띠샤' 스승께서는 그날 공양청을 올렸던 집에 제자 우바새의 몫도 필요하다고 말해서 얻어온 것들을 '돔뙨빠'에게 주셨다. '아띠샤' 스승께서는 고기를 전혀 드시지 않았으므로 고기가 없는 음식과 버터를 받아오셨다. '돔뙨빠'는 그중에서 버터를 먹지 않고 밤새 탈 수 있는 등불로 만들어 '아띠샤' 스승의 머리맡에 공양 올렸다. 그때부터 '돔뙨빠'는 '아띠샤' 스승의 남은 생 동안 매일 이와 같이 등 공양을 올렸다. 바로 그날 밤 '아띠샤' 스승께서는 '돔뙨빠'에게 관정을 주고, 그를 수제자로 받아들이셨다.

그 뒤 뿌랑 지역에서 제자들이 '아띠샤' 스승을 다시 인도로 모시려고 했으나, 마침 국경에서 일어난 전쟁으로 길이 막히는 바람에 결국 인도로 돌아가실 수 없게 되었다. '돔뙨빠'가 '아띠샤' 스승을 티벳 북부로 모시려고 노력하는 동안에도 '낙초'는 3년 뒤에 '아띠샤' 스승을 인도로 다시 모셔오겠다고 한 약속 때문에 늘 전전긍긍했는데, 스승께서는 불가피한 상황에서는 죄가 되지 않는다고 하면서 그를 위로하셨다. 그러자 '낙초'는 매우 기뻐하면서 그렇다면 '아띠샤' 스승을 티벳 북부로 모시겠다고 하니, 스승께서도 가기로 결심하셨다.

그와 같이 전쟁이 일어나 '아띠샤' 스승께서 인도로 돌아가시지 못하게 된 일은 티벳으로서는 여간 큰 복이 아닐 수 없다. 인도로 돌아가실 수 없게 되자 '낙초'는 인도로 사람을 보내어 '내땐'의 말대로 네팔 국경 근처까지 갔으나 전쟁 때문에 '아띠샤' 스승을 티벳으로 다시 모셨으니, 전쟁이 끝나면 인도로 다시 모시는 것을 허락해달라는 요청과 함께 스승께서 『보리도등론』을 설하신 소식을 전했다. '아띠샤' 스승께서도 손수 편지를 써 많은 황금과 함께 『보리도등론』을 인도로 보내셨다.

당시 인도에서는 학자들이 책을 저술하면 그것을 아무 때에나 출판하지 않고 모아두었다가 일 년에 한 번씩 대학자들이 모여서 저술한 내용을 한 자 한 자 꼼꼼하게 점검하고, 아무런 문제가 없을 때 비로소 왕에게 올린 후 최고의 저자에게 상을 주면서 출판하는 제도가 있었다. 만약 잘못된 점이 있으면 개의 꼬리에 그 원고를 묶어 지역을 돌게 하여 이를 비판하게 함으로써 잘못 저술한 저자가 수치심을 느끼게 하였다.

'아띠샤' 스승의 『보리도등론』은 그 같은 절차를 밟을 필요가 없었지만 그러한 전통에 따라 대학자들에게 읽어 보게 하니, 석 장 분량의 『보리도등론』에 현교와 밀교에 대한 부처님의 모든 가르침이 빠짐없이 요약되어 있어 많은 학자에게 도움이 되었고 모든 이에게 감동을 주었다. 학자들은 모두 한목소리로, "'아띠샤' 스승께서 티벳에 가신 것은 티벳 사람들뿐만 아니라 우리 인도 사람들에게도 아주 큰 도움이 되었다."라고 칭송하였다.

만약 '아띠샤' 스승께서 계속 인도에만 머물러 있었더라면 이러한 가르침을 펴시지 않았을 것이다. 티벳에는 열심히 정진하는 사람이 많지 않아 오히려 그에 맞추어 큰 가르침을 잘 요약할 수 있었기 때문이다. 그래서 다들 '아띠샤' 스승께서 계속 티벳에 머물며 가르침을 펴시는 것이 좋겠다고 말하니, '내땐' 또한 학자들이 이렇듯 다 칭송하니 '아띠샤' 스승을 티벳에 계속 머무시게 하자고 했다. '내땐'은 '아띠샤' 스승께서 티벳에 있는 것을 좋아하시고 많은 이들에게도 도움이 되므로 티벳에 더 계셔도 좋다고 허락하면서, '아띠샤' 스승 대신 『보리도등론』의 주석서를 하나 보내달라는 편지를 보냈다. 이 편지를 받자 '아띠샤' 스승께서도 매우 기뻐하셨고, '낙초' 또한 "'내땐'과 인도에서 약속했던 큰 짐을 오늘부터 덜게 되었다."라고 말했다.

'아띠샤' 스승께서 티벳 중부로 가실 준비를 하자 '돔뙨빠'는 그곳에 미리 사람을 보내어 '까와 샤꺄왕축'을 비롯한 스님들에게 '이제 내가 '아띠샤' 스승님을 모시고 갈 터이니 마중을 나오시오.'라는 내용의 편지를 썼다. '아띠샤' 스승께서 티벳 중부에 도착하시자 티벳 큰스님들이 말을 타고 승복이 아닌 화려한 복장과 모자를 쓰고 마중을 나왔는데, 먼 곳에서 다가오는 그들을 지켜보고 있던 스승께서는 티벳의 귀신들이 오고 있다고 하면서 가사로 얼굴을 가리며 고개를 숙이셨다. 큰스님들이 말에서 내려 승복으로 갈아입고 다가가니, 그제야 '아띠샤' 스승께서 기뻐하며 이들을 환대하셨다.

티벳 중부로 가신 '아띠샤' 스승께서는 중생들을 위해 많은 가르침을 베풀면서 티벳에 총 17년 동안 머무셨다. 이처럼 온갖 노력으로 '아띠샤' 스승을 티벳에 모셨으며, 스승께서는 모든 가르침을 『보리도등론』 안에 다 담으셨다.

'아띠샤' 스승께서 티벳으로 떠나시기 전에 따라보살과 '아띠샤' 스승의 스승이신 '할라낙뽀'께서 "'아띠샤'가 티벳으로 가게 되면 아버지보다 아들이 더 위대해지고, 아들보다 손자가 더 위대해지며, 손자보다 증손자가 더 위대해지고, 증손자보다 고손자가 더 위대해지는 때가 올 것이다."라고 말씀하셨다. 여기서 '아띠샤'는 아버지이고, 아들은 '돔뙨빠'와 '렉뻬셰랍' 등이다. 손자는 '꾸체쑴〔뽀또와·쩬아와·푸충와〕' 세 명이고, 증손자는 '랑리탕빠'와 '싸라와' 등이며, 고손자는 '쌍게왼뙨'과 '쌍게곰빠' 등을 지칭한 것이다. '위대해진다'고 하는 것은 전대보다 후대에 가르침이 더욱더 널리 전파됨을 의미한다.

그리하여 '아띠샤' 스승께서는 당시 티벳에 만연해 있던 삿된 종교를 모두 물리치고, 새로운 정법을 꽃피우게 하셨다. 또한 '아띠샤' 스승께서는 스승 '쎌링빠'로부터 전수받은 보리심을 기초로 한 보리도차제를 '돔뙨빠'에게 전수하셨다. 스승께서 다른 이들에게도 다양한 밀교 등을 가르치면서 그들에게는 보리심을 기초로 한 보리도차제를 전수하지 않고 왜 자기에게만 이것을 전수하시는지를 '돔뙨빠'가 여쭈자, "너 외에는 이것을 전수받을 사람이 없다."라고 하며 비밀스럽게 전수하셨다.

이윽고 '돔뙨빠'는 많은 대중에게 보리심을 기초로 한 보리도차제를 가르치기 시작했고, 이에 대한 법맥은 세 가지로 나누어졌다. 스승 '뽀또와'로부터 스승 '싸라와'로 이어지는 '까담슝빠와'가 그 하나이고, 보리도차제를 요약해서 가르치는 것으로 스승 '곰빠와'로부터 스승 '뉴스르빠'로 이어지는 '까담람림빠'가 있으며, 스승이 비법을 제자의 근기에 맞추어 가르치는 것으로 스승 '쩬아와'로부터 스승 '자율와'로 이어지는 '까담멩악빠'가 있다.

　이러한 세 갈래의 법맥을 '쫑카빠' 대사께서 다시 하나로 묶어 『보리도차제광론〔대보리도차제론〕』, 『보리도차제약론〔중보리도차제론〕』, 『보리도차제오도송〔소보리도차제론〕』을 저술하셨다. 대사께서는 문수보살을 스승과 제자의 관계처럼 자주 뵈면서 현교와 밀교의 많은 가르침을 직접 들으셨다. 처음에 『보리도차제광론』을 선정〔사마타, 止〕 편까지만 저술하면서 지혜〔위빠사나, 觀〕 편은 사람들에게 크게 도움이 되지 않을 것으로 여겼으나, 문수보살의 권고로 마지막 지혜 편도 저술하셨다. 그리하여 '쫑카빠' 대사의 『보리도차제광론』은 '아띠샤' 스승의 가르침들을 빠짐없이 모두 다 갖출 수 있게 되었다.

아띠샤 스승의 수제자로 보리심에 대한 모든 요의법을 전수받은 티벳의 스승 **돔뙨빠**

4. 람림의 네 가지 위대함과 세 가지 특징

이는 람림(이하 '보리도차제'로 함)의 네 가지 위대함과 보리도차제의 세 가지 특징, 이 두 가지로 나눌 수 있다.

4.1. 보리도차제의 네 가지 위대함

이에 모든 가르침을 서로 어긋남 없이 깨닫게 하는 위대함, 모든 경론이 요의법임을 깨닫게 하는 위대함, 부처님의 뜻인 정법을 쉽게 깨닫게 하는 위대함, 큰 죄들이 저절로 소멸하게 하는 위대함, 이 네 가지가 있다.

1) 모든 가르침을 서로 어긋남 없이 깨닫게 하는 위대함

부처님의 모든 가르침이 때로는 서로 어긋나는 것처럼 보일 수 있으나, 궁극적인 목적인 성불에 이르려고 실천할 때는 가르침 간에 상충하는 부분이 없다. 특히 대승이나 소승, 현교나 밀교를 들을 때 특히 더 상충하는 것처럼 보이지만, 원래 수행으로서 그 방편들의 의미를 새겨보면 사람의 근기에 따라 다양하게 담은 것일 뿐 실제로 상충하는 점은 없다.

예를 들면 의사가 열병이 심한 환자에게 처음에는 고기와 막걸리 등 열병에 해로운 것을 먹지 말라고 처방하면서 먹으면 목숨이 위태로워질 수도 있다고 경고한다. 하지만 열병이 나은 후 영양실조를 치료하기 위해 고기나 막걸리 등을 먹으라고 하면, 의사의 처방이 앞뒤가 맞지 않고 상충하는 것처럼 보인다. 그러나 환자의 병을 완전히 낫게 하는 데는 이 두 가지 처방이 다 필요하므로 결코 상충하는 것이 아니다. 이처럼 대승과 소승, 현교와 밀교 등이 깨달음을 성취하는 데 모두 필요한 것은 아니라는 생각이 들 수도 있지만, 가르치시는 분이 자재로이 사람 각각의 근기에 따라 필요해서 말씀하신 것이다.

보리도차제의 하사도차제와 중사도차제에 있는 주로 소승불교에서 강조하는 무상과 고통 등을 사유하는 방법과 그보다 높은 단계의 상사도차제에서 말하는 보리심을 일으키고 육바라밀을 닦는 방법 등과 같은 대승불교의 내용과 밀교 수행을 할 수 있는 근기를 위해 금강승(金剛乘)에서 말하는 생기차제(生起次第)와 원만차제(圓滿次第) 등은 한 수행자가 깨달음을 성취하기 위해 이 모두를 실천할 때도 전혀 상충하지 않는다.

보살이 중생을 위해 이타행(利他行)[11]을 할 때 중생의 근기에 맞게 가르칠 수 있어야 하듯이, 우리도 부처님의 모든 가르침을 서로 어긋남 없이 배워야 한다. 그러기 위해서는 대승의 길에서 모든 허물을 없애고 일체지를 성취할 필요가 있으며,

---

11) 남에게 공덕과 이익을 베풀어주며 중생을 구제하기 위해 노력하는 것을 말한다.

허물을 하나씩 없애고 공덕을 하나하나 갖추는 데 부처님의 모든 가르침은 방편으로 도움이 되지 않는 것이 하나도 없다. 어떤 수행자가 깨달음을 성취하기 위해 삼장과 밀교의 사부(四部) 딴뜨라 등을 실천할 때 서로 어긋나는 것이 없음을 알게 되면 부처님의 교법(敎法)에 통달한 것이다.

하사도차제(下士道次第)에서는 직접 계율을 지키는 것과 다음 생에 삼악도에 떨어지지 않고 선도에 태어날 수 있음에 관해 설명하고 있다. 그리고 사성제 등의 근본 가르침으로 해탈을 얻는 내용이 중사도차제(中士道次第)에서 나오며, 보리심을 일으켜 육바라밀을 닦아 완전한 깨달음을 얻는 것에 관한 내용은 상사도차제(上士道次第)에서 나온다. 이러한 모든 차제의 실천이 완전한 깨달음을 얻기 위한 가르침과 상충하지 않으면 증법(證法)[12]에 통달한 것이 된다.

2) 모든 경론이 요의법임을 깨닫게 하는 위대함

이와 같이 보리도차제를 배우면 모든 경론이 요의법임을 깨닫게 된다. 요의법은 모든 가르침의 핵심이지만, 요즘 사람들은 대장경을 기도할 때 예배의 대상으로만 모실 뿐 그것을 공부하고 실천해야겠다는 생각은 별로 하지 않는다. 그보다는 조사스님들의 어록 중에 자기한테 해당하는 것이 있으면 감명을 받아 평생을 거기에만 맞추어 보내는 경우가 많은데, 이는 아주 사소한 것에 치우쳐 구체적으로 실천하는 데 전혀 도움이 되지 않는다. 그러한 것은 모든 경론이 요의법임을 깨닫지 못

---

12) 부처님의 가르침인 삼장(三藏)을 교법(敎法)이라 하고, 이 교법을 실천하는 삼학(三學)을 증법(證法)이라고 한다.

하기 때문이며, 이 또한 보리도차제를 배우지 못해서 생긴 허물이다.

보리도차제를 바르게 배운 이는 그 실천에서 요의법임을 깨닫게 된다. 예를 들어 보리심을 일으키는 것에 대한 말이 나오면, 이를 상사도차제에서 닦는 보리심으로 바로 연결할 수 있다. 연기법을 보면 중사도차제와 연결할 수 있으며, 심지어 길에 버려진 종이에 쓰여 있는 글만 보아도 그것을 요의법으로 알게 되어 수행과 연결할 수 있다.

그와 같이 마음속에 '쬐곰〔분석명상, 觀法〕'과 '족곰〔집중명상, 止法〕'이 따로따로 필요할 때도 각각 실천할 줄 알고, 모든 경전의 가르침이 자신이 실천하는 데 도움이 되고 있음을 알 때 그것은 모든 가르침이 요의법임을 알게 하는 징조이다.

더 알기 쉽게 예를 들자면 맛있는 음식을 만들려고 할 때 모든 재료를 골고루 갖추지 못하고 쌀 한 움큼밖에 가진 게 없으면 어떻게 해야 할지 몰라 막막하듯이, 가르침을 분야별로 모두 갖추고 있지 않으면 어디에 어떻게 연결해야 할지 몰라서 실천할 수 없게 된다. 음식 재료들을 따로따로 골고루 모두 갖추고 있으면 필요한 재료를 바로 찾아 쓸 수 있는 것처럼, 가르침을 분야별로 차례대로 갖추고 있으면 수행과 바로 연결해 실천할 수 있다.

그리 풍부하지 않아도 순서대로만 갖추고 있다면, 그 또한 수행과 연결하여 실천할 수 있다. 부잣집과 가난한 집에 있는 물건들을 비교해 보면, 아무리 가난한 집이라 해도 기본 생활 도구는 모두 갖추고 있으며, 다만 그 질과 양에 차이가 있을 뿐이다.

이처럼 보리도차제는 모든 수행체계와 관련된 가르침을 순서대로 잘 갖추고 있으므로, 모든 경론이 요의법임을 깨닫게 하는 위대함을 갖추고 있다.

3) 부처님의 뜻인 정법을 쉽게 깨닫게 하는 위대함

이러한 보리도차제에 의지하지 않으면 광대한 불법의 완전한 뜻인 요의법을 이해할 수 없다. 또한 이해하게 되었더라도 시간이 오래 걸리고 많은 노력을 기울여야 한다. 그러나 보리도차제에 의지하면 광대한 부처님의 바른 가르침을 어려움 없이 빨리 이해할 수 있다. 보리도차제는 그만큼 위대한 힘을 갖추고 있다.

예를 들면 광대한 경전은 바다와 같고, 도의 세 가지 핵심인 출리심·보리심·공성을 깨닫는 바른 견해는 바닷속 여의주와 같으며, 보리도차제는 배와 같고, 보리도차제를 가르치는 스승은 선장과 같다. 바닷속에 여의주가 있어도 배를 의지하지 않으면 여의주를 찾기는커녕 자신의 목숨만 잃게 될 뿐이다.

그처럼 보리도차제에 의지하지 않고는 광대한 경전의 바다에 들어가더라도 부처님의 높은 뜻을 찾아내기가 어렵다. 그러므로 지혜로운 선장과 같은 스승에 의지하지 않으면, 보리도차제라는 배에 오르더라도 큰 바다와 같은 광대한 경전 속에서 부처님의 완전한 뜻인 여의주를 쉽게 찾아낼 수가 없다.

4) 큰 죄들이 저절로 소멸하게 하는 위대함

앞서 말한 세 가지 위대함을 이해하지 못하면 소승과 대승, 교학과 수행을 다르게 여기면서 경전의 말씀이 대단하다거나 대단하지 않다고 하는 등으로 분별하는 죄를 많이 짓게 된다. 그러한 죄의 과보는 무겁다.

부처님께서도 "문수여! 정법을 버리면 그 죄과가 크니, 여래께서 말씀하신 어떤 경은 좋다고 인식하고 어떤 경은 나쁘다고 인식하면 이는 정법을 버리는 것이다. 정법을 버리는 것은 여래를 욕되게 하는 것이며, 승가도 욕되게 하는 것이다. 이것은 옳다고 하거나 그르다고 하는 것도 정법을 버리는 것이다. 이것은 보살들을 위한 가르침이고 저것은 성문을 위한 가르침이라고 하는 것도 정법을 버리는 것이다. 이것은 연각을 위한 가르침이라고 하는 것도 정법을 버리는 것이다."라고 말씀하셨다.

정법을 무시하는 죄가 매우 무겁다고 『땡에진걜쀠도〔삼매왕경三昧王經〕』에도 나오듯이, 우주의 모든 탑을 파괴하는 것보다 정법을 버리는 죄가 더 크다. 갠지스강의 모래알 수만큼 많은 아라한을 죽이는 것보다 정법을 버리는 죄가 더 크다.

그러나 보리도차제를 의지하면 스승에 대한 잘못된 견해나 그 죄를 사유함으로써 저절로 이러한 죄업들이 소멸하게 하는 위대함을 갖추게 된다. 또한 무상(無常)에 대해 배움으로써 이번 생에 대한 집착이 없어지고, 보리심을 일으키는 것에 대해 생각함으로써 이기심으로 생긴 죄업이 사라지며, 무아(無我)를 생각함으로써 아상까지도 없애는 등 지은 죄가 저절로 소멸하는 위대함을 갖추고 있다.

4.2. 보리도차제의 세 가지 특징

이에 모든 가르침의 핵심을 요약하여 빠짐없이 갖추고 있다, 주로 마음을 변화시키기 위해 순서대로 설명하였으므로 실천하기가 쉽다, 위대한 스승이신 '나가르주나'와 '아상가'의 교학에 뛰어난 '릭빼쿠죽'과 '쎌링빠'의 전통에 따라 만들어져 다른 것보다 더욱 특별하다, 이 세 가지를 들 수 있다.

1) 모든 가르침의 핵심을 요약하여 빠짐없이 갖추고 있다

부처님의 가르침이 삼사도차제(三士道次第) 안에 순서대로 모두 갖추어져 있으며, 보리도차제의 양이 방대한 팔만사천대장경보다 적을지라도 모든 가르침의 핵심을 요약해 빠짐없이 갖추고 있으므로, 여기에 의지하여 생각하고 실천하면 대장경을 한꺼번에 다 실천하는 것과 같다. 왜냐하면 모든 가르침과 연결되어 있기 때문이다.

'까담'의 스승 '될룽빠'께서는 "내가 보리도차제를 가르칠 때 모든 경전의 심장[핵심]을 꺼내고 있어서 이 지구의 모든 경전들이 벌벌 떨고 있다."라고 말씀하셨는데, 보리도차제를 잘 알면 지구에 있는 모든 경전의 핵심을 전부 다 알게 된다는 의미이다. 그처럼 보리도차제는 모든 경전의 핵심이 다 들어 있을 뿐만 아니라 모든 경전의 문을 여는 열쇠와도 같다.

또한 경을 자세하게 보고도 이해하지 못할 정도로 아둔한 사람이라 해도 『보리도차제약론』이나 『보리도차제오도송』만이라도 의지하면 수행할 수 있게 된다. 이는 스물다섯 가지나 되는 약들을 따로 하나씩 먹을 필요 없이 스물다섯 가지 약재를 모두 넣어 만든 약을 한 알만 먹으면 되는 것처럼, 보리도차제도 그렇게 만든 종합약과 같다. 그중 한 가지 약재만 빠져도 병을 낫게 할 수 없는 것과 같이 모든 것을 갖추고 있는 요의법의 왕인 보리도차제를 만났을 때 부지런히 정진해야 한다.

2) 주로 마음을 변화시키기 위해 순서대로 설명하였으므로 실천하기가 쉽다

우리가 윤회세계에 살면서 받는 다양한 고통과 해탈을 통해 얻는 행복 등은 모두 마음에서 비롯된 것일 뿐이다. 보리도차제는 주로 마음을 닦고 익히는 것을 강조하고 있으므로, 어려움 없이 실천할 수 있도록 아주 쉽게 되어 있다. 따라서 마음을 닦고 익히는 데에는 보리도차제보다 나은 것이 없다.

3) 위대한 스승이신 나가르주나와 아상가의 교학에 뛰어난 릭빼쿠죽과 쎌링빠의 전통에 따라 만들어져 다른 것보다 더 특별하다

심오한 법맥의 스승이신 '나가르주나'와 광대한 법맥의 스승이신 '아상가'의 교학에 뛰어난 '릭빼쿠죽'과 '쎌링빠' 두 스승께서 가르치신 요의법의 전통에 따라 만들어진 것이므로, 다른 어떤 가르침보다도 뛰어나고 더 특별하다.

'쫑카빠' 대사께서 "세상 모든 지자 가운데 최고이자 중생계에 널리 알려지신 나가르주나와 아상가 두 분으로부터 바르게

제1편 발심하고자 하는 이들을 위하여

전승된 보리도차제는 중생의 모든 원을 남김없이 채워주기에 여의주와 같은 수승한 가르침이며, 훌륭한 모든 경론의 핵심을 모았기에 바다와 같은 큰 가르침이나이다."라고 말씀하셨다.

이와 같은 세 가지 특징은 미륵보살의 『현관장엄론』에도 없고, 밀경의 왕인 『구야싸마자밀경』에도 없다. 왜냐하면 이 둘에는 현·밀경의 핵심을 빠짐없이 요약한 내용도 없고, 주로 마음을 차제대로 변화시키는 내용도 없기 때문이다.

그리고 이 네 가지 위대함과 세 가지 특징을 갖추었기에 더욱더 뛰어난 보리도차제를 문사수로 배우고 실천할 수 있는 자신이 얼마나 큰 행운아인지를 알아서 부지런히 정진하는 것이 중요하며, 삿된 가르침이나 가르침의 일부에만 집착하여 머무르지 않도록 해야 한다.

스승 뽀또와의 수제자로 오직 람림의 가르침을 전하기 위해 환생한 것으로 알려진 까담의 스승 **싸라와**

5. 어떻게 듣고 어떻게 가르쳐야 하는가

이는 가르침을 듣는 방법, 가르치는 방법, 듣는 이와 가르치는 이가 함께 해야 할 일, 이 세 가지로 나눌 수 있다.

5.1. 가르침을 듣는 방법

이에 들음으로써 생기는 이득, 법과 가르치는 이를 공경하기, 듣는 이의 참다운 자세, 이 세 가지가 있다.

1) 들음으로써 생기는 이득

법을 듣고 싶은 마음이 생기기 위해서는 들음의 이득을 알아야 한다. 『퇴뻬촘〔청문집聽聞集〕』에서 "들음으로써 법을 알고, 들음으로써 죄짓는 것을 절제하고, 들음으로써 무의미한 일을 하지 않게 되고, 들음으로써 열반까지 도달할 수 있게 된다."라고 했다.

이처럼 들음에 의지하면 해야 할 일과 하지 말아야 할 일을 구별할 줄 알게 되며, 삼장 중 율장의 의미를 알아서 계율을 파하는 일을 피할 수 있고, 경장의 의미를 알아서 선정을 닦을 때 일어나는 산란한 마음 등의 무의미한 일을 버리게 되며, 논장을 이해함으로써 지혜를 닦아 번뇌를 제거하고 깨달음의 경지에 오르게 된다.

『자타카〔본생담本生譚〕』에서 들음의 이득에 대해 다음과 같이 설명하고 있다.

"들음은 무지의 어둠을 밝히는 등불이며, 도둑들이 훔쳐 갈 수 없는 최고의 보물이다.

매우 큰 어리석음이라는 원수를 정복하는 무기이며, 요의법의 방편을 보여주는 최고의 친구이다.

모든 재산을 잃었을 때도 변치 않는 동반자이며, 모든 고통을 치료하는 데 부작용이 전혀 없는 약이다.

아주 큰 죄들도 단번에 모조리 파괴하는 뛰어난 군대이며, 명예나 보물보다도 더 값진 것이다.

인격자들에게 최고의 선물이며, 많은 사람 중에서 최고의 학식을 가진 이로 인정받는다."

'들음은 무지의 어둠을 밝히는 등불'이라고 하는 이유는, 우리가 한글의 ㄱ, ㄴ부터 시작해 자음과 모음을 모두 알게 되면 한글을 모르는 어둠이 사라지듯이 들음은 지혜의 등불이기 때문이다. 이와 같이 들으면 들을수록 무지의 어둠이 서서히 사라지고 지혜의 밝은 빛이 널리 퍼지게 된다. 그러나 들음이 없으면 ㄱ자가 당나귀 머리만큼 커도 알 수 없으니 그저 머리를 내저을 수밖에 없다.

『퇴빼촘』에서 "집안에 필요한 물건들이 다 있어도 어둡고

캄캄하면 눈이 있어도 볼 수 없는 것처럼, 지혜의 눈이 있어도 들음의 등불이 없으면 해야 할 것과 하지 말아야 할 것을 구분하지 못하게 된다. 그러나 캄캄한 집안에 등불을 켜면 자기 눈으로 필요한 물건들이 어디에 있는지 잘 볼 수 있듯이 들음의 등불에 의지해서 지혜의 눈으로 모든 법을 알게 된다."라고 했다.

'들음은 도둑들이 훔쳐 갈 수 없는 최고의 보물'이라고 하는 이유는, 이 사바세계의 물건은 도둑들이 훔치거나 강도들이 뺏어 갈 수 있지만 들어서 알게 된 귀한 내용은 다른 사람이 훔쳐 갈 수 없기 때문이다. 자기 고향으로 돌아가려고 할 때 물건들은 가져가기가 몹시 무겁고 힘들지만, 들음의 물건은 무겁거나 힘든 일이 없다. 죽어서 다음 생에 가져갈 수 있는 것도 바로 이것이다. 그러므로 차나 다기, 찻상 등에 관심을 가지는 것보다 '성자의 일곱 가지 재산〔七聖財〕'[13] 가운데 하나인 들음의 공덕이 무엇인지에 대해 관심을 가지는 것이 더 지혜로운 일이다.

'들음은 매우 큰 어리석음이라는 원수를 정복하는 무기'라고 하는 이유는, 들음으로써 모든 번뇌라는 원수를 완전히 없앨 수 있기 때문이다.

'들음이 요의법의 방편을 보여주는 최고의 친구'라고 하는 이유는, 우리가 어떤 일을 시도할 때 예전에 해야 할 것과 하지 말아야 할 것에 대해 들어서 생긴 지혜가 친구처럼 자신에게 틀림없는 조언을 해주기 때문이다. '예쎄외' 왕이 감옥에서 큰 용기를 낼 수 있었던 것도 들음의 용기가 생겨났기 때문이

---

13) 믿음, 계율, 들음, 보시, 부끄러워할 줄 앎, 남을 탓하지 않음, 지혜 등을 말한다.

라고 한다.

'들음은 모든 재산을 잃었을 때도 변치 않는 동반자'라고 하는 이유는, 사바세계의 친구들은 내가 부귀영화를 누릴 때는 아주 친한 척하다가도 내가 망하면 아예 아는 체도 하지 않지만, 들음은 고통받을 때나 아플 때나 죽을 때와 같이 우리가 처한 상황이 어렵고 힘들수록 더 큰 도움을 주는 최고의 동반자이기 때문이다.

예전에 어떤 사람이 가난할 때는 친척이라고 나서는 이가 아무도 없더니, 후에 그가 돈을 벌어서 부자가 되자 여기저기서 모르는 사람들이 나타나 그의 삼촌이나 친척이라며 나섰다고 한다. 어느 날 저녁 그는 그들을 모두 초대한 뒤 탁자 위에 돈다발을 올려놓고서, "전에 나는 삼촌이 없었는데 삼촌을 생기게 하고, 친척이 없었는데 친척을 생기게 한 돈다발 당신에게 절을 올립니다."라고 했다고 한다.

또 다른 일화로 '첼링 린뽀체'라는 분이 토굴에서 혼자 수행하고 있었다고 한다. 린뽀체에게는 삼촌이 한 분 있었는데, 어느 날 길에서 장사하러 나서는 삼촌을 만나 린뽀체가 인사를 하자 인사도 받지 않고 모르는 체했다고 한다. 그러나 후에 린뽀체가 국사(國師)가 되어 유명해지자 삼촌은 다시 아는 체하기 시작했다고 한다.

이처럼 사바세계의 모든 친구나 친척들은 믿을 수가 없으며, 결코 마음에 의지할 수 있는 존재가 되지 못한다. 그러므로 우리가 친구를 사귀고 싶다면, 법을 '듣고 생각하고 닦는 수행[聞思修]'과 친구가 되는 것이 최고이다.

『자타카』에 "들음으로써 삼보의 가르침에 대한 믿음이 생겨 부처님께 공양을 올리게 되고, 나아가 인과를 믿게 되며, 그러한 믿음으로 실천하는 것을 좋아하고, 사성제의 참된 의미를 정확하게 알아서 완전한 깨달음을 성취하는 데에 흔들림이 없는 견고한 지혜를 얻는 이득이 있으므로, 들음은 자신의 살을 잘라내어 주고서라도 구할 만큼 가치가 있는 일이다."라고 나와 있다.

요즘처럼 살을 잘라내어 줄 필요 없이 편안하게 법을 들을 수 있을 때 혼신의 힘을 다해서 들어야 한다. 석가모니 부처님께서도 전생에 왕자 '다와'였을 때 법문 한 구절에 황금 천 냥씩 공양을 올리고 들으셨다. 우리가 많이 듣고 공부할수록 견해가 바르게 되고 더 넓어지며, 수행의 성취도 더 빨라진다. 따라서 젊을 때 많이 듣고 배워야 하는데, 삼보에 대해 아는 데에도 배운 이와 배우지 않은 이의 차이가 크다.

한편 스승이 비록 많이 듣고 배운 이가 아니더라도 제자는 자신처럼 되지 않게 많이 듣고 공부할 수 있도록 도와준다면, 자신에게도 다음 생에 지혜가 그만큼 더 생기게 된다. 또한 자신이 늙고 머리가 둔해져서 많이 듣고 배우지 못하고 죽는 것을 걱정할 필요도 없다. 많이 듣고 배우지 못하더라도 보리도차제의 순서대로 배우게 되면 그만큼의 이득이 있다. 소나 말, 양에게 각자 질 수 있는 만큼의 짐을 싣듯이 들음도 자신의 근기에 맞게 들으면 된다.

음악을 공양 올리는 여신

만약 어떤 이가 백 개나 되는 방석을 갖고 있어도 옷 한 벌을 갖추고 있지 않으면 아무 소용이 없고, 번쩍거리는 모자를 갖고 있어도 윗옷 한 벌이 없으면 외출조차 할 수 없듯이, 수행도 이와 같아서 한쪽으로만 치우쳐 골고루 다 갖추어 듣지 않으면 제대로 나아갈 수 없게 된다.

보리도차제는 마음동기에서부터 하사도차제, 중사도차제, 상사도차제의 선정과 지혜 편에 이르기까지 모든 것을 다 갖추고 있으니, 이러한 체계에 대해 자세하게 알고 난 뒤에 자신이 필요한 것을 다시 구체적으로 듣고 공부한다면 수행에 더 빠른 성취가 있을 것이다.

2) 법과 가르치는 이를 공경하기

이에 번뇌 없이 법을 듣기와 스승을 대할 때 마음에 두지 말아야 할 다섯 가지가 있다.

(1) 번뇌 없이 법을 듣기

① 자만심 없이 듣기

가. 때를 잘 맞추어 듣기

스승의 마음이 편안하고 바쁘지 않은 때를 맞추어서 법을 청해야 한다. 자신에게 시간이 있다고 해서 마음대로 아무 때나 스승께 법을 청해서는 안 된다.

예전에 스승 '뽀또와'께서 사원에 있는 경전들의 목차 등을 맞추는 일에 골몰해 계실 때 어떤 이가 와서 가르쳐 달라고 청하자 스승께서 지팡이로 쫓아내셔서 그는 도망갈 수밖에 없었다. 그러므로 때를 잘 맞추어서 법을 청해야 한다.

나. 공경히 대하기

스승께 절을 올리고 무릎을 꿇어서 몸으로 공경의 마음을 표한다.

다. 시봉하기
손발을 씻어드리는 등 스승께서 필요하신 일들을 직접 옆에서 돌봐 드린다.

라. 무엇이든 기쁜 마음으로 하기
스승께서 일을 시키실 때 화내지 않고 기쁜 마음으로 한다.

마. 어떤 일이라도 순종하기
스승께서 어떤 일을 시키시더라도 따지지 않고 말씀에 따른다.

바. 스승의 흠을 찾지 않기
스승께서 가르치신 내용에 흠을 찾아내어 일부러 문제 삼지 않는다.

② 함부로 하지 않고 듣기
법을 가벼이 여기고, 법사와 친하다고 해서 함부로 대한다면, 이는 번뇌와 함께 있는 것이다. 그러므로 법과 가르치는 이를 공경히 대해야 한다.

(2) 스승을 대할 때 마음에 두지 말아야 할 다섯 가지
스승이 계를 파하거나, 낮은 가문에 태어나거나, 불구의 몸이거나 옷차림이 남루하고, 거친 말을 하거나, 듣기 좋지 않은 말을 하는 등의 다섯 가지를 허물로 보아서 스승을 멀리해서는 안 된다.

근본스승으로 모시고 나서도 이러한 것들을 허물로 보고 스승으로 모시지 않는다면, 이는 어리석은 행동일 따름이다.

3) 듣는 이의 참다운 자세

이에 장애가 되므로 버려야 할 세 가지와 갖추어야 할 인식 여섯 가지를 들 수 있다.

(1) 장애가 되므로 버려야 할 세 가지

이에 집중하지 않음, 좋지 못한 마음동기를 가짐, 들어도 기억하지 못함, 이 세 가지가 있다.

① 집중하지 않음

그릇을 엎어 놓으면 그 안에 아무리 맛있는 음식을 담고 싶어도 그럴 수 없는 것처럼, 법문을 들을 때 귀 기울여 잘 듣지 않고 마음이 밖을 향해 있으면 어떤 말씀을 들어도 그 뜻을 알아차리지 못한다. 이는 비록 같은 법문 장소에 앉아 있어도 실제로는 그 자리에 없는 것이나 다름없다.

사슴이 귀를 쫑긋 세워 소리에만 집중하듯 마음을 온통 법문에만 집중해서 들어야 한다. 반은 법문을 듣고 반은 밖을 향해 있는 것이 아닌, 온 마음을 다해 집중해서 들어야 한다는 뜻이다. 사슴이 소리에 집중해서 듣고 있을 때 사냥꾼이 바로 옆에서 활을 쏘아도 알아차리지 못하는 것처럼, 그렇게 집중해서 법문을 들어야 한다.

② 좋지 못한 마음동기를 가짐

그릇을 엎어 놓지 않았더라도 그릇에 고약한 냄새가 배어 있으면 아무리 맛있는 음식을 담아도 먹을 수 없는 것처럼, 집중해서 귀 기울여 잘 듣지만 마음동기가 법문을 들음으로써 유명해지려고 하거나, 지식을 쌓으려고 하거나, 오로지 남을 가르치려고 하거나, 자기 혼자만 깨달으려고 하는 생각으로 듣게 되면, 이는 그릇에 고약한 냄새가 배어 있는 것과 똑같다. 그러므로 보리심을 일으켜 일체중생을 완전한 깨달음에 이르게 하겠다는 마음동기로 법을 듣는 것이 중요하다.

한편 때때로 어떤 이들은 법문이 끝나면 법사에게 달려가서, "설해주신 말씀대로 잘 실천하겠습니다."라는 말 대신에 "어머! 스님, 어쩌면 그렇게 법문을 잘하십니까? 그래요. 요즘 사람들은 스님 말씀을 백 번 새겨들어야 합니다."라며 아첨하는 경우가 많다. 이는 법문을 들음으로써 가슴에 새겨 자신이 참회하는 좋은 기회로 삼지 못하고, 나는 잘 알고 있는데 남들이 문제라고 보는 교만한 마음으로 다른 이를 질타하므로, 아주 고약한 냄새가 나는 그릇과 같다. 그러므로 법문을 들을 때 내 마음과 일치시켜 듣고 가슴 깊이 새겨 실천에 옮기는 것이 무엇보다도 중요하다.

③ 들어도 기억하지 못함

그릇이 엎어진 것도 아니고, 고약한 냄새가 나는 것이 아니더라도, 그릇에 구멍이 나 있다면 아무리 맛있고 영양가 있는 음식을 담아도 그릇 안에 하나도 남지 않고 밖으로 새는 것처럼, 집중해서 듣고, 마음동기에 문제가 없어도 들은 바를 기억하지 않고 다 잊어버리면 구멍이 난 그릇과 같다. 우리가 법문을 듣고 잊어버리지 않는 것이 힘들긴 하지만, 자주 듣고 다른 이에게 물어서 기억하려고 노력해야 하며, 특히 법우들과 함께 모여 들은 내용을 복습하는 것이 중요하다.

이와 같은 버려야 할 세 가지 장애를 경계하기 위해 석가모니 부처님께서도 "잘 듣고, 자세하게 듣고, 마음에 새겨라."라고 경에서 강조하셨다. '잘 듣고'는 고약한 냄새가 나는 그릇에, '자세하게 듣고'는 엎어진 그릇에, '마음에 새겨라'는 구멍이 난 그릇에 비유하여 경계하신 말씀이다.

(2) 갖추어야 할 인식 여섯 가지

이에 자신이 환자라는 인식, 정법이 약이라는 인식, 스승은 의술이 뛰어난 의사라는 인식, 반드시 실천해야만 병이 나을 수 있다는 인식, 여래가 최고의 성인이라는 인식, 불법을 이 세상에 오래도록 지속시키겠다는 인식, 이 여섯 가지를 들 수 있다.

① 자신이 환자라는 인식

스스로 자신을 환자라고 보는 인식이 가장 중요하다. 이러한 인식이 있으면 나머지 다섯 가지 인식은 저절로 생겨난다. 몸이 아프지도 않은데 왜 내가 환자냐고 반문할 수도 있다. 그렇지만 이는 전도된 생각이다.

우리는 탐욕·성냄·무지로 가려져 번뇌라는 큰 불치병에 걸린 환자들이면서도 이를 알지 못하고 있다. 환자라면 반드시 자신이 병에 걸려있는 것을 알아야 하는데 아픈 것조차도 모르고 있는 것을 보면, 큰 열병에 걸린 환자들이 열이 너무 심해서 아픈 줄도 모르고 노래를 부르고 있는 것과 같다.

이처럼 우리는 너무 오랫동안 번뇌로 인해 극심한 고통에 시달려 왔기 때문에 이제는 아픈 것조차도 모르고 있다. 병이 있다면 아파야 하는데, 아픈 줄 모른다고 해서 아프지 않은 것이 아니다.

우리는 삼독(三毒) 번뇌로 늘 앓고 있다. 예를 들어 시장에서 새로 나온 물건을 보고 마음에 들었지만 비싸서 사지 못하고 집에 돌아와서도 애석해하며 계속 그 물건만 생각하는 것은 탐욕으로 아픈 것이다. 누군가로부터 좋지 못한 말을 들었을 때 마음이 편치 않으며, 다음에 그 사람을 보거나 그 이름만 들어도 분노를 일으키는 것은 성냄으로 아픈 것이다. 그와 같이 교만과 질투 등도 자세하게 살피면 참을 수 없는 아픔이 있음을 알 수 있다.

그러므로 우리는 지나치게 탐내는 병, 화내는 병, 질투하는 병 등 다양한 병에 걸려있는 환자들이다. 사소한 병 하나에만 걸려도 무서워하는데, 탐(貪), 진(瞋), 치(癡) 등 많은 번뇌로 인해 큰 병에 걸려 있으면서도 왜 우리는 무서워하지 않는가?

스승 '샨티데바'의 『쟝춥쎔빼죄빨라죽빠〔입보살행론入菩薩行論〕』에 다음과 같은 게송이 있다.

"일반적으로 아주 사소한 병에 걸려도
의사가 말하는 대로 따라야 하는데
탐욕 등과 같은 수백 가지 병으로
앓고 있다면 무슨 말이 더 필요하겠는가!"

우리는 보통 병으로 한두 달 정도 입원해 있는 것도 두려워한다. 그러나 번뇌의 병은 이 윤회세계에 태어나면서부터 지금까지 걸려 있고, 앞으로도 이 윤회세계를 벗어나지 못하면 계속 걸려 있을 병이다. 스승 '뽀또와'께서 이를 '아무리 치료해도 나을 수 없는 병', '아무리 가도 목적지에 도착하지 못하는 행인'이라고 하신 것은 틀림없는 말씀이다.

② 정법이 약이라는 인식

환자가 스스로 병에 걸려 있는 것을 안다면 그 병에 맞는 최고의 약을 찾아낼 필요성을 느끼는 것처럼, 번뇌의 병을 없애는 약은 오직 정법뿐이니 이것을 반드시 찾아야 한다.

③ 스승은 의술이 뛰어난 의사라는 인식

환자가 의사의 처방 없이 아무 약이나 먹으면 회복되기는커녕 오히려 목숨까지도 위험할 수 있으므로 빨리 좋은 의사를 찾는 것이 현명하듯이, 스승에게 직접 배우지 않고 책만 보고 기도나 참선 등을 하면 깨닫지 못할 뿐만 아니라 마음이 더 딱딱해지고 거칠어진다.

그러므로 수행을 하고 싶다면 올바른 스승을 찾아서 의지해야 한다. 환자가 의사를 만나면 좋아서 공경하는 것처럼, 스승을 만났을 때도 그와 같이 해야 한다.

④ 반드시 실천해야만 병이 나을 수 있다는 인식

환자가 의사의 지시대로 따르지 않는다면 병을 낫게 하는 데 아무런 도움도 되지 않는다. 이는 약에 문제가 있어서도 아니고 의사가 서툴러서도 아닌, 오직 환자 자신에게 잘못이 있어서일 뿐이다.

훌륭한 의사와 같은 스승으로부터 번뇌라는 병을 낫게 하는 약인 특별한 가르침을 많이 듣고도 정작 실천으로 옮기지 않는다면, 그 가르침이 아무리 광대하고 심오하더라도 마음에 도움이 되지 않는다. 이는 스승이나 가르침에 달린 것이 아니라 자기 자신의 실천에 달려있기 때문이다.

석가모니 부처님께서 『삼매왕경(三昧王經)』에서 다음과 같이 말씀하셨다.

"내가 훌륭한 법을 설하더라도
잘 듣고 바르게 행하지 않는다면
환자가 좋은 약을 가지고 있어도
자신의 병을 고치지 못하는 것과 같다."

병을 낫게 하려면 약을 타는 것만으로 되는 것이 아니라 약을 먹으면서 의사의 지시대로 잘 따라야 하는 것처럼, 번뇌라는 병을 치료하기 위해서는 자기 마음을 살피면서 스승의 가르침대로 잘 실천해야 한다.

많은 가르침을 듣고도 제대로 실천하지 않는 것은, 그것이 자신을 위한 법문임을 알아차리지 못하고 그저 어느 경에 그런 말씀이 있다거나 누구한테 들었다는 식으로 아는 체하는 것과 다름없다. 이럴 때 티벳말로 '최데'[14]라고 한다. 처음 법을 들을 때 크게 도움이 되는 것 같다는 생각이 들어도 계속 듣고 마음에 새겨 수행하지 않는다면, 다음에 다시 들어도 눈곱만큼의 이득도 생기지 않는다. 이런 경우도 '최데'라고 한다.

'까담'[15]의 스승들께서 말씀하시기를, "악업을 행하는 자는 법

---

14) 티벳어로 법을 알고 있으면서도 실천하지 않아서 오히려 마음이 더 거칠어지는 것을 말한다.
15) 석가모니 부처님의 가르침〔현교·밀교〕을 분별없이 모두 정법으로

으로 다스릴 수 있지만, '최데'는 법으로도 다스릴 수가 없다. 가죽이 딱딱하면 보통 기름을 먹이고 불에 쬐어서 부드럽게 만들 수 있지만, 버터를 담았던 가죽 통은 기름을 사용해도 부드럽게 만들 수 없다. 왜냐하면 이미 버터라는 기름이 깊숙이 배어 있기 때문이다."라고 경계하셨다.

다른 법에 대해 '최데'가 되면 보리도차제를 통해 치유할 수 있지만, 보리도차제에 대해서조차 '최데'가 되면 이를 치유할 방법이 없으므로, 보리도차제를 만났을 때는 특히 조심해야 한다. 이것이 최후의 치료약이기 때문이다.

손과 발가락이 곪아 문드러지는 문둥병에 걸린 환자는 한두 가지 약을 먹어서 치료가 되지 않아 약성이 강한 약재가 든 독한 약을 한동안 먹어야 하듯이, 번뇌라는 치유하기 힘든 중병에 걸려있는 우리도 한두 가지 수행법이나 일시적인 정진에 만족하지 말고 유유히 흐르는 강물처럼 꾸준히 정진해야 한다.

⑤ 여래가 최고의 성인이라는 인식

불법을 처음 설하신 여래께서는 직접 도를 닦고 깨달음에 도달하여 티끌만큼의 허물도 없는 가르침을 펴셨으니, '어찌 여래의 가르침에 틀림이 있겠는가.'라는 믿음과 함께 여래를 항상 공경히 대해야 한다. 그리고 자신의 근본스승을 여래의 화신이라고 생각해서 여래를 최고의 성인으로 인식해야 한다.

⑥ 불법을 이 세상에 오래도록 지속시키겠다는 인식

여기거나 부처님의 말씀을 한마디도 버리지 않고 모두 요의법으로 여기는 수행자들을 말한다.

이렇게 법문을 듣고 배우는 것에 의지해서 '부처님의 가르침이 이 세상에 오래도록 지속되면 얼마나 좋을까.'라고 생각하는 것을 말한다. 위에서 설명한 다섯 번째 인식은 부처님의 은혜를 기억하는 것이고, 여기서는 부처님의 은혜에 보답하는 것을 말한다.

법을 들을 때 가장 중요한 것은 모든 법문을 자신의 마음과 일치시켜 듣는 것이다. 거울을 들여다보고 얼굴에 때가 묻어 있으면 깨끗이 씻어내야 하듯이, 법을 들을 때도 자기 마음속에 허물이 있는지를 살피면서 들어야 한다. 잘못된 것이 보이면 스스로 반성하고 그것을 없애려고 노력해야 한다.

'수다세'의 아들 '깡타'가 왕자 '다와'로부터 법문을 들었던 것처럼, 우리도 그렇게 법문을 들어야 한다. 석가모니 부처님께서 어느 전생에 왕자 '다와'로 태어나 도를 닦으실 때였다. 그때 '수다세'의 아들 '깡타'는 식인종이었다. 어느 날 왕자는 법을 잘 가르치는 한 브라만의 설법을 듣고 있었다. 그때 갑자기 군중 속에서 폭동이 일어난 것처럼 사람들이 크게 웅성거렸다. 그것은 '깡타'가 왔기 때문이었다. 그는 아무리 많은 병사를 투입해도 막을 수 없을 만큼 무섭고 힘센 식인종이었다.

한편 왕자가 이제 그를 구제할 때가 되었다고 생각하면서 왕자비들의 반대에도 불구하고 웅성거리는 대중 속으로 걸어 들어가자 '깡타'는 크게 화를 내면서 긴 칼을 뽑아 들었다. 그러나 왕자는 아무런 의심이나 두려움도 없이 "나는 사나이 '다와'다. 내가 여기 왔으니 너는 내 앞으로 나오너라."라고 하며 '깡타'에게 외쳤다. '깡타'는 휙 뒤돌아서서 왕자를 보고 달려와, "나에게도 당신이 필요하오."라고 답하며 왕자를 어깨에 둘러메고, 자기가 사는 집으로 갔다. 그곳에는 그동안 '깡타'가 잡아먹은 수많은 사람의 뼈 무더기가 있었으며, 땅은 피로 붉게 물들어 있었다. 여우와 다른 동물들이 그의 집 주위를 맴돌고, 독수리나 까마귀 등이 우는 소리와 사람을 구워 먹은 연기로 가득한 무시무시한 그곳에 왕자를 집어던졌다.

그러나 왕자가 너무 잘생겼으므로 '깡타'는 넋을 놓고 쳐다보면서 쉬고 있었다. 그때 왕자 '다와'는 여기로 오기 직전까지도 브라만에게 법문을 듣고 있었지만, '깡타'가 나타나는 바람에 법문에 대한 공양을 올리지 못한 것을 기억하고는 슬피 눈물을 흘렸다. '깡타'가 "너는 그 유명한 왕자 '다와'인데, 내가 너를 잡아 두었다고 해서 눈물을 흘리는구나! 이렇게 눈물을 흘리는 것을 보면 법문을 듣는 것이 아무런 도움이 되지 않는 게 분명하다. 네가 왜 울고 있는지 사실대로 말해라. 혹시 네가 너의 부모와 왕자비, 자식들과 헤어지는 것이 두려워서 우는 것은 아니냐? 왜 우는지 사실대로 말해야 한다."라고 왕자를 다그쳤다.

"내가 그 브라만에게 법문을 들었는데, 그에 대한 공양을 올리지 못해서 이렇게 눈물을 흘리고 있다. 나를 풀어주면 그분께 공양을 올린 후 다시 여기로 오겠다."라고 왕자가 대답하자 '깡타'는 "네가 무슨 말을 해도 나는 믿지 못하겠다. 염라대왕에게 끌려갔다가 풀려난 사람이라면, 누가 감히 다시 염라대왕 앞에 제 발로 나타나겠느냐?"라고 했다. 이에 왕자는 "내가 다시 온다고 하지 않았느냐? 나는 왕자 '다와'다. 나는 진실을 목숨과 같이 생각하고 있다. 네가 어찌 감히 나를 믿지 못하는가?"라며 위엄 있게 말했다. 그러자 '깡타'는 차마 믿지는 못하면서도 왕자의 마음이 얼마나 진실한지 살펴보기 위해 보내주면서, "나는 네가 돌아올 동안 너를 구워 먹을 숯불을 준비하고 있겠다."라고 협박했다.

왕자는 궁전으로 돌아가 브라만이 설법한 네 구절에 대해 황금 사천 냥을 공양 올렸다. 왕은 왕자가 다시 '깡타'에게 가는 것을 막으려고 갖은 방법을 다 썼지만, 왕자는 '깡타'에게 서슴없이 되돌아갔다. '깡타'는 멀리서 왕자가 돌아오는 것을 보며 이상하게 생각했다.

"이제는 나를 잡아먹어도 좋다."라고 왕자가 말하자 '깡타'는 "너를 잡아먹을 때는 내가 더 잘 안다. 지금은 불에 연기가 많다. 연기가 가시고 나면 너를 구워 먹을 것이다. 연기가 많은 불에 구우면 연기 냄새가 나서 맛이 없다. 네가 조금 전 스승에게 법문 들은 것을 무척이나 중요하게 여기는 것 같은데, 그게 무엇인지나 내게 말해 보아라."라고 말했다.

"귀한 법을 말해주어야 하는 사람과 말해주어서는 안 되는 사람이 있다. 사람고기를 먹는 악귀와 같은 너에게는 그러한 귀한 법문을 말해 줄 수 없다. 왜냐하면 들어도 '어디에 쓸모가 있겠는가?'라고 생각하기 때문에 전혀 도움이 되지 않기 때문이다."라고 왕자가 법문을 듣는 태도에 관해 설명하자 '깡타'는 자존심이 상해 참을 수가 없어서, "너희 왕들도 무기를 들고 사냥을 나가 짐승을 잡아 죽이는데, 이 또한 법과는 맞지 않는 일이 아니냐?"라고 항변했다. 이에 왕자는 "그렇게 짐승을 죽이는 일도 법답지 않음이 분명하지만, 사람고기를 먹는 것은 더더욱 극악하다. 사람은 짐승보다 높아서 사람을 주식으로 삼아 잡아먹는 것은 더욱더 나쁜 일이다."라고 다시 설명했다.

그러자 '깡타'는 "네가 다시 내 앞에 나타난 걸 보면, 너는 절대로 지혜로운 사람이 아님이 분명하다."라고 말하며 화를 냈고, 왕자는 "진실을 지키기 위해서 여기에 다시 왔으니, 나는 지혜로운 사람이다."라고 당당하게 대답했다.

'깡타'도 지지 않고, "내가 다른 사람들을 잡으면 그들은 나를 무서워하며 벌벌 떠는데, 너는 어찌하여 그토록 용감하고 편안하게 나를 대할 수 있느냐? 너는 죽음에 대한 두려움이 없는 모양이다."라고 다그쳤다. 이에 왕자는 "사람들은 죄를 많이 지어서 후회하지만, 나는 죄를 지은 기억이 없기 때문에 두려울 것이 없다. 그러니 이제 너에게 나를 보시할 테니 맛있게 먹어라."라고 말했다.

그제야 비로소 '깡타'는 신심이 나서 눈물이 솟구쳤으며 온몸의 털이 곤두섰다. 존경하는 마음을 가득 담아 그가 말하기를, "당신과 같은 분을 알면서도 죄를 짓는 것은 독약을 먹는 것과도 같으니, 그보다도 스승에게 들었던 네 구절을 저에게도 설해 주소서."라고 청했다.

왕자는 그런 '깡타'의 태도를 보고서, "법문을 듣는 사람은 법을 설하는 사람보다 낮은 자리에 앉아야 하고, 법문을 들을 때는 감로수를 마시는 것과 같이 환희심과 존경심으로 환자가 약을 먹듯이 들어야 한다."라고 가르쳤다. 그러자 '깡타'는 주위의 납작한 큰 바위에 자신이 입고 있던 옷을 벗어 덮어 자리를 만든 후 그곳에 왕자를 모시고 자신은 그 아래에 앉아 우러러보며, "성자이시여! 이제 저에게 법을 설해주십시오."라고 간청했다.

'깡타'는 왕자의 법문을 듣고 마음에 변화를 일으켰고, 그 은혜에 대한 보답으로 잡아먹으려고 가두어 두었던 아흔아홉 명의 다른 왕자들을 풀어주면서, 항상 정직하게 살며 이제 더는 사람을 죽이지 않고 사람고기도 먹지 않겠다고 왕자 앞에서 약속했다.

이처럼 법문을 들을 때 자신의 마음을 법문과 일치시키면서 들으면 '깡타'와 같은 매우 거친 마음도 변화시킬 수 있지만, 법문과 마음을 일치시키지 않고 듣는다면 어떤 위대한 스승이 훌륭한 가르침을 주어도 우리에게 아무런 도움이 되지 못한다. 예전에 들어보지 못했던 새로운 무언가가 나오지 않을까 하는 마음으로 법문을 듣는다거나, 핵심이 되는 내용은 듣지 않고 그저 법문하는 도중에 나오는 재미있는 이야기에만 흥미를 느낀다면, 이 역시 마음에 변화를 일으키는 데 전혀 도움이 되지 않는다.

예전에 제7대 달라이라마 '깰상갸초'께서 『보리도차제광론』을 법문하실 때 참석한 어떤 이가 "오늘 큰 것을 하나 배웠다. 마이차카르라는 지역은 훈둡이라는 도에 속한다."라고 말했다. 이는 『보리도차제광론』을 듣긴 들었지만 법문 내용 중에서 지나가는 말로 비유를 든 사소한 이야기만 기억하는 것이니, 이같이 법문을 들어서는 안 된다.

또 어떤 이는 스승이 어떠한 견해를 가졌는지 떠보려고 일부러 묻기도 한다. 이는 형사가 죄인을 심문하는 것이나 다름없으며, 이런 식으로 법문을 들으면 아무런 도움도 되지 않는다. 그러므로 법문을 들을 때는 자기 마음을 법문과 일치시켜 집중해서 들어야 한다.

특히 보리도차제를 가르치는 스승은 제자의 마음을 변화시키는 것에 주안점을 두고 가르쳐야 하며, 듣는 이들도 앞에서 든 여러 가지 예들과 같이 바르지 않은 자세로 듣지 말고, 자기 마음을 법문에 일치시켜서 들어야 한다. 그렇게 들었을 때 들음으로써 많은 것을 깨우치게 된다.

　예전에 스승 '뽀또와'께서 법문을 하실 때 고작 동물에 관한 이야기만 하는데도 사람들의 마음이 변화되는 데 엄청나게 큰 도움을 주었다. 한편 스승 '최끼외세르'라는 아주 유명한 분이 있었는데, 그분의 가르침은 사람들의 마음을 변화시키는 데 크게 도움이 되지 않아 다른 제자들이 이에 대해 스승 '뽀또와'께 여쭈자, "그분은 법문을 잘하고 좋은 내용만 말씀하시는데, 나와는 가르치는 방법에 차이가 있을 뿐이다."라고 하며, "'최끼외세르'는 주로 지식을 전하는 데 중점을 두고 가르치지만, 나는 마음과 실천하는 행이 일치하도록 가르치기 때문이다."라고 대답하셨다. 후에 '최끼외세르'도 '뽀또와'의 법문을 듣고서, "내가 예전에 알지 못했던 것을 지금 새로 알게 된 것은 없지만, 예전에는 마음으로 느끼지 못한 것을 지금은 느끼게 되었다."라고 말했다. 이처럼 우리도 항상 마음을 법문의 내용에 일치시켜서 들어야 한다.

　바르지 않은 자세로 법문을 듣는 것은 번뇌를 소멸시키는 것이 아니라 오히려 번뇌를 더 일으키는 조건이 될 위험이 따르기에 매우 조심해야 한다. 또한 법문이 끝나면 서둘러 일어나서 빨리 나갈 것이 아니라 스승과 법에 대해 아쉬워하면서 천천히 나가야 한다.

5.2. 가르치는 방법

　이에 가르침으로써 얻어지는 이득, 부처님과 가르침을 공경하기, 바른 마음동기로 가르치기, 가르칠 대상을 분별하기, 이

네 가지를 들 수 있다.

1) 가르침으로써 얻어지는 공덕

가르칠 때 망령된 생각을 섞지 않고 가르치는 것이 중요하다. 그러한 일로 보상을 바라면서 많은 제자가 시봉하리라는 생각이나 명예가 높아지리라는 생각으로 가르치면, 이득보다 손실이 크고 스스로 복덕을 크게 줄어들게 하는 일이 된다. 그 어떠한 과보도 기대하지 않고 오로지 대자비심으로 제자들에게 도움이 되었으면 하는 마음으로 가르쳐야 한다. 이같이 어떠한 물질적인 것도 바라지 않고 순수한 마음으로 가르치면 큰 이득이 있다.

『닥쑬쩬기슈빼도〔구위맹경具威猛經〕』에 이르기를, "재가자가 한량없는 재물을 보시하는 것보다 출가자가 한 구절의 법을 설하는 공덕이 훨씬 더 수승하다."라고 한다. 그러므로 그런 공덕을 쌓는 것이 내가 행복할 수 있는 조건이라는 생각으로 법을 가르쳐야만 한다.

이 같은 공덕은 사자좌에 앉아서 법을 설하는 것만으로 생겨나는 것이 아니다. 비록 스승이 유명하지 않더라도 제자들에게 열심히 가르친다면 그 복덕은 마찬가지이다. 그렇게 가르칠 때도 항상 명심해야 할 점은 앞에 앉아있는 사람뿐만 아니라 신이나 사람이 아닌 존재들도 주위에서 같이 듣고 있다고 생각하고 법문을 하면 더 큰 공덕이 있다. 평상시에도 염불이나 기도, 관상 등의 수행을 하거나 심지어 남에게 말할 때도 이러한 생각으로 하면 공덕이 더 커진다.

2) 부처님과 가르침을 공경하기

석가모니 부처님께서 영축산에서 「반야경(般若經)」을 설하실 때 삼십이상을 구족하신 부처님께서도 법을 설하기 위해 손수 법좌를 준비하신 것을 보면, 정법은 모든 부처님께서도 공경하시는 것을 알 수 있다. 그러므로 우리도 그와 같이 공경히 대하는 마음으로 법을 가르쳐야 한다.

제1차 결집 때 아라한 500명의 대가사를 쌓은 위에 아난다가 앉아 법을 설하였다. 원래 가사는 법복이라서 닦는 데 쓰거나 자리로 깔아서는 안 되지만, 오로지 법을 듣기 위해서 이렇게 가사를 쌓아 공경히 대한 것은 법 그 자체를 공경하기 위함이었다. 이처럼 가르치는 사람은 부처님의 가르침과 은혜를 생각해서 존경심을 가져야 한다.

3) 바른 마음동기로 가르치기

자기만 아는 비법이라고 아까워하면서 가르쳐 주지 않거나, 경전 안에 있는 것만 가르치거나, 법문 도중에 나는 예전에 이런 사람이었다고 하거나, 내가 이런 것을 잘한다고 하는 등으로 자신을 높여서는 안 된다. 또 가르치는 일에 피곤해하거나, 욕심과 성내는 마음으로 다른 이를 욕되게 하거나, 가르치기 싫어서 게으름을 피우면서 가르치거나, 남들이 자기보다 나아질까 봐 두려워하거나 질투하지 말고, 다른 이들을 위하는 대자비심을 내어서 다섯 가지 인식으로 가르쳐야 한다. 이는 자신을 의사로, 정법을 약으로, 듣는 이를 환자로, 여래를 최고의 성인으로 생각하며, 정법을 이 세상에 오래도록 지속시키겠다는 생각으로 가르치는 것을 말한다.

　가르칠 때는 어떻게 행해야 하는가?

　깨끗이 씻고 새 옷이나 깨끗한 옷으로 정갈하게 차려입은 다음, 높은 법좌에 앉아 미소를 띤 환한 얼굴로 내용을 잘 기억할 수 있도록 다양한 예를 들거나 경론을 근거로 논리적으로 설명하면서 가르쳐야 한다. 어떤 스승들은 무섭게 지팡이를 들고 야단치면서 가르치는 경우도 간혹 있는데, 이는 제자들의 이해를 돕기 위한 하나의 방편이다. 까마귀가 둥지를 틀듯이 순서 없이 가르치거나, 노인들이 연한 음식만 골라 먹듯이 중요한 부분들은 빼고 쉬운 내용만 가르치거나, 경전의 뜻을 잘 모르고 가르치는 것은 맹인이 지팡이에 의지해 가는 것이나 다름없다.

　티벳의 큰 스승들은 법문을 하기 위해 자기 방을 나서기 전 자신의 마음동기를 잘 살피고, 법좌에 오르기 전에 가르쳐야 할 내용의 법맥을 잇고 있는 스승들께서 법좌 위에 계신다고 떠올리면서 먼저 법좌에 삼배를 올린다. 그리고 그와 관련된 스승들 한 분 한 분을 근본스승 안에 흡수시킨 후, 그 근본스승조차도 자기 자신에게 흡수되었다고 관상하며 법좌에 오른다.

　법좌 위에 앉을 때는 『금강경(金剛經)』에 나오는 "별, 비문증(飛蚊症), 등불, 환상(幻像), 이슬, 물거품, 꿈, 번개, 구름처럼 일체 유위법을 그와 같이 보아야 한다."라는 무상(無常)에 대한 구절을 외우면서 모든 것이 찰나에 지나지 않음을 알아 법좌에 앉았을 때의 교만을 제거한다. 그렇지 않으면 높은 법좌 위에 앉아 '오늘 이 하늘 아래에 나밖에 없구나!'라는 등의 교만이 생길 수도 있기 때문이다.

법문을 시작하기 전에 장애를 없애기 위해 진언을 외우는데 주로 『쎼랍닝뽀〔반야심경般若心經〕』를 많이 독송하며, 자신의 마음동기를 청정히 하기 위해 다음과 같이 염송한다.

"저는 이 순간부터 완전한 깨달음을 얻을 때까지 거룩한 불·법·승 삼보에 귀의합니다.〔썽게최당축기촉남라 쟝춥바르두다니껩쑤치〕

제가 법을 설하는 공덕으로 모든 중생 위해 완전한 깨달음을 얻게 하소서.〔닥기최셰기빼촉남끼 돌라펜치르쌍게둡빠르쑉〕"

이와 동시에 듣는 이들은 다음과 같이 함께 염송한다.

"저는 이 순간부터 완전한 깨달음을 얻을 때까지 거룩한 불·법·승 삼보에 귀의합니다.〔쌍게최당축기촉남라 쟝춥바르두다니껩쑤치〕

제가 법을 듣는 공덕으로 모든 중생 돕기 위해 완전한 깨달음을 얻게 하소서.〔닥기최녠기빼촉남끼 돌라펜치르쌍게둡빠르쑉〕"

다음에는 법문을 펴는 수인(手印)을 하면서 신들이나 아수라, 제석천, 귀신들도 이 자리에 와서 함께 법문을 듣는다고 관상한다. 이때 신들은 인간처럼 땅에 앉을 수 없으므로, 스승은 그들이 허공에서 들을 수 있도록 허락하는 마음을 내어야 한다. 법문을 하면서 이러한 신들이 각자 그들의 말로 알아들을 수 있도록 법을 설하고 있다고 생각한다.

4) 가르칠 대상을 분별하기

율장에 "법을 청하지 않은 이에게는 법을 설하지 않아야 한다."라고 나와 있다. 그와 같이 법을 청하지 않았는데 법을 설하면 안 되고, 청하더라도 그 즉시 법을 설하지 말아야 하며, "나는 잘 모릅니다. 당신처럼 훌륭한 사람에게 나같이 아는 것도 없는 이가 어찌 법을 설하겠소."라고 하면서 자신의 교만을 없애야 한다. 한편 상대방을 살펴서 그가 법을 받아들일 만한 그릇이 된다는 확신이 서면 그때는 법을 청하지 않더라도 법을 설해야 한다.

법을 설할 때는 앉아 있는 사람에게 서서 설하면 안 된다. 누워있는 사람에게 앉아서 설해도 안 된다. 높은 자리에 앉아 있는 사람에게 그 아래에 서서 법을 설해서도 안 되는 것 등의 스물여섯 가지를 율장에서 말씀하셨고, 이에 근거해서 법을 설해야 한다.

5.3. 듣는 이와 가르치는 이가 함께 해야 할 일

마지막으로 법을 듣고 설한 모든 공덕을 이번 생의 장수나 부귀영화 등에 대한 집착 없이 오직 정법이 오랫동안 지속되고 완전한 깨달음에 도달하는 원인이 되도록 회향해야 한다.

6. 제자를 바르게 이끌기

이는 도의 근원이 되는 근본스승을 의지하는 방법, 스승에게 의지해 마음을 닦는 방법, 이 두 가지로 나눌 수 있다.

6.1. 도의 근원이 되는 근본스승을 의지하는 방법

여기에서 근본스승을 도의 근원이라고 하는 의미는 나뭇잎과 열매 등 모든 것이 그 나무의 뿌리에 달려 있는 것과 같이, 이생에서 귀한 인간의 몸을 받기가 어려운 것에서부터 완전한 깨달음에 이르기까지 오직 근본스승을 의지해야만 그 모든 것이 가능함을 말한다. 그러므로 근본스승을 의지하는 것은 수행을 처음 시작할 때부터 그 무엇보다도 중요하다.

여기에 두 가지가 있는데, 관상하거나 공부할 때 하는 일과 쉴 때 하는 일이다. 신·구·의로 하는 모든 행은 이 두 가지 안에서 이루어지고 있으므로, 이 두 가지를 의미 있게 하면 하루 일과도 의미 있게 된다. 그렇게 하루, 한 달, 일 년을 꾸준하게 보내면 일생을 의미 있게 보내게 된다.

1) 관상을 하거나 공부할 때 하는 일

이에 어떻게 준비해야 하는가, 근본스승을 찾는 방법, 이 두 가지가 있다.

(1) 어떻게 준비해야 하는가

관상을 시작하기 전에 준비하는 단계를 쉽게 생각하거나 무시해서는 안 된다. 왜냐하면 맛있는 음식을 만들고 싶으면 처음 재료를 살 때부터 꼼꼼하게 살펴야 하는 것처럼, 수행해서 깨우치고자 한다면 그 준비과정이 더더욱 중요하니 반드시 잘 살펴서 준비해야 한다.

준비할 때 여섯 가지 해야 할 일이 있다. 이에 수행하는 장소를 쓸고 닦는 방법과 불상·경전·탑 등을 바르게 모시는 방법, 거짓 없는 공양물을 법답게 올리는 방법, 관상하는 자세와 삼보에 귀의함과 사무량심, 축성(福田), 공덕을 쌓고 업장을 소멸하는 일곱 가지(七支供養), 발원할 때 바른 마음동기와 일치시키기, 이 여섯 가지가 있다.

① 수행하는 장소를 쓸고 닦는 방법과 불상·경전·탑 등을 바르게 모시는 방법

가. 수행하는 장소를 쓸고 닦는 방법

왜 우리가 수행하는 장소를 깨끗하게 쓸고 닦아야 하는가?
예를 들면 큰 스승과 같은 위대한 분들을 자기 집에 모실 때 그분들이 도착하기 전에 아주 기쁜 마음으로 집 안팎을 쓸고 닦아 깨끗하게 하는 것과 같이, 스승이나 일체 불보살들을

평생 무소유로 지내며 산에서 주로 람림 수행정진으로 티벳의 불법을 지킨 까담슝빠와의 스승 **뽀또와**

모실 때 지극히 공경스럽게 대해야 하기 때문이다.

그 동기가 스스로 행복하기 위해서이거나 잘 보이기 위해서라면 청소부가 청소하는 것과 같아서 아무런 공덕이 없다. 그렇지 않고 일체중생을 위해 완전한 깨달음을 얻으려고 모든 불보살을 관상하기 위해 행한다면 큰 이득이 있다.

대장경에 이르기를, "수행하는 장소를 쓸고 닦으면 자신의 마음이 정화되고, 다른 사람의 마음이 정화되며, 선신들이 좋아하고, 다음 생에 잘생긴 외모로 태어나거나 죽어서 정토에 나는 원인이 되는 등의 다섯 가지 공덕이 있다."라고 한다.

불법과 관련된 모든 호법신(護法神)들이 좋아할 뿐만 아니라 자기 스승과 불보살들께서도 좋아하신다. 잘생긴 외모로 태어나는 원인이 된다고 함은 외모뿐만 아니라 마음으로 계율을 잘 지킬 수 있는 환경에 태어나는 것도 말한다. 마음으로 계율을 잘 지녀서 지키는 이가 설령 뛰어난 외모는 가지지 못했더라도 불보살들께서는 그를 아름답게 보신다.

어리석었으나 쓸고 닦는 일에 의지해서 아라한의 경지에 오른 '람충빠'의 이야기가 있다. 옛날 인도의 슈라바스티〔사위성〕에 어느 브라만이 살았는데 태어나는 자식마다 곧바로 죽었다. 그 근처에 살고 있던 할머니가 이 사실을 알고서 브라만의 부인에게 다시 또 아기를 낳으면 자기를 불러달라고 일렀다. 아기를 낳은 부인이 그 할머니를 부르자 할머니는 아기를 목욕시켜 하얀 천으로 감아 입을 버터로 막은 후 다른 여인에게 아기를 건네면서, "큰길 사거리로 가서 그 아기를 두 손으로 들고 서서 아라한이나 브라만 등 어떤 수행자가 지나가시든지 절을 올리다가 해가 진 뒤에도 아기가 죽지 않으면 데리고 오고 죽으면 그곳에 버려라."라고 말했다.

그 여인은 큰길 사거리로 나갔다. 행인들이 나타나자 할머니가 시킨 대로 그 여인은 열심히 절을 올렸다. 처음 나타난 외도들은 아기에게 "장수하고, 부모님이 만족하게 하소서!"라고 축원을 했다. 다음에 비구들이 와서도 외도들과 똑같은 말을 하면서 축원했다. 마침내 석가모니 부처님께서도 탁발하는 길로 나가다가 이 여인과 아기를 보시게 되었다. 부처님께서도 이와 같이 축원해 주시면서, "수행의 길로 나아가서 부모님을 만족하게 하라."라는 말도 덧붙이셨다. 해가 지고도 아기가 죽지 않자 여인은 아기와 함께 집으로 돌아왔고, 그 아이는 '람뽀체〔반특가〕'[16]로 불렸다. 아이는 자라면서 다양한 인도의 종교와 문화 등에 관한 서적들을 두루 공부했고, 이에 통달하였다.

'람뽀체'의 어머니는 다시 아이를 낳자 이웃 할머니를 불러서 예전처럼 하였는데, 이번에는 아이를 데리고 나간 여인이 게을러서 큰길로 나가지 않고 작은 오솔길에서 브라만과 비구들을 기다렸다. 그 길로는 어떤 수행자도 지나가지 않았다. 부처님께서는 밤낮없이 중생을 위해서 지켜보고 계시는 분이었으므로, 그 길로 아무도 가지 않은 것을 보고 직접 그곳으로 가서 여인의 부탁대로 예전과 똑같이 축원해 주셨다.

그 아이도 역시 해가 져도 죽지 않자 집으로 데려와 이름을 '람충빠〔주리반특가〕'[17]로 지었다. '람충빠'는 커서 글을 배우기 시작했으나 머리가 너무 둔해서 '시담'이라는 두 글자를 배우는 데 '시' 자를 배우고 나서 '담' 자를 배우는 동안 앞에 배운 '시' 자를 잊어버리기를 반복했다. 그러자 '람충빠'의 스승은 아

---

16) 티벳어로 '큰길'이라는 의미.
17) 티벳어로 '작은 길'이라는 의미.

이의 아버지에게 "다른 브라만의 자식들을 많이 가르쳐 왔지만, 더는 내게 이 아이를 가르칠 능력이 없소."라고 하며 계속 가르치기를 거부했다.

그래서 아버지는 아이를 종교와 문화 등을 모두 가르치는 전통학교에 보냈다. 거기서도 '옴부'라는 두 글자를 배울 때 '옴' 자를 배우면 '부' 자를 알지 못했고, '부' 자를 외우는 동안 '옴' 자를 잊어버렸으며, 다시 '옴' 자를 배우면 '부' 자를 잊는 등 외우고 잊어버리기를 반복했다. 그러자 그 스승도 포기하고서 '람충빠'의 형 '람뽀체'에게 보내는 편이 좋을 것 같다는 생각이 들어, "다른 이들도 가르쳐야 해서 '람충빠'만 가르칠 수가 없다."라고 핑계를 대며 그 형에게 보냈다. 그러나 그의 형마저도 제대로 가르칠 수 없게 되자 동생에게 "바보, 매우 바보, 작은, 매우 작은……"이라고 하며 욕을 했다.

어느 날 부모가 돌아가시자 '람뽀체'는 출가했으며, 삼장에 통달하여 아라한의 경지에 도달했다. 그 사이에 '람충빠'는 집안의 재산이 모두 떨어지자 형 '람뽀체'에게 갔다. 형은 '람충빠'에게 출가할 수 있는 복이 있는지를 살펴보았다. 그도 출가할 수 있는 복이 있고 더욱이 자신과 인연이 있다고 보고서 '람충빠'를 출가시켰다.

그러고 나서, 네 구절을 3개월 동안 가르쳤지만 '람충빠'는 그것을 따라 배우지 못했다. 주변에서 소치는 목동들조차 그 네 구절의 가르침을 곁에서 듣고 다 외웠는데, 오직 '람충빠'만이 터득하지 못하였다. 아라한 '람뽀체'는 그를 칭찬해야 좋을지 아니면 꾸중하며 가르쳐야 도움이 되는지를 살펴보고는 꾸중하면서 가르쳐야 도움이 된다는 것을 알고 '람충빠'에게 "너는 바보다. 출가한다고 해서 네게 무슨 이득이 있겠느냐?"라고 호통을 치면서 기원정사 밖으로 쫓아내었다.

 이제 자신은 수행자도 아니고 브라만도 아니라는 생각을 하게 된 '람충빠'가 슬피 울고 있는 그때 부처님께서 오셔서, "람빠여, 너는 왜 우는가?"라고 물으셨다. '람충빠'는 "스승이 저를 버렸습니다."라고 대답했다. 그러자 부처님께서는 "어리석은 자의 많은 칭찬보다 지혜로운 이의 비판 한마디에 더 큰 칭찬의 의미가 담겨 있느니라. 선남자여! 너의 스승이 비록 아라한일지라도 여래처럼 삼아승지겁(三阿僧祇劫) 동안 육바라밀의 모든 것을 닦아서 완전한 깨달음을 이룬 것은 아니다. 그러니 이제 너는 여래에게 배우고 싶으냐?"라고 물으셨다. '람충빠'는 "저는 바보, 매우 바보이며, 작고, 매우 작은데, 제가 어떻게 배울 수 있겠습니까?"라고 여쭈니 부처님께서는 "어리석은 자가 스스로 자신이 어리석은 줄을 알면 그는 지혜로운 자이니라. 어리석은 자가 자신을 지혜로운 줄로 착각하는 것이야말로 가장 어리석은 자이니라."라고 말씀하시고는 '람충빠'에게 '먼지를 깨끗하게 하고, 냄새를 깨끗하게 한다〔듈뽕 뒤마뽕〕'라는 두 문장을 가르치셨다.

 그러나 이번에도 '람충빠'는 외우지 못했다. 그러자 부처님께서 먼저 그의 업장부터 정화해야겠다고 생각하시고서 '람충빠'에게 "비구들의 신발을 닦을 수 있겠느냐?"라고 물어보셨고, '람충빠'는 "네, 닦을 수 있습니다."라고 대답했다. "그러면 가서 비구들이 벗어놓은 신발을 열심히 닦아라."라고 부처님께서 말씀하셨다. 비구들도 그의 업장을 정화하기 위한 것인 줄 알고는 그가 신발을 닦도록 허락하였다. '람충빠'는 그들의 신발을 닦는 동안 부처님께서 가르쳐주신 두 문장을 마침내 다 외웠다.

"이제 신발을 그만 닦고, 그 두 문장을 계속 외우면서 도량을 말끔하게 청소하여라."라고 부처님께서 말씀하셨다. '람충빠'가 열심히 청소할 때 부처님의 은덕으로 '람충빠'가 사원의 왼쪽을 청소하고 나면 오른쪽이 먼지로 가득 찼고, 다시 오른쪽을 열심히 청소하고 나면 왼쪽이 먼지로 가득 차기를 반복했다. 이렇게 반복하는 동안 그의 업장이 말끔하게 정화되자, '람충빠'는 부처님께서 가르치신 '먼지를 깨끗하게 하고 냄새를 깨끗하게 한다'라는 문장에 대해 '먼지라는 것은 밖에 있는 먼지를 말씀하신 것일까? 아니면 내 안에 쌓여 있는 먼지를 말씀하신 것일까?'라는 생각을 하게 되었고, 마침내 다음과 같은 깨달음의 게송을 읊게 되었다.

"먼지는 흙먼지가 아니고 탐욕의 먼지이다.
먼지는 탐욕의 이름이지 먼지가 아니다.
지혜로운 이가 이러한 먼지를 버리게 되면
그것이 불법을 부지런히 닦는 것이다.

먼지는 흙먼지가 아니고 성냄의 먼지이다.
먼지는 성냄의 이름이지 먼지가 아니다.
지혜로운 이가 이러한 먼지를 버리게 되면
그것이 불법을 부지런히 닦는 것이다.

먼지는 흙먼지가 아니고 어리석음의 먼지이다.
먼지는 어리석음의 이름이지 먼지가 아니다.
지혜로운 이가 이러한 먼지를 버리게 되면
그것이 불법을 부지런히 닦는 것이다."

이와 같이 먼지는 바깥의 먼지가 아닌 마음속에 있는 탐욕,

성냄, 어리석음, 질투, 교만 등의 번뇌를 말하므로, 모든 번뇌를 먼지를 털어내듯 깨끗하게 해야 함을 깨우친 그는 마침내 아라한의 경지에 도달했다.

부처님께서는 이제 '람충빠'의 이러한 깨우침을 사람들에게 알려야겠다고 생각해서 아난다에게 "이번 비구니들 법회의 법문은 '람충빠'에게 하라고 전하고, 비구니들한테는 당신들을 가르치는 법사는 '람충빠'라고 알려라."라고 말씀하셨다. 아난다는 부처님의 말씀을 그대로 전했고, '람충빠'도 '이제 나를 사람들에게 알리려고 하시는가 보다.'라고 생각하면서 부처님 말씀대로 따르겠다고 했다.

한편 비구니들은 매우 놀라서 "우리가 여자라고 무시하는 것을 보시오. 3개월 동안 한 게송도 제대로 외우지 못한 그 사람이 삼장을 모두 공부한 우리를 어떻게 가르칠 수 있겠습니까?"라고 하며 이번 기회에 삼장을 알지 못하는 자들은 앞으로 다시는 여기에 오지 못하게 하자고 모의하였다. 열두 명의 비구니 중에서 어떤 이는 법좌를 계단도 없이 아주 높게 만들었고, 어떤 이는 슈라바스티 지역의 모든 사람에게 "매우 훌륭한 대스승께서 내일 오시니 그분에게 법을 듣지 않으면 진리를 깨우치지 못하고 윤회세계를 떠돌게 되므로, 내일 반드시 법문을 들으러 와야 합니다."라며 소문을 내었다. 그러자 인간뿐만 아니라 수십만의 다른 중생들도 법회에 왔는데, 어떤 이들은 구경하려고 나섰고 어떤 이들은 공덕을 쌓기 위해 모였다.

다음날 '람충빠'는 탁발을 마친 후 참선을 하고서 수행원인 비구들을 따라 비구니들이 하안거 결제를 하는 곳으로 법문을 하러 갔다. 그곳에 도착하여 법좌가 너무 높은 것을 보자 신심으로 이렇게 높게 만든 것인지 아니면 자신을 무시하여 시험하고자 한 것인지를 살폈다. 신심에서 우러난 것이 아닌 줄을 안 '람충빠'는 힘찬 코끼리의 코처럼 손을 뻗어서 법좌를 누른 후에 앉았는데, 어떤 이들은 이를 보았고 어떤 이들은 보지 못했다.

'람충빠'는 사자좌 위에 앉아 관상에 든 후, "비구니 사제들이여! 내가 3개월 동안 배웠던 한 게송의 의미를 7일 동안 밤낮으로 설하고자 한다."라고 말했다. 그때 부처님께서 가르쳐 주신 신·구·의로 죄를 짓지 않는 십계(十戒)와 관련된 내용을 넓게 펴서 자세하게 설명하니, 법문하는 곳에 모인 일만 이천 명이 진리를 깨우치게 되었고, 또 어떤 이들은 성문·연각·대승의 길로 각각 발심하였으며, 나머지 사람들도 삼보에 대한 믿음을 가지게 되었다. 그 후 '람충빠'가 기원정사로 돌아가니 부처님께서 "'람충빠'는 마음을 변화시키는 데 있어 나의 제자 중에서 최고로구나!"라고 칭찬하셨다. 이처럼 우리도 관상하는 것은 중요하고 청소하는 것은 중요하지 않다고 생각해서는 안 된다.

또 다른 예를 보면, '킴닥괸메세진〔급고독장자〕'이라는 사람이 매일 죽림정사 도량에 청소하러 왔다. 어느 날 그가 바빠서 오지 못했는데 도량을 청소하는 이가 아무도 없었다. 그러자 석가모니 부처님께서 황금 같은 귀한 손으로 직접 청소하셨다. 우리도 이처럼 깨끗하게 청소하는 것을 중요하게 생각해야 한다. 먼지가 있으면 청소하고 먼지가 없으면 청소하지 않는 것이 아니라 관상하기 전에 반드시 청소하되 적어도 하루에 한 번은 청소하는 것이 좋다. 청소하는 동안 '람충빠'처럼 자신의 업장을 쓸어낸다고 생각하면서 해야 한다. '람충빠'가 했듯이 다음 게송을 외우면서 청소하면 더욱 좋다.

"먼지는 흙먼지가 아니고 업장의 먼지이다.
먼지는 업장의 이름이지 먼지가 아니다.
지혜로운 이가 이러한 먼지를 버리게 되면
그것이 불법을 부지런히 닦는 것이다."

그뿐만 아니라 자기가 사유하고자 하는 무상(無常)이나 스승에 대한 믿음 등에 대해 명확하게 깨닫지 못했을 때 그 깨달음에 장애가 되는 요소들을 먼지로 여기고 청소하듯 관상하면 큰 효과를 얻을 수 있다. 아프거나 늙어서 혼자 청소하기 힘들어 제자나 다른 이들이 도와줄 때 옆에서 위의 구절을 외우면서 같이 하면 수행에 큰 도움이 된다. 그 마음동기가 크고 작음에 따라 마당을 한 번 비질해서 생기는 공덕도 커지거나 작아지게 된다.

나. 불상·경전·탑 등을 바르게 모시는 방법

불보살들을 법답게 모셔야 하는데, 황금이나 은으로 조성한 불상은 높은 곳에 모시고, 진흙으로 만든 불상은 그보다 아래에 모신다면, 이는 불상을 재물로 여기는 것일 뿐이다. 탱화를 오래된 순서대로 소중히 여겨 모시는 것 역시 재물로 생각하는 것일 뿐이다.

불보살을 모신 쪽으로 발을 뻗고 자면서 아무런 가책도 느끼지 못한다면 이는 삼보에 귀의하는 것을 모른다는 완벽한 증거이다. 어떤 사람이 탱화나 불상이 낡았다고 해서 방에 모시지 않고 쓰레기처럼 생각해서 버린다면, 이는 자신의 복을 쓰레기통에 버리는 것과 똑같다. 이처럼 불상을 실제의 불보살이라고 생각해야 한다.

　불보살들의 몸의 상징은 불상이고, 말씀의 상징은 경전이며, 마음의 상징은 탑이다. 불자라면 부처님의 은혜를 기억하기 위해 불상 한 분 정도는 모셔야 하며, 가르침을 기억하기 위해 『보리도차제론』이나 『반야심경』 등의 경전을 모시고, 마음의 의지처로 탑이나 금강저(金剛杵), 금강령(金剛鈴) 정도는 모셔야 한다.

　어떤 이들은 부처님이 손에 쥐는 도구 정도로밖에 인식하지 못하고 금강저나 금강령을 함부로 하는데, 이는 부처님의 마음을 의미하기 때문에 커다란 죄를 짓게 되니 그렇게 해서는 안 된다. 매일 보던 불상이라고 해서 이제는 더 뵐 필요가 없다고 생각해서도 안 된다. 뵐 때마다 특별한 인연을 짓게 되기 때문이다. 실제 부처님을 만나 뵙는 것보다 불상이나 탱화를 뵙는 것이 열여섯 배나 공덕이 더 크다고 한다.

　『법화경(法華經)』에서 "여래의 몸이 그려진 벽화를 화가 난 상태에서 보더라도, 나중에 천만 분의 부처님을 뵙게 되는 공덕을 쌓을 수 있다."라고 나와 있다. 그처럼 화난 마음으로 보아도 이득이 있는데, 신심으로 뵙는다면 그 공덕을 어찌 다 말로 표현할 수 있겠는가.

　사리자가 석가모니 부처님과 오랫동안 함께 공부할 수 있었던 것도 예전에 부처님이 그려진 벽화를 보면서 '참 대단하구나!'라고 감탄하는 마음으로 부처님을 뵈었던 공덕의 결과라고 한다. 전생에 사리자가 오래되고 낡은 법당에서 하룻밤을 지내게 되었는데, 호롱불을 밝혀 신발 밑창을 깁다가 쉬면서 문득 벽에 그려진 부처님을 뵙고는 '이렇게 멋진 분을 직접 뵈면 얼마나 좋을까?'라고 생각하고 자주 마음속으로 바랐던 결과라고 한다.

지금 우리 눈에는 불상이 진흙이나 청동으로 보이지만, 법속정(法續定)의 선정에 드신 분들에게는 이것이 화신(化身)으로 보이고, 대승의 오도(五道)[18] 중에서 견도(見道)인 초지(初地)에 도달하신 분들에게는 이것이 보신(報身)으로 보인다. 따라서 불상이나 탱화 등을 실제 부처님과 같이 인식해서 모시는 것이 매우 중요하다.

② 거짓 없는 공양물을 법답게 올리는 방법

가. 거짓 없는 공양물

공양물에 거짓이 없어야 한다는 것은 공양물을 만들거나 준비할 때 정갈해야 함을 말한다. 예를 들어 출가자라면 다섯 가지 삿된 것 즉, 오사명(五邪命)으로 구한 공양물을 올려서는 안 되고, 일반인들은 장사해서 두세 배의 이익을 얻은 것으로 공양물을 사서 올려서는 안 되며, 살생한 것을 공양 올려서도 안 된다. 그럴 바에는 차라리 공양을 올리지 않는 편이 더 낫다. 왜냐하면 공양이라는 것은 불보살들을 기쁘게 하는 것을 말하는데, 그렇게 삿되게 준비한 것을 올린다면 불보살들이 어떻게 기뻐하겠는가?

그렇지만 공양물이 이미 다 만들어진 것이라서 삿된 것인지 아닌지를 알 수 없는 경우라면, 자신과 남의 업장을 소멸하기 위해 올린다는 생각으로 공양 올려야 한다.

---

18) 불교 수행의 다섯 단계로 오위(五位)라고도 하며, 자량도(資糧道), 가행도(加行道), 견도(見道), 수도(修道), 무학도(無學道)를 말한다.

■ **다섯 가지 삿된 방법으로 구한 재물〔五邪命〕**

첫째, 어떤 귀한 것을 받으려는 마음으로 아첨하여 얻은 것을 말한다. 그러나 받는 사람이 아무런 바라는 마음 없이 부드럽게 말하고 받는 것은 삿된 것이 아니다.

둘째, 자신이 바라는 어떤 것을 구하고자 하는 마음에서 다른 이들에게 우회적인 표현을 하는 경우이다. 예를 들면 "요즘 나에게 녹차는 많은데, 유자차가 없다."라고 하거나, "작년에 주신 꿀이 여러모로 도움이 많이 되었습니다."라는 표현으로 유자차나 꿀을 얻어내는 것은 삿된 것이다. 하지만 그러한 마음동기 없이 사실대로 말하는 것은 삿된 것이 아니다.

셋째, 단주나 염주 같은 작은 선물을 주면서 그 대가로 큰 시주 등을 바라는 마음으로 얻은 것은 삿된 것이다. 그러나 그러한 동기 없이 시주자를 잘 맞이하고 작은 것일지라도 정성스럽게 보답하는 것은 삿된 것이 아니다.

넷째, 시주하고 싶어 하지 않는 사람에게 시주하라고 해서 얻거나, 다른 절에 시주하려고 하는 것을 자기 절에 시주하도록 유도하거나, 어떤 이가 내게 이러한 것을 주었는데 크게 도움이 되었다는 식으로 말을 해서 얻은 것은 모두 삿된 것이다. 그러나 이러한 마음동기 없이 솔직하고 순수한 마음으로 시주하도록 유도하는 것은 삿된 것이 아니다.

다섯째, 혼자 자기 방에 있을 때는 마음대로 행동하면서, 신도들 앞에서는 법다운 척하면서 '이분이 시주해 주었으면 좋겠다.'라는 마음을 내어서 얻은 것도 삿된 것이다.

이와 같이 출가자들이 계를 파하면서까지 다섯 가지 삿된 방법으로 재산을 모아 불사를 하거나 공양을 올리면 큰 죄를 짓게 된다.

나. 거짓 없는 마음동기

거짓 없는 마음동기란 공양을 올려서 명예를 얻고자 한다든가 다른 이들에게 잘 보이려고 꾸며서 공양 올리지 않는 것을 말한다. 우리는 보통 공양을 조금 올리면서도 명예나 칭찬 등 세속팔풍(世俗八風)[19]에 집착하며, 그보다 조금 나은 이들도 무병장수를 얻고자 하는 정도의 마음동기밖에 갖지 못한다. 승가에 대중공양을 올릴 때도 '과보를 바라지 않고 공양 올렸다.'라는 말에 자만하거나 집착하는 경우가 많다. 또 남에게 잘 보이기 위해 청소도 하고, 초도 켜고, 향기로운 꽃도 꽂고, 공양을 올리는 등 평소에는 안 하던 행동을 꾸며서 하는 마음을 자세하게 살피고, 그러한 공양을 올려서 얻는 이득과 손실이 무엇인지를 잘 알아야 한다.

예전에 '게시 벤'[20]이라는 수행자가 있었는데, 어느 날 한 신도가 그를 만나러 그가 수행하고 있는 토굴에 오겠다고 했다. 그래서 '게시 벤'은 불보살님 전에 공양을 올리고 향을 피우는 등 신도를 맞이할 준비를 했다. 그리고 나서 자신의 마음동기

---

19) 사람의 마음을 흔들리게 하는 여덟 가지 상태로 세간팔법(世間八法)이라고도 하며, ①자기에게 이익이 있으면 좋아하고, ②이익이 없으면 싫어하며, ③즐거우면 좋아하고, ④즐겁지 않으면 싫어하며, ⑤듣기 좋은 말을 하면 좋아하고, ⑥듣기 싫어하는 말을 하면 화내며, ⑦칭찬을 들으면 좋아하고, ⑧비방하는 말을 들으면 화내는 것 등을 말한다.
20) 선지식 '벤'이라는 비구. '게시'는 수행적으로 해야 할 것과 하지 말아야 할 것을 확실하게 보여주는 스승 또는 티벳불교 4대 종파 중 하나인 '겔룩빠'에서 교학을 모두 이수한 후 시험을 통과한 스님에게 수여하는 학위를 말한다.

가 신도에게 잘 보이기 위해서인지 아니면 진심으로 공양을 올리는 것인지를 살피니, 신도에게 잘 보이기 위해서라는 것을 알고 곧바로 일어나 흙먼지 한 줌을 집어서 공양물에 뿌리고는, "비구! 거짓되게 꾸미지 마라."라고 하며 공양물이 먼지를 뒤집어쓰게 했다.

'파담빠 쌍게'라는 도인이 이 이야기를 전해 듣고서 티벳의 모든 공양 중에서 '게시 벤'의 공양이 최고라고 말했다. 또한 공양 올린 것을 칭찬하지 않고 오히려 공양물에 먼지를 뿌린 것을 칭찬했는데, 그 이유는 세속팔풍에 흙먼지를 뿌릴 수 있었기 때문이라고 덧붙였다.

이처럼 세속팔풍을 향한 마음이나 자기 자신만 다음 생에 좋은 곳에 태어나고 싶어 하는 등의 이기심으로 공양을 올리지 않고 보리심을 갖는 것이 중요하다.

■ 어떻게 법답게 공양물을 차릴 것인가

어떤 사람은 법답게 차릴 필요가 없고, 모양이나 순서도 크게 중요하지 않으며, 형식적인 것은 필요 없다는 식으로 말한다. 그러나 공양물은 법에 맞게 차려야 한다. 왜냐하면 자신이 완전하게 깨달을 때 삼십이상과 팔십종호가 생기는 원인이 되기 때문이다.

공양물을 올릴 때는 부처님의 오른쪽에서부터 차려야 한다. 자기 제자나 하인들에게 시켜서 올리면 그 공덕이 자신에게 돌아오지 않는다. '아띠샤' 스승께서는 많이 연로하여 몸이 불편했을 때에도 청소하거나 삼보에 공양물이나 공양수(供養水)를 올리는 것만큼은 당신의 손으로 직접 하셨다. 다른 이들이 '아띠샤' 스승을 대신해 해드리겠다고 요청이라도 하면, "내가 배고프다고 하면, 너희들이 나 대신 먹어서 배부르게 해줄 수도 있느냐?"라며 반문하셨다고 한다.

　옛날에 인도의 법왕들도 가난한 사람들에게 큰 보시를 할 때는 신하들을 시켜서 올리지 않고, 보시행을 할 수 있도록 집을 짓고 이들을 그곳에 불러들여 손수 보시했다고 한다. 이처럼 자기 손으로 직접 행하는 것이 중요하다. 공양물은 자기에게 있는 것 중에서 가장 좋은 것으로 공양을 올려야 하며, 그러지 않고 좋은 것은 따로 두고 그보다 못한 것을 공양 올리는 것은 좋지 않다.

　어떤 가난한 사람들은 자신에게 공양 올릴 만한 것이 없다며 마음이 움츠러들거나 걱정하기도 하는데, 본인의 신심만 충분하다면 공양물은 주위에 얼마든지 있다. 예전에 토굴에 있는 수행자들이 불보살들께 공양수를 올릴 다기가 마땅하게 따로 없어서 밥그릇을 깨끗이 씻은 후 공양수를 담아 올리고, 밥을 먹어야 할 때는 빌려 달라고 간청을 드린 후 밥을 담아 먹고, 다시 공양수를 올릴 때는 깨끗하게 씻어서 올리곤 했다.

　마음동기만 바르다면 불보살들께 물만 정성스럽게 올려도 큰 공덕을 쌓을 수 있는데, 이는 내가 불보살들께 물을 공양 올렸다는 상을 내지 않기 때문이다. 아름다운 꽃이나 나뭇가지, 좋은 열매, 흐르는 시냇물 등을 마음으로 공양물로 만들어 올려도 충분하다. 그러나 이렇게 공양물을 주변의 꽃이나 시냇물로도 가능하다고 해서 귀한 것은 감춰두고 이런 것들만 공양 올린다면, 이는 다음 생에 아귀로 태어나는 특별한 원인이 된다.

　또 부처님께서 "출가자들의 공양 중 법공양이 최고이다."라고 말씀하셨다고 해서, 그것만 올리면 된다는 생각으로 물질적인 공양은 하나도 올리지 않으면 세세생생 공양을 올릴 수 없는 원인이 된다.

어떤 사람들이 참선 수행만 하면 된다고 생각하여 공양물을 올리는 것과 같은 외부적인 방편을 통해 깨닫는 것을 소홀히 한다면 이는 어리석은 생각이다. 왜냐하면 견도 이상 도달하신 보살들께서도 수십만의 화신으로 나투어 수천 개의 손으로 부처님들께 공양을 올리시기 때문이다. 몸이 하나밖에 없는 우리는 할 수 있는 최선을 다해야 하지 않겠는가? 또한 향 한 자루라도 가벼이 여기지 않고 공양 올리는 것은 복덕을 증장하기 위해 가져야 할 참으로 중요한 마음가짐이다.

공양 올리는 방법 중에서 공양수를 예로 들면, 먼저 다기를 깨끗이 잘 닦아야 한다. 티벳에서는 기본적으로 일곱 잔을 올리거나 더 많은 잔을 한꺼번에 올리는데, 다기를 놓을 때 다기 사이의 간격이 멀리 떨어지지 않게 놓아야 한다. 만약 다기 사이의 간격이 너무 멀면 스승과 멀어지는 원인이 되고, 다기끼리 너무 붙여 놓으면 둔근으로 태어나는 원인이 된다고 한다. 또한 다기를 부딪쳐 소리가 나게 하면 정신이 이상하게 되는 원인이 되기도 하므로, 늘 주의를 기울여서 바르게 잘 놓아야 한다. 또 다기를 비워둔 채로 오래 놔두면 자신의 복덕이 사라진다고 한다.

다기에 공양수를 올리는 방법은 다음과 같다. 먼저 포개놓은 일곱 개의 다기 중 맨 위 다기에 물을 삼분의 일 정도 부은 다음, 맨 위 다기의 물을 그 아래 다기 각각에 차례로 부어 불단에 차리고, 나란히 놓인 그 일곱 개의 다기에 공양수를 가득 부어서 올린다. 공양수를 올릴 때는 부처님의 오른쪽에서부터 올리며, 마치 신하가 왕에게 차를 올릴 때보다도 더 공경히 올려야 한다. 물이 다기 밖으로 넘치게 되면 계를 파하는 원인이 되고, 가득 채워지지 않으면 수행하는 조건이 부족하게 되는 원인이 되니, 다기의 윗부분에 보리알 하나 정도의 여유를 남기고 가득 채워야 한다.

초 공양을 올릴 때는 아주 밝고 오랫동안 탈 수 있도록 해야 하는데, 이는 수명이 길어지게 하는 원인이 된다. 꽃 등을 올릴 때도 이와 마찬가지로 올려야 한다.

③ 관상하는 자세와 삼보에 귀의함과 사무량심

가. 관상하는 자세 여덟 가지

방석은 뒤를 조금 높이고 앞을 약간 낮게 해서 오래 앉아 있어도 엉덩이가 아프지 않게 한다. 석가모니 부처님께서 보드가야에서 깨달으셨을 때를 기억하기 위해 방석 밑에 십자 모양의 금강저를 놓지만, 그 대신 우리는 석회로 만(卍) 자를 그리는데 이때 오른쪽 방향으로 그려야 한다.

원래 금강저는 본존을 상징하기 때문에 그 위에 앉거나 밟으면 안 되므로, 그 대신 만(卍) 자를 그리는 것이다. 그리고 마디가 많은 풀과 길상초의 윗부분을 엇갈리지 않게 하여 자기가 앉을 자리의 앞쪽으로 꼭대기가 향하도록 하고 앉는다. 마디가 많은 풀을 까는 이유는 수명이 길어지는 특별한 원인이 되기 때문이며, 길상초는 탁한 것들을 정화해주는 기운이 있으므로 사용한다. 예전에 인도에서 수행자들이 탁한 기운이 있을 때 길상초 밭에 가서 하룻밤을 잔 것은 길상초가 더러운 것들을 다 정화해주기 때문이라고 한다.

여덟 가지 앉는 방법은 비로자나칠법에 호흡을 세는 수식관

스승 곰빠와의 수제자로 주로 보리도차제 수행에 정진하여 깊은 선정에 도달한
까담의 스승 **뉴스르빠**

까지 포함한 것이다. 비로자나칠법은 다음과 같다. 첫째, 다리는 결가부좌를 해야 하는데 원만차제를 관상할 때가 아닌 다른 상황에서는 반가부좌를 해도 된다. 둘째, 손은 양 엄지손가락을 마주 대고, 오른손을 위쪽에 두고 왼손으로 오른손을 감싸 전체적으로 원을 그리듯이 감싼 두 손을 배꼽 위치에 살며시 놓는다. 셋째, 등을 바르게 곧추세운다. 몸을 바르게 하면 기맥(氣脈)이 바르게 되고, 그 안에 흐르는 기가 바르게 흘러서 쉽게 마음을 집중시킬 수 있다. 넷째, 입술을 살며시 다물어 자연스럽게 하고, 혀끝을 입천장에 붙여야 한다. 이는 입이 마르지 않게 하는 데 도움이 되고, 깊이 집중해 있을 때 입에서 침이 흘러나오지 않게 하는 데도 도움이 된다. 다섯째, 목을 약간 숙인다. 여섯째, 눈은 반쯤 뜬 상태에서 콧등 끝으로 양쪽 시선을 모아야 한다. 눈을 이렇게 뜨는 것은 혼침(惛沈)이나 도거(掉擧)를 제거하는 데 도움이 된다. 일곱째, 양어깨의 높이를 바르게 한다.

이와 같은 방법을 비로자나칠법에 따른 관상 자세라고 하는데, 여래 중에서 비로자나불의 자세가 가장 완벽하므로 관상하는 자는 마땅히 이를 따라야 한다. 밀교에서는 오온이 청정해지면 오방불(五方佛)로 나투게 되고, 색온인 몸이 청정해지면 나중에 비로자나불로 나툰다고 해서 이런 몸의 바른 관상 자세를 비로자나칠법이라고 한다. 관상하는 자는 비로자나칠법을 따라야 하며, 이와 함께 우리 마음이 번뇌와 섞여 있으면 수행을 향한 특별한 마음을 내기가 힘드니 호흡을 고르게 해야 한다.

예를 들면 화가 많이 나 있을 때 일체중생을 향한 보리심을 아무리 일으키는 척해도 실제로 보리심이 일어나기는 어렵다.

그래서 번뇌가 섞인 마음을 제거하기 위해서 우선 마음을 평정한 상태로 만들어야 한다. 그래야만 비로소 관상을 할 수 있다. 이는 순백의 천이 있다면 우리가 원하는 어떤 색으로도 물들이기가 쉬운 것처럼, 선·불선 어느 쪽에도 치우쳐 있지 않은 마음 상태라야 번뇌와 섞이지 않은 관상으로 쉽게 전환할 수 있기 때문이다. 그러한 마음을 만드는 방법은 호흡할 때 숫자를 세어 우선 자기 마음동기에 탐욕·성냄·어리석음 등의 번뇌가 섞여 있는지를 살피고, 만약 있다면 숨을 아주 자연스럽게 천천히 내쉬며 그것이 밖으로 나가고 있음을 알아차린다. 숨을 들이쉴 때는 호흡이 안으로 들어오고 있음을 알아차려야 한다. 숫자는 처음에는 일곱 번, 아홉 번, 열한 번, 열다섯 번, 스물한 번 등 손이나 염주로 세지 않고 마음으로 세어야 한다. 그렇게 하면 마음이 평정해지는 상태로 돌아간다.

호흡을 내쉴 때 자신의 모든 번뇌가 검은빛으로 나가는 것으로 살피고, 들이쉴 때는 불보살들의 가피가 흰빛으로 들어오는 것으로 살펴야 한다. 그런 방법으로 호흡하는 동안 우리의 번뇌가 가라앉아 관상이 가능한 상태로 쉽게 들어갈 수 있다. 탐욕 등의 번뇌가 일어나지 않는다면 굳이 따로 호흡

끝없이 이어지는
인연을 상징하는 끝없는 매듭

을 가다듬을 필요가 없다.

나. 마음동기

이 상태에서 특별한 마음동기를 가지는 것이 매우 중요하다. '아띠샤' 스승께서 뿌리에 독이 있다면 나뭇가지나 열매, 잎에도 독이 있고, 뿌리가 약이라면 나뭇가지나 열매, 잎도 약

이라고 말씀하신 것처럼, 탐욕·성냄·어리석음의 독으로 가득한 뿌리의 마음동기라면 무슨 관상을 하더라도 그것은 죄를 짓는 일이다. 이와 같이 번뇌 등의 마음동기로 행하면 '듣고 생각하고 닦는 수행'을 하더라도 자기가 원하지 않는 열매를 맺게 된다. 반면 살생을 하더라도 그 마음동기가 선하다면 큰 공덕을 쌓게 되는 경우도 있다.

석가모니 부처님께서 어느 전생에 오백 명의 상인과 함께 배를 타고 나가 보석을 찾아서 돌아오는 길이었다. '미낙동퉁'이라는 사기꾼이 배에 탄 상인들을 모두 죽이려고 하자, 부처님께서 당장 상인 오백 명의 목숨을 구하고 먼 훗날 '미낙동퉁'도 지옥에 떨어지지 않게 하려는 큰 연민심〔대비심大悲心〕으로 그를 죽여서 사만 겁 동안 닦아야 할 큰 공덕을 한 번 만에 쌓으셨다. 살생으로 공덕을 쌓는 경우는 어디에도 나와 있지 않지만, 큰 연민의 마음동기를 일으킨 까닭에 그렇게 큰 공덕을 쌓게 된 것이다.

선행이나 불선행의 과보가 크고 작고는 모두 마음동기에 달려있다. 옛날 인도에 거지 둘이 있었다. 브라만 출신의 거지는 승가의 공양 시간을 모르고 아무 때에나 스님들을 찾아갔다. 비구들은 아직 공양할 시간이 되지 않았으므로 그에게 아무것도 주지 않았다. 반면 왕족 출신의 거지는 때를 잘 알고 찾아가니 스님들이 먹고 남긴 것을 많이 얻어 와서는 브라만 출신의 거지에게 얼마나 얻어 왔는지 물어보았다. 그러자 그는 화를 내면서, "나에게 힘이 있다면 모든 석가족 비구들의 목을 잘라 땅에 내동댕이치고 싶구나!"라고 말했다. 그러나 왕족 출신의 거지는 자기가 얻은 것에 고마워하면서 신심을 내어, "나에게 재산이 있다면 날마다 부처님과 비구들에게 최고로 맛있는 것을 공양 올리고 싶다."라고 말했다.

후에 두 사람은 밖으로 나와 큰 나무 밑에 누워서 쉬고 있었는데, 때마침 마차가 그 나무 옆을 지나다가 브라만 출신 거지의 목이 잘리게 하는 사고가 났다. 그 무렵 근처 마을에 살던 큰 부자가 그 마을 대표로 일하던 아들이 죽자 사람들을 모아놓고, "누구든지 복이 많은 사람을 우리 마을의 대표로 세우겠다."라고 발표했다. 그래서 마을 사람들이 그럴 만한 사람이 누가 있는지를 살폈는데, 왕족 출신의 거지가 자고 있던 나무 그늘은 해의 방향이 바뀌어도 없어지지 않고 그대로 있는 것을 보고서 그를 대표로 세웠다. 그제야 비로소 왕족 출신의 거지는 전에 말했던 것처럼 부처님과 비구들에게 많은 공양물을 올릴 수 있게 되었다. 이와 같이 마음동기에 따라 그 과보를 이번 생에 직접 받는 경우도 있다. 따라서 관상하기 전뿐만 아니라 평상시에도 무슨 일을 하든지 간에 바른 마음동기로 행하는 것이 무엇보다 중요하다.

보통 우리는 "건강하십니까?"라고 인사하지만, '아띠샤' 스승께서는 "쌤 상뽀 중외〔선한 마음이 생겼습니까?〕"라고 인사하셨다고 한다. 이처럼 마음동기의 차이에 따라 그 공덕을 쌓는 데에도 엄청난 차이가 있다.

예를 들면 네 명이 똑같이 경전을 독송하더라도 한 명은 보리심으로, 한 명은 출리심으로, 한 명은 다음 생에 좋은 곳에 태어나게 해달라는 마음으로, 한 명은 이번 생의 무병장수를 바라는 마음으로 기도한다면, 같은 장소에서 똑같은 시간 동안 기도하더라도 그 과보는 매우 다르다.

첫째 사람은 보리심으로 기도했기 때문에 그 기도는 완전한 깨달음의 원인이 되고 보살행인 대승의 수행이 된다. 둘째 사람은 사바세계를 벗어나려는 마음으로 기도했기 때문에 이는 해탈의 원인이 되는 중사도의 수행이 된다. 셋째 사람은 다음 생을 위해 기도했기 때문에 그 기도가 해탈의 원인은 되지 않지만, 삼악도에 떨어지지 않는 방편인 하사도의 수행은 된다. 마지막 사람은 이번 생만을 위해서 기도했기 때문에 이는 수행이 아니다.

사람들이 '아띠샤' 스승께 이번 생의 행복과 부귀영화를 위해서 하는 수행에 어떤 과보가 있는지를 여쭈었다. 스승께서는 "그 과보로 이번 생에는 행복을 얻을 수 있으나, 다음 생에는 지옥이나 아귀, 축생으로 태어나게 된다."라고 답하셨다. 그러므로 우리가 기도하거나 수행할 때 보리심의 마음동기로 하면, 한 걸음을 걸을지라도 이는 수많은 황금과도 비교할 수 없는 보살행이 된다. 그렇지 않고 보답을 바라거나 남에게 잘 보이기 위해서 기도를 한다면, '아띠샤' 스승께서 말씀하신 것처럼 삼악도에 떨어지는 원인이 된다.

또 대승의 수행자라면 이는 일반적인 마음으로는 되지 않으니 반드시 보리심으로 기도해야만 한다. 만약 보리심이 저절로 일어나는 사람이라면 이러한 마음동기가 특별하게 필요하지 않지만, 그렇지 않다면 보리심에 대한 마음동기를 일부러 만들어서라도 내어야 한다. 이렇게 하면 이번 생의 성취도 따라오게 되어 있다.

④ 촉싱〔福田〕

'촉싱〔복전福田〕'은 수행에 절대적으로 필요한 복을 쌓는 논이나 밭과 같다. 일반적으로 좋은 곡식을 많이 수확하려면 먼저 좋은 논밭이 있어야 하듯이 우리가 업장을 소멸하고 복을 쌓는 데에도 좋은 밭에 의지할 때 복과 지혜를 훨씬 더 쉽게 쌓을 수 있다. 그러한 마음으로 삼보에 귀의하여 귀의처를 잘 관상해야 하며, 관상하는 방법이 다양하지만 여기서는 그중 한 가지 방법을 설명하고자 한다.

너무 높지도 낮지도 않은 자신의 눈높이 정도 되는 앞 허공에 여덟 마리의 큰 사자들이 보석으로 만든 거대한 법좌를 들어 올리고 있는 것을 관상한다. 이때 너무 높으면 도거가 일어나게 되고, 너무 낮으면 혼침에 빠지게 된다.

큰 법좌의 중앙과 사방 다섯 곳에 각각 또 다른 법좌가 있다고 관상하는데, 중앙에 있는 법좌는 다른 네 곳에 있는 것보다 약간 더 높게 해서 그 위에 자신을 가르치시는 근본스승께서 석가모니 부처님의 모습으로 계신다고 관상한다. 이렇게 근본스승을 모시는 이유는 우리의 모든 깨달음이 스승으로부터 비롯되기 때문이며, 근본스승을 석가모니 부처님의 모습으로 관상하는 이유는 석가모니 부처님께서 모든 가르침의 주인이자 법의 근원이시기 때문이다. 부처님께서는 오른손 끝으로 땅을 누르는 수인으로 사마(四魔) 중에서 천마(天魔)를, 왼손 위에 놓인 발우에 든 무병(無病)의 약의 감로로 온마(蘊魔)를, 불사(不死)의 수명의 감로로 사마(死魔)를, 무루(無漏)의 지혜의 감로로 번뇌마(煩惱魔)를 물리치는 것을 나타내는 모습으로 계신다.

이 관상의 주요 대상으로 누구를 모셔야 하는지 궁금할 수도 있는데, 보리도차제의 가르침을 베풀어 준 많은 사람들 중에서 자신의 마음을 변화시키는 데 가장 큰 영향을 주신 스승을 모시면 된다.

석가모니 부처님의 오른쪽 법좌 위에는 미륵보살이 있고, 그 주위를 둘러싼 조금 낮은 법좌들 위에 '아상가'를 비롯한 '광대한 수행의 법맥'의 무수한 스승들이 앉아 있으며, 왼쪽 법좌 위에는 문수보살이 있고, 그 주위를 둘러싼 조금 낮은 법좌들 위에 '나가르주나'를 비롯한 '심오한 견해의 법맥'의 무수한 스승들이 앉아 있는 모습을 관상한다. 석가모니 부처님의 뒤쪽 법좌에 밀교의 금강지불(金剛持佛)을 중심으로 밀교의 모든 스승이 둘러싸고 앉아 있는 것을 관상한다. 석가모니 부처님의 앞쪽 법좌 위에 자신의 근본스승께서 살아있는 모습 그대로 앉아 계신다고 관상하는데, 스승이 실제로 맹인이나 절름발이 더라도 그런 불구의 모습으로 관상할 필요는 없다.

 스승은 오른손을 가슴 앞에 들어 법을 가르치고, 왼손은 손바닥이 하늘을 향하게 하여 선정에 들었음을 나타내는 수인을 하고 있다고 관상한다. 이때 왼손바닥 위에 감로로 가득 찬 수명의 보병을 들고 있다고 관상한다. 이 두 가지 수인은 스승이 곧 심오한 공성을 사유하는 선정에 든 상태에서도 동시에 중생구제를 위해 법을 가르칠 수 있는 부처임을 나타낸다. 또한 우리가 수행하는 도중에 만나는 두 가지 장애에는 마음을 밝지 못하게 하는 무지와 몸을 지속하지 못하게 무너뜨리는 죽음의 왕이 있으며, 스승은 우리 마음의 무지를 없애기 위해 법을 가르치고, 죽음의 왕 '야마'를 조복시키기 위해 수명의 보병을 들고 있는 모습을 하고 있는 것이다.

 근본스승의 주위를 내가 그동안 인연을 맺어온 모든 스승이 둘러싸고 있다고 관상한다. 만약 인연이 있는 스승이 몇 분이나 되는지를 물으면 그 수가 많지 않음에도 헤아릴 때 한참 걸리고 가진 돈이 얼마나 되는지를 물으면 금방 답이 나온다면, 근본적으로 수행에 관심이 그만큼 적음을 나타내는 것이다. 살아계신 스승이라면 방석 위에 앉아 있고, 돌아가신 분이라면 연꽃 위에 달을 얹은 연월좌(蓮月座)에 앉아 계신다고 관상한다.

중앙의 석가모니 부처님을 비롯한 사방의 주요 다섯 그룹을 '라마뎅아'[21]라고 부르는데 각 그룹의 관상이 끝나면, 그 아래로 밀교의 네 단계인 무상요가(無上瑜伽)·요가(瑜伽)·행(行)·소작(所作) 딴뜨라의 '이담'[22]들이 '라마뎅아'를 상위 딴뜨라에서 하위 딴뜨라의 순서로 둘러싸고 있다고 관상한다. 그 아래로 약사여래불을 비롯한 부처님들이 '이담'들을 둘러싸고 있으며, 그 아래로 관세음보살을 비롯한 팔대보살을 중심으로 보살들이 부처님들을 둘러싸고 있다고 관상한다. 그 아래로 연각(緣覺)들, 또 그 아래로 십육나한을 비롯한 성문(聲聞)들이 발우와 주장자를 들고 경전을 모시고 서 있는 비구의 모습으로 둘러싸고 있다고 관상한다. 여기서 유의할 점은 연각은 부처님처럼 살상투가 약간 나와 있는데 반해 성문에게는 없다는 점이다. 그 아래로 밀교 수행자를 돕는 '빠오〔다까〕'와 '빠모〔다끼니〕'들이 성문들을 둘러싸고 있고, 또 그 아래로 사천왕을 비롯한 각종 호법신들이 '빠오'와 '빠모'를 둘러싸고 있으며, 모든 불보살과 스승들께서 법좌와 구름 위에 계신다고 관상한다.

여기서 육도에 있는 신들이나 각종 잡신을 이 복전에서 관상해서는 절대로 안 된다. 또한 이렇게 관상한 모든 분들이 법보(法寶)를 상징하는 경전을 들고 계신다고 관상한다. 이때

법륜

---

21) 티벳어로 '다섯 그룹의 스승들'이라는 의미.
22) 밀교에서 수행의 방편으로 삼는 또 다른 형태의 부처님 형상을 '이담'이라고 한다.

탱화를 보듯이 평면적인 그림으로 관상하지 않고 입체적으로 관상하며, 불보살들과 스승들을 진흙으로 만든 불상처럼 딱딱하지 않고 실제 살아있듯이 그 본성이 아주 맑고 밝은 빛으로 가득한 무지개 몸으로 밝게 빛을 내고 있다고 관상한다. 이를 율장에서는 '타오르는 불길의 모양처럼, 버터를 더 넣어서 세차게 활활 타오르는 불꽃처럼, 황금 그릇 안에 담긴 밝은 등불처럼'이라고 세 가지 비유로 찬탄하셨다. 또한 왕실에서 일하는 사람들이 왕궁의 문들을 통해 왔다 갔다 하는 것처럼 석가모니 부처님부터 사천왕까지 모든 분들도 그렇게 서로 드나들며 법에 관해 토론하고, 다양하게 신통을 부리는 모습을 보여주고 있다고 관상한다.

만약 우리 마음으로 만들어 관상할 수 있는 능력만 된다면, 복전에 있는 모든 불보살들의 털구멍마다 다시 정토 하나씩을 만들어 관상한다. 그리고 그 정토에 훨씬 더 정교한 복전이 있다고 관상함으로써 부처님의 세계가 무한하다고 관상할 수 있도록 한다. 미세하게 관상할수록 그 공덕과 관법이 그만큼 더 증장된다.

복전에 그려진 모든 불보살들이 나를 보고 무척 기뻐하신다고 관상한다. 평소에 우리는 불보살들이 하라는 것은 하지 않고 하지 말라는 것만 일삼고 있기 때문에 그렇게 기뻐하실 일이 없다. 그래도 이렇게 조금이나마 불보살들이 기뻐하시는 것은, 사고뭉치 아들이 날마다 사고만 치다가 어쩌다 한 번 작아도 좋은 일을 하게 되면 그 부모가 크게 기뻐하는 것과 같다. 그렇듯이 평상시에 나쁜 짓만 일삼던 우리가 보리도차제를 수행하는 것을 보고 불보살들이 좋아하신다.

보통의 논과 밭은 일 년에 한두 번밖에 수확할 수 없지만,

복전에는 끊임없이 씨를 뿌리고 수확할 수 있으니 우리가 씨앗을 심지 않고 논밭을 놀리고 있다면 그보다 아까운 일이 어디에 있겠는가?

■ **복전을 관상한 후 귀의하는 방법**

이와 같이 삼보에 귀의할 수 있는 귀의처인 복전(福田)을 관상했다면, 어떻게 귀의해야 하는지에 대해 알아야 한다. 완전한 귀의를 하기 위해서는 두 가지 마음에 의지해야 하는데, 그것은 두려움과 신심이다.

여기서 두려움은 이 사바세계의 모든 고통과 육도 각각에서 겪는 고통을 두려워하는 마음을 말하며, 신심은 그 두려움에서 벗어나게 해줄 수 있는 힘이 오직 삼보에 있다고 믿는 마음을 말한다.

대승의 특별한 귀의는 앞서 말한 두려움과 신심 이 두 가지에 중생이 겪는 고통을 보고 내는 연민심을 더해 세 가지를 말하고 있다. 귀의에 관해서는 다음에 자세히 설명하겠다.

자신과 주위의 부모를 비롯한 일체중생 모두를 인간의 모습으로 생각하고, 자신이 그들을 대표하여 귀의함으로써 일체중생도 함께 귀의한다고 관상해서 다음과 같이 기도한다.

"근본스승께 귀의합니다. 〔라마라 껩쑤치오〕
부처님께 귀의합니다. 〔쌍게라 껩쑤치오〕
법에 귀의합니다. 〔최라 껩쑤치오〕
승가에 귀의합니다. 〔게뒨라 껩쑤치오〕"

"근본스승께 귀의합니다."라고 염송할 때 복전에 있는 '라마 뎅아' 중에서 근본스승 그룹으로부터 감로가 내린다고 관상한다. 위의 네 구절을 한꺼번에 할 수도 있고, 한 구절씩 각각 백 번이나 천 번 또는 원하는 수만큼 염송하는 방법도 있다.

예를 들어 백 번 정도 염송할 경우 오십 번 정도는 자신의 장애를 그 감로로 모두 없앤다고 관상하고, 나머지 오십 번 정도는 우리가 깨우침을 얻게 한다고 관상한다. 장애를 관상할 때는 주로 흰색을 많이 띤 하양·노랑·빨강·초록·파랑의 다섯 가지 색으로 빛나는 감로가 흘러내려 오는 것을 관상하면서, 나와 일체중생의 몸 안으로 들어가 시작 없는 전생부터 쌓아온 업장과 특히 스승의 말씀을 어겨서 마음을 상하게 해드리거나 불신과 무시 등으로 지은 스승과 관련된 모든 죄가 검은 물로 변해 연기가 연통을 빠져나가듯 밖으로 흘러나가 정화되어 소멸된다고 관상한다.

그 후 모든 스승들의 신·구·의를 통해 모든 깨우침이 주로 노란색을 많이 띤 다섯 가지 색으로 빛나는 감로가 흘러내려 오는 것을 관상하면서, 나와 일체중생이 수명, 모든 복덕과 깨우침을 받고, 특히 스승의 신·구·의를 통해 모든 가피를 받는다고 관상한다.

"부처님께 귀의합니다."라고 염송할 때도 위와 같은 방법으로 관상한다. 우리가 부처님께 지을 수 있는 큰 죄는 다섯 가지를 들 수 있는데, 이는 여래의 몸에 피를 내거나, 불상이 좋다거나 나쁘다고 평가하거나, 물건값 대신 불상을 담보로 잡히거나, 불상을 물건으로 여겨 사고팔거나, 나쁜 의도로 불상을 파괴하는 것 등이다. 지금 우리가 '데바닷따'가 석가모니 부처님께 돌을 던져 피가 나게 한 것과 같은 죄는 실제로 짓지 않지만, 나머지 네 가지 죄는 언제든지 지을 수 있는 것들이다.

특히 불상을 평가하는 죄는 무척 크다. 예전에 어느 수행자가 '아띠샤' 스승께 문수보살의 상을 보여 드리면서, "이 보살상의 상호가 괜찮다고 하시면 사고 싶습니다."라고 의견을 여쭈자 스승께서는 "문수보살의 상호가 좋지 않은 것이 어디 있겠는가? 만든 사람의 실력이 그저 그럴 뿐이다."라고 말씀하셨다. 이처럼 불상 자체를 평가해서는 안 된다.

한편 요즘 불상을 담보로 잡거나 사고파는 것을 흔하게 볼 수 있는데, 이렇게 해서는 안 된다. 이러한 죄를 지었을 때는 복전(福田)에서 관상했던 부처님으로부터 감로가 흘러내려 모든 죄가 소멸된다고 관상한다.

그 다음에 "법에 귀의합니다."라고 염송할 때는 정법(正法)은 경전으로 상징되므로, 복전에 있는 스승들께서 손에 들고 계신 경전에서 감로가 흘러내려 정법을 어겨서 지은 죄들이 모두 씻겨나간다고 관상한다. 우리가 법과 관련해 짓는 죄에는 경전을 물질로 생각하고, 경전을 공경히 대하지 않거나, 정법을 버리며, 경전을 팔아 번 돈으로 먹을 것 등을 사는 것과 같은 행위들이 있다. 이런 죄들을 짓기가 쉽고 그 과보는 무거우니 절대로 범하지 말아야 한다. 여기서 정법을 어긴다고 함은 대승불교를 따른다고 해서 소승불교를 업신여기거나, 소승 불교도가 대승 불교도를 비난하거나, 현교와 밀교 등 각 종파 간에 서로 비난하는 모든 행위를 말한다.

한편 경전이나 글이 쓰여 있는 물건 위를 밟고 지나가거나 냄비 받침 등으로 사용하는 것도 모두 정법을 버리는 행위이다. 어떤 이는 글이 쓰여 있는 것들을 일부러 방석으로 사용하기도 하는데, 이는 아주 큰 죄를 짓는 것이다.

또한 경전을 물질로 여겨 재산을 늘리는 수단으로 사고팔거나, 공경히 대하지 않고 맨땅 위에 놓아두거나, 침을 묻혀서 경전을 넘기거나, 귀지를 후벼내어 바르는 일 등은 모두 큰 죄를 짓는 것이다. 우리는 대개 귀한 책을 많이 지니고 있어서 이러한 죄를 짓기가 무척 쉬우므로 항상 마음에 새겨서 조심해야 한다.

경전을 팔아먹는 경우 그 죄는 더욱더 크다. 옛날에 어떤 사람이 집이 가난해지자 경전을 팔았다. 그리고 그것을 참회하기 위해 스님 네 분을 초대하고 공양을 올렸다. 그 공양은 경전을 팔아서 올린 것이었으므로 그날 공양을 받은 스님 중 한 분이 밤에 무척 아팠다. 그가 선정에 들어서 살폈더니 하얀색의 '아' 자가 몸 안을 돌아다니며 아프게 하는 것을 보았다. 그래서 관세음보살께 기도를 하니, "너희들이 경전을 팔아 생긴 돈으로 올린 공양물을 먹은 탓이다."라고 말씀하셨다. "그러면 네 사람이 함께 먹었는데 왜 저만 아픕니까?"라고 여쭙자, "다른 사람들은 업장이 두꺼워서 바로 못 느낄 뿐이지, 다음 생에 갈 곳이 지옥밖에 없다. 너는 업장이 가벼워서 바로 느끼게 된 것이다."라며 참회하는 방편으로 금으로 사경하는 숙제를 내어주셨고, 그는 사경을 성공적으로 마친 후에 병이 나았다.

최근의 일례를 보면, 중국의 침략을 받아 인도의 다람살라로 망명해 온 티벳 사람들 중에서 어떤 사람이 중국에 의해 파괴된 티벳의 많은 불상과 경전을 네팔 등지에서 들여와 사고팔아서 많은 돈을 모았다. 후에 보리도차제를 공부하게 되었는데, 어느 날 자신의 행위에 대해 깊이 참회한 후 달라이라마의 스승이신 '링 린뽀체'께 이 돈을 어느 절에 보시하면 좋을지 여쭈었다. '링 린뽀체'께서 "이런 돈을 공부하는 스님들에게 공양 올리면 몹시 해로우니, 그런 돈으로 공양을 올려 수행하는 사람들에게 장애를 주어서는 안 된다."라고 엄하게 꾸짖으시자 그 상인이 "그러면 다른 방도가 없습니까?"라고 다시 여쭈니, "달리 방법이 없다."라고 답하셨다. 이에 상인은 애타는 심정으로 "그러면 어떻게 하면 좋겠습니까? 그 돈으로 보드가야 대탑 주위에 대리석을 깔면 어떨지요?"라고 여쭈었고, '링 린뽀체'께서 "그리하면 조금은 도움이 될지도 모르겠다."라고 하셔서 보드가야 대탑 주위에 대리석을 깔게 되었다.

이처럼 경전이나 불상을 사고파는 일은 그 죄과의 무게를 헤아리기가 힘들 정도로 무겁다. 이러한 죄를 지었을 때 복전(福田)에서 관상했던 경전으로부터 감로가 흘러내려 모든 죄가 소멸된다고 관상한다.

그리고는 "승가에 귀의합니다."라고 염송한다. 현교에서 승가의 개념은 여덟 가지 공덕[23]을 갖춘 견도 이상의 성인을 말하며, 밀교에서는 앞서 복전을 설명하면서 말한 '빠오'와 '빠모', 호법신들 모두가 승가이다. 이러한 승가로부터 감로가 흘러내린다고 관상한다.

승가에 짓는 죄를 보면, 승가를 이간질하거나 승보의 재산을 훔치고, 승보를 욕하고, 호법신들에게 '또르마' 공양을 올리기로 한 약속을 어기는 것 등이다. 승가를 대상으로 지은 죄는

---

23) ①진리를 아는 공덕 ②관습적인 일체 존재를 아는 공덕 ③스스로 증득하는 공덕 ④진리를 아는 그 자체의 공덕 ⑤번뇌에 대한 애착으로부터 해탈하는 공덕 ⑥장애가 되는 번뇌로부터 해탈하는 공덕 ⑦더 낮은 번뇌로부터 해탈하는 공덕 ⑧해탈 그 자체의 공덕 등을 말한다.

불보(佛寶)나 법보(法寶)에 지은 죄보다 더 커서 아무리 참회를 해도 그 뿌리는 조금씩 남아있게 된다. 근래에는 승가의 출가자와 일반 재가신도가 서로 가깝게 지내는 일이 많아 재가자가 죄를 지을 위험이 크므로 특히 조심해야 한다.

그리고 일반 비구나 비구니 스님이 네 명 이상 모였을 때도 승가라고 할 수 있는데, 여기서 승가 간의 이간질이란 네 명 이상의 스님을 둘로 갈라지게 하는 행위를 말한다. 그런 식으로 이간질한 경우 본인은 물론이고 그 일에 관련되었던 이들도 모두 지옥에 가게 된다. 이간질이 행해진 장소도 그 죄로 불에 다 타서 나중에 다른 사람이 그 자리에서 12년 동안 아무리 열심히 수행을 하더라도 깨달을 수 없게 된다는 등의 말이 율장에 나와 있다. 승가 앞에서 '우리'나 '그들'이라는 말로 아첨하며 갈라지게 하는 일은 탐욕이나 성냄의 뿌리를 심는 것이나 다름없다.

승보의 재산을 훔치는 일은 특히 절의 주지나 원주에게 일어날 가능성이 크다. 시주하려고 하는 사람에게 주지나 원주가 그렇게 많이 시주할 필요가 없다고 말하는 것 역시 이에 해당하며, 이는 무간지옥에 떨어지는 원인이 된다.

승보를 욕하는 것에는 직접 얼굴에다 대고 욕하는 것과 뒤에서 욕하는 것이 있고, 별명을 들먹이며 거친 말을 하는 것 등도 여기에 포함된다. 연등 부처님 시대에 '끼부쎄르꺄'라는 브라만이 있었는데, 승가에 거친 말로 욕을 한 후 죽어서 석가모니 부처님 시대에 열여덟 가지 동물의 머리가 달린 거대한 물고기로 태어나는 과보를 받았다.

인도에 있는 어느 아름다운 큰 강에서 오백 명의 어부가 그물을 던져 물고기나 거북이를 잡곤 했는데, 어느 날 엄청나게 큰 물고기가 그물에 걸려 어부 오백 명이 모두 달려들어 그물을 당겼지만 너무 커서 끌어올릴 수가 없었다. 그래서 주변의 목동들과 나무꾼들, 길을 지나가던 사람들까지 모두 불러서 십만 명의 도움을 받아 그물을 당기고서야 겨우 강둑으로 끌어올렸다. 그 물고기는 머리가 열여덟 개, 눈은 서른여섯 개나 되었다. 외도의 여섯 지도자〔六師外道〕를 비롯한 많은 사람이 구경하러 나섰다. 석가모니 부처님께서 이 일을 아시고 많은 비구들과 함께 그 길로 나오셨다. 설법하기 위해 일부러 나오신 것이다. 믿음이 없는 사람들은 부처가 그냥 구경하러 나왔다고 했고, 믿음이 있는 사람들은 부처님께서 설법하러 나오셨다고 말했다.

부처님께서는 군중들 가운데 만들어 둔 법좌 위에 앉아 괴상하게 생긴 물고기가 말을 할 수 있도록 가피를 내린 후 그가 전생을 기억하는지 물어보셨다. 물고기가 기억할 수 있다고 대답하자 부처님께서는 다시 물어보셨다.

"네가 '끼부쎄르꺄'냐?"

"예!"

"네가 신·구·의로 쌓았던 죄의 과보를 받고 있는 줄은 알고 있느냐?"

"예! 알고 있습니다."

"네가 그렇게 죄를 짓게 한 사람이 누구냐?"

"저의 어머니입니다."

"네 어머니는 어디에 다시 태어났느냐?"

"지옥에 태어났습니다."

"너는 어떻게 다시 태어났느냐?"
"축생으로 다시 태어났습니다."

"지금 죽으면 어디에 다시 태어날 것 같으냐?"
"아마도 지옥에 태어날 것 같습니다."

그 물고기는 이렇게 대답하면서 구슬피 울었다. 그러자 구경하던 사람들도 몹시 슬퍼하며 아난다를 통해 이 물고기가 도대체 전생에 무슨 죄를 지어서 이런 과보를 받고 있는지, 이렇게 전생을 기억하고 사람처럼 말을 하는 물고기가 누구인지에 대해 부처님께 여쭈었다.

연등 부처님 시대에 '띠디'라는 왕이 통치하고 있을 때 다른 나라에서 브라만들이 논쟁하러 많이 왔는데, '쎌갸시와'라는 브라만이 그들을 모두 물리쳐서 왕은 그에게 많은 상금을 내렸다. 아버지가 하던 공부를 따라 한 그의 아들 '끼부쎄르꺄'도 다른 이들과 논쟁을 하면 쉽게 이길 수 있었다. 아버지가 돌아가시자 어머니는 아들이 논쟁으로 재산을 전부 잃게 될까 봐 걱정이 되어 아들에게 "네가 모든 논쟁에서 이길 수 있겠느냐?"라고 물었다. "연등 부처님의 제자인 비구들을 빼고는 누구든지 물리칠 수 있습니다."라고 아들이 대답하자, "가서 나머지 사람들도 모두 물리쳐라!"라고 어머니는 명령했다. 어머니를 무척 공경했던 아들은 그 말씀대로 하려고 노력하였다.

그러던 어느 날 한 비구가 어떤 구절의 의미를 물어보았는데 '끼부쎄르꺄'는 아무 대답도 하지 못했다. '끼부쎄르꺄'는 자신감을 잃긴 했지만, 오히려 승가에 대한 신심이 일어나 집으로 돌아왔다. 어머니가 비구들을 물리쳤는지 묻자 아들은 "저는 그들을 물리칠 수 없었습니다."라고 대답했다. 그러자 어머니는 아들에게 부처님의 경전을 배우라고 했다. 아들이 "경전은 일반인들에게는 가르쳐주지 않습니다."라고 말하니, 어머니는 아들에게 출가하여 대학자가 되라고 권했다.

어머니의 종용으로 아들은 출가했으며, 마침내 삼장에 능통하게 되었다. 또다시 어머니가 비구들을 물리쳤는지 물어오자 아들은 "저는 경전의 내용〔敎法〕만 알고 있을 뿐이지만, 그분들은 경전의 내용뿐만 아니라 깨달음〔證法〕도 얻으셨기 때문에 제가 물리칠 수 없었습니다."라고 고했다. 그러자 어머니는 "그렇게 물리칠 수 없다면 가시 돋친 말이라도 해라. 수행자들은 죄짓는 것을 두려워하니 아무 말도 하지 않을 것이다. 그렇게 되면 다른 사람들은 네가 그들을 다 물리쳤다고 생각할 것이다."라며 사주하였다.

아들은 어머니가 시키는 대로 했다. 또다시 논쟁에서 패배하고만 그는 머리끝까지 화가 치밀어 올라 비구들에게 "코끼리 대가리! 네가 법과 법 아닌 것을 어떻게 아느냐?"라고 하면서, 또한 말 대가리, 낙타 대가리, 당나귀 대가리, 소 대가리, 원숭이 대가리, 사자 대가리, 호랑이 대가리 등 열여덟 가지 동물의 머리를 들먹이며 비구들에게 마구 욕을 해댔다. 그 과보로 열여덟 가지 동물의 머리가 달린 괴상하게 생긴 물고기로 태어난 것이다.

그러므로 우리는 항상 말조심을 해서 승가에 욕하는 죄를 짓지 말아야 한다. 겉모습만 보고 판단해 네 명 이상의 비구나 비구니에게 욕을 한다면, 이는 승가를 욕하는 것이나 다름없어 크나큰 죄를 짓게 된다. 또한 자신이 가깝게 지내는 비구들을 함부로 대한다면, '승보에 귀의합니다.'라고 하는 염송과 상반되는 행위라고 볼 수 있다.

스님들 뒤에 앉아 물끄러미 쳐다보면서 '저 스님은 욕심꾸러기다. 다음 스님은 화를 잘 낸다. 그다음 스님은 화를 잘 내는 데다 구두쇠다.'라며 내가 저 스님들의 속내를 훤히 다 알고 있다는 식으로 확신하면서 자기보다 나은 점이 없다고 하는 얄팍한 생각을 한다면, '나는 이러이러한 승보에만 귀의합니다.'로 고쳐야 하는 웃지 못 할 일이 벌어질 것이다.

무서운 길을 갈 때 누가 동행해 주면 고마운 마음이 들듯이, 승가를 뵐 때에 승가는 우리에게 좋은 도반(道伴)이라는 마음을 지녀야 한다. 승가에 죄를 지었을 때는 복전에서 관상했던 승가로부터 감로가 흘러내려 모든 죄가 소멸된다고 관상한다.

'쫑카빠' 대사께서는 아직 마음이 나약해 우리가 들어도 단어를 기억하지 못하고, 생각해도 그 뜻을 모르며, 수행을 해도 깨달음이 생기지 않을 때는 위에서 설명한 것처럼 복전(福田)에 의지하는 것이 비법이라고 말씀하셨다. 우리의 업장이 두꺼워서 아무리 들어도 잊어버리고, 생각해도 그 뜻을 모르며, 수행해도 공성의 지혜를 깨닫지 못할 때 이렇게 복전을 관상하면서 복덕을 쌓고 업장을 소멸하는 것이 빠르게 성취할 수 있는 방편이 된다. '쫑카빠' 대사가 문수보살께 속히 깨달음을 성취할 수 있는 좋은 방편이 무엇인지 여쭈자, "스승과 부처가 둘이 아님을 알고 기도하며, 복덕을 쌓고, 업장을 소멸하는 등 이 세 가지에 정진해야 한다."라고 말씀해 주셨다.

공덕을 쌓지 않고 업장이 무거운 상태로는 아무리 열심히 관상을 하는 체해 보아도 깨달음을 성취하기가 매우 어렵다. 자신의 마음이 무르익으면, 상처가 다 나아서 딱지가 저절로 떨어지듯이 큰 고생 없이도 쉽게 깨달을 수 있다. '쫑카빠' 대사께서도 월가체룽에서 절하고 만달라 공양을 올리는 등 기초 수행을 하는 데 전심전력을 다 하고 난 뒤에야 비로소 많은 불보살을 직접 만나 뵙고, 많은 가르침을 받을 수 있었다고 말씀하셨다. 이와 같이 우리도 위대한 스승들을 본받아 열심히 수행에 매진해야 한다.

⑤ 공덕을 쌓고 업장을 소멸하는 일곱 가지〔七支供養〕

만약 복과 덕이 없으면 물기가 없는 씨앗과 같아 싹조차 틔울 수 없으니, 공덕을 쌓고 업장을 소멸하는 등 다음의 일곱 가지를 반드시 실천해야 한다.

가. 절하기

절은 신·구·의에 의지해서 하는 세 가지 방법이 있다.

몸으로 절을 할 때 내가 수많은 몸을 가지고 있다고 생각하고, 몸 하나하나에도 무수히 많은 머리가 있다고 관상해야 한다. 이렇게 관상하기가 힘들다면 조금 더 쉽게 시작 없는 전생부터 지금까지 수없이 태어난 모든 몸을 생각해도 되는데, 이때 인간의 몸으로 관상하도록 한다.

절을 올리는 대상인 부처님들도 세상의 먼지 수만큼 헤아릴 수 없이 많다고 생각하고, 그 먼지 하나하나마다에도 세상의 먼지 수만큼 많은 부처님이 보살들 가운데 앉아 계신다고 관상한다. 이렇게 먼지 하나 위에 수많은 부처님이 앉아 계신다고 생각하는 것에 의심이 든다면, 한 톨의 보리알에 백 명의 시선이 한꺼번에 머물 수 있듯이 모든 부처님의 마음도 수없이 많은 먼지 하나하나마다 머물 수 있다고 생각하여 관상한다. 모든 부처님들은 우리 마음이 머무는 곳에 늘 함께 머무시기 때문에 이렇게 생각하는 것이 가능하다.

그저 한 손을 들어 올리기만 하는 것도 절을 하는 하나의 방법이지만, 몸을 굽혀 땅에 대지 않고 하는 반절이나 온몸을 땅에 대고 하는 오체투지(五體投地)로 절을 하는 방법도 있다. 오체투지의 근원은 대장경 안에서 찾을 수 있는데, 석가모니 부처님 뵙기를 무척이나 고대하던 '노르상〔선재동자善財童子〕'이 어느 날 저 멀리 석가모니 부처님이 보이자 먼지투성이가 되는 것도 아랑곳하지 않은 채 마치 도끼로 잘린 나무가 땅에 쓰러지듯 오체투지를 하면서 부처님께 다가갔다. 석가모니 부처님께서는 이런 '노르상'의 신심 깊은 절을 무척 좋아하셨고, 그러한 절의 형태가 지금까지 티벳에 이어져 오고 있다.

밀교에도 오체투지에 관한 설명이 많이 있는데, 스승 '나로빠'께서는 "오체투지를 해서 쌓이는 공덕을 믿는다면, 몸과 발이 길어지면 좋겠다는 생각을 저절로 하게 된다."라고 말씀하셨다. 그리고 대장경에도 절을 많이 하면 몸이 보기 좋게 되고, 안색은 금빛이 되며, 몸이 땅을 덮을 때의 흙먼지 수만큼 전륜성왕으로 태어나는 공덕을 쌓게 된다고 한다.

절을 올릴 때 합장은 외도들처럼 두 손바닥을 마주 딱 붙이지 말고, 엄지손가락은 구부려 두 손바닥 안으로 넣어서 여의주 모양이 되게 해야 한다. 이렇게 합장한 두 손을 먼저 정수리 위에 올리고, 그다음 이마에 댄 후 목과 가슴에 차례대로 대는 이유는 부처님의 삼십이상 가운데 살상투와 백호가 생기고, 부처님의 말씀과 부처님의 마음이 각각 생기도록 하기 위함이며, 이때 신·구·의로 쌓은 업장이 소멸된다고 관상해도 된다.

손을 바닥에 댈 때는 손가락을 접지 말고 반듯하게 펴야 하는데, 손가락을 접어서 절을 하면 발굽을 가진 소나 말 등으로 태어나는 원인이 된다. 손가락을 반듯하게 펴서 절을 하면 삼십이상 중에 손가락과 발가락 사이에 물갈퀴 같은 얇은 막이 생기는 원인이 된다. 이 같은 방법으로 손과 이마를 땅에 댄다.

다시 일어설 때는 이 사바세계에서 빨리 벗어나려는 의미로 달리는 여우처럼 재빨리 일어나야 한다. 빨리 일어나지 않고 엎드려서 휴식을 취하고 있으면 가슴을 땅에 대고 다니는 뱀과 같은 동물로 태어나는 원인이 된다. 그리고 똑바로 일어서지 않고 몸을 구부린 채 대충 일어나면서 절을 하면 낙타처럼 등이 구부러진 동물로 태어나는 원인이 된다.

절을 하는 것은 공덕을 쌓는 것인 만큼 법에 맞고 정성스럽게 해야 한다. 그저 숫자를 채우기 위해서 하거나 빨리해야겠다는 마음으로 해서는 안 된다. 티벳에서는 기초수행으로 십만배(十萬拜)를 하는데, 숫자만 채우기 위해서가 아니라 마음의 기초가 닦이지 않은 상태에서 공덕을 쌓으려는 방편으로 하는 것이므로, 십만배를 마친 후에도 절은 끊임없이 해야 하는 수행으로 꼽힌다.

오체투지로 십만배를 하는 네 사람이 있었다. 세 사람이 나머지 한 사람에게 절을 몇 번이나 했는지 궁금해서 물어보자, "너희들은 숫자를 세는 것이 더 중요하냐?"라며 도리어 반문했다고 한다. 절 수행은 무엇보다도 정성스럽게 하는 것이 중요하며, 거기에다 많이 할 수 있다면 더욱 좋다. 한편 절을 하면서 굳이 숫자를 세는 이유는 수희하는 방편이 되기 때문이다. 이처럼 여유가 있고 시간이 있을 때 자주 절하는 것이 좋고, 길을 가다가 만나는 불상이나 탑을 향해 절을 올리는 마음으로 합장을 한다면 이 또한 절을 하는 것과 같다. 이처럼 실천하는 방법을 안다면 자신의 모든 움직임이 절 수행이 될 수 있다.

나. 공양물 올리기

우리는 수확이 좋은 논밭을 한 해만 놀려도 무척이나 아까워하는데, 실은 이는 그리 아까워할 일이 아니다. 그보다는 복전에 공양을 올려서 공덕의 씨앗을 뿌리지 않는 것이 백천만 배나 더 아까운 일이다. 적어도 다음 생을 생각하는 마음동기도 없이 공양을 올린다면, 이는 수행에 전혀 도움이 되지 않는다. 하지만 그 마음동기가 썩 좋지는 않아도 복전에 계신 불보살들을 대상으로 공양을 올렸으므로 어느 정도의 공덕은 쌓을 수 있다고 한다. 예를 들면 논밭이 좋으면 씨앗이 썩 좋지 않고, 파종하는 방법이 어설퍼도 논밭이 워낙 좋기 때문에 열매가 맺히듯이 '측싱〔福田〕'이라는 공양의 대상도 이와 같다.

공양물은 두 가지로 나눌 수 있는데, 향이나 꽃, 초, 공양수, 과일, 떡 등의 물질적인 것과, 부처님의 가르침을 바르게 배우고 실천하며 남들에게도 가르쳐주고 봉사하는 모든 비물질적인 행위 그 자체를 말하며, 더 나아가 이 세상의 귀하고 좋은 것을 마음으로 만들어 올리는 것 또한 훌륭한 공양물이 된다.

물질적인 공양물을 올릴 때 남에게 보이기 위해서나 명예 등에 집착해 상(相)을 내어서 한다면, 이는 오히려 공양물을 올려서 잘못되는 일이니 공양을 올리지 않는 것만 못하다. 불보살들께 올리는 최고의 공양물은 십계 등 모든 계율을 잘 지키는 것인데, 계율은 잘 지키지 않으면서 공양물만 잔뜩 올린다면 재물이나 탐내는 분들이 아니므로 조금도 기뻐하시지 않는다고 한다.

다. 참회하기

우리 마음에 깨달음이나 공덕이 생기지 않고, 생기더라도 금세 사라지는 것은 모두가 우리 업장 때문이며, 이번 생에 나쁜 일들이 일어나는 것 또한 과거 생과 이번 생을 살면서 지은 죄 때문이다.

이런 일들이 생기는 것을 원하지 않는다면 지은 죄를 참회해야만 하는데, 참회하면 아무리 큰 죄업도 소멸시킬 수 있다. 지혜로운 사람은 큰 죄를 지어도 그 과보가 가볍고, 어리석은 사람은 작은 죄를 지어도 그 과보가 무거운 이유는 바로 참회하는 방법을 알고 모르는 데에 있다.

석가모니 부처님 당시에 999명의 목숨을 빼앗았던 '앙굴리말라'나 자기 아버지를 죽이고 왕권을 차지했던 '아사세(阿闍世)' 왕 등은 크나큰 죄를 지었지만, 간절한 참회를 통해 그들의 죄를 소멸시킬 수 있었다. 후에 '앙굴리말라'는 아라한의 경지에까지 올랐으며, '아사세' 왕은 제1차 결집의 대후원자로 나서기도 했다.

이렇듯 사대치력을 갖추어 크게 참회를 하면 모든 죄업을 완전히 소멸시킬 수 있으며, 중간 정도로 참회를 하면 죄업이 가벼워지고, 약하게 참회해도 죄과가 더 늘어나는 것을 막을 수 있다. 만약 참회하지 않는다면 그 죄과는 날마다 두 배로 늘어나 나중에는 호미로 막을 수 있는 것을 가래로도 막지 못할 만큼 큰 죄가 된다.

예를 들면 모기 한 마리를 죽이고 나서 즉시 참회하지 않고 보름 정도가 지나면 모기 16,384마리를 죽인 죄나 다름없어지는데, 이는 사람 한 명을 죽인 죄와 같아진다. 죄를 짓는 것에 아무런 두려움이 없고 참회할 마음조차 없는 것은 인과를 믿지 않기 때문이며, 수행자라면 아무리 사소한 죄도 짓지 말아야 한다. '아띠샤' 스승께서는 일행과 길을 가다가도 마음으로 찰나에 지은 죄가 있으면 곧바로 멈추어 서서 참회하셨다고 한다. 그러나 우리가 죄를 지어도 그런 식으로 참회하지 못하는 것은 죄를 짓는 상황과 그 과보에 관해 깊이 생각하지 않기 때문이다.

우리의 일상생활을 잘 살펴보면, 일어나서 잠에 들 때까지 내내 마음과 말 등으로 남을 화나게 하거나 교만을 부리고 남을 욕하는 등의 죄를 짓고 있으며, 죄를 짓는 과정도 알 수 있다. 더욱이 십계나 보살계 등을 받은 사람이라면 하루에 얼마나 죄를 많이 짓고 어기는지를 살펴야 하는데, 그 실상을 자세히 들여다보면 안타까울 만큼 죄업이 많고 깊은 것을 알게 될 것이다.

큰 죄를 짓게 되면 지옥에 떨어지고, 중간 정도의 죄를 지으면 아귀로 태어나며, 작은 죄를 지으면 축생으로 태어나게 된다고 부처님께서 말씀하셨다. 여기서 큰 죄라고 하는 것은 사람을 죽이는 것과 같이 대상이 큰 것을 말한다기보다는 그 마음동기가 크거나 강한 것을 말하므로, 마음으로 크게 화내면서 제자나 다른 사람들을 야단치는 것은 큰 죄가 될 수 있다. 한편 우리가 죄를 지은 대상이 깨달은 사람이라면, 누구인지 잘 모르고 죄를 지었다고 하더라도 그 죄는 더욱더 크게 된다. 그와 같이 오늘 하루만 살펴보아도 우리가 끝없이 삼악도에 태어날 수 있는 원인을 만들고 있음을 알 수 있다.

하지만 이렇게 죄가 된다고 해서 겁만 내고 있다면 무슨 도움이 되겠는가? 우리는 죽음이 오기 전에 절도 하고, 참회의 본존인 금강살타(金剛薩埵)의 백자 진언도 외우며 자신을 정화해 끝없는 윤회 속에서 지은 죄업이 다 소멸했다는 징조가 나타날 때까지 참회 정진해야만 한다.

티벳의 한 수행자가 토굴에서 금강살타보살 진언 기도를 하였다. 기도를 처음 시작할 때 토굴에 검은 전갈들이 나타났는데, 진언을 십만 번 염송하는 기도를 성공적으로 마친 후 그 전갈들이 하얗게 변해서 밖으로 나가는 것을 실제로 보았다고 한다. 이는 참회 진언을 통해 업장이 완전히 소멸하였다는 증거이다.

그날 지은 죄는 무시하지 말고, 그날 바로 참회해야 한다. 다른 수행은 많이 하지 못하더라도 참회만 잘하면서 일생을 보낸다면 후회하지 않는 삶이 될 것이다. 이번 생이나 다음 생의 모든 고통의 근원인 죄를 참회하면 고통이 사라지고 깨우침이 저절로 일어난다. 이번 생에 병에 걸려 아프게 된 원인 역시 과거에 지은 죄업 때문이며, 약을 먹거나 기도를 해서 그 고통에서 벗어날 수도 있지만 여전히 죄가 남아있다면 그 과보는 다음 생에라도 반드시 받게 된다고 한다. 따라서 참회만이 지은 죄를 완전히 소멸시키는 가장 확실한 명약이다.

병을 낫게 해달라는 기도를 올렸으나 효험이 없다고 해서 억지 부리는 말 따위를 해서는 안 된다. 이는 밭에 콩을 심어서 이미 열매를 맺고 있는데, 마음이 변해 콩이 자라는 것을 막으려고 그 위에 보리를 뿌려도 보리가 되지 않는 것과 같다. 지은 죄는 반드시 그 결과를 받아야만 한다. 따라서 열매

이타의 보리심과 공성의 지혜로 중생구제를 위해 나투시는 참회의 본존 **금강살타**

를 맺기 전에 그 씨앗부터 없애고 필요한 다른 씨앗을 뿌리듯이, 지은 죄도 그 과보를 받기 전에 가능하면 빨리 참회해야 한다. 죄의 과보로 다음 생에 지옥 등 삼악도에 떨어지게 될 것을 이번 생에 행한 참회를 통해 그 죄를 가볍게 할 수 있으며, 다음 생에 지옥에 가야 하는 큰 과보 대신에 이번 생에 병이 나서 몸이 아픈 것으로 가볍게 받는 경우도 많다. 이러한 아픔이 업장을 소멸하게 하는 것인 줄 알게 되면 진정한 참회가 될 것이다.

원래 죄는 공덕이 없지만, 참회하면 소멸되는 것이 죄의 공덕이라고 한다. 참회해서 소멸되지 않는 죄는 없다. 죄가 얼마나 소멸되는지는 참회수행을 얼마나 간절한 마음으로 얼마나 하느냐에 달려있다. 그러므로 후회하는 마음을 간절하게 가져야 한다.

수행이나 좋은 일을 하면서도 이번 생에 좋지 않은 일이 많이 생기는 경우도 간혹 볼 수 있는데, 이 또한 다음 생에 받아야 할 무거운 과보를 이번 생에 앞당겨서 받는 것이니, 이는 그 수행자에게 아주 좋은 징조이다. 이번 생에 재산을 잃고 사기당하고 도둑맞는 것도, 다음 생에 아귀로 태어날 과보를 이번 생에 앞당겨 받는 경우이다. '아띠샤' 스승의 수제자였던 '돔뙨빠'도 말년에 문둥병에 걸렸는데 불편해하거나 싫어하지 않고 오히려 좋아했다고 한다.

참회하는 공덕은 성냄을 줄어들게 하고, 죄업을 소멸하는 두 가지 큰 이득이 있다. 그러므로 참회하기 위해서는 '죄업을 소멸하는 네 가지 힘〔四對治力〕'을 길러야 한다.

■ 죄업을 소멸하는 네 가지 힘〔四對治力〕

첫째, 참회할 대상을 아는 힘이다. 우리가 죄를 짓게 되는 대상은 부처님과 중생들이므로 그들을 참회하는 대상으로 삼아야 한다.

둘째, 자기가 쌓아온 죄를 알고 몸서리치면서 후회하는 힘이다. 후회하는 마음이 생기면 다음에 죄를 다시 짓지 않겠다는 마음도 저절로 생기게 된다. 세 사람이 독이 든 음식을 같이 먹었으나, 한 사람은 죽고, 다른 한 사람은 죽어가고 있으며, 나머지 한 사람은 증세가 없는 경우, 마지막 사람은 아직 증세가 나타나지 않았지만 독이 든 음식을 먹은 것을 크게 후회하면서 해독할 수 있는 온갖 방법을 다 찾으며, 다음에는 이 같은 음식을 절대로 먹지 않겠다고 결심할 것이다. 독약을 먹은 경우와 같이 과거에 중생들이 같은 죄를 지었어도 어떤 이는 벌써 지옥에 태어났고, 어떤 이는 탐욕·성냄·어리석음 등 번뇌의 삼독으로 괴로워하며 지옥에 떨어질 위험에 처해 있다. 우리의 업장도 이러한 죄와 별다른 차이가 없기에, 후회하고 참회하면 앞으로 다시는 이런 죄를 짓지 않겠다는 결심이 저절로 생긴다.

셋째, 죄를 다시는 짓지 않겠다고 결심하는 힘이다. 이것은 매우 중요하다. 참회하는 이득을 알고서 다시는 죄를 짓지 않겠다고 확고하게 결심해야 한다. 일례로 우리가 남을 해치지 않겠다고 말만 하고 결심은 하지 않는다면, 이미 지은 죄에다 거짓말하는 죄까지 더해서 짓게 된다. 그렇다고 거짓말하는 죄를 짓는 것이 두려워서 확고한 결심을 하지 않는다면, 진정한 참회는 이루어질 수 없다. 완전하게 지킬 수 있는 것이라면 지키고, 그렇게 하지 못하더라도 일 년 혹은 한 달 또는 오늘 하루만이라도 죄를 짓지 않겠다는 결심을 한다면, 단 하루만이라도 죄를 짓지 않고 지낼 수 있을 것이다.

넷째, 치료제가 되는 행을 하는 힘이다. 과거에 지은 죄를 후회하는 마음으로 완전하게 소멸하는 방법에는 여섯 가지가 있다. 여래의 명호를 부르거나, 진언을 외우고, 경을 읽으며, 공성(空性)을 깊이 사유하고, 공양을 올리며, 불상이나 탱화를 조성하는 불사 등을 하는 것이다. 그뿐만 아니라 굳이 참회한다고 말하지 않더라도 죄를 소멸하기 위해 '옴 마니 빼메 훔' 등의 진언을 염송하는 것은 모두 치료제가 되는 행을 하는 힘이므로, 이런 방법으로 열심히 정진해야 한다.

진정한 참회가 되려면 죄업을 소멸하는 네 가지 힘인 사대치력(四對治力)을 반드시 갖추어야 하며, 절 등을 할 때에도 참회하는 마음동기를 잘 지니고 『삼온경(三蘊經)』으로 서른다섯 분의 참회 부처님 명호를 부르면서 절하는 것도 깊은 참회수행의 방법이 된다.

라. 수희(隨喜)하기

수희는 단순하게 남이 행한 것을 기뻐하는 것이 아니라, 아들이 귀한 보석을 찾아냈을 때 아버지가 진심으로 기뻐하는 것과 같은 마음을 말한다.

주로 보살들이 실천하는 행으로 일반인들은 실천하기 어려울 수도 있지만, 이를 잘 행하면 공덕을 쌓는 데에 이보다 더 나은 것이 없다. '쫑카빠' 대사께서는 몸을 움직이거나 말을 하지 않고도 편안하게 공덕을 쌓을 수 있는 것이 바로 수희(隨喜)[24]라고 하셨다.

---

[24] 질투하지 않는 마음으로 다른 사람들이 선행을 하는 것을 보고 기뻐하는 것을 말한다.

석가모니 부처님 당시에 '쎌걜〔프라세나짓〕'이라는 왕이 부처님과 성문들에게 대중공양을 크게 올렸는데, 거지 '데빠'가 그 광경을 보고서 '이는 참으로 대단한 일이다. 이렇게 많은 수행자에게 공덕을 쌓는구나!'라고 생각하며 질투 없는 진실한 마음으로 수희하였다. 그때 부처님께서 왕에게 "오늘 공양에 대해 누구의 이름으로 축원해야 합니까?"라고 물으시자, 왕은 당연히 공양을 올린 본인이 가장 큰 공덕을 쌓았으리라 생각하면서, "가장 큰 공덕을 쌓은 사람의 이름으로 축원해 주십시오."라고 말씀드렸다. 그러자 부처님께서는 거지 '데빠'의 이름으로 축원해 주셨다. 거기에 있던 사람들이 모두 놀라서 그 연유를 여쭈자 부처님께서 "'데빠'가 전혀 질투심 없이 수희했으므로 그 공덕이 가장 크다."라고 말씀하셨다.

한편 왕은 부처님께 자기처럼 왕으로 살면서 수행할 수 있는 방편에 무엇이 있는지에 대해서도 여쭈었다. 석가모니 부처님께서는 수희하기, 보리심을 일으키기, 회향하기의 세 가지를 권하면서, 반드시 질투하거나 비교하는 마음 없이 수희해야 한다고 덧붙여 말씀하셨다.

내가 싫어하는 사람이 공덕을 쌓는 것을 보면 수행하는 체한다며 무슨 공덕이 있겠느냐고 질투심을 내는 경우가 있는데, 이는 아주 어리석은 일이다. 주변 사람들이 수행해서 공덕을 쌓는 것을 볼 때마다 늘 수희하면, 나보다 낮은 대상이라면 그가 쌓은 공덕의 두 배를 쌓게 되고, 나와 비슷한 대상이라면 동등하게 공덕을 쌓게 되며, 나보다 높은 대상이라면 그가 쌓은 공덕의 반이나 쌓게 되므로 이득이 여간 큰 게 아니다. 그러므로 절하거나 공양을 올리거나 선정을 닦거나 공부하거나 봉사하는 등의 많은 선행을 볼 때마다 이에 대해 진심으로 수희하여야 한다. 이처럼 수희하는 것이 공덕을 쌓게 되는 이유는 남이 쌓은 공덕을 질투하지 않고 마치 자신이 그 공덕을 쌓은 것처럼 진심으로 기뻐하기 때문이라고 '쫑카빠' 대사께서 말씀하셨다.

한편 과거 불보살들이 하신 수행을 지금 우리가 사유하여 수희한다면, 그분들이 쌓은 공덕의 십분의 일을 쌓게 된다고 한다. 우리가 공덕을 쌓기 위해 평생을 노력한다고 해도 불보살들이 하루 동안 쌓은 공덕의 일부에도 미칠 수가 없다. 그러나 수희하기만 해도 큰 공덕을 쌓을 수 있다고 하니, 이는 공덕을 쌓는 중요한 방편이 아닐 수 없다.

이렇게 수희를 사유하는 데에는 자기가 쌓은 공덕을 수희하는 것과 남이 쌓은 공덕을 수희하는 것, 이 두 가지가 있다.

첫째, 자기가 쌓은 공덕을 수희하는 것에도 전생에 쌓았던 공덕을 살펴서 수희하는 것과 이번 생에 쌓고 있는 공덕을 수희하는 것, 이 두 가지가 있다.

- 지금 좋은 생으로 태어난 것과 정법(正法)을 닦는 조건들을 갖춘 것은 전생에 자신이 계를 잘 지키고 보시, 인욕, 선정 등을 매우 중히 여겨 바르게 실천했기 때문이다. 그러므로 우리가 전생에 쌓았던 공덕을 수희해야 한다.
- 이번 생에 스스로 기도하거나 보시 공양을 올리며 법문을 듣고 관상하며 계를 지키는 등을 행할 때 교만하지 않은 마음으로 해야 하는데, 교만하면 공덕이 오히려 줄어든다. 주로 우리는 금전적인 계산에만 관심이 많은데, 금전이 아

무리 늘어나더라도 그것은 이번 생에만 주어지는 작은 행복일 뿐이다. 하지만 수희한 공덕을 계산해 보면, 다음 생에 인간과 천신의 좋은 몸을 얻는 것에서부터 완전한 깨달음을 얻을 때까지 큰 도움이 된다. 죄를 지으면 지옥·아귀·축생 등의 삼악도에 떨어지게 되므로, 정말 계산을 잘 하고 싶다면 이런 것들을 잘 따져 볼 수 있어야 한다. '게시 벤'은 항상 "계산을 하려면 지금부터 하는 것이 좋다. 그러나저러나 다음 생에 염라대왕 앞에서 큰 계산을 할 때는 어찌할꼬?"라고 말하며 경각심을 불러일으켰다고 한다.

둘째, 남이 쌓은 공덕을 수희하는 것이란, 원수와 친한 이와 그도 저도 아닌 이가 쌓은 공덕을 수희하는 것을 말한다. 그리고 오도(五道) 중 자량도에 입문하지 못한 이들을 비롯해 성문, 연각, 보살, 부처 등 다섯 부류가 쌓은 공덕을 수희하거나, 불보살들의 생애를 읽고 그분들의 업적을 수희하면 자신에게 새로운 공덕이 생기게 되고, 자신이 쌓은 공덕을 스스로 수희하면 그 공덕이 더 늘어나게 된다. '궁탕 린뽀체'께서 "누워서도 공덕을 쌓고 싶으면, 수희하라!"라고 말씀하셨듯이, 우리도 마음동기만 바르다면 언제 어디서나 수희함으로써 공덕을 쌓거나 더 늘어나게 할 수 있다.

마. 부처님께 법륜 굴려주시기를 권청(勸請)하기

석가모니 부처님께서 보드가야에서 깨달음을 얻으신 후 49일 동안 법륜을 굴리지 않으셨지만, 천신인 범천이 부처님께 법을 가르쳐주실 것을 간청하였고, 이를 받아들이신 부처님께서 처음으로 다섯 비구에게 사성제를 설하신 것이니, 우리도 법을 청했던 범천처럼 시방에 계신 모든 부처님께 마음으로 법을 청하거나, 복전(福田)에 계신 부처님들께 끊임없이 법륜을 굴려주시기를 마음으로 청해야 한다.

법계에는 지금도 깨달은 부처님들이 많이 계시므로, 비록 우리가 그것을 알지 못하더라도 그분들께 항상 법륜을 굴려주시기를 마음으로 청하면 큰 이득이 될 것이며, 그렇게 하지 못한다면 이 또한 큰 손해가 될 것이다.

바. 부처님께 오래도록 열반에 드시지 말 것을 권청하기

중생이 근기에 맞게 불법을 받아들일 수 있도록 지금 우리 앞에 화신(化身)으로 나타나신 부처님들께 열반에 들지 말고 계속 가르침을 펴주시기를 권청하는 것은 매우 중요하다.

석가모니 부처님께서 열반에 드시기 직전 아난다에게 "여래는 사무소외(四無所畏)[25]와 사신족(四神足)[26]에 의지하여 금강과 같은 몸을 얻었기 때문에 마음만 먹으면 몇 겁보다 더 오래 살 수 있다."라고 하셨으나, 아난다는 마왕의 현혹으로 부처님의 뜻을 알지 못하여 열반에 드시지 말라는 권청을 올리지 못했다고 한다.

마왕이 부처님을 찾아뵙고 열반에 들어 달라고 요청하였을 때 부처님께서 아난다에게 어찌할지를 물으셨다. 하지만 이미

---

25) ①'일체법을 깨달아 증득했다.'라는 두려움 없는 자신감, ②'일체의 번뇌를 완전히 끊었다.'라는 두려움 없는 자신감, ③'수행에 장애가 되는 것은 이미 다 설했다.'라는 두려움 없는 자신감, ④'윤회세계의 미망에서 벗어나 해탈에 들어가는 길을 설했다.'라는 두려움 없는 자신감을 말한다.
26) 욕(欲), 정진(精進), 심(心), 사유(思惟)의 네 가지 힘으로 삼명(三明), 육신통(六神通) 등의 뜻대로 자유자재한 신통력을 얻는 선정을 말한다.

아난다는 마왕의 '현혹되는 가피'로 귀머거리가 된 상태였다. 그는 아무 소리도 들을 수 없어서 부처님께서 무슨 말씀을 하시는지 궁금하긴 했지만, 부처님께서는 늘 좋은 말씀만 하셨으니 지금도 여느 때와 다름없으리라 여기고 고개를 끄덕여 부처님께서 열반에 드시는 것이 좋겠다는 의사를 표시하게 되었다. 나중에 아난다가 마법이 풀려 깊은 관상에 든 후에야 뒤늦게 부처님의 물음이 무엇을 뜻하고 있었는지를 깨닫고 부처님께 열반에 드시지 말 것을 다시 권청하였지만, 부처님께서는 이미 마왕의 부탁을 받아들인 상태였으므로, "약속은 약속이니 때가 되었다."라고 말씀하시며 여든 살에 열반에 드셨다.

우리는 항상 이것을 명심하고, 부처님들께 법륜을 굴려 설법해 주시기를 권청하는 것과 오래도록 열반에 드시지 말 것을 권청하면서, 그분들도 기꺼이 수락하신다고 관상해야 한다.

사. 회향(廻向)하기

수행을 시작하기 전에 마음동기를 일으키는 것과 마칠 때에 회향하는 것, 이 두 가지는 절대로 빠뜨려서 안 된다. 수행을 시작하기 전에도 발원은 바로 할 수 있지만, 회향은 지은 공덕을 회향함으로써 발원하는 것이다. 회향(廻向)[27]은 쌓은 공덕이 없어지지 않게 하고, 일체중생을 위해 완전한 깨달음을 얻기 위해서 한다. 회향할 때는 공성을 깨닫는 지혜와 자비의 방편으로 쌓은 공덕을 남에게 아낌없이 베풀어 완전한 깨달음의 원인이 되도록 발원해야 한다.

우리가 수행하지 않는다면 몰라도 수행하고자 한다면, 석가모니 부처님께서 회향해주신 덕분에 가르침이 풍부하게 있음

---

27) 자신이 지은 공덕을 남에게 향하도록 하여 베푸는 것을 말한다.

을 가슴에 새겨야 하고, 사리자가 지혜제일(智慧第一)이 된 것도 이러한 회향의 힘 덕분임을 알아야 한다. 어느 날 석가모니 부처님의 제자들이 어떻게 해서 사리자가 지혜제일이 되었는지를 부처님께 여쭈자, "사리자가 어느 전생에 여자로 태어났는데, 그 오라버니가 출가자였다. 오라버니에게 어울리는 가사를 손수 만들었는데, 사리자는 바느질하는 내내 바늘처럼 날카로운 지혜가 있고 실처럼 걸림이 없는 능통한 이로 태어나게 해달라고 회향했기 때문에 이번 생에 지혜제일의 사리자로 태어난 것이다."라고 말씀하셨다.

우리가 어떤 수행을 하거나 공덕을 쌓고 봉사하면서 기도 관상하는 것들이 크게 진전이 있고 없는 것도 회향하는 자세에 달려있다. 회향을 잘못하면 수행하기 어려운 환경이나 몸을 받고 태어나는 원인이 된다. 이번 생만을 위해서 회향하거나 다른 사람이 나쁘게 되면 좋겠다는 식으로 회향하면 당연히 자신이 그 나쁜 과보를 받게 된다.

쌓은 공덕을 바로바로 회향하지 않으면 쌓았던 공덕들이 한순간 화내는 마음으로 모두 다 타버리게 된다고 한다. 자기보다 더 많이 깨우친 사람에게 화를 내면 백 겁 동안 쌓아둔 공덕이 다 타버리는데, 이렇게 화내는 마음으로 공덕을 태우지 않게 하는 방법이 회향이다.

일체중생이 바른 스승을 만나도록, 일체중생에게 보리심이 일어나도록, 일체중생이 사바세계에서 벗어나도록 회향해야 한다. 그렇게 하면 일체중생이 바른 스승을 만날 때까지, 일체중생에게 보리심이 일어날 때까지, 일체중생이 사바세계에서 벗어날 때까지 우리가 쌓았던 공덕이 남아있게 된다. '물 한 방울을 바다에 떨어뜨리면, 바닷물이 다 마를 때까지 그 물 한 방울이 남아있다.'라고 대장경에도 나오듯이 우리도 타인을 위해 이와 같이 회향해야 한다.

이처럼 위에서 설명한 대로 칠지공양(七支供養)을 행한다면, 절을 올림으로써 교만이 없어지고, 공양물을 올림으로써 아까워하는 마음이 없어지며, 참회함으로써 삼독을 없애고, 수희함으로써 질투심이 없어지며, 법륜을 굴려주시기를 권청함으로써 정법에 대해 쌓았던 죄를 소멸할 수 있다. 열반에 드시지 말기를 권청함으로써 스승들께 지은 죄를 소멸하며, 회향하는 것을 화내는 마음의 치료제로 삼아 깨달음의 세계로 나아가게 된다.

한편 절을 올리면 부처님의 살상투와 같은 삼십이상이 생기고, 공양물을 올리면 물질적인 부와 수행적인 부를 얻게 된다. 참회하면 번뇌장(煩惱障)[28]과 소지장(所知障)[29]을 닦게 되고, 수희하면 누가 보아도 빠짐없이 완벽한 몸을 얻게 된다. 법륜을 굴려주시기를 권청하면 감미로운 음성을 얻게 되며, 열반에 드시지 말기를 권청하면 장수하거나 금강신(金剛身)을 얻게 된다. 또한 회향함으로써 부처님의 모든 공덕을 얻게 되는 이득이 있다.

⑥ 발원할 때 바른 마음동기와 일치시키기

---

28) 이장(二障)의 하나로 탐욕·성냄·어리석음의 삼독을 근본으로 하며, 열반을 장애하고 생사에 유전하게 하므로 번뇌장이라 하며, 이를 단멸하면 아라한의 경지에 도달하게 된다.
29) 이장(二障)의 하나로 번뇌의 훈습(熏習)에 의해 생기는 것으로 완전한 지혜에 대한 미세한 장애를 말하며, 번뇌장과 소지장을 함께 단멸하면 일체지를 얻어 부처가 된다.

위에서 말한 바와 같이 바른 마음동기로 자신의 근본스승과 부처가 둘이 아님을 사유하여 깨우침이 생기도록 발원한다. 우리 마음속에 깨달음이 생기는 것은 스승들의 가피에 달려있으니, 복전에서 관상했던 모든 분들의 가피가 자신에게 내려오도록 발원해야 한다.

또 발원하는 기도문을 알고 있다면 그 내용을 한 구절씩 외우면서 모든 불보살의 가피가 전부 자신에게 전해져 이전에 알지 못했던 것들을 알게 되고, 잊어버렸던 것들은 다시 기억나게 해준다고 믿으면서 진심으로 발원해야 한다.

기도를 마치고 나면 복전을 처음 관상할 때와 반대 순서로 하나하나씩 흡수하여 마지막으로 '라마뎅아'의 스승 그룹까지 근본스승에게 흡수시킨 뒤, 그 근본스승이 우리 정수리를 통해 흡수되어 모든 가피를 하나도 빠짐없이 다 받았다고 관상해야 한다.

복전을 관상하거나 마지막에 흡수하는 방법은 여기서 설명한 것 외에도 다양한 방법들이 많이 있으니, 근본스승이 가르쳐주시는 것에 의지해서 배워야 한다. 어떤 관상을 하더라도 이와 같은 방식을 모두 갖추고 하면 공덕을 쌓고 깨우치는 데에 큰 효과가 있다.

(2) 근본스승을 의지하는 방법

스승 '샨티데바'께서 『입보살행론』에서 다음과 같이 말씀하셨다.

"사람이라는 배에 의지해서
고통의 큰 바다를 건너야 하는데

이 배는 다시 얻기가 어려우니
어리석은 자여, 기회가 있을 때 잠에 빠지지 말라."

이렇듯 귀한 몸을 받았을 때 수행하지 않으면 또다시 큰 고통의 바다에 빠질 위험이 있으니, 완전한 깨달음에 이를 때까지 도의 근원이 되는 스승에게 의지해야 한다.

'쫑카빠' 대사께서도 "목수가 나무로 작품을 만들거나 화가가 탱화를 그릴 때도 스승으로부터 어떻게 하는지를 배워야 하는데, 하물며 고통의 바다를 건너 깨달음에 이르고자 하는 이가 어찌 근본스승의 도움이 필요하지 않겠는가."라고 말씀하셨다.

어떤 사람들은 스승이 없어도 경전이나 책을 보고서 알 수 있다고 만족해하는 경우가 있는데, 진정한 수행자라면 그렇게 하지 말고 의지할 만한 바른 스승을 찾아 속히 귀의해야 한다. 비유하자면 우리가 모르는 곳을 가려고 할 때 안내자가 필요하며, 그 안내자 또한 그곳에 가본 적이 있는 사람이어야 하는 것처럼, 수행자에게는 부처의 경지로 제자를 이끌어줄 수 있는 수행 경험이 풍부한 스승이 필요하다. 그렇지 않고 삿된 길로 이끄는 도반이나 친구들을 스승으로 여겨 의지한다면, 오히려 진리와는 반대로 가게 되어 나중에 후회만 남게 된다. 그러므로 처음부터 근본스승을 찾는 것이 가장 중요하다.

이에 근본스승을 의지함으로써 생기는 이득, 근본스승을 의지하지 않거나 의지하고 나서 비방하여 짓는 죄, 마음으로 근본스승을 모시는 방법, 행으로 근본스승을 모시는 방법, 이 네 가지를 들 수 있다.

① 근본스승을 의지함으로써 생기는 이득

가. 근본스승을 의지하여 부처의 경지와 가까워지는 이득

㈀ 근본스승의 가르침대로 수행함으로써 부처의 경지와 가까워진다

우리가 근본스승에게 진실로 의지할 때 부처의 경지에 가까워지며, 무량겁 동안 닦아야 할 도를 한 생 한 몸으로 깨달을 수 있게 되는 것도 근본스승에게 의지하는 방법을 알아야만 가능해진다. 근본스승에게 의지하지 않으면 우리가 닦아야 할 도를 모르는 것과 같다. 스승을 뵙는 것보다 불보살을 뵙는 것을 더 귀하게 생각하는데, 불보살들을 뵙는 것보다 우리의 근본스승을 뵙는 것을 더 소중하게 여겨야 한다.

한 예로, '딱뚜우〔상제常啼〕'라는 보살은 무량한 부처님들을 뵈었지만 완전하게 깨닫지 못한 이유가 아직 자신과 인연이 있는 근본스승을 만나지 못해서임을 알고서, 인연이 있는 스승을 만나기 위해 끝까지 찾아다녔다. 이처럼 아무리 수많은 불보살들을 뵈어도 인연이 있는 근본스승을 찾지 못하면 깨달음을 얻을 수 없으니, 우리도 인연이 있는 근본스승을 찾아야만 한다. 지금까지 우리가 부처의 경지에 이르지 못한 것도 스승에 대한 확고한 믿음과 인연이 있는 근본스승을 만나지 못했기 때문이다. 만약 그러한 근본스승이 계시면 큰 어려움 없이 쉽게 수행할 수 있다.

한편 하사도만 아는 스승을 만나게 되면 우리도 하사도까지만 깨우치게 되고, 중사도와 상사도까지 모두 아시는 스승을 만나게 되면 우리도 거기까지 이를 수 있게 된다. 그러므로 훌륭한 스승을 만나 열심히 따르고 수행하면, 손으로 물건을 만드는 것처럼 해탈과 성불에 이르는 것도 어렵지 않다.

스승 '나가르주나'께서는 "큰 산에서 바위가 굴러 떨어지는 것을 보고 반대로 다시 굴려서 산 위로 올리면 좋겠다고 생각하지만, 이는 불가능한 일이다. 그러나 사바세계에서 벗어나는 일은 비록 불가능하게 보일지라도 훌륭한 스승을 만나게 되면 반드시 가능해진다."라고 말씀하셨다.

ⓒ 근본스승에게 공양을 올리고 시봉함으로써 부처의 경지와 가까워진다

우리가 완전하게 깨닫기 위해서는 무량한 복덕을 쌓아야 하는데, 그러한 큰 복덕을 빨리 쌓는 방법에는 근본스승에게 공양을 올리는 것보다 더 좋은 방법이 없다. 일체 불보살에게 수많은 공양을 올리는 것보다 근본스승의 털구멍 하나에 공양을 올리는 공덕이 훨씬 더 크다. 부처님께서도 근본스승에게 조금 시봉한 공덕의 크기는 무량겁 동안 우리의 머리나 팔다리 등을 보시하면서 쌓은 공덕의 크기와 비슷하다고 말씀하셨다. 공덕을 많이 쌓을수록 부처의 경지에 가까워지게 되는데, 대상이 축생, 인간, 성문, 연각, 모든 불보살, 근본스승의 순서로 그 공덕이 더욱 커진다.

예전에 스승 '뗄룽빠'께서는 자신이 사는 뗄룽에 있는 스님들에게 공양을 올리는 것보다, 자기 근본스승의 고향인 로빠에 있는 개에게 공양을 올리는 공덕이 더 크다고 하며 맛있는 음식과 버터를 모아 그 개에게 보내셨다.

나. 근본스승을 의지하여 부처님께서 기뻐하시는 이득

㉠ 불보살들보다 근본스승에게 공양을 올리는 공덕이 더 크다

우리는 모든 부처님께서 보신(報身)으로 나투신 것을 뵙지 못할 뿐만 아니라, 화신(化身)인 스승의 모습으로 우리 앞에 나타나서도 복이 부족해서 이를 알아보지 못한다. 그러므로 자신의 근기에 맞게 가르쳐주실 근본스승이 있어야 한다. 근본스승이 모든 부처님의 대변인과 같다고 하거나, 근본스승에게 공양을 올리는 공덕이 크다고 하는 것은 바로 이러한 연유에서이다.

이와 같이 우리 근기에 맞게 다양한 모습으로 스승들께서 나타나신 것을 알고 공경히 대하면, 모든 부처님께서 이를 알고 좋아하신다. 반대로 우리가 근본스승을 공경히 대하지 않고 무시한다면, 이는 모든 부처님을 공경하지 않는 것과 마찬가지가 된다.

부처님께서는 어머니가 외아들을 사랑하듯이 오직 우리에게 고통의 세계에서 벗어나는 길만 가르치기를 원하신다. 우리가 고통의 세계를 벗어나고 벗어나지 못하고는 자신의 근본스승을 얼마만큼 의지하느냐에 달려있으므로, 일체 불보살께서는 우리가 근본스승을 의지하는 것을 좋아하신다.

이처럼 일체 불보살에게 공양을 올리는 것보다 살아있는 근본스승에게 공양을 올리고 공경히 대하는 공덕이 훨씬 더 크다고 한다.

ⓛ 근본스승은 직접 공양을 드시므로 공덕이 더욱더 크다

모든 부처님께 아무리 많은 공양을 올리더라도 근본스승을 찾지 않거나 비방하면 어느 부처님도 기뻐하지 않으신다. 우리가 부처님을 청하면 근본스승의 몸에 나투어 그러한 공양을 기쁘게 받으신다고 한다.

한편 불보살들에게 공양을 올리면 공양을 올리는 공덕만 있지 직접 드시게 하는 공덕은 없다. 그러나 근본스승들에게 공양을 올리면 공양을 올리는 공덕과 직접 드시게 하는 공덕이 함께 있으므로, 근본스승들에게 공양을 올리는 공덕이 더욱더 크다.

다. 근본스승을 의지하여 악지식에게 해침을 당하지 않는 이득

근본스승을 만나게 되면 장애물과 삿된 도반이나 친구들의 해침에서 벗어날 수 있게 된다. 경전에서는 근본스승을 바르게 의지하고 공경히 대하는 공덕이 크기 때문에 장애가 저절로 없어지고, 삿된 친구들이 꾸미는 모략에도 빠지지 않는 힘이 생긴다고 한다.

라. 근본스승을 의지하여 번뇌와 악행이 모두 저절로 사라지는 이득

근본스승을 모시고 있거나 스승이 가까이 계시면 죄짓는 행동을 하지 않게 되듯이, 바른 스승을 의지함으로써 해야 할 것과 하지 말아야 할 것을 잘 배우고 실천하면 번뇌와 허물이나 죄가 저절로 소멸하게 된다.

마. 근본스승을 의지하여 오도와 십지의 수행이 증장되는 이득

근본스승을 의지하여 실천하면 상현달이 차오르듯 오도와 십지의 수행이 점차 증장하게 된다. '아띠샤' 스승께서는 "'돔뙨빠'가 스승을 모신 것 중에서 오직 스승 '쎄르쭌'을 시봉한 것만 수행이 되었다."라고 말씀하셨다. 요즘 우리는 높은 법좌 위에 앉아 법을 설하는 스승들만 스승으로 생각하는데, 이는 아주 잘못된 생각이다. 같이 지내면서 편안하게 직접 가르치는 분들이 더 훌륭한 스승들이다.

'돔뙨빠'는 '아띠샤' 스승께서 편찮으셨을 때 스승의 대변을 더럽게 생각하지 않고 직접 받아서 치운 공덕으로, 독수리가 18일 동안 날아갈 수 있는 영역 내에 있는 크고 작은 살아있는 생명들의 마음을 알 수 있는 심안통을 얻게 되었다. '아띠샤' 스승께서 인도와 티벳 두 나라에 불법을 펼쳐 덕이 높아지시게 된 것도 오직 근본스승을 잘 모신 공덕 때문이었다고 한다.

위대한 스승 '닥빠걜첸'에게 조카인 제자가 있었는데, 어느 날 그가 스승에 대한 기도문을 쓰겠다고 말씀드리자 스승께서는 "너는 나에 대해 삼촌이라는 생각만 있고, 스승이라는 생각은 없으므로 그런 기도문을 쓸 수 없다."라고 하셨다. 나중에 스승께서 편찮으실 때 조카가 진심으로 간호해 드리자 그때에야 비로소 스승에 대한 기도문을 쓰도록 허락하셨으며, 조카도 그제야 삼촌이라는 인식이 사라지고 살아계신 부처님으로 인식하게 되어 능통한 수행자가 될 수 있었다고 한다.

그러므로 우리가 진심으로 근본스승을 모시는 것은 공덕을 쌓는 일일 뿐만 아니라, 오도와 십지의 수행이 늘어나게 하는 방편으로도 이보다 더 나은 것이 없을 정도로 그 이득이 크다.

바. 근본스승을 의지하여 세세생생 선지식과 만나게 되는 이득

근본스승을 의지하여 바르게 실천하면 세세생생 스승에 대한 목마름이 없어진다. 근본스승을 살아있는 부처님으로 인식하고 모시면, 다음 생에 미륵보살이나 문수보살과 같은 거룩한 스승들을 직접 뵙고, 그분들로부터 정법을 들을 수 있는 공덕을 쌓게 된다. 이번 생에 그처럼 거룩한 스승들을 만나지 못하거나 정법을 듣지 못하는 이유는 전생에 스승들에게 바르게 의지하지 못했기 때문이다.

사. 근본스승을 의지하여 삼악도에 떨어지지 않는 이득

근본스승을 의지하여 실천하면 삼악도에 떨어지지 않는다. 왜냐하면 근본스승이 야단치시는 것조차 삼악도에 떨어질 업을 소멸하게 하는 힘이 있기 때문이다.

스승 '뗄룽빠'께서는 제자 '라소와'를 만날 때마다 야단만 치셨는데, 다른 제자들이 뒤에서 스승을 비난했다. 그때 '라소와'는 그들에게 "너희들은 그렇게 말하지 마라. 스승께서 나를 야단치실 때마다 이담 '헤루까'께서 가피를 내리시는 것처럼 느껴진다."라고 말했다.

그리고 '도뀐 짱빠갸레'도 "스승께서 때리고 둘러 매치신 것은 관정(灌頂)이며, 만약 가피가 있다면 그것이 진정한 가피를 입는 것이다. 거칠게 야단치시는 것은 강력한 진언이며, 이것으로 일체의 장애가 사라지게 하신다."라고 말했다.

이처럼 근본스승이 야단치시는 것조차도 우리가 삼악도에 떨어지는 것을 막기 위함임을 알아야 한다.

아. 근본스승을 의지하여 일시와 궁극의 모든 뜻이 저절로 이루어지는 이득

근본스승을 의지하여 실천하면 일시적으로 이번 생과 다음 생의 모든 뜻이 이루어지고, 궁극적으로 윤회에서 벗어나 해탈과 성불까지 모두 원만하게 이룰 수 있다. 삼악도에 떨어지지 않는 것에서 완전한 깨달음에 이르는 것까지 이 모두가 모든 도와 공부의 뿌리인 근본스승을 바르게 의지함으로써 가능한 일이다.

'아띠샤' 스승께서는 152분의 스승들을 모셨는데, 어느 한 분도 '아띠샤' 스승에게 기뻐하시지 않는 분이 없을 정도로 모든 스승을 두루 바르게 잘 공경하고 의지하셨다고 한다. 이처럼 스승을 바르게 모심으로써 인도와 티벳 두 나라에 정법을 제대로 펴고 도를 성취하셨으니, 이는 스승을 바르게 의지하여 일시와 궁극의 모든 뜻이 저절로 이루어진 가장 좋은 예라 할 수 있다.

② 근본스승을 의지하지 않거나 의지하고 나서 비방하여 짓는 죄

근본스승을 의지하지 않아서 보게 되는 손실들은 위에서 설명한 근본스승에게 공양을 올림으로써 얻는 이득인 부처의 경지와 가까워지는 것과 반대로 부처의 경지와 멀어지는 것들을 생각하면 알 수 있다.

근본스승으로 모시고 나서 스승에 대해 비방하는 것은 엄청나게 죄가 크므로, 처음부터 근본스승을 찾을 때 끝까지 모실 수 있는지를 잘 살피고 난 뒤 근본스승으로 정하고 법을 구해야만 한다. 근본스승으로 모시고 나서 스승을 비방하면 다음과 같이 여덟 가지 죄를 짓게 된다.

가. 근본스승을 비방하면 일체 부처님들을 비방하는 것과 같다

근본스승을 비방하는 것은 모든 부처님을 비방하는 것이나 마찬가지이다. 근본스승은 모든 부처님의 화신으로 나에게 법

을 가르치기 위해 나투신 분이므로, 근본스승을 비방하는 것은 모든 부처님을 비방하는 것이 된다. 한 분의 부처님만 비방해도 그 죄가 아주 큰데, 하물며 모든 부처님을 비방하는 죄를 어찌 다 감당할 수 있겠는가?

우리는 유명한 스승에게는 공경히 대하지만, 글자 하나를 가르쳐주신 스승은 스승이 아닌 것으로 착각하여 가볍게 대한다. 그러나 스승이 가르치고 싶어 하시고 가르침을 듣는 사람도 열심히 배우고자 한다면, 비록 글자 하나만 가르쳐주신 스승이라 하더라도 진정한 스승으로 모시고 공경해야만 한다.

'제 둡캉빠'라는 분이 아무리 수행을 해도 깨달음을 얻기가 어려워서 어느 날 스승께 왜 수행에 진전이 없는지를 여쭈었다. 스승께서는 관상할 때 모든 스승을 다 관상하고 있는지를 물으셨다. 그러자 '제 둡캉빠'는 모든 스승을 다 기억한다고는 대답했지만, 기억을 더듬어 생각해 보니 티벳 글자를 가르쳐주신 스승이 환속하셨다고 무시하여 공경하지 않은 것이 떠올랐다. 이후 복전 가운데 그 스승을 근본스승으로 모시고 집중적으로 관상함으로써 수행에 진전이 있게 되었다고 한다.

마명보살께서 스승을 모시는 방법에 관해 쓰신 『라마응아쭈빠〔사사법오십송事師法五十頌〕』에 다음과 같은 내용이 나온다.

"스승을 의지처로 삼아서
제자가 되고 난 뒤 스승을 비방하면
모든 부처님을 비방하는 것과 같아서
그에게 항상 고통만 따를 것이다."

그러므로 근본스승으로 모시고 나서는 스승에 대해 비방하지 말아야 한다.

나. 근본스승에게 분심을 가지면 쌓은 공덕이 사라지고 지옥
  에 태어난다

자신의 근본스승에게 화를 내면 그간 쌓아왔던 공덕이 화를 낸 시간의 찰나 수와 맞먹는 양만큼 사라지고, 무간지옥에도 태어나 같은 수만큼의 겁 동안 머물러야 한다. 그러므로 아무리 공덕을 쌓아도 이 같은 큰 실수를 자꾸 반복하면 공부에 진전이 없게 된다.

『깔라짜끄라밀경』에서는 손가락을 튕기는 동안의 아주 짧은 시간을 65로 나누어, 그 하나하나를 찰나(刹那)라고 하는데, 탄지성(彈指聲)을 한 번 낼 정도로 짧은 시간에 밀교의 스승에게 화를 내더라도 65대겁 동안 쌓았던 공덕이 모두 사라지고, 가장 무시무시한 무간지옥(無間地獄)[30]에 태어난다고 한다.

그러므로 근본스승에게 화를 내거나 비방한 업이 있는 경우 스승이 살아 계신다면 찾아뵙고 참회하고, 살아 계시지 않다면 그분이 남기신 옷이라도 앞에 놓고 참회하는 것이 지혜로운 일이다.

다. 밀교에 의지하여 수행하더라도 깨달음을 성취하지 못한다

비록 밀교에 의지해 수행하더라도 스승을 비방하면 깨달음을 성취하지 못한다. 『구야싸마자밀경』에 따르면, 오역죄와 같은 큰 죄를 짓더라도 밀교 수행으로 깨달음을 성취할 수 있지만, 마음속으로 스승을 비방한 자는 아무리 수행해도 깨달음을 성취할 수 없다고 한다.

---

30) 팔열지옥의 하나로 지옥 중에서 가장 고통이 심한 곳이다.

라. 지옥의 길을 닦는 것과 같다

현교나 밀교의 핵심 내용을 아무리 열심히 닦더라도, 스승을 비방하면 지옥으로 가는 길을 닦는 것과 같다고 한다.

마. 깨달음을 새롭게 얻지 못하고 얻은 것마저 없어지게 된다

스승을 비방하면 깨달음을 새롭게 얻지 못하고, 얻었던 것들 마저 없어지게 된다.

티벳의 대성자이신 '밀라레빠'의 수제자 '레충빠'는 한 생에 깨달을 수도 있었지만, 스승의 말씀을 세 번이나 어김으로써 한 생에 깨닫지 못하고 삼생(三生)을 다시 태어나 수행하고서야 깨달음에 도달할 수 있었다고 한다.

예전에 낮은 가문 출신의 스승에게 높은 가문 출신의 제자가 있었다. 제자는 하늘을 날 수 있는 신통력이 있었는데, 어느 날 날아서 자신의 스승이 계신 자리를 지나칠 때 '스승은 이와 같은 신통력이 없을 것이다.'라고 생각하자마자 땅에 떨어졌고, 그 신통력은 사라져 없어지게 되었다고 한다.

그뿐만 아니라 삿된 친구들과 가까이 지내도 깨달음을 얻지 못하고, 얻었던 깨달음마저 쇠퇴하게 되니 항상 우리는 조심해야 한다. 대부분의 사람들은 이번 생에 대한 집착으로 이번 생을 즐겁게 보내는 것에 관한 이야기를 많이 하는데, 이것이 착각인 줄 모르고 타인에게도 그런 것들이 이번 생에 도움이 되는 것처럼 말하는 이가 있다면 그는 분명 삿된 친구임이 틀림없다.

옷차림이 다르고 머리에 뿔이 달리는 등 외모가 무섭게 생긴 사람들이 삿된 친구가 아니라, 나에게 도움을 주는 것처럼 가장해서 죄를 짓는 쪽으로 유도하면서 선행을 하지 못하게 하는 사람이 바로 삿된 친구이므로, 그를 미친 코끼리나 호랑이, 표범같이 무서운 대상으로 알고 피해야 한다.

어떤 욕심 없는 사람이 자족하면서 자기 물건을 남에게 아낌없이 보시할 때 옆에서 그렇게 남에게 다 주지 말고 나중에 본인이 필요할 때가 올 테니 간직하고 있으라고 그럴싸한 말로 부추기는 자들 또한 분명히 삿된 친구들이다. 이런 경우 거친 말로 대응하지 말고, 다만 그런 삿된 이들처럼 행하지 않는 것이 중요하다.

바. 이번 생에 병들고 자신이 원치 않는 일이 생긴다

스승을 비방하면 이번 생에 병으로 시달리고, 자신이 원치 않는 일들이 일어난다.

예전에 고대 인도에 어떤 법사가 법문을 하고 있었다. 그가 법을 설하는 동안 자신의 스승이 왔는데도 못 본 체하고는 나중에 스승을 보지 못했다고 거짓말을 하자, 그 즉시 두 눈이 빠져서 땅에 떨어졌다고 한다.

사. 세세생생 삼악도를 돌고 돌게 된다

스승을 비방하면 다음 생에 끝없이 삼악도에 나게 된다. 금강수보살이 석가모니 부처님께 "스승께 죄를 지으면 무슨 과보를 받게 됩니까?"라고 여쭈자, "금강수보살이여! 그 과보를 말하면 모든 신과 중생들이 겁을 내니 그렇게 묻지 말지어다. 하지만 너에게는 아주 조금만 말해줄 테니, 두려워하지 말고 들어라. 오역죄와 같은 큰 죄를 지어서 지옥에 나게 되는 과보에 대해 내가 이미 말했지만, 스승에게 짓는 죄는 그보다 더 하므로 무량겁 동안 그 과보를 받아야 한다. 그러니 항상 스승을 비방하지 말라."라고 말씀하셨다.

　이처럼 중생들은 물론이고 대보살들조차 두려워하지 않을까 염려하여, 부처님께서 그 과보에 관해 자세하게 말씀하시지 않은 뜻을 마음속에 깊이 잘 새겨야 한다. 실제로 자신이 스승을 비방하지 않는 것은 물론이고, 스승을 비방하는 사람들조차도 보아서는 안 된다.

　예전에 '둡첸 링레빠'께서 법문을 하던 도중 자신을 비방하는 제자가 나타나자 갑자기 입이 마비되어 법을 설할 수 없어서 그 자리를 떠나셨다고 하는 일화가 있다.

아. 세세생생 스승을 만나지 못하게 된다

　스승을 바르게 모셔서 얻을 수 있는 이득과 반대로 스승을 비방하면 세세생생 스승을 만나지 못하게 된다. 스승을 만나지 못하면 '법'이라는 말조차 들을 기회도 없이 항상 바쁘게 지내며 의미 없는 일들만 찾아 헤매게 된다.

　'쫑카빠' 대사께서 "우리가 누리고 있는 모든 이익과 행복은 스승을 잘 모시고 열심히 배운 덕이며, 우리가 겪고 있는 모든 허물과 불행은 스승을 제대로 만나지 못해서 그분 밑에서 바르게 배우지 못한 탓이다."라고 말씀하셨다. 따라서 스승을 제대로 만나지 못하면, 이번 생뿐만 아니라 다른 모든 생에도 영향을 미치게 되는데 이보다 더 큰 손실이 어디 있겠는가?

　스승의 말씀을 일부러 어기는 것은 물론이고, 신경을 써서 살피지 않아 스승을 성실하게 모시지 못한 경우에도, 위에서 말한 것과 같이 그 과보가 다양하게 따른다. '밀라레빠'는 스승 '마르빠'께 빈 솥을 공양 올림으로써 평생을 배고프게 수행해야만 했다. 하지만 스승을 처음 만나뵈었을 때 스승 '마르빠'께서

'창'[31]을 주시자 한 방울도 흘리지 않고 다 받아 마셨으니, 이는 스승의 가르침을 남김없이 모두 다 배우게 되는 상서로운 징조였다. 이와 같이 어떤 징조가 상서롭거나 불길하게 되는 데에는 사소한 행동에서 비롯되는 경우가 많으니 늘 조심해야 한다.

'아띠샤' 스승께서는 스승 '쎌링빠'의 이름을 말할 때마다 합장을 하면서 '위대하신 쎌링빠'라고 부르셨다. 또 누가 스승 '쎌링빠'의 이름만 입 밖에 내어도 벌떡 일어나 마치 스승이 앞에 계시는 것처럼 행동하셨다고 한다. 그와 같이 우리도 스승을 공경히 모셔야 한다.

■ 어떻게 스승을 바르게 찾을 것인가

스승을 잘 모시면 얻게 되는 이득과 잘 모시지 않아서 생기는 손실을 알았으니, 이제 어떻게 스승을 찾아야 하는지에 대해 알아야 한다.

아무나 근본스승으로 모시고 의지해서는 안 되며, 도에 대한 바른 가르침을 줄 수 있는 분인지를 잘 살펴서 합당하다는 생각이 들 때 스승으로 모셔야 한다. 스승의 심성이 착하다고 해서 전반적으로 모든 가르침을 펼 수 있는 것은 아니다. 제자가 지혜롭고 열심히 배워도 스승이 현교와 밀교에 능통하지 않으면, 삼보에 귀의하는 것이나 기(氣)를 수련하는 정도의 아주 작은 수행이나 하면서 평생을 보내게 된다. 그와 같이 귀한 인간의 몸으로 태어나고도 의미 있는 일을 하지 못하는 경우가 적지 않으니, 반드시 조건을 다 갖춘 스승을 찾아야 한다. 그러므로 가르침을 청하기 전에 나를 제대로 가르칠 수

---

31) 보리를 발효시켜 만든 티벳 전통 술.

있는 분인지에 대해 스승의 진면목을 겸손한 마음으로 반드시 살펴야 한다.

한편 뜻은 중요하게 여기지 않고 구성진 가락으로 멋지게 염불하거나, 요령 등의 불구를 악공이 악기를 다루듯 하거나, 경전을 보지 않고 줄줄 외우거나, 자신은 실천하지 않으면서 남에게는 미사여구로 법문을 하는 것 등은 근본스승이 갖추어야 할 조건이 아니다. 율장에서는 계사와 아사리 같은 소승의 스승, 『장엄경론』에서는 대승의 스승, 『라마응아쭈빠』와 다른 밀경에서는 밀교의 스승이 갖추어야 할 조건들을 따로따로 설명하고 있다. 그중에서 미륵보살의 『도데갠〔장엄경론莊嚴經論〕』에서 말하는 대승의 스승이 갖추어야 할 조건은 다음과 같다.

계율에 의지하여 자신의 마음을 충분히 조복시키고, 선정으로 산란한 마음을 제거하고, 지혜로 아상(我相)을 제거한 분으로, 계(戒)·정(定)·혜(慧) 삼학에 대한 수행이 잘되어 있는 분을 찾아야 한다. 왜냐하면 나뭇조각들 속에 향 한 자루를 넣어두면 나무에 향이 배듯이, 스승의 장점이나 단점들 또한 제자에게 그대로 전해지기 때문이다.

한편 자신보다 훌륭한 자격 조건을 갖추신 근본스승을 찾아야 하는데, 스승의 열 가지 자격에는 자신의 면에서 갖추어야 하는 여섯 가지 조건과 남을 이끄는 면에서 갖추어야 하는 네 가지 조건이 있다. 자신의 면에서 갖추어야 하는 여섯 가지 조건은 지계(持戒)·선정(禪定)·지혜(智慧)의 공덕 세 가지를 잘 갖추고, 경(經)·율(律)·논(論) 삼장을 잘 배워서 익히며, 공성을 깨우치고, 교학과 수행 면에서 제자보다 뛰어나야 한다. 남을 이끄는 면에서 갖추어야 하는 네 가지 조건은 가르치는 데 말솜씨가 뛰어나고, 자비의 마음동기로 제자를 가르치며, 남을 돕는 데 기뻐하며 정진하고, 남에게 반복해서 가르치는 데 지치지 않아야 한다. 그중 삼학의 공덕을 갖춘 것과 공성을 깨닫는 것, 제자에게 자비심이 있는 것 다섯 가지는 주요한 자격 조건이며, 그러한 스승을 만나지 못했다면 적어도 이번 생보다는 다음 생을, 자신보다는 남을 중요하게 여길 줄 아는 스승을 만나야 한다. 그렇지 않으면 '앙굴리말라'처럼 삿된 스승을 만나 수행과 정반대의 길로 가서 큰 죄를 짓게 되는 일이 생기게 된다.

제자도 치우침 없이 성실한 자세에 머물 수 있어야 하고, 좋고 나쁜 것을 구별할 수 있는 지혜를 갖추어, 근본스승이 가르치는 모든 것을 중요하게 여겨 그 가르침에 따라 부지런히 수행 실천하며, 스승을 크게 공경하고, 마음을 집중해서 잘 듣는, 이 다섯 가지 조건을 갖추어 수행해야만 크게 성취할 수 있다.

③ 마음으로 근본스승을 모시는 방법

근본이 되는 스승에 대한 믿음을 닦기와 스승의 은혜를 생각하고 공경하기, 이 두 가지를 논리적으로 다양하게 사유하면 스승을 바르게 모셔야겠다는 환희심이 일어나는데, 그렇지 않으면 그저 법문이나 듣자는 생각밖에 들지 않게 된다.

가. 근본이 되는 스승에 대한 믿음을 닦기

근본스승을 부처로 보아야 하는 이유, 근본스승을 부처로 볼 수 있는 이유, 근본스승을 부처로 보는 방법, 이 세 가지로 근본이 되는 스승에 대한 믿음을 닦아야 한다.

⑦ 근본스승을 부처로 보아야 하는 이유

근본스승을 부처로 보아야 하는 이유는 우리가 이익을 원하고 손해를 원하지 않기 때문이다.

믿음의 뿌리를 닦을 때 근본스승을 살아있는 부처님으로 사유하는 것과 일체중생이 나의 어머니라는 믿음을 갖는 것이 가장 어려운 일이다. 하지만 어렵더라도 이런 믿음이 생길 수 있도록 열심히 노력하지 않으면, 다른 어떤 수행을 아무리 잘 하더라도 깨우칠 수 없게 된다.

어떤 사람이 '아띠샤' 스승께 세 번이나 법문을 청했음에도 스승께서 대답하지 않으시자, 못 들은 것으로 생각하고 같은 말을 다시 크게 반복했다. 그때야 비로소 '아띠샤' 스승께서는 "이 사람아, 내 귀는 잘 들린다네. 법문을 듣기 위해서는 믿음, 믿음이 필요하네."라고 말씀하셨다. 크고 작은 모든 깨달음은 스승에 대한 우리의 믿음이 얼마나 크고 작은가에 달려있으므로, 스승을 살아있는 부처님으로 믿어야 한다. 그러한 믿음이 강하면 비록 가르침이 대단하지 않더라도 스승의 가피를 받을 수 있다.

옛날 인도에 어떤 사람이 스승에게 가르침을 구했는데, 스승이 "마리레자!"라고 말했다. '밖으로 나가라!'는 뜻의 말이었는데, 제자는 이를 모르고 스승이 내리신 진언으로 믿고 열심히 외워서 자신의 병뿐만 아니라 다른 사람들의 병까지도 낫게 하는 성취를 얻었다. 이와 같이 믿음 없이 지혜만으로는 깨달음에 도달하기가 어렵다.

근본스승이 실제로 부처이든 아니든 간에 자신이 근본스승을 부처님으로 본다면, 이번 생과 다음 생의 모든 일이 저절로 성취되는 큰 이익이 있다.

옛날 티벳에서 어떤 노모가 아들이 인도로 장사를 떠날 때마다 석가모니 부처님의 진신사리를 구해달라고 부탁했다. 아들은 그러겠다고 대답을 했지만, 번번이 잊어버리고 구해오지 않았다. 마침내 어머니는 이번에도 구해오지 않는다면 너는 내 아들도 아니니 꼭 구해오라고 말했지만, 아들은 또다시 잊어버리고 말았다. 아들의 머릿속에 어머니의 간곡한 부탁이 떠오른 순간, 마침 길옆에 죽은 개 한 마리가 있었고, 그 개의 이빨이 눈에 띄었다. 아들은 그 이빨을 뽑아 어머니에게 진신사리라고 하며 드렸는데, 어머니가 진심으로 믿고 지극정성으로 기도를 올리자 나중에 이것이 실제로 증식하였다. 부처님의 진신사리는 증식하는 힘이 있는데, 어머니의 진실한 믿음으로 개 이빨이 부처님의 진신사리처럼 실제로 증식한 것이다. 만약 어머니가 진실로 믿지 않았다면 불가능한 일이었을 것이다.

이와 마찬가지로 스승의 가피가 크고 작은 것도 자신의 간절한 믿음에 달려있다. 우리 자신이 불보살을 마음속으로 얼마나 믿느냐에 따라 불보살의 가피력이 달라진다. 실제로 살아있는 부처님이 내 앞에 나타나신다고 해도, 내가 믿음이 없으면 부처님을 알아볼 수 없다.

'아띠샤' 스승께서 처음 티벳에 오셨을 때 티벳 땅에 성취자가 많지 않은 것은 스승을 부처로 보는 믿음이 없고 그저 평범하게 보는 인식밖에 없기 때문이라고 말씀하셨다. '데바닷따'와 석가모니 부처님의 첫째 시자인 선성(善星) 비구는 오랜 시간 부처님과 함께 지냈지만, 부처님으로부터 아무런 가피도 받지 못했다. 이는 믿음이 없어서 생긴 손실이다.

팔대보살 중의 한 분으로 부처님으로부터 광대한 수행의 법맥을 이으신 **미륵보살**

ⓛ 근본스승을 부처로 볼 수 있는 이유

근본스승을 살아있는 부처님으로 봄으로써 실제로 부처님을 뵐 수 있다. 무량한 부처님의 훌륭한 점과 공덕을 마음 깊이 생각하면, 우리가 스승을 부처로 믿지 못하는 의심이 사라지게 된다. 설사 근본스승에게 좋지 않은 점이 있더라도 믿음으로 이를 조복하면, 믿음에 방해가 되는 장애가 생기지 않는다. 그러므로 스승의 좋지 않은 점마저도 믿음의 방편으로 삼을 수 있도록 해야 한다.

우리는 평소 나쁜 습관의 힘으로 근본스승의 좋지 않은 점들을 많이 생각하기 때문에 살아있는 부처님을 친견할 수 없다. 예를 들면 하늘에 달이 떠 있어도 햇빛이 너무 강하면 달이 보이지 않는 것처럼, 근본스승의 좋은 점을 많이 생각하면 좋지 않은 점에 관한 생각들이 저절로 사라지게 된다. 자기 자신은 장점만 있어서 문제가 없다는 식으로 생각하여 자신의 허물을 보지 못하는 경우가 많다. 만약 스승의 작은 허물을 보게 되더라도 이를 제자를 이끄는 방편으로 여겨서 믿음이 흔들리지 말아야 한다.

지금 우리 같은 초심자의 눈으로는 근본스승을 평범한 사람으로 보고 있지만, 법속정(法續定)의 선정에 드신 분들은 스승을 화신으로 뵙게 되고, 초지보살(初地菩薩)의 경지를 얻은 이들은 스승을 보신(報身)으로 뵙게 된다. 그렇게 점점 수행의 경지가 높아지면 유정과 무정의 모든 법을 청정하게 보게 된다.

ⓒ 근본스승을 부처로 보는 방법

근본스승을 부처로 보는 방법을 다음과 같이 네 가지로 나누어 설명하겠다.

■ **근본스승이 곧 부처라고 석가모니 부처님께서도 말씀하셨다**

석가모니 부처님께서는 근본스승이 곧 부처라고 말씀하셨다. 이는 의심할 필요가 없다. 우리가 근본스승이 부처님인 것을 모르는 이유는 평범한 스승의 모습으로 나투어 존재하시기 때문이다. 석가모니 부처님께서 앞으로 다가올 말세에는 새로운 여래의 모습으로 나타나겠다고 하면서, "내가 스승의 몸으로 나타날 테니 그가 나인 줄을 알아라. 나는 평범한 몸으로 다양하게 나타날 것이다. 나와 만나지 못한다고 슬프게 생각하지 말라."라고 말씀하셨다.

부처님께서 말씀하신 그때가 바로 요즘이니, 우리의 근본스승들 중에 부처님이 반드시 계실 것이다. 우리 마음이 업과 번뇌로 속박되어 해야 할 일과 하지 말아야 할 일도 구분하지 못하고 있는 지금 이 순간에도 부처님께서는 자비로 우리 앞에 스승의 몸으로 나타나 계신다. 만일 스승이 부처님이 아닌 이유를 하나씩 들면서 부정한다면, 부처님의 화신인 스승을 한 분도 찾을 수 없을 것이다. 그러므로 부처님이 아니라는 이유를 들어 근본스승을 살아있는 부처님으로 보지 못하는 것은 본인의 마음에 문제가 있어서임을 분명하게 알아차리고, 모든 스승이 부처님의 화신임을 사유해야 한다.

■ **근본스승은 모든 부처님의 중생제도의 행을 대신하시는 분이다**

부처님들은 구제하고자 하는 중생과 같은 모습으로 나타나 일체중생을 구제하신다고 한다. 이와 같이 부처님께서는 우리

근기에 맞게 평범한 스승의 모습으로 나투신다. 그러나 이렇게 평범한 스승의 몸이 아닌 보신의 몸으로 나투신다 해도 우리는 뵙지 못하며, 화신이나 보살의 모습으로 나투셔도 그러한 모습의 부처님을 만나 뵐 수 있는 복이 우리에게는 없다. 더구나 새나 짐승 등 우리보다 낮은 몸으로 나투신다면 우리는 아예 무시하고 부처님이라는 생각조차 하지 못할 것이다. 탈춤을 추는 사람이 호랑이 탈을 쓰면 호랑이가 춤춘다고 하고, 사슴 탈을 쓰면 사슴이 춤춘다고 말하듯이, 부처님께서도 다양한 방편으로 우리 앞에 나타나시지만, 그 본래의 모습은 하나이다.

돋보기에 의지해야 종이에 불을 붙일 수 있고, 음식이 있어도 입으로 먹고 마시지 않으면 위장으로 들어갈 수 없는 것과 같이, 스승에게 의지하지 않고서는 부처님의 여러 가지 가피와 중생구제의 행이 나에게 아무런 도움이 되지 않는다고 사유해야 한다. 그러므로 스승은 모든 부처님의 행을 보여주시는 대변인이다. 티벳의 스승 '싸꺄 빤디따'께서도 "햇볕이 아무리 뜨거워도 돋보기 없이는 불이 생기지 않는다. 마찬가지로 스승 없이는 부처님의 가피 또한 중생이 입을 수 없다."라고 말씀하셨다.

한편 부처님께서는 중생을 위해 스승으로 나툴 뿐만 아니라 다리나 배와 같은 물체로도 나투시는데, 우리 눈에는 이런 것들이 그저 목수들이 만든 것으로밖에 보이지 않는다.

■ **지금도 불보살님께서 중생구제의 행을 하고 계신다**

부처님께서는 처음부터 오직 일체중생만을 위해 발심하고 깨달음을 이루셨는데, 어떻게 행하지 않고 가만히 계시겠는가?

수없이 많은 부처님께서 일체중생을 위해 언제 어디서나 항상 중생의 근기에 맞게 행하고 계시지만, 단지 우리가 그것을 모르고 있을 뿐이다.

■ 내가 보는 것이 맞는다고 할 수 없다

근본스승을 부처님이나 중생구제의 행을 하는 대변인으로 인정하더라도 스승이 부처님의 모습으로 보이지 않는 이유는, 우리가 보고 듣고 생각하는 것들이 실제와 다르게 착각한 것이기 때문이다.

근본스승을 살아있는 부처님으로 보지 못하면 스승의 많은 허물을 보게 된다. 하지만 자신이 보는 그런 스승의 허물들은 확실하지 않으며, 우리가 보는 것은 모두 자기 업식에 따라 보고 있는 것일 뿐이다. 예를 들면 물이 아귀들에게는 고름으로 보이고, 신들에게는 감로수로 보이고, 사람들에게는 그저 단순한 물로 보이는 것과 같다.

옛날 인도의 스승 '아상가'는 미륵보살을 뵙기 위해 동굴에서 3년간 용맹정진을 하였다. 그러던 중 수행에 아무런 진전이 없어 밖으로 나왔다가 목화불로 쇠를 담금질하여 바늘을 만들고 있는 노인을 만났다. 의아해한 '아상가'가 어떻게 이런 약한 불로 바늘을 만들 수 있느냐고 묻자 노인은 "부지런히 하는 자가 성취하지 못하는 예가 없으니, 아무리 힘들어도 포기하지 않는다면 큰 산도 먼지로 만들 수 있다."라고 답했다. '아상가'는 자신이 3년간 수행한 것은 아무것도 아님을 반성하고 동굴로 돌아가 다시 수행에 전념하였다.

하지만 3년이 지난 후에도 여전히 진전이 없자 그는 다시 동굴 밖으로 나왔다가 바위굴 입구 쪽 천장에서 떨어지는 아주 작은 물방울이 그 아래에 있는 바위에 큰 구멍을 뚫어 놓은 것을 보고서 수행이 부족함을 느끼고 다시 동굴로 돌아가 정진하였다.

다시 3년이 지난 후 동굴을 나선 그는 이번에는 동굴 바깥쪽에 생긴 바위틈이 새가 날마다 자기 둥지를 드나들기 위해 부드러운 깃털로 스쳐 닳은 흔적임을 알고, 자신의 부족한 점을 반성하며 또다시 동굴로 되돌아갔다.

이렇게 12년간 용맹정진했음에도 여전히 미륵보살을 만나 뵐 수가 없자 '아상가'는 수행을 포기하고 동굴을 나왔다. 그때 길가에 개 한 마리가 누워있었는데, 몸의 아랫부분은 구더기들이 들러붙어서 살을 뜯어 먹고 있고, 윗부분은 멀쩡히 살아있었다. 이를 본 '아상가'는 크나큰 연민이 일어났는데, 구더기들을 치우면 구더기들이 죽을 것이고, 그렇다고 구더기들을 그대로 놔두면 개가 죽을 것 같아서 자신의 살을 베어내어 구더기들을 옮기려고 마음먹었다. 손으로 옮기면 구더기들이 죽을까 염려되어 눈을 감고 부드러운 혀로 그 구더기들을 옮기려고 하려는 순간, 갑자기 개가 사라지고 그 자리에 나투신 미륵보살을 드디어 만나 뵙게 되었다.

그러자 '아상가'는 억울해 하면서, "제가 12년 동안 동굴에서 수행해도 모습을 나타내지 않으신 것은 보살님의 자비가 적어서인 것 같습니다."라고 말했다. 미륵보살께서는 "네가 나를 보려고 발심했던 순간부터 나는 네 옆에 있었지만, 다만 너의 업장으로 가려져서 나를 보지 못한 것일 뿐이다. 이제야 너의 업장이 깨끗해졌고 큰 연민을 일으켰기 때문에 나를 볼 수 있게 된 것이다. 못 믿겠거든 나를 어깨에 지고 다른 사람한테 보여주어라."라고 말씀하셨다. 미륵보살을 어깨에 지고 시장을 나선 '아상가'는 사람들이 미륵보살을 전혀 알아보지 못하는 것을 확인하고서야 그 사실을 믿게 되었다.

지금 우리가 스승을 말이나 개, 당나귀로 보지 않고 사람으로 볼 수 있는 것만 해도 천만다행이며, 우리의 업장을 생각해 보면 스승을 인간으로 볼 수 있는 것만 해도 아주 기뻐해야 할 일이다. 예전에 '나가르주나'도 겉보기에는 그저 평범한 비구로밖에 보이지 않았지만, 사실은 비구의 모습으로 나툰 부처님이셨다. 그와 같이 다양한 모습으로 부처님들이 나투고 계시지만, 우리가 자신의 착각으로 인해 제대로 알아보지 못할 뿐이다.

황달병에 걸린 사람은 하얀 눈이나 흰 소라가 노랗게 보이며, 달리는 차 안에서 밖을 내다보면 오히려 밖에 서 있는 나무가 달리는 것처럼 보일 때가 있다. 이처럼 착각해서 보는 번뇌와 업이 많으니, 어떻게 우리가 스승을 뵐 때라고 해서 착각하지 않고 제대로 볼 수 있겠는가?

석가모니 부처님께서 살아계실 때도 외도들은 부처님께서 갖추신 삼십이상을 보지 못하였고, '데바닷따'도 부처님의 모든 행이 거짓되다고 보았다. 예전에 티벳에서 어떤 순례자는 법당 안에 모셔진 불상은 보지 못하고 그 앞에 놓인 버터 초만 보았다는 일화도 있다. 라마 '롭상된덴'이 대장경을 구전해 주실 때 어떤 이에게는 경전이 경전으로 보이지 않고 고기가 가득 담긴 통으로 보이면서, 스승께서 구전을 주시는데도 전혀 들리지 않고, 스승이 고기를 드시고 있는 것으로 보았으며, 구전을 마친 후 경전을 보자기로 싸는 것조차 그에게는 고기를 싸고 있는 것으로 보였다. 이처럼 지금 우리가 눈으로 보는 것들이 얼마나 진실한지 확신할 수가 없다.

스승뿐만 아니라 친구나 심지어 동물들마저도 실제로 무엇인지 알 수가 없다. 알 수 있는 것은 자기 자신밖에 없으며, 한 걸음만 밖으로 나가도 모두가 의심의 대상이 된다. 잠자는 것을 좋아하는 제자에게는 스승이 밤늦게 자지 않고 수행하는 것도 허물로 보일 것이며, 술을 좋아하는 제자에게는 술을 마시는 스승이 아주 훌륭하게 보일 것이다.

그러나 어떤 때는 스승이 방편으로 자신의 허물을 일부러 드러내어 보여주기도 한다. 『대열반경(大涅槃經)』에 따르면, "여래는 중생에게 도움이 되기만 한다면 화내는 모습, 구두쇠의 모습, 절름발이의 모습, 미친 사람의 모습, 파계한 모습 등 다양한 모습을 보여주는 경우가 있다."라고 한다.

스승의 어떤 행동이 문제가 있다고 여겨서 그가 살아있는 부처님이 아니라고 생각한다면, 이는 우리의 착각일 뿐임을 논리적으로 잘 살펴 스승이 살아있는 부처님임을 분명히 알아야 한다.

나. 스승의 은혜를 생각하고 공경하기

㉠ 근본스승이 부처님보다 더 은혜로운 두 가지 이유

첫째, 일체의 부처님보다 근본스승이 더 은혜롭다.

무량겁 전부터 수많은 부처님께서 많은 중생을 구제하셨지만, 우리는 그러한 인연을 맺지 못했으며, 현겁에 나투신 석가모니 부처님을 직접 만나 뵙는 인연도 맺지 못했다. 이렇듯 수많은 부처님께서 나투셨음에도 인연을 맺지 못했지만, 지금 우리에게는 근본스승이 계시니 석가모니 부처님보다 더 은혜롭다고 하는 것이다.

스승 '뽀또와'께서는 "근본스승이 굶어 죽어갈 때 먹을 것을 주시는 분이라면, 부처님께서는 아직은 살 만할 때 먹을 것을 주시는 분과 같다."라고 말씀하셨다. 한편 부처님은 도를 어느 정도 닦은 후에나 뵐 수 있으니, 지금 우리의 근기로 뵐 수 있는 분은 오직 스승뿐이다. 또 우리가 가난할 때 음식을 주고, 어느 정도라도 수행할 수 있도록 지도하고, 나아가 완전한 깨달음의 세계로 이끌어주시는 분도 근본스승뿐이다. 그러므로 일체의 불보살보다 근본스승이 더욱더 은혜롭다고 생각해야 한다.

둘째, 석가모니 부처님보다 근본스승이 더 은혜롭다.

아주 오래전 전륜성왕 '찝끼무쾌'에게는 천 명의 아들이 있었는데, 그들 모두는 다음 어느 생에 성불하여 중생을 구제하겠다고 발심하였다. 그러나 누구도 지금처럼 백 세 정도밖에 살 수 없고, 남의 말도 잘 듣지 않으며, 의심도 많은 이런 말법 시대를 택해 성불하려고는 하지 않았다.

그런데 '갸초둘'만이 그런 말법시대를 택해 성불하여 중생을 구제하겠다고 하였다. 나머지 999명의 형제가 "너야말로 연꽃 중의 연꽃인 하얀 연꽃이고, 석가족 중에서 최고의 석가이다!"라고 찬탄할 정도였다. 그때의 '갸초둘'이 바로 석가모니 부처님이다. 그러므로 석가모니 부처님은 다른 어느 부처님들보다 우리에게 더 은혜로우신 분이다.

그렇지만 석가모니 부처님과도 인연을 맺지 못한 우리에게 그분보다 더욱더 은혜로운 분이 바로 근본스승이시니 늘 감사하게 생각하고 관상해야 한다.

ⓒ 법을 설해 주시는 은혜

예전에 보살들께서는 한 구절의 법을 듣기 위해 자신의 아들이나 딸뿐만 아니라 모든 재산을 다 바쳐서라도 법을 구하신 일이 허다했다. '아띠샤' 스승께서도 보리심을 배우기 위해 13개월 동안 험난한 파도를 헤치고 가는 등의 고행을 하며 법을 들으셨다.

예전에 티벳의 많은 스승이나 역경가(譯經家)들도 목숨을 걸고 인도로 법을 구하러 갔으며, 스승에게 수많은 황금을 바치며 법을 구한 일화가 많다. 그처럼 숱한 고행을 하고서 법을 구해야 했지만, 지금 우리는 그러한 고행 없이도 실제로 부처님께서 나투시더라도 이보다 더 나은 가르침을 주실 수 없는데, 이 같은 법을 스승으로부터 배우고 있으니 어찌 은혜로운 일이 아니겠는가? '아띠샤' 스승께서도 "그런 고행 없이 법을 들을 수 있는 것은 큰 복이니, 열심히 자세하게 잘 들어야 한다."라고 강조하셨다.

어떤 사람이 약과 음식, 독을 같이 먹어서 죽을 지경이 되었는데, 의사가 그에게 독을 토하게 하고, 음식은 약으로 변하게 하며, 먹은 약을 죽지 않는 수명의 감로로 바꾸어 준다면, 이는 참으로 은혜로운 일이라 할 수 있다. 이처럼 우리가 이번 생의 무병장수와 명예 등에 집착하여 삼악도에 떨어질 죄를 짓는 것은 독약을 먹는 것과 같다. 스승이 우리에게 이를 참회하게 하고, 또 바른 마음동기로 원만히 회향하게 하여 완전한 깨달음에 도달할 때까지 바르게 수행할 수 있도록 이끌어주시니 이 얼마나 은혜로운 일인가.

ⓒ 우리 마음에 가피를 주시는 은혜

스승에게 귀의하는 등 스승을 통해 얻는 모든 깨달음은 스승께서 우리 마음에 주시는 가피에서 나온다.

　인도의 위대한 스승 '나로빠'의 스승이신 '띨로빠'께서 진흙으로 만든 만달라로 '나로빠'의 얼굴을 후려치듯 때리셨는데, 스승 '나로빠'는 후에 그러한 가피로 7일 동안 깊은 선정에 들 수 있었다고 한다.

　우리가 과거에 불법을 배워서 수행해야겠다는 생각조차 들지 않았는데, 지금은 해야겠다는 생각이 드는 것도 스승의 가피 덕분이다.

㉲ 수행할 수 있도록 물질적으로 베푸시는 은혜

　스승은 누구나 수행할 수 있도록 물질적인 방편을 사용하기도 한다. 예전에 티벳의 어떤 스승이 토굴에서 지내실 때 마을에 있는 후원자가 하인을 시켜서 버터를 올려 보냈다. 하인은 가는 도중에 너무 지쳐서, "이 스승은 왜 이렇게 짐승처럼 높은 곳에 사는가?"라며 투덜거렸다. 그러나 나중에 그 스승을 뵙게 되었고 차와 먹을 것 등을 내어주시자 하인은 "이 스승은 큰 가피를 주시고, 주신 것들도 무척 맛있다."라고 하면서 매우 신심을 냈다. 이처럼 물질적으로 우리에게 신심이 나게 하는 분도 근본스승들이다.

　'아띠샤' 스승께서는 "내가 가진 어떤 공덕도 다 내 스승의 것이다."라고 하셨는데, 이는 우리가 가진 모든 공덕이 모두 스승 덕분임을 강조한 말씀이다. 우리가 그러한 면을 잘 살피지 않으면, 내가 지금 행복하고 건강한 것 등이 순전히 자기가 잘나서 그런 것으로 착각할 수 있지만 절대로 그렇지가 않다. 어떤 이가 출가하여 남들에게 존경받는 대상이 되어서 다른 수행자들과 함께 수행하고 기도하며 욕심을 버리고 만족하면서 지낼 수 있게 되는 것도 모두 다 스승이 계를 주신 덕분이다. 하루에 수백 장의 경전을 읽고, 그 뜻을 생각할 수 있는 것 역시 스승의 은혜 덕분이다.

그뿐만 아니라 밀교의 귀한 가르침을 배울 수 있는 것도 스승 덕분이니, 자신의 모든 스승이 이런저런 면에서 은혜로우시다고 하나씩 염주를 돌리며 숫자를 세듯이 생각해야 한다. 하지만 이것이 전부가 아니다. 이번 생에 귀한 인간의 몸을 얻고, 부족함 없이 물질을 갖춘 것은 전생에 계를 잘 지키고 보시를 잘했던 과보인데, 그런 것들도 모두 스승이 내게 그렇게 하도록 가르쳐 주셨기 때문에 가능한 일이다.

이와 같이 모든 이익들은 다 스승 덕분이다. 우리에게는 시작 없는 전생부터 오늘에 이르기까지 수많은 스승이 계시는데, 이분들은 모두 다 부처님의 화신이다.

④ 행으로 근본스승을 모시는 방법
위대한 수행자 '밀라레빠'께서 다음과 같이 말씀하시곤 했다.

"물질적으로 공양 올릴만한 것이
비록 나에게는 없지만
스승의 은혜에 대하여
나는 수행으로 보답하리라."

스승이 가르치신 바대로 열심히 인내하며 실천 수행하는 것이야말로 스승을 기쁘게 하는 가장 좋은 방법이다.

2) 쉴 때 하는 일

우리의 하루 일과는 두 가지로 나눌 수 있다. 일하거나 수행 정진하는 것과 쉬는 것이 그것이다. 이 중에서도 쉴 때 시간을 어떻게 보내느냐는 매우 중요하다. 비록 집중해서 열심히 관상했다고 하더라도 집중에서 나와 쉴 때 마음이 산란해진다면, 다시 집중해서 관상하려고 할 때 무척 어렵게 된다. 그러나 집중에서 나와 쉴 때를 잘 보낸다면 유가구족의 인간 몸이 의미 있게 된다.

집중해서 관상한 후 쉬는 시간에 위대한 스승들의 생애를 다룬 이야기 중에서 특히 '나로빠'가 스승 '띨로빠'를 모신 이야기나 '밀라레빠'가 스승 '마르빠'를 섬긴 이야기, '돔뙨빠'가 스승 '쎄르쥰빠'와 '아띠샤' 스승을 모신 이야기 등을 읽으면, 스승에 대한 믿음이 돈독해지는 데 많은 도움이 된다.

그렇지 않고 쓸데없는 것들을 많이 보게 되면 지혜를 발전시키는 데 큰 장애가 된다. 예를 들어 분노나 탐심을 크게 일으키게 하는 책들을 보면 수행에 무척이나 해롭다. 수행에서 나와 쉴 때 번뇌를 일으키는 대상들을 보지 않고 피하는 방법이 있는데, 마음에 걸리는 대상을 보면 어렵더라도 그것에 마음이 끌리지 않도록 조심하는 것이다. 정념(正念)과 정지(正知)로 신(身)·구(口)·의(意) 삼문(三門)을 항상 잘 살펴야 한다. 예를 들어 한 집에 드나드는 문이 두 개 있다면 그 두 문만 잘 지키면 도둑을 막을 수 있듯이, 우리의 몸과 말과 마음이 나쁜 데로 빠지지 않도록 이 세 가지 문을 잘 단속해서 죄를 짓기 전에 문을 닫아 막아야 한다.

'게시 벤'의 일화를 들면, 어느 날 그는 줄을 서서 공양을 기다리고 있었다. 공양주 스님이 '쇼(요구르트)'를 차례대로 나눠주고 있는데, 그는 줄 중간에서 '저렇게 나눠주면 과연 나한테까지 공양이 돌아올까?'라고 생각했다. 그리고 마침내 그의 차례가 왔을 때 '게시 벤'은 자신의 발우를 뒤집어엎었다. 공양주 스님이 왜 그러냐고 묻자, "나는 이미 처음부터 먹었소."라고 대답했다.

또 어느 날은 한 시주자의 집에서 차를 마시면서 차통에 든 차를 훔치려는 생각이 드는 순간 마음을 바꾸어 먹고, "여기 차 도둑이 있소!"라고 크게 소리쳤다. 사람들이 달려와 아무도 없는데 왜 그러시냐고 묻자 자신의 왼손에 잡혀있는 오른손을 보여주면서, "여기 이 손이 차 도둑이오!"라고 스스로 자백했다.

이렇듯 수행 정진할 때가 아닌 일상생활에서도 자신의 죄를 빨리 알아차려서 바로 고쳐야 한다. 그렇지 않고 온갖 생각을 다 하게 되면, 옛날에 어떤 사람이 아이가 태어나지 않았는데도 아이의 이름을 '다와닥빠'라고 미리 짓고 기뻐하며 춤을 추다가 갑자기 죽었다고 하는 이야기가 있듯이, 우리에게도 언제 그런 일이 벌어질지 모른다.

'아띠샤' 스승께서는 "많은 사람들 속에 있을 때는 자기 입을 살피고, 혼자 있을 때는 마음을 살펴라."라고 말씀하셨다. 우리는 그렇게 살피지 않음으로써 죄를 짓는 경우가 많다. 죄가 되는 줄 모르고, 오고 가거나 앉거나 말을 할 때 아무런 생각 없이 모기를 잡아 죽이는 일이 흔한데, 그때 우리가 기억과 알아차림으로 '이것을 행하면 죄가 된다.'라고 빨리 알아차리면 죄짓는 것을 막을 수 있다.

또 사람들과 잡담하거나 말을 할 때에도 '내가 지금 무엇을 하고 있는가?' 하고 정지(正知)로 항상 살펴서 거친 말이나 쓸데없는 말 등을 하려고 할 때 입을 다물어 혀를 함부로 놀리지 말아야 한다.

혼자 있을 때는 자신의 마음을 잘 살펴서 좋지 않은 생각이 드는 것을 막아야 한다. 예전에 '카락빠'는 자신의 방 네 벽마다 '마음을 산란하게 하지 말라!'라고 글을 써놓고 수행했다고 한다. 집중적으로 수행하지 않고 쉬는 시간에 이같이 자신을 관리하는 것이 매우 중요하다.

'밀라레빠'께서 말씀하신 것처럼 우리가 보는 모든 대상은 우리로 하여금 자애심과 연민심이 생기게 하는 것이라고 생각하는 것이 중요하다. 예전에 '제 둡캉빠'라는 스승께서 개미가 파리를 물고 있는 것을 보고서 인과를 깨우치신 것과는 대조적으로, 우리는 시장에 구경하러 가서 탐심의 번뇌를 일으켜 걸음걸음마다 죄 하나씩을 얻어 집으로 돌아올 때는 아주 무거운 죄의 짐을 짊어지고 온다. 하지만 항상 기억과 알아차림으로 자세히 살피면서 시장에 간다면, 오히려 그러한 구경거리들도 보리심과 무상 등을 깨닫게 하는 대상이 된다.

6.2. 스승에게 의지해 마음을 닦는 방법

이에 유가구족(有暇具足)의 몸을 의미 있게 보내야 하는 이유, 유가구족의 몸을 의미 있게 보내는 방법, 이 두 가지가 있다.

1) 유가구족(有暇具足)의 몸을 의미 있게 보내야 하는 이유

유가구족의 몸을 받기가 어려움을 사유해야 한다. 우리가

석가모니 부처님께 설법을 권청한 **브라만(범천)**

날마다 잡담하면서 시간이 어떻게 흘러가는지에 대해 조금도 아까워하지 않는 것은 유가구족의 몸을 받기가 어려움을 사유하지 않기 때문이다. 그 의미를 알면 마음속 깊이 수행하고 싶은 마음이 저절로 일어나게 된다.

이와 같이 우리가 받기 어려운 유가구족의 몸을 지금 갖추었으니 이는 한량없이 기쁜 일이며, 반면 죽음과 무상을 생각하면 이보다 더한 슬픔이 없음을 알게 된다.

이에 유가구족의 몸을 인식하기, 유가구족의 몸으로 큰 뜻을 이룰 수 있음을 생각하기, 유가구족의 몸을 받기가 어려움을 생각하기, 이 세 가지가 있다.

(1) 유가구족의 몸을 인식하기

이는 팔유가(八有暇)와 십구족(十具足)으로 나누어 생각해야 한다. 팔유가는 수행할 수 없는 장애에서 벗어나 여덟 가지 여유를 갖춘 것을 말하며, 십구족은 수행하기 위해 갖추어야 할 열 가지 조건을 갖추었음을 말한다.

① 팔유가(八有暇)

가. 지옥에 태어나지 않은 것

만약 우리가 뜨거운 불지옥과 차가운 얼음지옥에 태어나 있다면 수행할 엄두도 내지 못할 것이다. 우리 머리 위에 아주 작은 불씨 하나를 올려놓고 공부하라고 하면 잠시도 그 고통으로 아무것도 할 수 없는데, 지옥의 혹독한 고통 속에서 어떻게 수행할 마음을 낼 수 있겠는가?

그곳에서는 법의 소리를 들을 수 없으며, 고통밖에 없다. 그러니 그런 곳에 태어나지 않은 것만 해도 천만다행이라고 생각해야 한다.

나. 아귀로 태어나지 않은 것

만약 우리가 아귀로 태어나 있다면 극심한 배고픔과 목마름으로 수행을 생각할 여유조차 없다. 우리가 지금 한두 끼 먹지 못하고 배고프거나 목마를 때 어떤 스승이 수행하라고 하신다면, 먼저 먹고 마실 것부터 생각하지 수행하라는 말씀이 귀에 들어오겠는가? 그러므로 지금 우리가 아귀로 태어나지 않은 것을 천만다행이라고 생각해야 한다.

다. 축생으로 태어나지 않은 것

만약 우리가 축생으로 태어나 있다면 무지하고 어리석어서 수행할 능력이 따라주지 않는다. 개나 당나귀가 수행까지 생각할 수 있겠는가? 그뿐만 아니라 축생들이 가진 각각의 고통 때문에 수행할 여유조차 없으니, 우리가 그런 축생으로 태어나지 않은 것을 천만다행이라고 생각해야 한다.

우리는 돈이나 물질적인 것을 얻으면 정말 운이 좋다고 말하지만, 그런 것들은 결코 행운으로 여길 만한 일이 아니다. 그러므로 개나 돼지와 같은 축생들을 볼 때 나와 상관없는 것처럼 무심히 볼 일이 아니라 우리가 그런 짐승으로 태어나지 않은 것이 다행이라는 마음을 가져야 한다.

라. 오래 사는 신으로 태어나지 않은 것

오래 사는 신들은 처음 태어날 때 '나는 신으로 태어났다.'라는 생각과 수명이 다할 때 '나는 죽을 때가 되었다.'라는 생각, 이 두 가지밖에 하지 못한다. 평소에는 깊은 잠을 자듯 선정에 들어 보내면서 의미 있는 수행은 할 생각조차 하지 못한 채 그 긴 수명을 허송세월하고 마는데, 수행에 대한 훈습(熏習)[32]이나 인연이 있는 몇몇 신들 외에는 스스로 산란한 기쁨에만 집착하여 수행할 마음을 전혀 내지 못한다.

사리자의 한 제자는 인간세계에 있을 때 사리자를 뵐 때마다 타고 있던 코끼리에서 내려 스승을 공경하곤 했는데, 다음 생에 '오래 사는 신'으로 태어났다. 하지만 후에 사리자가 신들의 세계〔천상계〕에 법문하러 갔을 때 그 제자는 놀러가기 바빠서 스승을 뵙고도 공경을 표할 사이도 없이 한 손만 들어 올려 인사하고는 밖으로 뛰쳐나가 사리자의 법문을 듣지 못하였다.

이처럼 천상계의 오래 사는 신들에게는 출리심(出離心)과 같은 수행에 대한 마음동기가 없기 때문에 수행할 수 없다. 신들의 세계에서는 북을 비롯한 여러 악기나 화신(化身)의 새들이 내는 소리가 법문으로 들리기는 하지만, 인간세계에서처럼 법을 하나하나 자세하게 가르쳐주시는 스승은 없다.

이와 같이 지옥, 아귀, 축생, 신 등으로 태어나면 수행할 여유가 없음을 알아야 한다. 또한 인간의 몸으로 태어난 것을 한량없이 기뻐해야 한다.

---

32) 향내를 옷에 배게 하는 것과 같이 우리의 몸과 입으로 표현하는 선·불선의 말이나 행동 또는 마음에 일어나는 선·불선의 생각 등이 일어나 없어지지 않고 반드시 어떠한 인상(印象)이나 세력을 자신의 심체(心體)에 머무르게 두는 작용을 말한다.

마. 부처님 가르침을 모르는 땅에 태어나지 않은 것

야만인처럼 부처님의 가르침이 없는 땅에 태어나면, 법의 소리를 들을 수 없으므로 수행을 할 수 없다.

바. 부처님의 존재를 모르는 시대에 태어나지 않은 것

부처님의 존재를 모르는 시대에 태어나면 수행할 줄 모르게 된다. 수행을 하더라도 그 방법을 몰라서 성취할 수 없다. 만약 우리가 그런 시대에 태어났다면 어떻게 되었겠는가? 그런 시대에 태어나지 않은 것을 천만다행으로 여겨야 한다.

사. 감각기관을 움직이는 데에 장애가 없는 것

만약 부처님께서 계시고 법이 있는 곳에 태어난다고 하더라도, 우리가 바보나 벙어리, 귀머거리 등과 같이 온전치 못한 사람으로 태어난다면 수행이 무엇인지 알지 못하고, 안다고 하더라도 수행하기 어려울 것이다.

아. 그릇된 견해를 품지 않은 것

그릇된 견해를 품는 것은 수행에 가장 큰 장애가 되므로, 용수보살께서도 『쎄빼땅익〔친우서親友書〕』에서 이에 관해 가장 먼저 언급하셨다. 그릇된 견해를 가르치는 사이비 종교 등에 빠진 사람들은 비록 오래 살더라도 바른 지혜가 생기지 않아서, '옴 마니 뻬메 훔'을 한 번 염송하는 것만큼의 공덕도 쌓을 수 없기 때문이다.

대개 살아가는 데 필요한 여덟 가지만 갖추어져도 기뻐하는데, 하물며 수행하기 어려운 여덟 가지 조건에서 완전히 벗어나 수행하기 좋은 조건을 갖추었는데, 어떻게 크게 기뻐하지 않을 수 있겠는가?

② 십구족(十具足)

가. 인간으로 태어난 것
다음 생을 위해서나 완전한 깨달음에 도달하기 위해서는 육도 중에서 인간의 몸이 가장 적합한 조건을 갖추고 있다. 지금 우리가 인간으로 태어나 있음은 의심할 여지가 없지만, 사람으로서의 본분은 다하지 못하고 있다.

나. 불법이 존재하는 땅에 태어난 것
지금 우리는 부처님의 가르침과 인연이 있고, 많은 스승들이 계시며, 수행할 수 있는 좋은 조건을 갖춘 곳에 태어나 있다.

다. 가르침을 이해하는 능력이 있는 것
만약 우리가 법을 이해할 수 없을 정도로 심한 장애인으로 태어났다면 수행할 수 없을 것이다. 하지만 우리는 이 같은 큰 장애에서 벗어나 있으니, 이 또한 수행할 수 있는 좋은 조건이 된다.

라. 오역죄(五逆罪)를 범하지 않은 것
만약 오역죄와 같은 죄를 범하게 되면 한 생에 아라한의 경지에 오를 수 없는데, 우리는 이러한 죄를 짓지 않은 조건을 갖추고 있다.

마. 신심을 갖춘 것

이는 주로 계율에 대한 믿음을 말하지만, 여기서는 특히 부처님의 말씀인 삼장(三藏)이나 보리도차제에 신심이 있는 것을 말한다.

바. 석가모니 부처님께서 존재하시는 것

만약 석가모니 부처님께서 이 세간에 오시지 않았다면, 거룩한 부처님의 가르침 또한 없을 것이다.

사. 정법이 설해지고 있는 것

만약 석가모니 부처님께서 이 세상에 오셨어도 법을 설하기 전에 열반하셨다면, 부처님의 출현이 아무런 의미가 없었을 것이다.

아. 그 가르침이 현재까지 전해지고 있는 것

지금 우리가 부처님의 가르침과 보리도차제를 배우고 있는 것도, 그 가르침이 현재까지 전해져 오고 있어서 가능한 것이다.

자. 그 가르침을 받는 것

마음을 열어 부처님의 가르침과 인연을 맺는다면, 우리는 충분히 그 가르침을 받을 수 있다.

차. 주변의 도움을 받는 것

수행하는 데 있어 후원자나 시주자들이 도움을 주고 있으므로, 이 조건 역시 우리는 갖추고 있다.

이상의 십구족 중 첫째부터 다섯째까지는 자기와 관련된 조건들이고, 여섯째부터 열째까지는 수행할 수 있는 환경과 관련된 것들이다.

(2) 유가구족의 몸으로 큰 뜻을 이룰 수 있음을 생각하기

이에 일시적으로 큰 뜻을 이룰 수 있음을 알아차리기, 궁극적으로 큰 뜻을 이룰 수 있음을 알아차리기, 매 순간 큰 뜻을 이룰 수 있음을 알아차리기, 이 세 가지를 들 수 있다.

① 일시적으로 큰 뜻을 이룰 수 있음을 알아차리기

우리가 다음 생에 다시 인간이나 더 좋은 다른 생으로 태어나고 싶어도, 이번 생에 받은 이 인간의 몸이라야 가능하다. 왜냐하면 좋은 생으로 태어나기 위해서는 계를 지켜야 하는데, 그 역시 인간의 몸으로 할 수 있기 때문이다. 다음 생에 부귀영화를 누리는 것조차도 이번 생에 보시했을 때 가능하다. 자기 주변에 친척이나 사람들이 모이는 것도 남을 해치지 않고 인욕수행을 한 과보로, 이 역시 유가구족의 몸이라야 가능하다. 그처럼 어떤 것들을 행하지 않아서 문제이지, 이와 같이 행하기만 한다면 성취하지 못할 것이 없으니 의심할 필요가 조금도 없다.

② 궁극적으로 큰 뜻을 이룰 수 있음을 알아차리기

완전한 깨달음을 얻고자 할 때도 유가구족의 몸이 가장 가치 있음을 인식해야 한다. 완전히 깨닫기 위해서는 삼학(三學)에 의지해야 하는데, 율장에는 먼저 출리심(出離心)으로 계를 받아야 하며, 출리심은 신이나 육도의 다른 중생들보다 인간에게 더 쉽게 일어난다고 나와 있다.

　밀교적인 계율도 마찬가지이다. 한 생에 성불하고자 할 때 밀교에 의지하면 가능한데, 이 또한 인간의 몸으로 가능하다. 지금 우리가 기도하고 있는 대상인 극락에 계신 보살들도 인간세계에 나기를 기도하신다고 한다. 그러므로 우리가 하지 않아서 그렇지 이 인간의 몸으로 성취하지 못할 일은 아무것도 없다.

　여의주에 소원을 빌면 자기가 원하는 물질적인 것들이 다 생긴다고 하지만, 그 같은 수백 개의 여의주로도 인간의 몸으로 할 수 있는 일인 삼악도에 떨어지는 것을 막는 것조차 하지 못한다. 하루 동안 도움이 되는 여의주보다 백 년 동안 도움을 주는 여의주가 당연히 더 가치가 있듯이, 인간의 몸이야말로 더욱더 가치 있는 것이다. 그러므로 이러한 유가구족의 몸을 얻고서도 의미 없는 행을 하고 있다면, 이는 마치 가난한 사람이 황금을 한 자루나 발견하고도 조금도 사용하지 못하고 다시 잃어버리는 것과 같으니 아주 애석한 일이 아닐 수 없다.

③ 매 순간 큰 뜻을 이룰 수 있음을 알아차리기

　향 한 자루가 탈 동안이라도 무의미하게 보내지 않고 공덕을 쌓고 업장을 소멸하기 위해 부지런히 정진한다면, 해탈과 일체종지를 이룰 수 있는 한량없는 원인을 지을 수 있다. 우리가 유가구족의 몸을 낭비하는 것은 아쉬워하지 않고, 은 한두 냥을 잃어버리는 것은 못내 아쉬워한다면, 큰 실수를 하고 있는 것이다.

　마명보살께서도 "상인이 보물섬에 가서 빈손으로 집에 돌아오는 것과 같다."라고 말씀하셨다. 상인이 보물섬에 가서 보물은 찾지 않고 빚만 더 져서 빈손으로 집에 돌아오는 것과 같이, 이 유가구족의 몸을 얻었을 때 수행하지 않고 악업만 더 쌓아 삼악도로 떨어진다면 이보다 더 애석한 일이 어디 있겠는가?

(3) 유가구족의 몸을 받기가 어려움을 생각하기

이에 유가구족의 몸으로 태어날 원인을 찾기가 어려움을 관상하기, 유가구족의 몸을 받기가 어려움을 비유를 들어 관상하기, 유가구족의 몸을 받기가 실제로 결과 면에서 어려움을 알아차리기, 이 세 가지를 들 수 있다.

① 유가구족의 몸으로 태어날 원인을 찾기가 어려움을 관상하기

귀한 몸으로 태어날 원인을 짓기가 어려움을 관상한다. 유가구족의 몸은 매우 귀할 뿐만 아니라 다시 받는 것도 어려워서 자주 받을 수 있는 것이 아니다. 인간으로 태어나는 것이 얼마나 어려운 일인지를 몰라서 이번 생을 무의미하게 보내면서 다음 생은 의미 있게 보내겠노라 기약하지만, 복과 청정한 기도의 힘 등 수많은 원인과 조건들이 모여 우리가 인간의 몸을 받아 태어난 것이므로, 다음 생에 또다시 이런 귀한 몸을 받는다는 보장이 없다.

농사지을 때 보리나 밀의 씨앗을 얼마나 잘 뿌리느냐에 따라 그 수확량이 달라지듯이, 더 훌륭한 유가구족의 몸을 받기 위해서는 좋은 원인이 되는 행을 많이 해야 한다. 이를 위해 가장 중요한 것은 계를 잘 지키는 것이다. 먼저 계를 잘 지키고, 보시 등 육바라밀을 실천하며, 이번 생에 집착하지 않고 바르게 회향해야 다시 인간으로 태어나는 것이 가능하다.

그러나 보시만 잘하고 계를 지키지 않는다면, 부자로 태어난다고 하더라도 인간의 몸으로 태어날 수는 없다. 예를 들어 부잣집에 태어나 부족함 하나 없이 지내는 강아지가 인간의 몸을 받지 못한 것은 전생에 보시는 많이 했지만 계를 지키지 않았기 때문이다. 한편 계는 잘 지켰지만 보시를 하지 않으면 다음 생에 인간으로 태어나더라도 거지로 살게 된다.

우리가 자신을 살피지 않으면 계를 원만하게 잘 지키고 있는 것처럼 보일 수도 있지만, 실제로는 그렇지 않은 경우가 많다. 예전에 몽골의 한 스님은 처음 계를 받고 나서 율장을 공부하지 않아 쉽게 계를 파하게 되었다. 나중에 율장을 공부할 기회가 있었는데 그때는 이미 계를 다 파하고 난 뒤였음을 뒤늦게 알아차리고, "계가 있을 때는 율이 없고, 율이 있을 때는 계가 없구나!"라며 탄식했다고 한다.

우리 자신을 깊이 관찰해 보면 계를 잘 지켰다는 안일한 마음이 크게 줄어들 것이다. 우리가 늘 하고 있는 생각들은 거의 다 번뇌에 해당하므로, 앞으로 받을 것은 그에 따른 과보밖에 없다. 심지어 계목(戒目)의 수가 얼마인지, 어떤 계가 있는지조차 모르는 상태에서 어떻게 계를 잘 지킬 수 있겠는가? 그러므로 유가구족의 몸을 얻고자 하면서 그 씨앗은 뿌리지 않고 열매만 기대한다면, 이는 봄에 독초의 씨앗을 뿌리고서 가을에 보리를 수확하기를 바라는 것과 같다.

어떤 이는 스승 덕분에 다음 생에 그렇게 나쁘게 태어나지 않을 거라는 희망을 품기도 하는데, 자신이 수행하지 않으면 스승이 해줄 수 있는 것은 아무것도 없다. 석가모니 부처님의 친척인 '데바닷따'도 지옥에 태어났지만 부처님께서 구제해주실 수 없었던 것과 마찬가지이다.

　이번 생에 귀한 인간의 몸을 얻었으니 다음 생에도 다시 유가구족의 몸을 얻어 그때 의미 있는 수행을 하겠다고 생각하는 것은, 어떤 거지가 어렵사리 찾아낸 황금 한 덩이를 생각 없이 물에 던져넣고는 또 하나 더 찾아서 사용할 수 있게 해달라고 기도하는 것과 마찬가지로 어리석은 일이다.

　우리가 이번 생에 대한 집착 없이 기도하기는 쉽지 않을 것이다. 절에서 불보살들을 참배하고 기도할 때 무병장수나 사업 성취 등의 소원을 비는 것이 필수처럼 되어 있는 것도 이 때문이다. 그러나 우리가 이번 생에 충분한 수행을 하지 않아서 다음 생에 삼악도에 한 번 태어나게 되면, 그다음부터는 쉽게 삼악도를 돌고 돌게 될 것이다. 이렇게 계속해서 삼악도를 돌게 된다면, 믿음과 지혜, 보리심 등의 수행적인 요소들은 사라지고 죄를 짓는 원인이 되는 탐·진·치 등의 번뇌만 늘어나게 될 뿐이다.

　지금 우리가 인간의 몸을 받고 태어나 완전하게 깨닫지는 못하더라도, 적어도 다시 인간의 몸을 받기 위해 노력하지 않는다면 크게 후회하게 될 것이다.

② 유가구족의 몸을 받기가 어려움을 비유를 들어 관상하기

　망망대해에 구멍이 하나 있는 황금으로 된 멍에 하나가 떠다니는데, 바다 밑에 사는 눈먼 거북이가 백 년에 한 번씩 올라와 바다 밖으로 머리를 내밀어 그 황금 멍에의 구멍에 목을 끼우는 일은 실로 어려운 일이다.

　그와 같이 업과 번뇌의 힘으로 지혜의 눈이 멀어있는 우리는 고통의 윤회세계인 큰 바닷속을 끊임없이 헤매고 있다. 또한 삼악도에서 백 년에 한 번씩 나와 잠시 인간으로 태어난다고 해도, 이 사바세계는 너무도 넓고 모든 것이 확실하지 않아 어디에 태어날지도 모를 일이며, 부처님의 가르침인 황금 멍에를 만나기는 더더욱 어렵다. 거북이가 날마다 바다 밖으로 머리를 내민다면 황금 멍에의 구멍에 목을 끼울 수 있을지도 모르듯이, 우리도 자주 인간의 몸을 받는다면 부처님의 가르침과 인연을 맺을 수도 있을 것이다. 그러나 거북이가 백 년에 한 번씩 바다 밖으로 머리를 내미는 것처럼, 실제로 우리도 어쩌다가 한 번씩 인간의 몸을 받아 태어날 뿐이다.

이처럼 거북이가 황금 멍에와 만나는 것이 불가능해 보이듯, 우리가 유가구족의 몸을 받는 것은 그보다 더 불가능한 일일 수도 있다. 그러므로 바다는 윤회세계, 거북이는 자기 자신, 장님은 무지, 황금 멍에는 부처님의 가르침 등에 비유하여 이렇게 귀한 인간의 몸을 받기가 참으로 어려운 일임을 관상해야 한다.

예전에 티벳 짱 지역에 살았던 어떤 사람이 물고기가 맛있다고 너무 많이 먹어서 토할 지경이 되자, "이렇게 맛있는 음식을 토해내면 정말 아깝다."라고 말하며 자신의 목을 졸랐다고 한다. 이처럼 잠깐 맛있게 먹은 것도 토해내기 아까워하는데, 수천 겁을 지나도 얻기 어려운 유가구족의 이 몸을 낭비한다면 이보다 더 아까운 일이 또 어디에 있겠는가?

이와 같이 다양한 예들을 관상하면서 유가구족의 몸 받기가 실로 어려움을 인식해야만 한다.

③ **유가구족의 몸을 받기가 실제로 결과 면에서 어려움을 알아차리기**

이 세상에는 수행하는 사람보다 수행하지 않는 사람의 수가 더 많고, 삼선도에 가는 중생보다 삼악도로 떨어지는 중생의 수가 훨씬 더 많다. 석가모니 부처님께서는 삼선도에서 삼악도로 태어나거나 삼악도에서 삼악도로 태어나는 경우는 넓은 대지에 있는 먼지 수와 같고, 삼악도에서 삼선도로 태어나거나 삼선도에서 삼선도로 태어나는 경우는 엄지손가락과 집게손가락으로 집어 든 먼지 수와 같다고 말씀하셨다.

원래 육도 중생 중에는 인간의 수가 가장 적고, 지옥 중생보다 아귀가 적으며, 아귀보다는 축생이 더 적다. 그러나 사람 열 명이 앉는 자리보다 좁은 공간에도 수억 마리의 벌레가 있는 것을 보면, 축생의 수를 미루어 짐작할 수 있다. 또한 중음신(中陰身) 상태에 있는 유정의 수는 축생의 수보다 훨씬 더 많다고 한다. 개 한 마리가 죽으면 엄청난 수의 벌레들이 갑자기 생겨나며, 열 마리가 동시에 죽더라도 각각의 사체마다 수많은 벌레가 이미 태어날 준비가 되어 있는 것처럼, 중음신 상태에 있는 유정의 수는 헤아릴 수 없을 정도로 많다.

인간세계도 석가모니 부처님께서 머무신 시기는 짧았고, 그때 태어났던 사람의 수 또한 적었다. 한 부처님께서 열반에 드시고 그 가르침이 사라진 후 다음 부처님께서 오실 때까지 걸리는 시간은 아주 긴데, 석가모니 부처님의 가르침이 사라지고 미륵 부처님께서 오실 때까지 49억 년이 걸린다고 한다. 다행히 우리는 아직 부처님의 가르침이 존재하고 있을 때 태어났고, 더욱이 그 가르침이 쇠퇴하지 않은 나라에 태어났으며, 무엇보다 보리도차제를 배울 수 있으니, 수행하기 좋은 조건들은 모두 다 갖추고 있는 셈이다.

완전한 깨달음의 경지에 이르느냐 아니면 삼악도에 떨어지느냐는 지금 우리 자신에게 달려있음을 알아서, 앞으로 어떻게 수행해 나갈 것인지를 결정하는 것이 중요하다. 아직 이렇게 살아있는 것은 참으로 다행한 일이며, 지금 밤낮없이 정법을 닦지 않으면 갈 곳은 삼악도밖에 없다고 생각해야 한다.

어떤 사람이 보물섬에 가서 보석은 찾지 않고 노래나 부르며 놀다가 심지어 다른 이들에게 많은 빚만 지고서 결국 보석 하나 없이 돌아온다면, 누가 그를 보고 미친 사람이라고 말하지 않겠는가. 이처럼 해탈과 성불이라는 보석을 우리 손으로 직접 잡을 수 있는데도 그렇게 하지 않고, 지옥으로 떨어질 원인들만 만들고 있다면, 이보다 더 큰 바보가 어디에 있겠는가.

그러므로 복덕을 쌓고 업장을 소멸할 수 있는 이 귀한 몸을 얻었을 때 최선을 다해 이번 생에 완전한 깨달음을 얻을 수 있도록 하고, 그렇게 하지 못하면 윤회세계에서라도 벗어나야 하며, 그것마저도 어려우면 삼악도에 떨어지는 것이라도 막아야 하지 않겠는가?

2) 유가구족의 몸을 의미 있게 보내는 방법

유가구족의 몸을 받아 의미 있게 보내는 방법에 하사도차제와 공통의 마음 닦는 방법, 중사도차제와 공통의 마음 닦는 방법, 상사도차제의 마음 닦는 방법, 이 세 가지가 있다.

이렇게 단계적으로 닦아 나가는 것은, 집을 지을 때 먼저 기초를 튼튼히 다지고, 기둥을 세운 뒤, 지붕을 올리는 것과 같다. 이와 같이 단계별로 수행하지 않으면 수행에 참된 진전이 없다.

제2편

수행을 시작한 초심자를 위한 수행 체계

하사도차제(下士道次第)와 공통의 마음 닦는 방법

이는 다음 생의 일을 중요하게 생각하기, 다음 생에 행복할 수 있는 방법, 이 두 가지로 설명한다.

"이번 생에 집착하면 바른 수행자가 아니다."

공양의 대상인 보리심을 상징하는 **보리탑**

1. 다음 생의 일을 중요하게 생각하기

이에 이 세상에 영원히 살 수 없어 죽게 됨을 생각하기, 다음 생에 태어날 삼선도와 삼악도의 행복과 고통을 관상하기, 이 두 가지를 들 수 있다.

1.1. 이 세상에 영원히 살 수 없어 죽게 됨을 생각하기

이에 죽음을 생각하지 않아서 생기는 손실, 죽음을 생각함으로써 생기는 이득, 죽음의 실제를 생각하기, 이 세 가지가 있다.

1) 죽음을 생각하지 않아서 생기는 손실

이에 수행할 생각도 하지 못하는 손실, 생각해도 실천하지 못하는 손실, 실천하더라도 완벽하게 하지 못하는 손실, 지속적으로 실천하지 못하는 손실, 자신을 악하게 하는 손실, 죽을 때 후회하게 되는 손실, 이 여섯 가지가 있다.

(1) 수행할 생각도 하지 못하는 손실

이런 경우 이번 생에만 집착함으로써 먹고 입는 것 등 현실적으로 필요한 것들에만 마음을 쓰고 있어서 수행할 수 없게 된다. 본인의 죽음에 대해 분명하게 기억한다면, 여행자가 길을 떠날 시간이 되어 떠날 준비를 하는 것처럼 다음 생을 위해 준비할 수 있게 된다.

이번 생에 먹고 입는 것에 많은 집착을 보이는 것은 이 삶이 오래가지 않음을 알지 못하기 때문으로, 그것을 모르면 모르는 만큼 수행을 아무리 하더라도 그저 이번 생을 위해서만 하게 된다.

(2) 생각해도 실천하지 못하는 손실

'쫑카빠' 대사께서 "누구나 언젠가는 죽을 거라고 생각하고 있으면서도, 오늘은 죽지 않을 거라는 어리석은 마음이 죽기 직전까지도 일어난다."라고 말씀하셨다. 우리 또한 오늘은 죽지 않을 거라는 생각으로 수행을 차일피일 미루면서 게으름만 피우고 있다. 이렇게 죽음을 기억하면서도 실천하지 않는다면, 게으름과 탐욕으로 마음이 산란해져 수행하지도 못하고 곧장 염라대왕 앞으로 죄를 고하러 가야 하는 일이 생길 것이다.

(3) 실천하더라도 완벽하게 하지 못하는 손실

지금 수행하고 있다고는 하지만 그다지 완벽하게 되지 않는 것은 생에 대한 집착을 버리지 못했기 때문인데, 그렇게 되면 '듣고 생각하고 닦는 수행'이 오히려 자기 명예나 우월감에 빠지게 하는 함정이 되며, 참선하거나 염불하는 것도 이번 생에 액땜하기 위해 하는 것 정도밖에 되지 않는다. 사람도 만나지 않고 먹을 것을 줄여가며 산꼭대기의 토굴에서 힘들게 수행하더라도 마음속에 명예나 잡된 것들이 뒤섞여 있다면, 이 같은 고행이 무슨 의미가 있겠는가?

어떤 제자가 '아띠샤' 스승께 "오직 이번 생만 생각하면 그 과보는 무엇입니까?"라고 여쭈니, "그 과보는 그대로다. 이번 생만 생각하고 수행했으니, 모든 것이 오직 이번 생에만 일어나고 사라질 뿐이다."라고 대답하셨다. 제자가 다시 "다음 생에는 어떤 과보가 있습니까?"라고 여쭈자, "다음 생에는 지옥, 아귀, 축생 등에 떨어지게 된다."라고 대답하셨다. 이와 같이 이번 생을 생각하고 수행하면 그 과보로 이번 생의 작은 일들은 성취될지 모르나 다음 생에는 반드시 삼악도에 떨어지게 된다고 하시니, 이번 생만 생각하고 수행하는 사람은 수행하지 않는 사람이나 별반 차이가 없다.

진정 수행하고자 한다면 이번 생에 대한 집착을 버려야 한다. 여기서 버려야 한다는 말은 거지처럼 가난하게 살아야 한다는 것이 아니라, 이기적이거나 세속적인 일을 성취하려고 수행하지는 말라는 뜻이다. 수행과 세속적인 일은 서로 반대편에 서 있기 때문이다. 스승 '뽀또와'께서는 "바늘 끝이 둘로 갈라져 있으면 바느질을 할 수 없는 것과 같다. 죽음을 생각하지 않으면, 생에 대한 집착을 버릴 수 없다. 이를 버릴 수 없으면 세속팔풍(世俗八風)에만 빠지게 된다."라고 말씀하셨다.

그러니 세속팔풍을 잘 살펴 마음의 끝은 수행에 의지하고, 수행의 끝은 가난에 의지해야 한다. 석가모니 부처님께서도 왕궁을 버리고 나와 출가해서 마음의 끝은 수행에 의지하고, 수행의 끝은 가난에 의지하셨다. '수행의 끝을 가난에 의지하면 굶어 죽지 않을까?'라는 생각이 들 수도 있는데, 수행을 위해서라면 고행하다가 죽어도 괜찮다는 각오로 가난의 끝을 죽음에 두어야 한다. 이처럼 집착을 버린 수행자가 굶어 죽었다는 이야기는 역사적으로도 없다. 은혜로운 석가모니 부처님께서 전륜성왕으로 육만 번이나 태어날 수 있는 복을 우리 수행자들을 위해 회향하셨으므로, 이 사바세계에 흉년으로 대기근이 오더라도 수행자가 굶어 죽는 일은 없다. '수행자가 스스로 산에서 굴러 내려오지 않으면, 먹을 것이 저절로 산으로 굴러 올라간다.'라는 이야기도 여기서 비롯된다.

'지금 죽으면 어쩌나?'라고 하거나 '장례비가 없으면 어쩌지?'라고 걱정할 필요가 없다. 죽음의 끝을 빈 굴에 의지하는 것 등은 '까담빠의 열 가지 재산'이다. 자신이 죽고 난 뒤 시신을 치우려면 무언가 필요한 것이 있지 않을까 염려할 수도 있지만, 남은 사람들이 더러워서라도 치울 것이니 죽은 자가 걱정할 일이 아니다. 이렇게 하여 세속팔풍에 대한 집착을 마음에서 완전히 버린다면, 참된 행복은 바로 내 손안에 있는 것이나 마찬가지이다.

'뽀또와'가 스승 '돔뙨빠'께 "수행과 수행이 아닌 것의 경계가 무엇입니까?"라고 여쭈니, "번뇌의 치료제가 되면 수행이고, 치료제가 되지 않으면 수행이 아니다. 세속적인 굴레에서 벗어나게 하면 수행이고, 더 빠져들게 하면 수행이 아니다."라고 답하셨다. 이러한 것들이 수행과 세속적인 일이 서로 반대편에서 있다고 하는 이유이다.

누구든지 이번 생에 대한 집착을 버리고 참된 수행자가 되기 위해서는 죽음과 무상을 사유하는 것이 가장 효과적이다.

이번 생에 대한 집착도 버리지 못하면서 더 높은 도나 부처의 경지, 밀교 등만 찾는다면, 이는 바로 자기 집 문 앞에 있는 불구덩이는 살피지 않고, 멀리 떨어져 있는 산을 답사하러 가는 것과 같다. 이는 죽음을 생각하지 않아서 생기는 문제 중 하나이다.

(4) 지속적으로 실천하지 못하는 손실

죽음을 생각하지 않으면 수행의 가치를 알지 못하고, 수행을 계속 이어가지도 못하게 된다. 수행할 때 쉽게 지치고 근면하지 못한 것은 죽음과 무상을 생각하지 않아서 오는 손실이다. 스승 '카락빠'께서는 무상을 사유하느라 토굴을 드나들 때마다 문 앞에 있는 가시덤불에 걸렸지만 그것을 잘라낼 겨를조차 없이 수행하셨다. 우리도 그와 같이 무상을 생각한다면, 다른 쓸데없는 일에 온힘을 쏟지 않고 항상 공덕을 쌓는 일에 지치지 않으며 기쁜 마음으로 하게 될 것이다.

(5) 자신을 악하게 하는 손실

죽음을 생각하지 않으면, 이번 생에 대한 집착이 커져서 욕심이나 화, 질투 등으로 다른 사람과 언쟁을 벌이거나 다투게 된다. 그리하여 남들의 입방아에 오르게 되며, 심지어 자기 머리에 난 작은 상처마저도 자신을 더 나쁜 상황으로 몰고 가게 하는 등 이번 생과 다음 생 모두를 잘못되게 할 수도 있다.

(6) 죽을 때 후회하게 되는 손실

수행자의 모습을 하고 있어도 평소에 죽음을 생각하지 않고 이번 생의 일에만 파묻혀 지내면, 어느 날 갑자기 죽음이라는 원수가 찾아오고 나서야 이제껏 중요하게 생각했던 권력과 아끼던 재산들이 아무런 도움이 되지 않음을 알게 된다. 뒤늦게 아무리 후회해도 죽고 난 뒤에는 그저 고통만 따를 뿐, 이미 다 끝난 일이다.

예전에 '뙨도최닥'이라는 분이 열병에 걸려 다 죽어갈 때에야 비로소 후회하며, "아이고, 원통하구나! 살아있을 때 죽음을 두려워하고 죽을 때는 두려워하지 않아야 하는데, 거꾸로 우리는 살아있을 때는 죽음을 두려워하지 않다가 죽을 때가 다 되어서야 두 손으로 가슴을 쥐어뜯으며 후회하는구나!"라고 말씀하셨다. 살아있을 때 우리는 자신이 죽게 될 거라고는 생각조차 하지 못하다가 죽을 때가 다 되어서야 어찌하면 좋을지를 염려한다.

2) 죽음을 생각함으로써 생기는 이득

이에 죽음을 생각함으로써 큰 뜻을 얻게 되는 이득, 죽음을 생각함으로써 큰 힘을 얻게 되는 이득, 죽음을 생각함으로써 후회 없이 매우 기뻐하며 죽게 되는 이득, 이 세 가지가 있다.

(1) 죽음을 생각함으로써 큰 뜻을 얻게 되는 이득

석가모니 부처님께서 『대열반경』에서 "발자국 중에서 최고는 코끼리 발자국이고, 모든 인식 중에서 최고는 무상과 죽음에 대한 인식이다."라고 말씀하신 것처럼, 죽음을 생각하면 완벽한 수행을 할 수 있다.

다음 생에 인간과 천신으로 태어나기 위해 보시하거나 계를 지키는 것에서부터 하사도·중사도·상사도를 닦아 완전한 부처의 경지에 오르게 되는 것도 죽음을 생각함으로써 발심하여 가능하게 된다. 위대한 수행자 '밀라레빠'도 '용된'이라는 후원자가 죽는 것을 보고 나서야 수행을 시작했다.

예전에 밀교의 대수행자들이 사람의 종아리뼈로 만든 피리나 두개골로 만든 발우 등을 지니고 있었던 것도 항상 죽음과 무상을 기억하기 위해서였다고 한다. 율장을 보면, 수행자의 화장실 벽에 사람의 몸 해골을 그려놓는데 이 또한 죽음에 대한 무상을 잊지 말아야 하기 때문이라고 설명하고 있다.

'게시 쩬아와'께서 "아침에 무상에 관해 한 번이라도 생각하지 않으면, 그날은 이번 생에 다시 빠져들게 된다."라고 말씀하셨다. 이번 생에 빠져들게 되면 자신이 무엇을 하든지 진정한 수행으로 되지 않는다고 한다.

(2) 죽음을 생각함으로써 큰 힘을 얻게 되는 이득

죽음을 생각하면 욕심과 성냄이 사라지고, 공덕을 쌓는 일에 노력을 기울이게 된다. 이는 번뇌와 업 모두를 한꺼번에 부술 수 있는 망치와 같다. 죽음을 생각함으로써 처음에 수행에 입문하는 원인이 되고, 중간에 수행을 부지런히 할 수 있는 원인이 되며, 마지막으로 수행을 성취하는 원인이 된다.

(3) 죽음을 생각함으로써 후회 없이 매우 기뻐하며 죽게 되는 이득

평소에 열심히 수행했던 자신감이 있어서, 죽을 때도 아들이 아버지 집을 찾아가는 것처럼 기쁜 마음으로 죽음을 맞이할 수 있다. '롱될라마 린뽀체'께서 "죽음이 내게 와도 두렵지 않다. 이 늙은 비구는 아침에 죽으면 오후에 정토에 날 것이다."

라고 말씀하셨다.

그러므로 최고의 수행자는 죽음을 기뻐하고, 중간의 수행자는 죽음을 두려워하지 않고, 낮은 수행자는 적어도 죽음에 후회가 없어야 한다. 최소한 우리는 "열심히 수행했으니 이제 죽어도 후회가 없구나!"라고 말할 수 있어야 한다.

3) 죽음의 실제를 생각하기

이에 아홉 가지 면에서 죽음을 사유하기, 죽음의 상태를 관상하기, 이 두 가지를 들 수 있다.

(1) 아홉 가지 면에서 죽음을 사유하기

이는 반드시 죽게 됨을 사유하기, 언제 죽을지 모름을 사유하기, 죽을 때 수행 외에는 아무것도 도움이 되지 않음을 사유하기, 이 세 가지로 설명한다.

① 반드시 죽게 됨을 사유하기

가. 죽음을 피할 수 없음을 사유하기

어떤 몸을 받았든, 어디에 있든, 어떤 방법을 쓰든, 죽음은 피할 수가 없다. 아무리 몸이 건강하더라도 마찬가지다. 금강신을 얻으셨던 석가모니 부처님께서도 열반에 드셨고, 과거 위대한 모든 스승들도 다 열반에 드셨다.

아무리 빨리 달려도 죽음으로부터 도망갈 수 없고, 부자라고 해서 죽음을 재산으로 막을 수 없으며, 힘이 세다고 해서 죽음을 이길 수도 없는 것처럼, 죽음을 피할 수 있는 것은 아무것도 없다. 전륜성왕과 같이 부유한 재물과 막강한 권력을 가졌던 이들도 죽음을 막지 못하고 결국 죽고 말았다. 마치 우리는 죽음을 재물과 바꿀 수도 있는 것처럼 재물에 탐착하는데, 누가 죽음을 피할 수 있겠는가?

나. 타고난 수명은 늘릴 수 없음을 사유하기

어느 누구도 자신의 업에 따라 타고난 수명을 단 한 치도 더 늘릴 수 없으며, 찰나찰나 염라대왕 앞으로 다가가고 있다. 더욱이 지금까지 살았던 수명보다 앞으로 살아갈 날이 더 적을 수도 있고, 잠을 잘 때도 단순히 쉬는 것이 아니라 죽음을 향해 달려가고 있는 것이다.

다. 살아있을 때 수행할 시간을 갖지 못한 채 죽게 됨을 사유하기

비록 지금 우리가 살아있다고 해도 수행할 여유도 없이 금방 죽게 된다는 것을 알아야 한다. 인간의 수명은 너무 짧아서 금방 죽음을 맞이하게 되는데, 예순 살까지 산다고 해도 이것저것 빼면 수행할 시간이 얼마나 되겠는가?

'궁탕 린뽀체'께서 "우리는 평생을 낭비하면서 보낸다. 스무 살까지는 수행할 생각 없이 그냥 지내고, 마흔 살까지는 수행해야겠다는 생각만 하면서 보내고, 예순 살까지는 이제 늙어서 못하겠다고 하며 결국 다음 생으로 미루게 되는데, 이것이 바로 인생을 낭비하는 것이다."라고 말씀하셨다.

스승 '푼촉나왕잠빠'께서도 "가을이 되어 수확한 곡식을 들판에 쌓아두었는데, 홍수가 나서 계곡물이 들판으로 흘러넘쳐 들어온다고 치자. 그럴 때 곡식을 마른 땅으로 부지런히 옮기면 곡식을 많이 건질 수 있으며, 운이 좋거나 미리 대비했다면 한 톨도 흘리지 않고 다 건질 수 있을 것이다. 이처럼 우리도 죽음이 닥치기 전에 하사도·중사도·상사도의 수행을 부지런히 하면, 그렇게 한 만큼 죽기 전에 좋은 수행의 결과를 얻을 수 있다."라고 말씀하셨다.

이와 같이 죽음은 피할 수 없으니, 반드시 수행을 해야겠다는 결심을 해야 한다.

② 언제 죽을지 모름을 사유하기

가. 죽음은 갑자기 찾아옴을 사유하기

만약 우리 수명이 정해져 있다면, 처음에는 친한 이들을 돌보고 일을 하면서 영화를 누리다가, 죽기 전에 어느 때를 정해 수행하면 되겠다는 생각이 들 수도 있다. 하지만 각자의 수명이 얼마나 되는지는 아무도 모른다. 그러므로 우리가 언제 죽을지 모른다고 사유하는 것은 매우 중요하다.

누구나 결국 죽는다고 생각은 하지만, 지금 죽지는 않을 거라는 생각을 죽기 직전까지도 하고 있다. 이런 생각은 자기 자신을 속이는 일이다. 내가 지금은 젊으니까 당장은 안 죽을 거라고 생각하는 사람도 있겠지만, 죽음은 나이를 가리지 않는다. 자식이 먼저 죽어서 부모가 장례를 치르는 일도 흔하며, 자기보다 젊은 사람이 죽거나, 어머니 자궁 속에서 죽거나, 태어나자마자 죽기도 한다.

어떤 이들은 지금 병이 없고 건강하기 때문에 당장 죽지는 않을 거라고 생각하는데, 이 또한 믿을 수가 없다. 왜냐하면 아파 누워있는 환자보다 오히려 건강한 사람이 갑작스럽게 죽는 경우가 많기 때문이다. 어떤 사람은 먹다가도 죽는데, 그가 이 음식을 다 먹기 전에 죽을 수도 있다는 생각을 티끌만큼이라도 했겠는가?

그러므로 대수행자들은 "내일과 내생 중 어느 것이 먼저 올지 모른다. 내일을 생각하는 것보다 내생을 생각하는 편이 더 낫다."라고 말했다. 우리에게 내일 당장 죽음이 오지 않으리라는 보장은 어디에도 없으며, 미리 '너는 언제 죽을 것이다.'라고 신호를 주는 사람도 없다. 이처럼 죽음은 우리가 반갑게 기다리고 있기라도 하는 것처럼 어느 날 갑자기 찾아온다.

나. 죽을 원인은 많고 살 원인은 적음을 사유하기

우리에게 죽을 원인은 많고 살 수 있는 원인은 매우 적기 때문에, 언제 죽을지도 모른다고 깊이 사유해야 한다. 전생에 지은 선행의 공덕과 불보살들의 가피로 지금 우리가 숨은 쉬고 있지만, 죽을 원인 또한 많이 가지고 있다. 질병이 죽음의 원인이 되기도 하고, 지수화풍(地水火風) 사대(四大)의 균형이 깨어져 목숨이 위험하게 되는 원인이 되기도 하며, 우리를 보호하기 위해서 지었던 집이나 배, 비행기 등이 어느 날 부서지거나 갑자기 사고가 나서 목숨을 앗아가기도 한다. 가까운 자기 친척이나 친구에게 속아서 죽을 수도 있고, 맛있는 음식을 욕심내어 지나치게 많이 먹어서 죽는 일도 있다. 이렇게 자세하게 사유해 보면, 우리 목숨은 태풍 속에 놓아둔 촛불이나 마찬가지임을 알게 된다.

다. 몸은 매우 연약하므로 언제 죽을지 모름을 사유하기

살 수 있는 원인은 적고 죽을 원인이 그렇게 많다고 하더라도 우리 몸이 단단하다면 큰 문제가 되지 않을 텐데, 실제로 우리 몸은 물거품과 같아서 큰 원인 없이 아주 작은 가시에 찔리는 것만으로도 죽을 수 있다. 우리 몸이 이렇듯 연약해서 죽을 원인이 많으므로, 지금 살아있는 것만 해도 천만다행이라고 여기며 기뻐해야 한다.

우리가 언제 죽을지 모르는 것을 생각한다면 죽음이라는 원수를 대할 준비를 미리미리 해야 하듯이, 지금 당장에라도 다음 생을 위해서나 사바세계를 벗어나겠다는 생각으로 정진해야만 한다. 올해나 내년쯤 세속에서의 이런저런 일들을 마무리한 뒤에 수행하겠다고 한다면, 이는 자기 자신을 속이는 일일 뿐이다.

세속에서의 일들은 턱수염과 같아서 깎으면 깎을수록 더 자라나 죽을 때까지 꼬리를 물고 이어질 뿐이다. 수행은 당장 시작해야 한다. 시간이 없다거나, 방법을 모른다거나, 어렵다는 등의 온갖 핑계로 자신을 속여서는 안 된다.

③ 죽을 때 수행 외에는 아무것도 도움이 되지 않음을 사유하기

가. 재물도 아무런 도움이 되지 않음을 사유하기

전륜성왕처럼 광대한 땅을 지배하던 이도 죽을 때 신하들을 대동할 수 없고, 큰 부자들이 죽을 때 자기 재물을 하나도 가져가지 못하는 것은, 거지가 늘 갖고 다니던 낡은 지팡이를 두고 죽으러 가야 하는 것과 전혀 다르지 않다.

『입보살행론』에 다음과 같은 게송이 있다.

"태어날 때 혼자 태어나고
죽을 때도 혼자 죽나니
내 고통의 몫을 받아주는 다른 이가 없다면
방해하는 친구가 무슨 소용 있겠는가."

예전에 어떤 사람이 큰 돌을 사각 모양으로 갈고 있었다. 지나가던 사람이 그 돌로 무엇을 할 것인지를 묻자, "어디에 쓰려는 것이 아니고, 그냥 버릴 것이오."라고 답했던 것처럼, 이 사바세계의 재물은 죽을 때 다 버리고 가야 한다.

나. 일가친척들도 도움이 되지 않음을 사유하기

충직한 많은 하인과 보석 같은 자식과 심장처럼 귀한 친척들이 죽어가는 나를 둘러싸고, 아무리 내 발목을 잡고 손을 잡아당겨도 죽음은 피할 수 없으며, 더욱이 나와 동행해줄 수도 없다. 겨울에 죽을 사람이 내년의 계획을 세워보았자 아무런 소용이 없듯이, 우리도 천년만년 살 것처럼 세속의 일로 불필요한 계획을 세울 필요가 있겠는가. 먼 곳으로 여행을 떠날 때 여러 가지로 준비를 많이 하듯이 다음 생으로 떠날 여행을 준비하는 편이 더 낫지 않겠는가?

다. 자신의 몸도 도움이 되지 않음을 사유하기

추울 때나 배고플 때 심지어 조그만 가시에도 찔리지 않게 보호하며 아껴왔던 이 몸도 죽을 때는 놓아두고 가야 한다. 하지만 그렇다고 해서 이렇게 죽음을 두려워하는 것만으로는 아무런 도움이 되지 않는다.

'궁탕 린뽀체'께서 "낯선 길의 안내자는 수행이고, 가야 할

긴 여행의 양식이 되는 것도 수행이며, 어려운 길을 앞장서는 선봉자도 수행이다. 그러므로 지금부터 신·구·의 삼문(三門)으로 수행에 입문하리라!"라고 말씀하셨다. 여행자가 먼 길을 떠날 준비를 하듯이, 우리도 이번 생에 대한 집착을 줄이고, 다음 생으로 떠날 여행을 위한 수행에 발심을 해야 한다.

(2) 죽음의 상태를 관상하기

이제 우리가 죽는다는 것은 확실해졌으니, 죽을 때 어떻게 되어가는지를 살펴야 한다. 죽음이 다가오면 몸의 열은 점점 식어가고, 숨쉬기가 어려워지며, 입술도 점점 마르고 혈색이 없어지는 등 내부의 기능이 쇠약해지면서 그 외형도 가엾어지고 흉측한 모습을 드러내게 된다.

예전에 지었던 죄를 후회하며 참회하거나 공덕을 쌓으려는 의욕도 없고, 통증과 죽어가는 고통의 과정만이 점점 나타나게 된다. 환영으로 여러 가지 무서운 것들이 서서히 나타나기 시작하면, 환했던 세상이 점점 어두워지면서 이번 생을 마치게 된다. 그러면 시체는 천으로 감싸 방 한구석에 눕혀지고, 기다렸다는 듯이 병풍을 치고 그 앞에 초와 향을 피운다. 이렇게 죽고 나면 몸은 차가운 곳에 눕혀지고, 그 앞에는 여러 가지 음식들이 차려진다.

"차린 건 없지만 많이 드십시오."라고 공치사를 해대지만, 죽은 뒤 그것들을 어떻게 삼킬 수가 있겠는가. 살아서는 큰스님, 박사님, 사장님, 존경하는 선생님 등으로 서로 부르고 불리기를 좋아하지만, 죽은 후에는 단지 시체라고 불릴 뿐이며, '누구누구 영가'라고 불릴 때가 바로 코앞에 와 있다. 또한 밤마다 따뜻하게 해주던 이불도 그저 시체를 감싸는 천으로 바낄 뿐이다.

바르도〔중음신中陰身〕 상태에서는 자신이 살아있을 때 지은 업으로 인해 불 속으로 뛰어들거나, 물속에 빠지거나, 바람에 휩쓸리는 등 말하기조차 무서운 환영의 고통으로 빠져들게 되고 만다. 어떤 스님들이 와서 천도해준다고 하지만, 진정한 천도는 살아있을 때 열심히 수행하여 본인이 스스로 천도하는 것이다. 먹고 마시는 등 우리가 날마다 하던 행동들도 죽을 때가 되면 힘에 부쳐서 남에게 도움을 청해야 하는데, 하물며 살아있을 때 수행하지도 않던 사람이 죽은 후에 어떻게 천도해주는 스님과 통할 힘이 있겠는가?

또 화장터에 있는 시체와 지금의 우리 몸은 별반 차이가 없음을 알아야 한다. 화장터에 있는 시체도 전에는 지금의 우리처럼 누군가가 무척 아끼던 몸이었을 것이다. 예전에 인도의 수행자들이 죽은 사람의 종아리뼈와 두개골을 차고 다닌 것은 무섭게 보이려고 한 것이 아니라 죽음을 기억하기 위해서였다. 그 두개골도 살아있는 사람의 머리였을 때는 누가 조금만 건드려도 아파하고 소중하게 여기던 것이었다.

지금 살고 있는 집도 영원히 가져갈 수 있는 것이 아니고, 나중에 또 다른 누군가가 그 집의 주인이 될 것이며, 새 주인은 이전 주인이 죽은 지 얼마 되지 않았다고 말할 것이다. 사용하고 있는 물건들도 내가 죽고 나면 다른 사람들이 가져가 사용한다. 그러므로 모든 것은 이 세상에서 잠시 빌리는 것일 뿐이지 영원히 내 것이 아니다.

만약 자신의 죽음에 대해 관상하기가 힘들다면, 다른 사람이 죽어가는 것을 보면 관상이 잘될 수도 있다. 그 사람이 살면서 모았던 모든 것을 주위 사람들이 사용하게 될 것이고, 시체로 변한 몸을 만지면 혹시 몹쓸 병이라도 얻을까 봐 두려워 꺼리게 된다. 그러므로 이렇게 알고 관상해서 이번 생에 대한 집착을 버리거나 최대한 줄여야 한다. 죽음이 닥치기 전에 미리 이 같은 관상을 통해 후회 없는 죽음을 지속적으로 준비해야 한다.

1.2. 다음 생에 태어날 삼선도와 삼악도의 행복과 고통을 관상하기

삼선도의 고통에 대해서는 중사도에서 살펴보기로 하고, 하사도에서는 삼악도의 고통에 대해 살펴본다. 우리는 모두 언제 죽을지 모르지만 반드시 죽을 것이며, 완전한 깨달음을 얻지 못하면 지은 업에 따라 삼선도나 삼악도에 태어날 것이다. 흔히 노년의 행복을 위해 여러 가지 설계를 하지만, 그것은 진정한 미래를 위한 준비가 아니다. 좀 더 깊이 생각해보면, 다음 생에 어디에 태어날지를 염려하는 것이 바로 미래를 위하는 것이다. 다음 생에 어디에 태어날지는 본인이 쌓아온 업을 살펴보면 알 것이고, 만약 지금 생각하는 것들이 번뇌밖에 없다면 삼악도에 떨어질 일밖에 없을 것이다.

예를 들면 다른 사람과 다투다가 화가 나서 그 사람에게 수치심을 느끼게 하거나 상처를 주는 행을 한 뒤에 '이제는 되었다.' 하고 만족해한다면, 이는 마음동기와 행, 마무리를 모두 갖추어 완벽하게 나쁜 업을 쌓은 것이다. 한편 기도할 때 입으로 염불을 하면서 마음으로는 온갖 생각을 다 하고, 회향도 바르게 하지 못한다면, 비록 선행을 했더라도 그 공덕은 매우 적으며, 그 적은 공덕마저도 화내는 마음으로 줄어들게 된다.

가만히 생각해보면, 전생에 다른 생명을 해치는 무서운 짐승이 되어 지었던 업도 많을 것이고, 이번 생에 지은 업 또한 만만치 않을 것이다. 얼마나 참회해야 하는지는 자신을 뒤돌아보면 알 수 있고, 다음 생에 어디에 태어날지도 자기 스스로 충분히 짐작해 볼 수 있다. 오늘 밤 따뜻한 방 안 부드러운 침대 위에서 '나는 스님이다.', '나는 사장이다.'라는 생각으로 행복해하며 잠들지만, 갑작스럽게 죽음을 맞아 주위가 온통 타오르는 불로 가득한 곳에 떨어진다면 어떻게 하겠는가?

이와 같이 삼악도에 떨어지는 것을 대충 생각하지 않고, 삼악도의 고통을 하나하나 자세하게 관상하면 출리심과 보리심이 일어나기가 쉬운데, 그것이 생기는 주된 원인이 바로 고통을 관상하는 것이다. 이는 지옥의 고통을 관상하기, 아귀의 고통을 관상하기, 축생의 고통을 관상하기, 이 세 가지로 설명한다.

1) 지옥의 고통을 관상하기

이에 불지옥〔팔열지옥八熱地獄〕의 고통을 관상하기, 변두리지옥〔근변지옥近邊地獄〕의 고통을 관상하기, 얼음지옥〔팔한지옥八寒地獄〕의 고통을 관상하기, 고독지옥(孤獨地獄)의 고통을 관상하기, 이 네 가지를 들 수 있다.

(1) 불지옥〔팔열지옥八熱地獄〕의 고통을 관상하기

불지옥은 사방천지가 온통 불로 가득한데, 지옥의 불은 인간세계의 불보다 일곱 배나 더 뜨겁다. 예전에 목련존자가 불지옥의 조그마한 불씨를 인간세계로 가져와 바닷가에 두었는데, 모든 사람이 너무 더워서 그곳을 떠날 수밖에 없었다고 한다.

그런 불 속에서 태어났을 때 몸이 작다면 금세 타버리겠지만, 이곳 지옥중생은 산처럼 거대한 몸으로 태어나므로 불에 태우고 태워도 끝이 없으며, 피부는 젖을 빠는 아기의 것처럼 보드라워서 그 고통이 극심하다. 불지옥에서는 중생들의 몸이 커서 고통도 크고, 너무 뜨거워 참을 수 없는 고통에 계속 시달리게 된다.

이는 등활지옥(等活地獄), 흑승지옥(黑繩地獄), 중합지옥(衆合地獄), 규환지옥(叫喚地獄), 대규환지옥(大叫喚地獄), 초열지옥(焦熱地獄), 대초열지옥(大焦熱地獄), 무간지옥(無間地獄) 등 여덟 가지 불지옥 각각의 고통을 관상하기로 설명한다.

① 등활지옥(等活地獄)의 고통을 관상하기

이 지옥에서는 누구나 서로 보기만 해도 화를 내며, 손에 잡히는 대로 상대방의 몸을 마구 찔러서 기절하게 한다. 하늘에서 "너희들은 다시 살아나거라!"라는 소리가 나면 시원한 바람이 불어 흩어졌던 살과 뼈가 다시 붙어 되살아나게 되는데, 그러면 또다시 찌르고 싸우기를 반복하면서 이같이 죽고 살기를 끝없이 반복한다.

우리가 지금 이 지옥에 태어났다고 생각하고, 무기에 찔려 기절하고 다시 살아나는 것 등을 자세하게 관상해야 한다. 이번 생에 작은 칼에 찔려 다치는 것도 두려워하고 고통스러워하는데, 이 지옥에서는 하루에도 수백 번 반복해서 온몸이 난자당하는 그런 고통을 받아야 한다.

모든 수행의 바탕이 되는 보리심의 중요성을 강조하며 『입보살행론』을 설한
인도의 스승 **샨티데바(적천보살)**

② 흑승지옥(黑繩地獄)의 고통을 관상하기

이곳에는 지옥의 수문장으로 소머리를 한 '아와'와 돼지머리를 한 '약샤' 등이 있는데, 몸이 산보다 더 크고 눈은 빨갛고 아주 무섭게 생겼다. 그들은 사람을 잡아서 뜨거운 불판 위에 눕혀 놓고, 달군 쇠로 몸에 선을 긋는다. 그리고 그어진 선을 따라 수문장들이 몸에 톱질을 해댄다. 어떤 때는 도끼로 자르고 조각칼로 파내어 몸의 살과 피가 튀고, 떨어지는 핏방울마다 의식이 있어서 고통을 크게 느낀다. 이곳에 태어나는 원인은 십계를 모두 파하고, 사람들을 태형으로 다스린 업 때문이다. 우리가 실제로 이 지옥에 태어나 있는 것처럼 관상해야 한다.

③ 중합지옥(衆合地獄)의 고통을 관상하기

여기에 태어나는 원인은 거의 대부분 살생했던 과보 때문이다. 자기가 살생했던 동물들이 산봉우리 모양으로 나타난다. 소를 죽였으면 소의 머리가 양쪽에서 산봉우리처럼 솟아올라 가운데로 모이는데, 두 산봉우리 사이에 있던 죄인은 도망갈 틈도 없이 결국 그 사이에 끼이고 만다. 그리하여 몸이 갈라지게 되고, 이후 다시 원래의 몸 상태로 되돌아간다. 계속해서 이런 일이 반복되면 몸은 절구로 찧은 것처럼 가루가 되고, 떡을 친 것처럼 되어 버린다. 이처럼 자신이 살생했던 대상들이 여러 가지 모습으로 나타나 계속 그러한 고통을 준다.

④ 규환지옥(叫喚地獄)의 고통을 관상하기

불에 타서 문이 없어진 쇠집의 안과 밖이 모두 불로 활활 타고 있어서 고통을 받고 있는데, 이곳을 벗어날 길이 없어 크게 울부짖으며 괴로워하므로 '규환(叫喚)'이라고 한다.

⑤ 대규환지옥(大叫喚地獄)의 고통을 관상하기

여기서는 죄인을 이중으로 된 쇠집 안에 집어넣으므로, 그 고통도 규환지옥보다 두 배로 크다. 한 쇠집에서 벗어나더라도, 또 다른 쇠집은 벗어날 수 없어서 겪게 되는 고통을 관상해야 한다. 이곳에 태어나는 원인은 십계를 모두 파하고, 술을 마음 내키는 대로 마구 마셨기 때문이며, 그때 옆에서 술을 마시게 한 사람들은 그 주변의 지옥에 태어난다고 율장에 나와 있다.

⑥ 초열지옥(焦熱地獄)의 고통을 관상하기

불에 달군 쇠막대기로 항문에서 정수리까지 구멍을 뚫어 관통시킨 후 오장육부를 모두 불태운다. 입과 눈 등에서 불꽃을 내뿜으며, 쇳물이 펄펄 끓는 커다란 솥 안에 집어넣고 삶는다. 끓어서 흐물흐물해진 살들이 다시 원래의 상태로 되돌아가고, 또다시 삶기기를 계속 반복한다.

⑦ 대초열지옥(大焦熱地獄)의 고통을 관상하기

이곳은 초열지옥보다 두 배 더 뜨겁다. 몸 안의 오장육부가 완전히 익어서 흐물흐물 녹아 물이 되어 버린다. 뼈만 남은 상태에서 다시 원래의 몸 상태로 돌아가거나, 어떤 경우에는 아주 길게 늘어진 몸을 불에 달구어진 쇠판이 둘둘 말아서 납작해져 버린다. 불에 달군 쇠줄이 몸을 감아서 몸의 살과 뼈들이 줄 사이로 삐져나오기도 한다. 불에 달궈진 삼지창으로 항문에서부터 정수리까지 찌르고, 혀를 엄청나게 길게 당겨낸 후 그 위에다 쟁기질을 해서 고랑을 만든다. 불에 달군 쇠판을 양쪽에 대고 묶어서 몸이 뭉개지는 등 여러 가지 고통을 겪게 된다. '데바닷따'의 제자들 중에서 '꼭릭'도 이 지옥에 태어났다고 한다.

⑧ 무간지옥(無間地獄)의 고통을 관상하기

다른 어떤 불지옥보다도 가장 고통이 크다. 우리가 불 속에 돌이나 쇠 등을 집어넣으면 벌겋게 달아올라 불과 구별이 안 되듯이, 이곳에서는 자신의 몸과 불이 구분되지 않는다. 크게 고통스러워하며 내는 울부짖는 소리가 들리기 때문에 이곳에 생명이 있음을 알게 된다. 이들의 몸은 사방 등 팔방과 위아래, 몸속 등 모두 열한 방향으로 심지가 나 있어서, 촛불이 타듯 몸 전체가 다 타버리게 되니 그 고통이 끝이 없다.

지옥의 고통이 이러하지만, '내가 그곳에 태어날 일이 있을까?'라고 지금은 안이하게 생각할 수도 있다. 그러나 수명이 다해서 호흡이 끊어질 때 그런 지옥에 태어나지 않는다는 보장은 없다. 우리는 지옥에 태어날 원인을 셀 수도 없이 많이 가지고 있다. 열 가지 불선업 중에서 큰 죄 하나만 지어도 지옥에 태어나고, 중간 정도의 죄를 지으면 아귀로 태어나며, 작은 죄를 지으면 축생으로 태어난다. 또한 알면서도 일부러 죄를 짓거나 무시하면 작은 것이라도 큰 죄가 된다.

지금도 우리는 불보살들께 죄를 짓거나 스승을 공경히 대하지 않는 등 큰 죄를 많이 짓고 있다. 밀교의 계를 파하는 죄는 죄를 짓고 참회하지 않는 기간 동안 그 찰나의 수만큼 거듭해 무간지옥에 나야 한다. 불지옥이 아주 멀리 있는 것처럼 느껴지지만, 인간계와 삼악도의 경계는 한 호흡 차이일 뿐이다. 내일이나 내년 이맘때 우리가 지옥에 있을지, 여기에 있을지는 아무도 모른다. 그러므로 불지옥에 태어나면 어떻게 되는지 잘 관상해야 한다. 지금 우리 몸에 작은 불꽃이 튀거나 바늘에 약간만 찔려도 참을 수 없는데, 이런 지옥에 태어나면 어떻게 참을 수 있겠는가?

'까담'의 스승들은 "지금 우리는 한쪽 발은 인간세계에 두고, 다른 한쪽 발은 지옥의 끓는 쇳물 위로 떼어놓았는지도 모른다. 그런 곳에 태어날 원인은 이미 만들어 놓았다."라고 말씀하셨다. 그렇게 삼악도에 태어나면 그곳에서 벗어나거나 귀의처를 찾기가 너무 어려우니, 그곳에 태어나기 전인 지금 남은 시간 동안 완전한 깨달음의 경지에 오르도록 노력하거나, 그렇게 하지 못하면 생사로부터 자유로운 해탈을 구하고, 이마저도 어려우면 적어도 삼악도에라도 떨어지지 않도록 노력해야 한다.

(2) 변두리지옥〔근변지옥近邊地獄〕의 고통을 관상하기

이는 불이 끊임없이 공격하는 지옥〔메마무르기옵〕, 썩은 시체들로 메워진 땅의 지옥〔로냐기담〕, 칼이 서 있는 땅의 지옥〔뿌디땀베탕〕, 소금물이 흐르는 계곡의 지옥〔추룽럽메〕 등 네 가지 변두리지옥 각각의 고통을 관상하기로 설명한다. 처음부터 이런 지옥에 태어나는 경우와 다른 큰 불지옥에서 조금씩 벗어나고자 하는 마음이 생겨서 이 변두리지옥으로 다시 태어나는 경우가 있다.

① 메마무르기옵 지옥의 고통을 관상하기

몸이 땅속으로 무릎까지 빠져 발이 전부 불타게 되며, 발을 빼내면 원래의 모습으로 되돌아오는데, 한 걸음 한 걸음 걸을 때마다 이런 식으로 계속 반복된다. 이 엄청난 고통에서 벗어나고야 말겠다는 희망으로 수십만 년 동안 계속 걷기를 반복해 마침내 이 지옥에서 벗어나면, 다음 지옥인 시체 썩는 악취가 진동하는 로냐기담 지옥에 다다르게 된다.

② 로냐기담 지옥의 고통을 관상하기

이 지옥에서는 부패한 시체의 늪 속으로 몸이 목까지 빠지는데, 그때 수없이 많은 뾰족한 침들이 온몸을 찔러댄다. 이곳에서 벗어나려는 생각으로 수십만 년 동안 노력해서 벗어나면, 뿌디땀베탕 지옥으로 넘어간다.

③ 뿌디땀베탕 지옥의 고통을 관상하기

이곳은 칼끝이 하늘로 향해 난 날카로운 쇠칼들로 가득 차 있어서 발이 칼에 찔리고 베이는 고통을 오랫동안 겪게 된다. 여기에서 벗어나면 나뭇잎이 온통 칼날로 이루어진 숲속으로 가게 된다. 죄인이 그것들을 나무로 착각하여 그 밑으로 가면 나뭇잎들이 칼로 변해 몸을 모두 잘라 버린다. 여기서 벗어나면 날카로운 쇠 칼날이 많이 달린 샬마리 나무와 만나게 된다.

그 나무 꼭대기에서 들려오는 친구나 친척들이 죄인을 부르는 소리를 듣게 된다. 그래서 나무 위로 오르기 시작하면 나무에 달린 날카로운 쇠 칼날들이 아래쪽을 향하게 되어 있어 올라오는 죄인의 몸을 찌르게 된다. 그 같은 고통을 견디면서 막상 꼭대기에 도착하면, 무시무시한 새들이 달려들어 눈과 골

수 등을 파먹는다.

그러면 다시 나무 아래쪽에서 친구나 친척들이 죄인을 부르는 소리가 들려와 밑으로 내려가면, 이번에는 날카로운 쇠 칼날들이 위쪽을 향하게 되어서 내려가는 죄인의 몸을 찌르게 된다. 그 같은 고통을 견디면서 막상 나무 아래에 도착하면, 개와 다른 짐승들이 그들을 발부터 뜯어 먹기 시작한다. 죄업이 다 소멸할 때까지 이렇게 오르내리기를 계속 반복해야 하며, 여기서 벗어나면 추룽럽메 지옥을 만나게 된다.

④ 추룽럽메 지옥의 고통을 관상하기

이곳은 불과 소금물이 섞여 있는데, 그 속에서 끓는 물에 콩이 삶기듯 따갑게 익히는 고통을 오랫동안 겪어야 한다.

우리는 이런 불지옥에 다시 태어날 준비가 되어 있다. 그러므로 지금부터라도 그곳에 태어나지 않는 방법인 선업을 쌓고 악업을 참회하는 수행을 부지런히 하는 것이 중요하다.

(3) 얼음지옥〔팔한지옥八寒地獄〕의 고통을 관상하기

이 지옥은 불지옥의 북쪽 땅 아래에 있다. 거기에 태어나는 원인은 죽기 직전에 차가운 것에 집착했기 때문인데, 바르도〔중음신〕 상태가 꿈처럼 지나고 나서 깨어나면 이런 얼음지옥에 태어나 있다. 그 지옥에는 몇 유순이나 되는 거대한 설산들이 있지만, 햇빛이나 달빛, 불빛 등이 전혀 없고 너무 어두워서 자기가 내민 손조차도 보이지 않는다. 땅은 모두 얼음으로 되어 있고, 눈보라가 높이 치솟으며 차가운 바람만 불어대는데, 온기를 유지할 수 있는 방법이 아무것도 없다.

이는 알부타 지옥, 니랄부타 지옥, 알찰타 지옥, 확확파 지옥, 호호파 지옥, 올발라 지옥, 발특마 지옥, 마하발특마 지옥 등 여덟 가지 지옥 각각의 고통을 관상하기로 설명한다.

① 알부타 지옥의 고통을 관상하기
매우 추워서 물집이 생긴다.

② 니랄부타 지옥의 고통을 관상하기
알부타 지옥보다 더 추워지면서 물집이 터져 피와 진물이 나온다.

③ 알찰타 지옥의 고통을 관상하기
니랄부타 지옥보다 더 추워져 몸이 돌처럼 굳어지면 움직일 수 없고, 입에서 '아추'[33]라는 소리밖에 내지 못한다.

④ 확확파 지옥의 고통을 관상하기
이전 지옥보다 더 추워져 '아추'라는 소리조차 내지 못하고, 목구멍 뒤에서 '끼휘'[34] 하고 아주 작은 신음소리만 낼 뿐이다.

⑤ 호호파 지옥의 고통을 관상하기
이전 지옥보다 더 추워져 '끼휘'라는 소리도 내지 못하고, 입만 약간 벌린 채 이를 악물고 있다.

⑥ 올발라 지옥의 고통을 관상하기

---
33) 티벳어로 추울 때 내는 의성어.
34) 티벳어로 매우 고통스러울 때 내는 의성어.

이전 지옥보다 훨씬 더 추워져 몸이 시체처럼 뻣뻣하고 시퍼렇게 변하면서 '우빨라'꽃이 피듯이 갈라져 터진다.

⑦ 발특마 지옥의 고통을 관상하기

이전 지옥보다 더 추워져 온몸이 붉게 변하면서 얼어 붉은 연꽃이 피듯이 갈라져 터진다.

⑧ 마하발특마 지옥의 고통을 관상하기

발특마 지옥보다 훨씬 더 추워져서 얼어있는 몸이 검붉은 연꽃이 피는 것처럼 천만 갈래로 갈라져 터진다.

알찰타 지옥을 비롯한 그 아래 지옥들에 있는 눈 덮인 산과 얼음벌판에는 불탑을 장엄한 보석 장식처럼 지옥중생이 점점이 흩어져 있는데, 몸이 얼어있어 움직이지도 못한다. 온몸이 연꽃이 피는 것처럼 갈라져서 피와 진물이 나올 때 그 진물을 독파리 떼가 모여들어 빨아 먹으며, 땅에 떨어진 핏방울도 여전히 의식과 연결되어 있어서 핏방울이 얼어 갈라지는 고통까지 느끼게 되므로 무시무시한 고통을 겪어야 한다. 그뿐만 아니라 각종 전염병으로 인한 고통까지 겪어야 한다.

이러한 지옥에 태어나는 주요 원인은 인과법(因果法) 등이 없다고 하는 그릇된 견해에서 비롯되며, 다른 사람의 옷을 훔치거나 불상에 입혀진 것을 벗기고, 벌레나 짐승들을 죽이려고 냉동시키거나 추운 곳으로 내쳐서 죽게 한 과보이다.

'바수반두〔세친世親〕'의 『웅원빠죄〔구사론俱舍論〕』에 따르면, 얼음지옥의 수명은 검은깨를 가득 담은 뒷박에서 백 년마다 한 톨씩 꺼내다가 더는 꺼낼 것이 없어지면, 첫 번째 얼음지옥인 알부타 지옥의 수명이 다하게 되고, 그 아래에 있는 다른 일곱 얼음지옥의 수명은 각각 앞부타 지옥 수명의 스무 배씩 늘어난다고 한다.

(4) 고독지옥(孤獨地獄)의 고통을 관상하기

이 지옥은 인간세계와 바닷가 등에 위치한다. 옛날에 '게뒨 초'라는 선장이 보석을 찾기 위해 여러 상인들과 같이 나와체와리라는 바닷가에 갔다가 돌아오는 길에 피곤해서 잠이 들고 말았다. 잠에서 깨어보니 상인들은 다 가버리고 '게뒨 초'만 남았는데, 세찬 바람에 길이 모래로 뒤덮여 앞을 전혀 볼 수 없었다. 짐을 싣고 같이 가던 당나귀마저도 냄새를 맡을 수 없어서 길을 찾지 못하고 이리저리 헤매고 다녔다.

그렇게 헤매던 도중에 궁전처럼 생긴 집을 보았다. 그 궁전에는 주인이 네 명의 여신들에게 둘러싸여 밤마다 신들처럼 천상의 행복을 누리고 있었다. 하지만, 낮이 되자 그 집은 불에 탄 쇠집으로 변하고, 사나운 개로 변한 여신들은 쓰러진 주인을 조금씩 뜯어 먹었다. 해가 지면 쇠집은 다시 아름다운 궁전으로 변했고, 그들도 이전 상태로 되돌아갔다. '게뒨 초'가 그 주인에게 이렇게 된 원인을 물었다.

예전에 그는 어느 마을의 백정이었다. 성인 '까따야야나'의 가르침에 따라 살생하지 않겠다는 계를 받았지만, 낮 동안은 지킬 수가 없어 밤에만 살생하지 않는 계를 지켰다. 낮에 그렇게 변하는 것은 낮에 살생했던 과보라고 했다. 전에 그가 살았던 마을에는 아직도 그의 아들들이 백정으로 살고 있으니, "살생하지 말며, 성인들에게 공양을 올리고 그 공덕을 나를 위해 회향해 달라."라는 말을 전해달라고 '게뒨 초'에게 부탁했다. 이 말이 사실이라는 증거로 주인은 자신이 칼을 놓아둔

곳에 황금이 든 항아리를 숨겨놓은 것도 말해주었다.

'게뙨 초'는 그 궁전을 지나 계속 나아갔는데, 또다시 좋은 집이 나타났다. 그곳에는 아주 잘생긴 남자와 예쁜 부인이 살고 있었다. 그들은 매우 즐겁게 지내다가 밤이 되자 여인이 구렁이로 변해 남자의 정수리를 뜯어 먹기 시작했다. 그 남자에게 이렇게 된 원인을 묻자 그가 전에 브라만이었을 때 바람을 많이 피웠는데, 성인 '까따야야나'에게 계를 다 지키지 못하더라도 낮 동안만이라도 바람을 피우지 않겠다고 맹세하고서, 낮에는 정숙했으나 밤만 되면 계속 바람을 피웠던 과보라고 했다. 이런 고독지옥이 있는데, 우리는 이미 그러한 지옥에 태어날 수 있는 원인을 많이 쌓아두었다.

예전에 '쨩따낙'이라는 수행자가 수행은 바르게 하지 않고, 공양물에만 욕심을 내어 많이 먹었다. 그는 티벳의 야톡이라는 호수에 거대한 물고기로 태어났고, 그 호수 안에서 작은 벌레들에게 파 먹히고 있었다. 어느 스승이 제자들에게 이 물고기를 보여주면서, "수행하지 않으면, 삼보께 올린 공양물을 먹지 말라!"라고 경책하였다. 그러므로 수행할 줄 모르는 이라면 비록 출가자라 할지라도 삼보에게 올린 공양물을 먹으면 쉽게 소화할 수가 없다.

율장을 보면, 계율을 파한 출가자가 삼보에게 올린 공양물을 먹는 것은 불에 달군 쇳덩어리를 먹는 것과 같다고 나와 있다. 그리고 계율을 청정히 지키는 출가자가 바르게 수행하며 공양물을 먹으면 이를 소화할 수 있으나, 수행하지 않는 이가 먹으면 빚이 된다. 이처럼 시주를 받는 일은 결코 쉬운 일이 아니다. 다음 생에 자기 살을 떼어 주고서라도 갚아야 할 때가 오고야 말 것이니 얼마나 힘들겠는가?

예전에 티벳 데게 지역에 살았던 어떤 스승이 시자에게 "오늘 강물에 떠내려오는 것이 있으면 무엇이든지 가지고 오너라."라고 지시했다. 시자는 통나무 하나가 떠내려오는 것을 보았다. 그 나무를 끌어내고 쪼개어 그 속을 보니 큰 개구리 한 마리를 작은 개구리들이 뜯어 먹고 있었는데, 그 큰 개구리는 전생에 어느 절의 원주였다고 한다. 우리는 주변에서 한 생명을 다른 많은 생명들이 뜯어 먹고 있는 모습을 흔히 보게 되는데, 이것들이 바로 고독지옥에 해당한다.

2) 아귀의 고통을 관상하기

이는 더위·추위·배고픔·목마름·탈진·두려움 같은 아귀의 일반적인 고통을 관상하기, 아귀 각각의 또 다른 고통을 관상하기, 이 두 가지로 설명한다.

(1) 아귀의 일반적인 고통을 관상하기

비록 지옥에 태어나지는 않았지만, 아귀로 태어난다면 일반적인 참기 어려운 여섯 가지 고통을 받기 때문에 수행은 둘째 치고 수행해야겠다는 마음을 내기조차 어렵게 된다. 그러므로 이번 생에 스승이나 삼보의 덕으로 우리가 그곳에 태어나지 않고 보리도차제를 공부할 수 있는 것은 아주 복된 일이라고 생각해야 한다.

아귀들은 우리가 사는 땅 밑으로 오백 유순(由旬) 떨어진 곳에 살고 있다. 그곳에는 잔디나 나무, 물 등이 하나도 없으며, 땅은 불에 타버린 산처럼 까맣게 그을려 있다. 아귀들의 몸과 팔다리는 너무 길거나 짧아서 균형이 전혀 맞지 않는다. 얼굴은 주름살로 가득하며, 목은 아주 가늘고, 머리는 크고 무겁다. 또 팔다리는 너무 가늘어 산봉우리처럼 생긴 크고 무거운 몸을 지탱하기가 어려운데, 인간세계의 늙은이보다 백 배나 더 힘들어 한다. 팔다리의 수도 일정하지 않다. 오랜 세월 동안 마실 것을 찾지 못해 몸의 피와 수분이 다 말라버려서 몸의 상태가 통나무를 바싹 마른 가죽으로 감싸고 있는 것과 같다. 몸의 근육이나 혈관들도 말라 있어 움직이면 뼈마디가 돌과 부딪치는 것 같은 소리가 나고 불꽃이 탁탁 튄다.

수십만 년 동안 먹고 마시지 못해서 배고프고 목마른 고통이 엄청나게 크다. 먹고 마실 것을 구하려는 희망으로 다녀보지만 몸이 약해 금세 지치며, 아귀들이 사는 곳의 왕인 '야마수자나'를 보면 너무 두려워서 몸이 다 부서지는 것처럼 고통스러워한다. 이들은 거꾸로 생각하기 때문에 더운 여름에는 달빛이 덥다고 생각해 실제로 몸이 타버리고, 겨울에는 햇빛이 비쳐도 춥다고 여겨 추위를 느낀다. 이렇게 겪는 더위와 추위의 고통은 어마어마하다.

(2) 아귀 각각의 또 다른 고통을 관상하기

이는 무재아귀(無財餓鬼)의 고통을 관상하기, 소재아귀(少財餓鬼)의 고통을 관상하기, 다재아귀(多財餓鬼)의 고통을 관상하기, 이 세 가지로 설명한다.

① 무재아귀(無財餓鬼)의 고통을 관상하기

무재아귀가 멀리서 나무 열매와 물 등을 발견하고 고생스럽게 가까이 다가가면, 그것들이 모두 사라져버린다. 어떤 때는 그곳에 도착해도 무기를 든 장수들이 지키고 서서 아무것도 주지 않는다. 그러니 이미 배고프고 목마른 고통이 있는 상태에다 지치고 슬픈 고통까지 겹쳐 더더욱 고통스럽기만 하다.

② 소재아귀(少財餓鬼)의 고통을 관상하기

이 아귀는 백 년 만에 먹을 것 하나를 겨우 얻게 되는데, 이를 삼켜도 목이 너무 가늘어서 넘기지를 못한다. 살아있을 때 쌓았던 다양한 업에 따라 불에 달군 쇠나 고름, 피, 자신의 살을 먹는 등의 과보를 받게 된다. 용케 먹을 것이나 마실 것을 삼키는 경우도 있지만, 배 속에서 끓는 쇳물로 변해 목마름과 배고픔이 해소되기는커녕 오히려 더 심한 고통을 겪게 된다. 이런 경우가 아니더라도 위장이 너무 커서 아무리 먹어도 전혀 배부르지 않은 아귀들도 있다. 또 어떤 아귀들은 배가 너무 고파 입에서 불길을 확확 내뿜는다. 밤에 사람들이 흔히 보게 되는 귀신불은 아귀들이 고통스러워 입으로 내뿜는 불일 수도 있다.

③ 다재아귀(多財餓鬼)의 고통을 관상하기

아난다가 낮에 길을 가다 목에 매듭이 세 개 있는 암컷 아귀를 만났는데, 그 아귀는 몹시 두려워하며 입으로 다섯 가지 소리를 냈다고 한다. 이런 종류의 아귀는 목에 있는 세 개의 매듭이 목을 졸라대어 끊임없는 고통을 받게 된다.

우리도 내년 이맘때 이런 아귀로 태어날지 모른다. 거기에 태어나는 원인에는 물건이 아까워 구두쇠처럼 굴고, 남이 주지 않은 물건을 탐내거나 자기가 가진 물건에 집착하는 것 등이 있다. 다른 사람이 보시하려고 할 때 방해를 해도 이런 아귀로 태어난다. 남의 물건을 훔치거나 빼앗고, 출가자에게 올린 공양물을 빼앗거나 다른 사람에게 "아귀!"라고 욕하고, 특히 출가자에게 "아귀 같은 것!"이라고 욕을 하면, 본인은 오백 생 동안 아귀로 태어나 이런 고통을 반복해서 받게 된다. 우리가 다재아귀에게 물을 주면 그가 물 한 방울은 받아 마실 수 있는데, 살아생전에 구두쇠이긴 해도 남에게 물을 주는 것은 아까워하지 않았기 때문이다.

예전에 스승 '쌍게예쎄'라는 분이 아귀 세상에 가서 보고 온 이야기가 있다. 아주 고통스러워하는 암컷 아귀가 새끼도 오백 마리나 낳았다. 그 암컷 아귀는 스승에게 "제 남편이 먹을 것을 구하러 인간세계에 간 지 12년째가 되었는데 아직도 돌아오지 않고 있습니다. 그 사이에 오백 마리의 새끼를 낳았는데, 저는 물 한 방울도 마시지 못해 너무도 고통스럽습니다. 제 남편에게 먹을 것을 찾았다면 빨리 가져오라고 말을 전해 주십시오."라고 부탁했다. 그러자 스승은 "인간세계에 먹을 것을 구하러 오는 아귀들이 수없이 많은데, 내가 네 남편을 어떻게 알아볼 수 있겠느냐?"라고 물었고, 암컷 아귀는 "제 남편은 한쪽 눈을 잃었고, 한쪽 팔다리는 쓰기 불편해요."라고 답했다.

그래서 스승이 인간세계에 가서 아귀들을 자세히 살펴보니, 암컷 아귀가 말한 것과 똑같이 생긴 아귀가 있어서 그에게 소식을 전했다. 남편 아귀는 "12년 동안이나 인간세계를 떠돌면서 먹을 것을 찾았으나, 이것밖에 구하지 못했습니다."라고 하면서 꼭 쥐고 있던 손을 펴 보였다. 그것은 작고 마른 가래한 조각이었다. 그는 그것을 아주 소중히 여기며 간직해온 것이다. 인간세계에 먹을 것이 아무리 넘쳐나도 아귀들은 자신들의 업으로 인해 먹을 것으로 보지 못하니, 누군가 아귀를 위해 기도해주어야만 비로소 먹을 것으로 볼 수 있게 된다. 그 암컷 아귀의 남편은 어느 비구가 가래를 뱉으면서 아귀들의 먹이가 되도록 회향했을 때 수많은 아귀들과 싸워 자기가 쟁취한 것이라고 말했다. 우리도 조심하지 않으면 점심을 마른 가래에 의지해야 할 때가 올지도 모른다.

한 사미승이 어머니가 돌아가신 지 25년째 되던 날 무시무시한 아귀를 보게 되었다. 그래서 막 도망치려는데, "도망가지 마라."라고 아귀가 말했다. "너는 누구냐?"라고 스님이 묻자, "나는 너의 엄마였다. 지금 먹을 것도, 마실 것도 없는 무재아귀로 태어난 지 25년이 되었는데 먹을 것은커녕 물 한 방울도 찾지 못했다."라고 말했다.

그래서 스님은 석가모니 부처님께 축원해주시길 청하였고, 부처님께서는 방편을 써서 그녀를 무재아귀에서 벗어나 다재아귀도(多財餓鬼道)로 다시 태어나게 하셨다. 하지만, 여기서 그녀는 무재아귀였을 때보다 여섯 배나 더 심한 구두쇠가 되어서 조금도 보시하지 않았다. 그런 어머니를 위해 스님이 천 한 필을 부처님께 공양 올렸고 어머니는 이마저도 아까워하며 훔쳤는데, 이런 일이 몇 번이나 있었다고 한다.

예전에 어느 비구가 자신의 아름다운 사프란색 가사에 몹시 집착하다가 숨을 거두었는데, 죽고 난 뒤 그 가사를 입은 아귀로 태어났다는 이야기가 있다. 요즘 구두쇠 짓을 하는 사람들에게 "그 사람은 참 절약을 잘한다."라고 칭찬하는데, 특히 구두쇠는 아귀로 태어나는 아주 특별한 원인이 되니, 우리가 그런 구두쇠 짓을 하면 내년 이맘때나 사오십 년 안에 지옥에 태어나지 않는다고 하더라도 앞서 말한 것과 같은 아귀로 태어날 것이 거의 확실하다.

3) 축생의 고통을 관상하기

이는 축생의 일반적인 고통을 관상하기, 축생 각각의 고통을 관상하기, 이 두 가지로 설명한다.

(1) 축생의 일반적인 고통을 관상하기

이에 서로 잡아먹는 고통을 관상하기, 어리석고 무지한 고통을 관상하기, 추위와 더위에 시달리는 고통을 관상하기, 배고픔과 목마름의 고통을 관상하기, 부림을 당하는 고통을 관상하기 이 다섯 가지를 들 수 있다.

① 서로 잡아먹는 고통을 관상하기

삼악도에서 가장 고통이 적은 중생이 축생이라고는 하지만, 축생으로 태어나더라도 위에서 열거한 다섯 가지 고통은 당연히 따른다.

자기보다 작은 물고기나 동물들을 잡아먹는 거대한 몸집을 가진 악어의 몸에는 수많은 작은 벌레들이 들러붙어 집을 짓고서 함께 살아간다. 악어는 몸에 기생하는 작은 벌레들 때문에 가려움을 참을 수 없어 가끔씩 바위에 몸을 비벼댄다. 그러면 기생하던 벌레들이 죽기도 하고, 그 피가 일 유순이나 퍼져서 물을 붉게 물들인다. 이처럼 큰 짐승이 작은 짐승을 잡아먹고, 작은 짐승도 큰 짐승을 먹고 산다.

어떤 경우에는 깊고 어두운 바닷속에 태어나 서로 부모 자식도 몰라보고 입 가까이 다가오는 것은 무엇이든 닥치는 대로 다 잡아먹기도 한다. 심지어 바닷속이 아닌 우리 인간의 눈으로 볼 수 있는 곳에서도 매가 작은 새를 잡아먹고, 새는 벌레를 잡아먹는다. 사나운 짐승들이 사슴 등을 잡아먹으며, 사냥개가 토끼들을 뒤쫓아 물어 죽인다.

이처럼 고통받는 축생들을 볼 때 그저 남의 일 구경하듯 하지 말고, '저런 고통을 내가 당하면 어떻게 될까?'라고 생각하며 잘 관상해야 한다.

② 어리석고 무지한 고통을 관상하기

축생들은 누가 자기를 죽이려고 끌고 가는지, 밥을 주려고 끌고 가는지도 모르는 어리석고 무지한 고통이 있다.

③ 추위와 더위에 시달리는 고통을 관상하기

여름에는 몹시 더워서 타 죽고, 겨울에는 너무 추워서 얼어 죽는 등의 고통을 겪는 축생들이 있다. 한편 예전에 어떤 스승이 길고 빨간 지렁이를 손으로 집어 들고서, "당신은 캄 지방의 비구가 맞습니까?"라고 묻자 지렁이는 인간의 말로 "예, 맞습니다."라고 답했다고 한다. 우리도 다음생에 그런 벌레로 태어날지도 모른다.

또 '뵌교'[35]를 믿던 마을 사람의 아버지가 죽었는데, 스승 '밀라레빠'께서 그가 계곡 높은 곳에 있는 소똥 아래에서 다시 태어날 거라고 말씀하셨다. 우리는 그 아버지처럼 태어나지 않으리라는 희망을 품고 있지만, 이미 그런 축생으로 태어날 수 있는 원인을 많이 가지고 있다.

다음 생에 벌레로 윤회해 태어나서 땅 밑에서 숨도 제대로 쉬지 못하고 있을지, 아니면 새들에게 몸의 반은 쪼아 먹히고

---

35) 티벳에 불교가 전파되기 전부터 존재해온 샤머니즘적인 성향이 강한 토속 종교를 말한다.

나머지 반은 죽지도 못하고 살아서 꿈틀거리고 있을지 알 수 없는 노릇이다. 우리는 이런 축생으로 태어나지 않도록 주의해야 한다.

④ 배고픔과 목마름의 고통을 관상하기

하루 종일 먹을 것을 찾아다녀도 아무것도 찾지 못하는 고통이 있다. 지금 다른 사람이 "개새끼!"라고 욕하는 것도 참지 못하는데, 실제로 개로 태어난다면 과연 견딜 수 있겠는가?

개가 먹고 마실 것을 찾을 수 있는 유일한 장소는 사람들이 사는 집 근처밖에 없다. 그런데도 개가 집 안으로 들어오면 사람들은 일제히 "개가 들어 왔다!"라고 외치며, 아무런 이유 없이 귀신을 쫓아내듯 개를 마구 내쫓는다. 이것이 자신이 나쁜 업을 쌓았던 탓이 아니라면 무엇 때문이겠는가?

어떤 절에서는 종을 치면 우는 개들이 있다. 그 개들은 스님이 개로 태어난 증거이다. 예전에 어떤 수행자를 항상 후원하던 시주자들이 있었는데, 어느 집에서는 늘 우유를 올렸고, 다른 집에서는 고기를 올렸다. 그 수행자는 바르게 수행하지 않으면서 받아먹기만 하다가 죽었는데, 후에 그는 우유를 올리던 집에 젖을 내는 젖소로 태어났다. 나중에 그 소가 풀을 뜯어 먹다가 절벽에서 떨어져 죽어 강물을 타고 떠내려갔다. 마침 그때 예전에 그 수행자에게 고기를 올렸던 집에서 죽은 소를 물에서 건져내어 나누어 먹다가 갈비뼈에 새겨진 글을 발견했다. '이제 고기 얻어먹은 빚을 갚았다. 윗집의 우윳값도 갚았다.'라는 내용이었다.

살아있을 때는 승려나 재가불자에게 큰스님, 사장님 등 이름을 하나씩 붙여주면서 서로 봐주기도 하지만, 인과에는 그와 같이 봐주는 일이 전혀 없다. 그러므로 이번 생에 조심하지 않으면 우리 주변의 개나 소 같은 축생이 사람과 자리를 바꾸어 주인 노릇을 하는 것은 시간문제일 뿐이다.

⑤ 부림을 당하는 고통을 관상하기

당나귀를 예로 들면, 사람들은 당나귀의 등이 상처투성이가 되어도 계속 짐을 가득 싣고 다니다가 아프고 힘이 빠져 죽게 되면 아무 데나 버린다. 숨이 떨어지기도 전에 까마귀에게 눈 등을 쪼아 먹히는 고통을 당하기도 한다.

우리가 그런 축생으로 태어나면 과연 이 같은 고통을 참고 견딜 수 있을지에 대해 사유해 보아야 한다.

(2) 축생 각각의 고통을 관상하기

바다 등 물속에 사는 축생이 받는 고통과 땅 위에 흩어져 사는 축생이 받는 고통, 이 두 가지에 대해 관상한다.

바다 등 물속에 사는 축생은 주로 깊은 바닷속이나 무간지옥처럼 아주 어두운 곳에 사는데, 마치 막걸리 찌꺼기를 산봉우리같이 차곡차곡 쌓아 놓은 것처럼 서로에게 눌려 숨도 제대로 쉬지 못하는 고통이 있다.

땅 위에 흩어져 사는 축생은 주로 우리 눈에 보이는, 인간 세계에 사는 축생들을 말한다. 이들이 받는 고통의 종류는 무척 다양하다. 이런 축생으로 태어날 원인을 이미 우리는 많이 쌓아두었다. 그중에서 가장 큰 원인은 법과 법을 설하는 이들을 공경하지 않았거나, 수행자끼리 별명으로 짐승의 이름을 붙여 부르는 경우로, 앞에서 말한 열여덟 가지 동물의 머리가 달린 거대한 물고기로 태어나는 과보를 받은 '끼부쎄르꺄'의 이야기를 예로 들 수 있다.

　대장경을 보면, 예전에 어떤 사람이 비구에게 "원숭이 같다."라고 말한 과보로 오백 생 동안 원숭이로 태어났다고 한다. 그러므로 고귀한 대상이 어디에 있는지, 누구인지도 모르기 때문에 농담으로 입을 잘못 놀려서 삼악도에 태어나는 일이 비일비재하니 조심해야 한다. 삼악도 중에서 그나마 가장 나은 축생으로 태어나더라도 수행할 수 있는 조건이 되지 못하고, 번뇌가 강해서 나쁜 업을 새로 많이 쌓게 되니 삼악도에서 삼악도로 계속 돌게 된다.

　인간으로 태어났을 때 다음 생에 삼악도로 떨어지지 않을 방법에 신경 쓰지 않는다면, 다음 생에 그렇게 태어난 뒤에는 거기에서 빠져나오기가 더욱 힘들다. 우리가 올해 말 또는 길어봐야 내년이나 내후년에 지옥에서 얼음과 불의 고통을 받을지, 아귀로 태어나 물 한 방울도 찾지 못하고 헤매고 다닐지, 축생으로 태어나 몸에 털을 붙이고 다니면서 고통을 받을지 아무도 모른다. 이와 같은 고통들을 구경하듯 보지 말고, 진실한 마음으로 관상해서 이번 생에 대한 집착을 버리고 다음 생을 준비해야 한다.

　'축생이 과연 그러한 고통을 느낄까?'라고 생각한다면 이는 참으로 잘못된 것이다. 그 고통은 우리 인간의 몸으로 받는 고통과 다르지 않다. 예전에 한 백정이 양들을 잡고 있었는데, 점심때가 되자 칼을 놔두고 점심을 먹으러 갔다. 돌아와서 칼이 보이지 않아 여기저기 찾아보았지만 보이지 않았다. 나중에 겨우 찾고 보니, 백정이 그 다음 순서로 잡으려고 했던 양이 땅을 파고 칼을 묻은 뒤 그 위에 올라앉아 가리고 있었다. 이 이야기를 통해 그 양이 겉으로 표현할 수는 없지만, 얼마나 죽음을 두려워하고 있었는지 알 수 있다.

　석가모니 부처님께서는 손에 쥔 모래가 흘러내리듯 중생들이 삼악도로 빠져든다고 말씀하셨다. 우리는 그러한 낭떠러지에서 떨어지기 직전까지 와 있다. 그런데도 이 사실을 모르고 아라한이나 보살들보다 마음이 더 편안하고 느긋한 것은 우리가 삼악도로 떨어질 것이 분명한 징조이다.

　그러므로 한시바삐 삼악도의 고통을 절실하게 살펴서 출리심(出離心)을 내어야 한다. 공성(空性)과 같이 심오한 것은 일단 접어두고, 우선 삼악도의 고통을 관상하는 것이 더 지혜롭다. 왜냐하면 출리심 없이 대수인이나 대원만 등의 이름만 높은 수행들을 하는 것은 마음을 정화하는 데 아무런 도움이 되지 않고 형식적인 것이 될 뿐이니, 그리 좋은 일이 되지 못한다.

　아난다의 두 조카가 목련존자 앞으로 출가하였는데 공부를 게을리하자 목련존자가 그 둘을 데리고 가서 지옥을 보여주었다. 이 두 젊은이는 지옥을 보고 난 후 그곳의 고통을 떠올리면서 열심히 공부에 매진하였다. 우리도 이와 같이 삼악도의 고통을 관상해서 출리심을 일으켜야 한다.

번뇌장과 소지장을 모두 소멸하고 지혜와 자비의 공덕을 원만히 구족하여
육도윤회의 모든 중생을 구제하시는 **석가모니 부처님**

2. 다음 생에 행복할 수 있는 방법

 이에 불법의 입문인 귀의하기, 모든 행복의 뿌리인 인과에 대한 온전한 신심(信心)[36], 이 두 가지를 들 수 있다.

2.1. 불법의 입문인 귀의하기

 이는 삼보에 귀의해야 하는 이유, 귀의하는 대상, 귀의하는 방법, 귀의함으로써 생기는 이득, 귀의한 후 배워야 할 가르침, 이 다섯 가지로 설명한다.

1) 삼보에 귀의해야 하는 이유

 우리 자신이 완전하게 귀의하였는지는 마음속으로 귀의를 해야 하는 이유를 바르게 알고 있는지 아닌지에 달려있다. 자

---

36) 덧없는 것을 여읜 청정한 마음. 불자가 되는 첫걸음으로 불·법·승 삼보 및 인과의 이치를 믿고 따르는 것을 말한다.

신이 윤회와 삼악도의 고통을 두려워하는 것과 거기서 구제해 줄 수 있는 힘은 오직 불·법·승 삼보에만 있다는 믿음, 이 두 가지를 갖추어야 한다.

만일 이 두 조건을 갖추지 못하면 바르게 귀의했다고 할 수 없다. 고통을 두려워하지 않으면 그로부터 구제해 줄 수 있는 귀의처를 찾으려는 마음이 일어나지 않으며, 귀의처에 대한 믿음도 없어서 귀의처로 삼지 못하기 때문이다.

따라서 자신이 삼악도의 고통을 두려워하고, 윤회의 고통을 두려워하며, 윤회에서 고통받는 중생들을 보면서 깊은 연민을 느끼는 이 세 가지는 차례대로 하사도, 중사도, 상사도에 귀의하는 원인이 된다. 그중에서 삼악도의 고통을 사유해서 두려워하는 것은 하사도에 귀의하는 원인이 된다.

2) 귀의하는 대상

이는 귀의처를 알아차리기, 귀의할 만한 가치가 있음을 알아차리기, 이 두 가지로 설명한다.

(1) 귀의처를 알아차리기

완벽한 귀의처로서 정법을 설하신 부처님과 그분의 가르침, 그 가르침을 따르는 승가, 이 '세 가지 보배〔삼보三寶〕'가 무엇인지 정확하게 알아야 한다.

세속인들은 왕이나 신, 용, 조상 등을 귀의처로 삼기도 하고, 외도들은 제석천이나 브라만 같은 세속신을 귀의처로 삼는 경우가 대부분인데, 그러한 신이나 왕들은 우리처럼 이 윤회세계를 맴돌고 있으므로 귀의처로 삼을 만한 가치가 없다.

귀의할 가치가 있는 대상은 오로지 불·법·승 삼보뿐이다. 한편 삼보에 대해 제대로 알지 못하면 바르게 귀의할 수 없다. 꼼꼼하게 살피지 않으면, 대승 수행자인 척하는 이들마저도 병에 걸리거나 급하게 해결해야 할 장애에 부딪혔을 때 산신(山神)이나 용신(龍神), 조상 등의 세속적인 신을 귀의처로 삼아서 온갖 공양물을 둘러메고 그들이 머무는 곳을 찾아다니게 된다. 이처럼 세속신을 소중하게 여기는 태도는 삼보에 대한 믿음이 없고, 인과를 알지 못하는 자신의 마음이 밖으로 드러난 것이다.

이런 경우 대승 수행자라는 이름은 둘째 치고 불자라고도 칭할 수 없다. 세속신이나 용들도 자신이 언제 죽을지 모르기 때문에 다른 생명을 구제할 수 없다. 그러므로 그들을 의지처로 삼는 사람은 의식 수준이 매우 낮다고 볼 수 있다.

예전에 목에 큰 혹을 달고 있던 사람이 잡신들이 머무는 바위를 찾아 깊은 산속으로 들어갔다. 마침 한 잡신이 다른 높은 잡신에게 고기를 바쳐야 할 차례였는데, 그 사람의 혹을 떼어 고기 대신 바쳤다. 그 소문을 들은 다른 혹 달린 사람이 그 바위의 잡신들이 영험이 대단하다는 말을 굳게 믿고 찾아갔는데, 오히려 혹 하나를 더 붙여서 돌아왔다고 한다. 실제로 그런 세속의 잡신은 도움이 되기보다 사람을 해치는 경우가 더 많다.

그러나 불보(佛寶)이신 부처님은 이런 세속신과는 다르다. 부처님께서는 모든 허물과 번뇌를 다 여의고, 갖추어야 할 모든 것을 다 갖추신 분이다. 법신(法身)은 진제(眞諦)의 불보(佛寶)이고, 색신(色身)은 속제(俗諦)의 불보이다.

법보(法寶)는 간단히 말해 하사도·중사도·상사도에서 설명하는 내용이며, 자세히 설명하자면 경전의 형식과 내용에 따라 열두 종류로 나눈 십이부경(十二部經) 등이 있다. 한편 원래 법보는 멸성제(滅聖諦)와 도성제(道聖諦)를 말한다.

승보(僧寶)는 원칙적으로 승보로서 갖추어야 할 앞에서 말한 여덟 가지 공덕을 갖춘 견도 이상의 성인을 말하며, 일반적으로는 비구계를 수지한 네 명 이상 스님들의 모임을 승보라고 한다.

예전에 어떤 사람이 호랑이한테 물려 끌려가면서도 계속 관세음보살 진언을 외운 덕에 목숨을 구할 수 있었다고 한다. 이런 경우와 같이 세속적인 일을 성취하고자 할 때는 굳이 삼보 모두에 귀의하지 않더라도 가능하다. 그러나 삼악도에 떨어지지 않고 윤회의 모든 고통에서 벗어나기 위해서는 불·법·승 삼보 모두에 귀의해야만 한다.

예를 들어 큰 병에 걸린 환자가 병을 낫게 하려면 의사와 약, 간호사 세 가지가 모두 필요하듯이, 우리가 삼악도와 사바세계의 병과 같은 고통에서 벗어나기 위해서는 고통에서 벗어나는 방법을 보여주는 의사와 같은 불보(佛寶)와 벗어날 수 있는 길인 하사도·중사도·상사도의 약과 같은 법보(法寶)와 수행을 성취할 수 있도록 도와주는 간호사와 같은 승보(僧寶)가 모두 필요하다. 이와 같이 이해해서 귀의처에 대해 알아야 한다.

(2) 귀의할 만한 가치가 있음을 알아차리기

귀의할 만한 가치가 있음을 알아차리기 위해서는 부처님의 능통한 측면 네 가지를 알아야 한다.

첫째, 자기도 위험에서 벗어나지 못한 사람은 같이 물에 휩쓸려 떠내려가거나 진흙탕에 빠져서 누구도 구해줄 수 없는 것처럼, 우리의 귀의처도 자신이 먼저 모든 고통에서 벗어난 분이 아니라면 다른 이들을 고통에서 벗어나게 해줄 수 없음을 알아야 한다.

둘째, 부처님께서는 중생을 고통에서 벗어나게 하는 방법을 가장 잘 아시는 분이다. 자기가 고통에서 벗어났다고 해도 타인을 구제하는 방법에 능통하지 못하면, 손이 없는 어머니가 물에 빠진 아들을 구할 수 없는 것과 같다. 부처님께서는 모든 중생을 교화하는 일에 뛰어나신 분이다. 분노가 강한 '앙굴리말라' 같은 큰 죄인을 비롯해 교만에 가득 찬 '수발다라', 무지하고 둔한 '람충빠', 공덕이 아주 적었던 '낌닥뻴게', 음욕이 강한 '난다' 등 수많은 제자들을 다 구제하셨다.

셋째, 부처님께서는 모든 중생에게 차별 없이 은혜를 베푸신다. 그렇지 않다면 친척이나 친구 등 자기가 좋아하는 이들은 돕고 원수는 돕지 않겠지만, 부처님께서는 그러한 차별 없이 모든 중생을 도우신다. 석가모니 부처님께서는 자신을 해치려 했던 '데바닷따'에게도 그를 향한 마음과 자신의 아들 '라훌라'를 향한 마음이 똑같다고 항상 진실하게 말함으로써 '데바닷따'의 병을 고치셨다. 현겁에 출현하신 석가모니 부처님뿐만 아니라 다른 모든 부처님의 마음도 이와 마찬가지이다.

넷째, 부처님께서는 자신에게 도움이 되든 되지 않든 개의치 않고 모든 중생을 돌보신다. 중생들은 자신이 잘 살고 힘이 있을 때도 어려운 이를 돕는 데는 인색하면서 자신에게 도움이 되는 이만 상대한다. 그러나 예전에 석가모니 부처님께서는 큰 병에 걸린 어느 비구의 대소변을 직접 받아내고, 옷도 빨아주는 등 늘 도움을 주셨다. 또한 너무 못생겨서 거지들에게조차 따돌림을 당했던 브라만도 제자로 받아들이셨다. 이처럼 석가모니 부처님께서는 모든 중생에게 차별이 없을 뿐만 아니라, 특히 힘들고 어려운 사람들에게 더 큰 은혜를 베푸신다. 이러한 귀의처의 참된 가치를 아는 것이 중요하다.

3) 귀의하는 방법

이는 삼보 각각의 위대한 공덕, 귀의할 서원, 귀의했음을 타인에게 발설하지 않기, 이 세 가지로 설명한다.

(1) 삼보 각각의 위대한 공덕

이에 위대한 부처님의 공덕, 위대한 가르침의 공덕, 위대한 승가의 공덕, 이 세 가지가 있다.

① 위대한 부처님의 공덕

가. 위대한 몸의 공덕

부처님 몸이 삼십이상(三十二相)과 팔십종호(八十種好)의 위대한 공덕으로 갖추어져 있음을 알아야 한다. 삼십이상은 위대한 사람임을 의미하고, 팔십종호는 이러한 지혜를 안으로 갖추고 있음을 나타낸다.

벽지불, 성문, 전륜성왕과 모든 중생의 공덕을 하나로 모으면, 부처님 몸에 난 털구멍 하나의 공덕과 비슷하다고 한다. 그러한 털구멍이 엄청나게 많은데, 그것을 모두 모은 공덕의 백 배가 부처님의 팔십종호 중 하나의 공덕에 해당한다. 팔십종호의 모든 공덕을 모은 것의 백 배는 삼십이상 중에서 백호와 살상투를 제외한 삼십상 중 하나의 공덕에 해당한다. 삼십상의 모든 공덕을 모은 것의 천 배는 삼십이상 중 하나인 백호의 공덕에 해당한다. 백호를 이룬 공덕의 천백 배가 살상투의 공덕에 해당한다. 살상투를 이룬 공덕의 천조 배에 해당하는 공덕이 부처님의 음성이다.

부처님의 삼십이상이나 팔십종호에서 몸의 부분 하나하나가 음성의 역할을 해서 법문을 하신다. 그뿐만 아니라 살상투나 몸에 난 털들은 마음의 역할을 해서 모든 것에 대해 자세하게 알고 상주하실 수 있다.

일반적으로 부처님을 뵈었을 때 살상투의 높이는 네 손가락을 붙여서 옆으로 세운 높이 정도로밖에 보이지 않지만, '슉창'이라는 보살이 신통으로 실제 살상투의 높이를 재어 보려고 삼천대천세계까지 올라가도 그 끝이 보이지 않았고, 결국 더 올라갈 수 없어서 그 높이를 측정할 수 없었다고 한다.

부처님의 법복은 몸으로부터 네 손가락을 붙인 폭만큼 떨어져 있어서 몸에 붙지 않는다. 걸을 때는 발이 땅에 닿지 않는데도 바닥에 법륜이 새겨진 발자국이 남는다. 부처님의 발아래 있던 지렁이 등 작은 벌레들은 7일 동안 큰 행복을 누리다가 축생의 몸을 벗으면 천상에 다시 태어나는 등의 특징이 있다.

나. 위대한 음성의 공덕

다양한 언어로 수많은 질문이 이어져도 부처님께서는 그 각각의 말로 알아듣고 묻는 이의 근기에 맞게 설법하시는 위대한 공덕을 갖추셨다. 부처님께서는 「반야경」 하나를 설하시지만, 듣는 이가 자신의 근기에 따라 『팔천송반야경』, 『이만송반야경』, 『십만송반야경』 등 소·중·대반야경의 내용으로 알아듣는다.

부처님의 음성은 가까이서 듣거나 멀리서 들어도 똑같이 들린다. 목련존자가 신통으로 여러 세계를 넘나들며 석가모니 부처님의 음성을 확인해 보았는데, 전혀 변함없이 크지도 작지도 않은 한결같은 목소리로 들렸고, 어디까지 들리는지 그 끝을 헤아릴 수가 없었다고 한다.

그뿐만 아니라 음성이 매우 감미로워 듣는 순간 탐심과 교만 등의 온갖 번뇌가 사라지고, 누가 들어도 황홀해서 마음을 빼앗기게 된다. 진리에 능통한 이들은 기뻐하고, 중간 정도의 의식을 가진 이들은 더 발전되며, 낮은 수준의 사람들은 마음이 순화되었다고 한다. 이처럼 부처님의 음성은 모든 중생에게 만병통치약과 같아서 음성의 위대한 공덕에 대한 찬탄이 끝이 없다.

다. 위대한 마음의 공덕

모든 것을 다 아는 일체지(一切智)와 연민 두 가지가 있다.

첫째, 일체지는 선정에 든 상태에서도 직접 손바닥 위에 놓고 자세하게 보듯이 어디서 무엇을 하는지 모든 것을 훤히 다 알 수 있는 것을 말한다.

옛날에 사람이 죽으면 남은 이들이 죽은 이가 살아있을 때의 모습을 만들어 혼을 불러내어 그 앞에 음식을 차려놓고 제사를

인드라(제석천)

지내는 풍습이 있었다고 한다. 석가족 가운데 '가체'라는 이가 죽고 난 뒤 제사를 지냈는데, 사람들은 석가족의 '가체'가 실제로 나타났다고 생각했다. 석가모니 부처님께서는 '캽죽〔건달

바)'와 '약샤(대자재천)' 등의 귀신이 죽은 사람의 현신처럼 사람을 속여서 나타난 것이라고 말씀하셨지만 사람들은 믿지 않았다. 그때 부처님께서는 모든 석가족 사람들에게 봉지에 곡식을 종류별로 담아 그 안에 어느 가족의 것인지 이름을 써넣어서 가져오라고 하셨다. 석가족은 사람 수가 많아서 그 곡식 봉지들을 코끼리 등에 실어 와야 할 정도였는데, 부처님께서 그것들을 하나도 틀리지 않고 봉지의 주인을 가려내시자 그제야 비로소 사람들은 부처님의 말씀을 믿게 되었다.

그뿐만 아니라 율장에는 세상의 모든 나무들을 불에 태워 바닷물에 집어넣고 오랫동안 흔들어서 나온 재를 부처님께 드리면, 그 재가 어느 나라에 있던 나무를 태운 것이며, 나무의 어느 부분인지도 전부 다 아셨다고 나와 있다.

부처님께서는 작은 개미의 마음조차도 아시듯 모든 유정들의 마음을 다 아셨다. 윤회세계를 벗어난 보살들이 알지 못하는 것도 다 아시는 것과 같이 한량없는 위대한 공덕을 갖추셨다.

둘째, 위대한 연민의 공덕을 보면, 우리가 자신을 사랑하는 것처럼 부처님께서는 모든 중생에게 그러한 연민을 갖고 계신다. 우리처럼 고통받고 있는 중생을 눈으로 보아야 연민이 생기고, 보지 않으면 생기지 않는 것이 아니다. 일체중생이 항상 고통으로 괴로워하는 것을 보고, 그에 대한 대자대비의 마음을 끊임없이 베풀어주신다.

라. 위대한 행의 공덕

제석천이 자신의 노력 없이 청금석이 깔린 땅 위에 나타나자 다른 작은 신들이 이를 보고 제석천과 똑같이 되기를 바라는 마음으로 노력하는 것처럼, 우리가 부처님의 삼십이상과 팔십종호를 보고 그 원인이 되는 것을 닦게 하는 것이 부처님 몸의 행이다.

삼십삼천상계(三十三天上界)에는 신들의 공덕으로 북을 치는 이가 없어도 북 치는 소리가 법문이 되어 신들이 해탈을 추구하도록 자극하듯이 부처님께서 일부러 애쓰시지 않아도 인연 있는 이들이 부처님의 법문을 듣고 제도되는 것이 부처님 음성의 행이다.

구름에서 비가 내려 곡식이 자라나듯이 모든 중생의 마음속에 선행이 자라나게 하는 것이 부처님 마음의 행이다.

그러므로 부처님께서는 신통의 몸을 나투시어 중생들을 순화시키고, 음성의 행으로 법문하며, 번뇌가 없는 마음의 행을 보여주신다. 하늘에 뜬 달이 풀잎 끝에 맺힌 이슬과 수없이 많은 그릇에 담긴 물이 맑고 고요하면 그 위에 다 비치듯이 중생 누구에게나 그 근기와 인연이 될 때 부처님 중생구제의 행은 저절로 일어난다.

② 위대한 가르침의 공덕

위에서 설명한 부처님의 위대한 공덕은 어디에서 나오는가? 그것은 멸성제(滅聖諦)나 도성제(道聖諦)와 같은 근본적인 깨달음과 경전에 의지한 법보의 위대한 공덕들을 사유해 보면 알 수 있다.

멸성제와 보살의 십지(十地)[37]나 오도(五道)는 원래의 법보에

---

37) 보살이 수행하는 52위(位) 중에서 제41위부터 제50위까지의 열 가지 계위(階位)로 환희지(歡喜地), 이구지(離垢地), 발광지(發光地), 염혜지(焰慧地), 난승지(難勝地), 현전지(現前智), 원행지(遠行智), 부동지(不

해당한다. 한편 『보리도차제론』과 같은 경전 역시 우리 마음을 정화하므로 법보라고 할 수 있다.

③ 위대한 승가의 공덕

성문이 닦은 아라한의 경지, 연각이 닦은 아라한의 경지, 상사도에서 보살승이 닦은 아라한의 경지의 위대한 공덕은 각각 조금씩 다르지만, 이들 모두 승보의 위대한 공덕을 많이 지니고 있다.

(2) 귀의할 서원

부처님은 구제하는 법을 설해주신 분이고, 법은 구제하는 실체이며, 승가는 구제되는 것을 돕는 도반이라는 이 세 가지를 굳게 믿고 귀의처로 삼겠다고 서원해야 한다. 이는 환자가 치료를 위해 의사와 약과 간호사에게 도움을 받을 때 각기 다른 세 가지 방법으로 도움을 받는 것과 같다.

한편 정법을 하나씩 마음에 새김으로써 마음속의 두려움을 하나씩 제거할 수 있기 때문에 이를 '구제하는 실체'라고 한다.

(3) 귀의했음을 타인에게 발설하지 않기

예전에 인도에 외도 수행자 형제가 있었다. 그들은 시바 신에게 공양을 올리기 위해 카일라스산에 갔다. 하지만 위대한 시바 신이 석가모니 부처님께 귀의하는 것을 보고 그들도 불자가 되었고, 후에 대승의 큰 스승이 되었으며, 『최고의 찬탄』이라는 제목의 위대한 부처님의 공덕을 찬탄하는 시도 지었다. 이처럼 부처님의 가르침을 배우면 변하지 않는 확고한 신심을

動地), 선혜지(善慧地), 법운지(法雲地)를 말한다.

갖게 된다.

  요즘 어떤 이들은 외도들을 통해 다른 지식을 많이 쌓거나, 주위에 사람들을 많이 모아서 유명해지고 싶어 하거나, 외도들이 화를 낼까봐 두려워서 그들 앞에서 아첨하는 행동을 하는데, 이는 귀의하는 마음이 깨어진 것으로 불교도에서 벗어난 행동이다.

  그러므로 우리는 일체의 허물이 없고 모든 것을 갖춘 부처님과 번뇌가 섞이지 않은 법과 청정한 계맥(戒脈)을 이어가고 있는 승가인지 아닌지를 살피고 난 뒤 귀의처로 삼아야 한다. 복이 부족한 사람들은 외도들이 이러한 귀의처에 대해 비판하는 것을 듣고 그 말에 솔깃해 외도의 귀의처에 빠지는 잘못을 저지르기도 한다.

  불자들은 삼보를 완전한 귀의처로 삼아야 하며, 이를 입으로 떠들고 다닐 것이 아니라, 몹시 어려울 때 힘 있는 사람에게 부탁하는 것보다 더 간절하게 귀의해야 한다. 삼보만이 든든한 마음의 의지처가 되어 삼악도나 사바세계의 고통에서 우리를 구제해주실 수 있기 때문이다.

  우리가 귀의하는 방법에는 귀의의 대상을 만들어 귀의하는 것과 자기 마음속에 삼보가 될 수 있는 씨앗을 얻고자 귀의하는 것, 이 두 가지가 있다. 넓고 깊게 배운 이라면, 주로 삼보가 될 수 있는 씨앗을 얻고자 하는 일념으로 귀의해야 한다. 공부나 수행을 많이 해도 귀의하는 방법이 공부하지 않은 세속의 사람들과 별반 다르지 않다면, 이는 귀의와 수행을 일치시키지 못한 것으로 공부하지 않은 것이나 다름없다. 위의 두 가지 귀의하는 방법에 의지해 믿고 실천하는 것이 완벽하게 귀의하는 것이다.

위대한 '까담'의 스승들께서 이처럼 귀의하지 못한 수행자들에게 "저 늙은 수행자! 아직 불자들 속에도 끼지 못했구나!"라고 질타하셨던 것을 우리도 깊이 명심해야 한다.

4) 귀의함으로써 생기는 이득

불자로서 불교에 입문하면 모든 계율의 기초를 다지게 된다. 이를 통해 예전에 쌓았던 업장이 소멸하고, 큰 공덕을 속히 쌓으며, 사람과 사람 아닌 것들로부터 해침을 당하지 않고, 삼악도에 떨어지지 않는다. 금생과 내생의 모든 일이 저절로 이루어지며, 빨리 성불할 수 있는 등 여덟 가지 이득이 있다.

첫째, 귀의할 때 흉내 내거나 입으로만 하지 않고, 마음속 깊은 곳으로부터 귀의하면 진정한 불자로서 입문한 것이다. 따라서 귀의하는 기도문을 몇십만 번 외운다고 하더라도 마음속 깊이 귀의하지 않는다면 불자라고 할 수 없다. 티벳불교에서는 기초수행의 하나로 귀의하는 기도문을 십만 번 외우면서 숫자를 세는 수행법이 있는데, 예전에 '아타르'라는 비구가 다른 몇 명의 수행자와 함께 이 기도를 하고 있었다. '아타르'는 마음속에 참된 귀의심이 생기는 데 시간이 오래 걸렸으나, 다른 수행자들은 빨리 마쳤다. 그들이 '아타르'에게 얼마나 했는지를 묻자, "너희들은 수가 중요해서 숫자 세는 것에만 염두에 두고 기도하느냐?"라고 되물었다고 한다. 우리도 귀의할 때 그저 입으로 외우고 숫자를 세는 것에만 중점을 두지 말고, 진실로 마음속에서 우러나도록 해야 한다.

둘째, 근본적으로 마음속으로부터 삼보에 귀의하지 않으면 계를 받을 수 없다. 땅은 집을 짓거나, 농사를 짓거나, 나무를

심을 수 있는 토대가 되는 것과 같이 귀의는 모든 계율과 수행의 토대가 되기 때문이다.

셋째, 예전에 쌓았던 업장들이 소멸된다. '앙굴리말라'도 석가모니 부처님을 만나기 전에 무거운 죄를 지었으나, 부처님께 귀의함으로써 그 죄를 소멸시킬 수 있었다. 부처님의 명호를 부르거나 『반야바라밀경』을 한 번 읽는 것만으로도 수겁 동안 쌓았던 업장이 소멸된다는 말을 대장경에서 많이 볼 수 있다. 『반야섭송』에 이르기를, "만약 귀의하는 공덕이 형태가 있다면, 삼계를 가득 채우고도 남을 것이다."라고 했다.

넷째, 큰 공덕을 쌓는다. 부처님께서는 깨달으신 존재이므로, 비록 우리 마음동기가 완벽하지 않더라도 귀의하면 큰 공덕을 쌓게 되는 특별함이 있다. 『대비백련화경』에 다음과 같은 일화가 있다. 석가모니 부처님께서 "돌멩이도 없고, 가시나 잡초, 억센 풀도 없는 좋은 밭에 농부가 때맞추어 좋은 씨앗을 뿌렸다. 그 후 농사에 필요한 햇볕과 바람, 비 등도 적당한데, 농부가 그 씨앗을 향해 '너는 싹을 틔우지 마라! 자랄 필요가 없다. 열매를 맺지 마라! 수확이 필요 없다.'라고 말한다고 해서, 과연 그 싹이 트지 않겠느냐?"라고 아난다에게 물으셨다. 아난다는 "그렇지 않습니다."라고 대답했다. 그러자 석가모니 부처님께서는 "그와 같이 부처님들께 쌓았던 공덕은 원하지 않아도 그 과보를 반드시 받게 된다."라고 말씀하셨다. 이처럼 부처님께 쌓는 공덕은 한량이 없다.

다섯째, 사람과 사람 아닌 것[귀신]들로부터 해침을 당하지 않는다. 예전에 어떤 신도가 한 비구에게 승복을 만들 천을 공양 올렸는데, 그것을 본 도둑이 밤에 훔치러 왔다. 비구가 미리 알고 방편으로 도둑을 잡아 손을 묶어 놓고 '부처님께 귀의합니다.' 등 삼보에 귀의하는 구절을 외우면서 지팡이로 세 번 때렸다. 도둑은 도망가다가 다리 밑에 숨었는데, 그곳은 사람을 잡아먹는 귀신들이 찾아오는 곳이었다. 그때 도둑은 비구가 자신을 때릴 때 외쳤던 삼보에 귀의하는 구절을 외우면서, '귀의하는 구절이 세 개밖에 없어서 천만다행이다. 이보다 더 많았다면 나는 맞아 죽었을지도 모른다.'라고 생각하며 밤을 지새웠다. 그날 밤 귀신들은 그가 외운 귀의하는 구절이 무서워서 그곳에 감히 다가오지도 못했다. 우리도 어디에서 어떤 일을 당하더라도 두려워하지 말고 항상 마음을 오직 삼보에만 바쳐서 귀의해야 한다.

여섯째, 삼악도에 떨어지지 않는다. 신들은 죽을 때 자신이 다음 생에 어디에 태어나는지 미리 볼 수 있는데, 대부분 지금보다 더 낮은 생으로 태어난다. 어떤 신은 자기 아들이 죽을 때 돼지로 태어날 것을 미리 알고 곧바로 인드라에게 귀의하면서 구제해 달라고 빌었지만, 인드라는 그의 아들을 구제하지 못했다. 그러자 그 아들은 석가모니 부처님께 귀의하면서 죽었다. 후에 인드라가 그 아들이 어디에 태어났는지 알아보려고 해도, 자신보다 낮은 곳에 태어나지 않았으므로 알아낼 수가 없었다. 인드라가 석가모니 부처님께 그 아들이 태어난 곳을 여쭈자 극락에 태어났다고 알려주셨다. 그와 같이 돼지로 태어나야 할 신의 아들이 부처님께 귀의함으로써 삼악도에 떨어지지 않고 극락에 태어날 정도이니, 귀의하는 공덕이 얼마나 큰가!

일곱째, 이번 생과 다음 생의 모든 일이 저절로 이루어진다. 소원을 이루는 방편으로도 귀의하는 것보다 더 나은 것은 없다. 예전에 위대한 스승들은 삼보에 대한 귀의를 토대로 이번 생과 다음 생의 모든 일을 성취해 나가셨다.

여덟째, 빨리 성불할 수 있다. 누구나 삼보에 귀의해서 수행하면 모든 장애를 빨리 없앨 수 있다. 마음은 평상시에 어디에 더 익숙한지에 따라 그쪽으로 따라가게 되는데, 평소 삼보에 일심으로 귀의하면 죽을 때도 그 마음의 힘에 의지해 큰 공덕을 쌓으면서 죽을 수 있다.

5) 귀의한 후 배워야 할 가르침

이는 귀의처마다 각각 따라야 할 가르침, 공통으로 배워야 할 가르침, 이 두 가지로 설명한다.

(1) 귀의처마다 각각 따라야 할 가르침
이는 하지 말아야 할 것과 반드시 해야 할 것, 이 두 가지로 설명한다.

① 하지 말아야 할 것
불보에 귀의한 후에는 세속의 신들에게 귀의하지 말아야 한다. 삼보에 귀의한 불자가 어느 날 갑자기 어떤 일들이 잘 이루어지지 않는다고 해서, 곧바로 세속의 신을 찾아가 고개를 숙이는 것은 불자로서 해야 할 행동이 아니다. 귀의할 때 두 가지 마음으로 해서는 안 된다. 만일 그렇게 하면 받은 계를 한순간에 파하게 되고, 불자의 자격도 잃어버리게 된다.

어떤 경우에 세속의 신이나 용신에게 공양 등을 올려서 수행 방편으로 도움을 받게 되더라도 귀의처로 삼지는 말아야 한다. 일반적으로 어떤 일에 다른 사람의 도움이 필요할 때

일당을 주거나 선물을 주면서 부탁할 수는 있지만, 그렇다고 해서 귀의할 필요까지는 없다.

법보에 귀의한 후에는 그 가르침에 따라서 남을 해치지 말아야 하며, 살생하거나 훔치거나 거친 말로 남에게 상처를 주거나 이간질하는 것은 물론, 축생에게 짐을 지나치게 많이 지게 해서도 안 된다.

승보에 귀의한 후에는 외도와 친하면 안 된다. 이는 "인과가 과연 있습니까? 삼보가 정말 있습니까?"라고 의심하면서 묻는 무리와 친해서는 안 된다는 뜻이다. 아직 자신에게 확고한 믿음이 없는 상태에서는 "말 잘하는 사람들이 그냥 해본 말이 아니냐?"라는 식으로 하는 말들을 듣지 말아야 한다. 그런 말을 들으면 우리의 신심에 해로우며, 그런 친구들이 있으면 우선 멀리해야 한다.

② 반드시 해야 할 것

가. 불보에 대하여

부처님께 귀의한 후 불상을 뵈면 그 재료가 무엇인지, 모양이 좋고 나쁜지에 상관없이 살아있는 부처님으로 믿어야 한다. 금·은·동으로 만들어진 불상은 가치가 있다고 여겨 불단 위쪽에 모시고, 진흙으로 만든 불상에는 신심이 적게 나서 낮은 곳에 모시는 경우가 있다. 또 새 불상을 모시면서 진흙으로 된 오래되고 낡은 불상을 버리는 경우가 있는데, 이는 자신의 복을 밖으로 던져버리는 것과 같다. 탱화도 오래된 것을 더 귀하게 모시는 것은 삼보를 공경하는 것이 아니라 마음의 뿌리가 썩어가고 있다는 증거이다. 불상이나 탱화를 모실 때 새것이나 오래된 것이나 재료가 좋은 것이나 그렇지 않은 것이나, 차별하는 마음 없이 모두 똑같이 살아있는 부처님으로 생각하고 모셔야 한다.

나. 법보에 대하여

지나가다 길에 떨어져 있는 지폐 한 장과 경전 한 장을 보았을 때 우리는 당장 돈부터 줍게 되지 경전을 집으려고 하지는 않을 것이다. 그러나 법보에 귀의하면 경전뿐만 아니라 종이 위에 쓰여 있는 글 한 자까지도 실제로 법보라고 생각하고 공경히 대해야 한다. 그렇게 하지 않으면 세세생생 어리석게 태어나는 등의 과보를 받게 됨을 마음에 잘 새겨야 한다.

다. 승보에 대하여

스승 '돔뙨빠'는 길을 가다가 승복색인 노란색이나 빨간색의 천이 길바닥에 떨어져 있는 것을 보면, 이를 밟거나 그냥 지나치지 않고 깨끗한 곳에 모셨다고 한다. 이렇듯 승복과 같은 색깔의 것만 보아도 승복처럼 여겨 공경히 대해야 하며, 나아가 승가를 뵈었을 때 큰 도반을 만난 것으로 생각한다면 세세생생 함께 수행하는 도반들이 부족하지 않게 된다.

(2) 공통으로 배워야 할 가르침

이는 귀의처의 위대한 공덕을 자주 사유하기, 삼보의 은혜를 생각하며 언제나 공양 올리기, 다른 사람들도 귀의하도록 이끌기, 신심으로 밤낮을 여섯 번으로 나누어 삼보에 귀의하기, 무슨 일을 하더라도 삼보에 의지하기, 어떤 상황에서도 삼보를 버리지 않기, 이 여섯 가지로 설명한다.

① 귀의처의 위대한 공덕을 자주 사유하기

위에서 설명한 것처럼 외도와 불자의 차이를 알고서 귀의하며, 불·법·승 삼보의 공덕을 하나하나 생각하면서 늘 귀의해야 한다.

② 삼보의 은혜를 생각하여 언제나 공양 올리기

삼보의 은혜를 기억하여 무엇을 먹고 마시든지 먼저 귀의처에 공양을 올린다. 불·법·승을 항상 마음에서 잊지 않고 무엇을 먹고 마시든지 먼저 삼보에 공양을 올리고 난 후에 먹는다. 그렇게 하면 아주 큰 이득이 있는데, 이는 공양의 대상이 위없는 존재이기 때문이다.

마음속으로 싫어하면서도 아닌 척하거나, 하고 싶지 않으면서도 억지로 하는 등으로 부처님께 공양을 올리면 안 된다. 갓 삭발한 이가 큰 스승에게 바짝 긴장해서 차를 올리듯, 늘 그렇게 공손하고 정성스러운 마음으로 공양을 올려야 한다.

③ 다른 사람들도 귀의하도록 이끌기

다른 사람들이 외도의 무리나 그들의 가르침에 입문하는 것을 막아야 하며, 삼보에 믿음이 없는 사람들과 이야기할 때도 중간중간 삼보의 위대한 공덕들을 일러주어 귀의하도록 해야 한다.

④ 신심으로 밤낮을 여섯 번으로 나누어 삼보에 귀의하기

귀의함으로써 생기는 이득을 생각하여 낮에 세 번, 밤에 세 번 귀의하는 기도문을 읽으면서 귀의해야 한다. 이처럼 신심으로 밤낮을 여섯 번으로 나누어 삼보에 귀의한다.

⑤ 무슨 일을 하더라도 삼보에 의지하기

작은 일이든 큰일이든 무슨 일을 하더라도 삼보에 의지해서 행해야 한다. 겉으로는 번지르르한 말을 하면서, 속으로는 좋지 못한 생각을 해서 잡신 등에 의지해서는 안 된다.

⑥ 어떤 상황에서도 삼보를 버리지 않기

자신의 목숨이 위급한 처지에 놓이더라도, 혹은 농담으로라도 삼보에 귀의함을 버려서는 안 된다. 이는 본인이 스스로 불자이기를 포기하는 것이다. 한편 불자가 아니면 사미계나 비구계, 보살계를 받을 수 없을 뿐만 아니라 밀교 수행도 할 수 없다. 이처럼 귀의함을 버리면 모든 계를 파하는 것이 되니, 크게는 목숨을 위해서나 작게는 농담으로라도 삼보를 버리지 말아야 한다.

예전에 어느 외도가 불교 수행자에게 "네가 귀의한 것을 버리지 않으면 죽여 버리겠다."라고 협박했지만, 그는 끝까지 귀의함을 버리지 않아 죽임을 당했다. 그러나 그 수행자는 이렇게 귀의함을 버리지 않은 공덕으로 정토에 나게 되었다. 이렇듯이 어떤 경우에도 삼보를 버려서는 안 됨을 마음속에 깊이 새겨야 한다.

2.2. 모든 행복의 뿌리인 인과에 대한 온전한 신심

이와 같이 삼보에 귀의함으로써 삼악도에 태어나는 것을 한 두 번은 면할 수도 있지만, 그것으로 삼악도에서 영원히 벗어난 것은 아니다. 다시 삼악도에 태어나지 않을 확고한 자신감을 가지려면 귀의처의 가르침을 실천해야만 한다.

예를 들어 어떤 죄인이 벌을 받게 되었을 때 높은 사람에게 부탁해서 이를 모면할 수 있었다고 한다. 그는 다시는 나쁜 죄를 짓지 않겠다고 맹세했지만 이를 잊고 또다시 죄를 짓게 되었으며, 높은 사람도 이번에는 도와줄 수가 없어 결국 벌을 받아야만 했다. 이처럼 우리가 비록 삼보에 귀의하더라도 귀의처의 가르침을 바르게 실천하지 않는다면, 삼보가 우리를 위해 해줄 수 있는 것은 아무것도 없다.

그러므로 삼악도에서 벗어날 수 있는 실질적인 가르침은 법이며, 정법 중에서도 인과를 제대로 알고 실천해야 한다. 인과에 대한 믿음이 없으면 선행을 하고 싶은 마음과 작은 불선행조차 버리고 싶은 마음이 생기지 않는다. 삼장에 능통했던 이들이나 대수행자로 불리던 이들도 인과를 제대로 실천하지 못해 지옥에 떨어진 경우가 있다.

'아띠샤' 스승의 스승이신 '아와두띠빠'는 어느 다리를 함께 지나가다 뒤돌아보면서, "수행자는 자아를 다 없애기 전까지 인과를 무시해서는 안 된다. 이러저러한 많은 수행자들도 인과를 무시한 죄업으로 지옥에 태어났다."라고 말씀하셨다. '데바닷따'도 많은 경전에 통달했지만, 그것이 전혀 도움이 되지 않아 결국 불지옥에 태어났다고 한다. 그 이유는 인과를 무시했기 때문이다. 이처럼 인과를 제대로 실천하지 않으면 관상이나 기도 등 어떤 수행을 하더라도 도움이 되지 않는다.

'야만따까〔직제〕'[38]를 의지해 밀교를 수행하던 어떤 수행자가 죽은 후 '야만따까'의 모습을 한 아귀로 태어나 전생의 자기

---

38) 지혜의 본존 문수보살의 화신인 분노존을 말하며, 이담 중 하나이다.

도반에게 먹을 것을 얻으러 왔다는 이야기가 있는데, 그 수행자는 생전에 인과를 무시했다고 한다. 이처럼 인과를 잘 알지 못하면 아무리 수행력이 높아도 지은 업의 과보를 피할 수 없음을 알아야 한다.

요즘 사람들은 기초 없이 공성에 대한 지견(知見)은 무척 중요하게 여기면서도, 인과에 대한 믿음과 이를 올바르게 알아서 철저하게 실천하는 것은 중요하게 생각하지 않는다. 누군가 수행한다고 해서 염불이나 참선으로 깊은 삼매에 들 수 있다고 하더라도, 인과를 모른다면 이는 수행을 어떻게 해야 하는지 모른다는 증거이다. 그러므로 진정한 수행자라면 인과를 철저하게 알고 실천해야 한다.

이는 인과를 전체적으로 사유하는 방법, 인과를 세부적으로 구별하여 사유하는 방법, 인과를 취하고 버리는 방법, 이 세 가지로 설명한다.

1) 인과를 전체적으로 사유하는 방법

이는 실제로 인과를 전체적으로 사유하는 방법, 인과를 개별적으로 사유하는 방법, 이 두 가지로 설명한다.

(1) 실제로 인과를 전체적으로 사유하는 방법

이에 인과는 반드시 존재함을 사유하기, 업은 갈수록 늘어남을 사유하기, 짓지 않은 업은 과보가 생겨나지 않음을 사유하기, 한번 쌓은 업은 절대로 없어지지 않음을 사유하기, 이 네 가지가 있다.

① 인과는 반드시 존재함을 사유하기

'인과는 반드시 존재한다.'라는 말의 의미는 율장에 나오는 "어떠한 업을 쌓아도 그 과보는 반드시 따라온다."라고 하는 말과 일맥상통한다. 이는 선행을 하면 그 과보로 행복만 따를 뿐 고통은 따르지 않으며, 불선행을 하면 그 과보로 고통만 따를 뿐 행복은 따르지 않는 것과 같이 인과는 반드시 존재함을 말한다.

예를 들면 매운맛이 나는 열매의 씨앗을 뿌리면 매운맛이 나는 열매가 열리고, 떫은맛이 나는 열매의 씨앗을 뿌리면 떫은맛이 나는 열매가 열리는 것과 같다. 그러므로 업의 원인을 만들 때 우리는 주의를 기울여야만 한다. 왜냐하면 일단 그 원인이 열매를 맺고 난 뒤에는 고치는 것이 불가능하기 때문이다.

'녠빠상뗀'이라는 사람이 있었는데, 몸은 아주 못생겼으나 목소리는 무척 감미로웠다. 이런 외모와 목소리를 가지게 된 원인은 다음과 같다. 그는 전생에 어느 왕이 큰 탑을 불사할 때 그곳에서 막노동을 하고 있었다. 그 탑이 아주 큰 것을 보고, "탑을 이렇게 크게 지어서 무엇 하나? 일이 끝날 날이 없겠구나."라며 나쁘게 말했다. 하지만 나중에 완성되고 나자 자신이 전에 했던 말을 후회하면서 참회하는 마음으로 탑에 아름다운 소리를 내는 풍경을 달았다. 그 과보로 못생긴 외모와 아름다운 목소리를 받아 다시 태어난 것이다.

'아띠샤' 스승께서 티벳에 오셨을 때 사람들이 작은 죄를 스스럼없이 짓는 것을 보고, "그렇게 해서는 안 되느니라. 아주 작은 원인도 반드시 그 과보가 따르게 되니, 그리해서는 안 되느니라."라고 타이르셨다. 그런 예로, 어떤 비구가 대중들이 앉는 방석 위에 기름을 떨어뜨린 작은 죄를 지었는데, 그 과보로 다음 생에 등 뒤에 검은 점을 가진 사람으로 태어났다는 일화가 있다.

또 다른 예를 보면, 어떤 비구가 가사를 물들이고 있었는데, 마을 사람들이 그것을 송아지 고기와 혼동하였고, 급기야 그 비구가 송아지를 도둑질했다고 고발해 비구는 감옥에서 6개월을 보냈다. 이는 전생에 그가 송아지를 잃어버렸을 때 어느 수행자가 도둑질한 것으로 오인하고 왕에게 고해바쳐 그 수행자를 감옥에 6일간 갇히게 한 것에 대한 과보라고 한다. 이처럼 인과는 반드시 존재한다.

② 업은 갈수록 늘어남을 사유하기

석가모니 부처님께서 어느 마을을 지나갈 때 한 여인이 부처님께 검은깨 한 줌을 공양 올렸다. 부처님께서 그 여인에게 "미래에 '렉멘'이라는 벽지불이 될 것이다."라고 예언하시자 여인의 남편이 "그런 거짓말은 하지 마시오."라며 부처님께 불손하게 말했다. 그러자 부처님께서는 "바니안나무의 씨앗은 그 크기가 깨알같이 작지만, 나무는 그 아래에 오백 대의 마차를 부딪치지 않게 둘 수 있을 만큼 크다."라고 비유로써 그 여인의 과보를 말씀하셨다. 이처럼 작은 선행도 마음동기에 따라 큰 과보를 받을 수 있다는 말씀을 듣고, 그 남편도 신심을 가지게 되었다.

한 비구가 어떤 사람에게 "네 목소리는 개가 짖는 소리 같다.", "개구리가 우는 소리 같다.", "원숭이 소리처럼 들린다."라고 욕을 해댄 과보로 그 동물들로 각각 오백 생씩 태어난 일화도 있다.

예전에 중국의 어떤 사람이 '요즘 학자들은 뱀과 같다.'라는 내용의 책을 저술했는데, 그는 죽기 전에 아무런 병도 없이 팔다리가 몸 안으로 오그라들더니 뱀이 되어 항아리에 붙어 살았다고 한다. 이처럼 비록 사람을 죽이는 것처럼 큰 죄를 짓지 않고 사소하게 욕하는 것만으로도 그 과보는 엄청나게 커질 수 있다.

인과에 대한 것은 공성보다 더 미세하며, 그 뿌리를 알아내기가 결코 쉽지 않다. 성문·연각의 아라한들이 공성의 의미는 깨달았지만, 인과에 대해서는 부처님만큼 자세하게 알지 못한다고 한다. 그만큼 인과는 매우 미세하며, 반드시 큰 과보가 따르므로 항상 주의해야 한다.

한편 작은 선행을 해도 그 과보는 무척 클 수가 있다. 예전에 '아레뉘'라는 전륜성왕이 지구뿐만 아니라 사대주(四大洲)³⁹⁾까지 모두 통치할 수 있었던 것은 전생에 과거 부처님을 뵐 때 멀리서 콩 한 줌을 뿌려서 공양 올렸는데 콩 네 알이 부처님 발우 안에 떨어진 과보라고 한다.

또한 석가모니 부처님 당시에 어느 브라만의 아들이었던 '쎄릭'이라는 사람은 손에서 금이 나왔다. 이는 전생에 그가 나무꾼이었을 때 물이 담긴 흙 항아리 안에 나무를 판 돈으로 산 황금을 넣어서 연등불께 공양을 올렸던 과보라고 석가모니 부처님의 인과에 대한 가르침에서 나온다.

이처럼 인과는 반드시 있으며 그 과보 또한 늘어남을 알아서, 이제 더는 죄를 짓지 말아야겠다는 마음을 내어야 한다. 그리고 아무리 작은 공덕이라도 부지런히 쌓아야겠다고 마음속 깊이 결심해야 한다.

---

39) 수미산 주위로 사방에 있는 대륙으로 남섬부주(南贍部洲), 동승신주(東勝身洲), 서우화주(西牛貨洲), 북구로주(北俱盧洲)를 말한다.

③ 짓지 않은 업은 과보가 생겨나지 않음을 사유하기

전쟁터에서는 늘 많은 사람이 죽기 마련인데, 어떤 사람은 "나는 방탄복이 없었는데도, 빗발치는 총알 사이에서 아무 일 없이 죽지 않은 것이 신기하다."라고 말하는 경우가 있다. 이는 본인이 그 전쟁터에서 죽어야 할 원인이 없었기 때문에 그런 것뿐이다. 또 같은 방탄복을 입고 총알을 맞아도 누구는 죽고 누구는 죽지 않는 것을 보면서도 목숨이 인과가 아닌 방탄복에 달린 것으로 안다면, 이는 진실로 인과를 모르기 때문에 하는 말이다.

④ 한번 쌓은 업은 절대로 없어지지 않음을 사유하기

지은 업이 오래되었다고 해서 낡아지거나, 아주 조그마한 업이라고 해서 없어지는 일은 절대로 없다. 작고 오래된 것들도 때가 되면 반드시 그 과보를 받게 된다고 한다.

출가한 공덕이 매우 작으나 그 과보가 큰 것은 그 출가 동기와 관련이 있다. '킴닥뻴게'라는 사람이 출가하고 싶었으나, 그에게 그럴 만한 공덕이 없다고 해서 아무도 받아주지 않았다. 그가 몹시 슬퍼하고 있을 때 석가모니 부처님께서 "너는 출가할 공덕이 있다. 다른 이들이 너를 받아주지 않은 것은 몇 생 전에 지었던 너의 공덕을 모르기 때문에 그런 것이다."라고 위로하셨다. 어느 전생에 그는 파리로 태어나 마른 소똥 위에서 냄새를 맡고 있다가, 갑자기 내린 비로 소똥과 함께 떠내려가다 어느 탑 주위를 한 바퀴 돈 적이 있었다. 이것이 후에 그가 출가할 수 있는 공덕이었다. 그는 출가한 후 아라한의 경지에까지 이르렀다.

'파께보'라는 왕이 석가족과 전쟁을 일으켜 석가족의 사람들이 전생의 과보로 죽게 되었다. 그때 석가모니 부처님께서는 등만 약간 아프셨다. 그 이유는 전생에 석가모니 부처님께서 어느 어부의 아들이었을 때 아버지가 큰 물고기 두 마리를 잡아 날로 먹는 것을 보면서 무척 좋아한 과보였다. 한편 부처님께서 왕 '파께보'는 그 전쟁을 일으킨 과보로 후에 불에 타 죽을 거라고 말씀하셨는데, 그는 화재를 피하려고 바다 위 배 안에 몸을 숨겼지만, 강한 햇살이 유리를 투과하면서 불을 일으켜 결국 배 안에서 타 죽었다.

'나가르주나'께서도 어느 전생에 풀을 벨 때 개미 한 마리의 목을 베었던 업으로, 어떤 어린 왕자가 목을 내놓으라고 하여 열반에 드실 수밖에 없었다.

그러므로 나쁜 업을 쌓고서 완전하게 참회하지 않으면, 그 업이 아무리 오래되어도 반드시 과보를 받게 된다. 그에 대한 여러 가지 이야기가 전생담에도 나오듯이, 인과를 올바르게 이해하기 위해 노력해야 한다.

이렇게 하여 인과에 대한 믿음이 생기면, 그 믿음에 의지하여 인과를 잘 알아차리기 위해서 먼저 '열 가지 계율〔十戒〕'부터 잘 지켜야 한다. 십계는 일반인이 삼선도에 태어나는 원인이 되고, 성문·연각이 해탈의 경지에 이르는 길잡이가 되며, 보살들이 완전한 깨달음의 경지에 이르는 근본이 되므로, 하사도를 수행할 때 특히 십계를 지켜야 하는 이유를 분명하게 알아야 한다.

(2) 인과를 개별적으로 사유하는 방법

이는 불선업을 사유하기, 선업을 사유하기, 불선업과 선업의 대상에 따른 과보의 크고 작음, 이 세 가지로 설명한다.

12년간의 용맹정진 끝에 미륵보살을 뵙고 유식사상을 체계화한 스승
아상가(무착보살)

① 불선업을 사유하기

가. 불선업의 실제

인과를 실천하는 것은 매우 중요하고 미세한 일인데, 먼저 그것의 옳고 그름을 판단하기 위해 선업과 불선업을 각각 열 가지로 분류한다. 이는 출가자뿐만 아니라 재가신자도 반드시 실천해야 한다. 『입보살행론』에 다음과 같은 게송이 나온다.

"중생은 고통에서 벗어나기를 바라면서
고통의 원인을 향해 달려가고
행복을 바라면서도 무지하기에
행복의 원인을 원수처럼 물리치고 있네."

이처럼 우리는 행복을 바라지만 행복의 원인인 선행을 할 줄 모르고, 고통을 바라지 않으면서도 고통의 원인인 죄업을 버릴 줄 모르기에 인과의 옳고 그름을 판단할 때 거꾸로 하고 만다.

어떤 사람들은 자신의 머리가 둔해 십계(十戒)는 모른다고 하면서 생각조차 하기 싫어한다. 하지만 노래나 창(唱)의 가사 이삼십 개 정도는 멋지게 외우면서 어찌 열 개밖에 안 되는 십계는 외우지 못하는가? 수행하는 방법을 알면서도 실천하지 않기 때문에 삼악도에 떨어지는 것이니, 실천하는 것이 무엇보다도 중요하다.

버려야 할 열 가지 불선업에는 몸으로 짓는 업 세 가지, 말로 짓는 업 네 가지, 마음으로 짓는 업 세 가지가 있다. 몸으로 짓는 불선업은 살생, 도둑질, 삿된 음행이고, 말로 짓는 불선업은 거짓말, 이간질, 거친 말, 쓸데없는 잡담이며, 마음으로 짓는 불선업은 주인이 있는 물건을 탐내는 마음, 남을 해치려는 마음, 그릇된 견해 등이다.

㉠ 살생

살생의 업이 성립되려면 대상, 의도, 행, 마무리 이 네 가지가 갖추어져야 한다.

살생의 대상은 물고기나 소같이 생명을 가진 본인이 아닌 다른 유정을 말한다.

의도는 그 대상을 인지하는 것과 동기, 번뇌 이 세 가지를 갖추어야 한다. 여기서 인지하는 것은 그 대상이 무엇인지 정확하게 아는 것을 말한다. 동기는 죽이고 싶어 하는 마음 그 자체를 말하고, 번뇌는 삼독을 말한다. 예를 들어 성냄으로써 살생하는 경우는 화가 나서 원수 등을 칼로 찔러 죽이는 것 등이고, 욕심 때문에 살생하는 경우는 고기를 얻거나 가죽을 탐내어 살생하는 것을 말하며, 어리석어서 살생하는 경우는 외도들이 동물을 죽여 그 피를 공양 올리면 죄가 없어지고 공덕을 쌓게 된다고 믿는 그릇된 견해로 살생하는 경우를 말한다.

행은 무서운 독이나 무기, 흑마술과 같은 사악한 술책 등을 써서 죽이는 것을 말한다. 칼로 찔러 죽이는 살생뿐만 아니라 주술을 사용해 죽게 하는 것도 해당된다.

살생의 마무리는 죽이는 사람보다 그 대상이 먼저 죽는 것을 말한다.

이런 네 가지 조건을 모두 갖추면 이는 완벽한 살생이 된다. 한편 다른 사람에게 시켜서 대상을 죽이는 것도 자신이 살생을 저지르는 것과 같다. 『구사론』에는 여덟 명의 사람이 다른 사람을 시켜서 소 한 마리를 죽이는 경우 그 죄과가 여덟 등분으로 나뉘는 것이 아니라 여덟 명 모두 각자 소 한 마리씩을 죽인 과보를 받게 된다고 나온다. 또 이와 마찬가지로 장군이 부하들을 전쟁터로 내보내어 천 명의 적을 죽였다면 부하들은 각자 사람을 죽인 수만큼의 과보를 받게 되고, 장군은 천 명 모두를 죽인 과보를 받게 된다고 한다.

어떤 사람들은 자신이 직접 살생하기를 꺼려서 다른 이에게 시켜 가축을 잡는 경우도 많은데, 이는 시키는 사람과 잡는 사람 둘 다 살생한 과보를 얻게 된다. 그러므로 반드시 죽여야 할 일이 있을 때는 남에게 시키지 않고 본인이 직접 하는 것이 그나마 과보를 줄이는 것이다. 다른 사람까지 죄를 짓게 할 필요 없이 자기 혼자서 짓는 편이 낫다. 자기가 직접 죽이지 않기 때문에 자신에게는 죄가 없다고 생각하는 사람들도 있지만, 이는 살생한 과보에다 남에게 시킨 과보까지 더해져 직접 살생을 한 사람보다 그 과보가 훨씬 더 크다.

예전에 어떤 불자들이 행사를 치르기 위해 양과 소, 염소를 잡으려고 했다. 그때 염소가 양과 소에게 "저 사람들이 우리 셋을 죽일 것 같소."라고 하자 소가 "이들은 삼보에 귀의한 분들이고, 일체중생의 행복과 행복의 원인까지도 생기길 바라면서 눈을 감고 두 손 모아 합장하시는 분들입니다. 그러므로 우리를 죽인다는 것은 있을 수 없는 일입니다."라고 답했다. 그러자 양도 "저들은 부처님의 제자이며, 부처님의 가르침에 입문할 때 그 가르침을 지키겠다고 서약하신 분들이오. 그 가르침의 핵심 내용이 남을 해치지 말라는 것이니 우리를 해치지 않을 것이오."라고 하며 서로를 안심시켰다.

그러나 그날 오후가 되자 검붉은 얼굴의 무시무시하게 생긴 백정이 와서 그 불자를 만났다. 백정이 "오늘은 내가 바빠서 죽일 수 없으니, 다른 사람에게 부탁하시오."라고 말했다. 그러자 그 불자는 "오늘 저녁 음식을 장만하는 데 필요하니, 오늘 꼭 잡아주시오!"라고 간청했다. 백정이 어쩔 수 없이 그렇게 하겠다고 그 불자와 약속하는 것을 가축들이 밖에서 듣고 말았다. 그 말을 듣고 괴로워하며 눈물을 흘릴 때 주인은 한쪽 손에 염주를 들고 진언을 외우면서 '과연 고기가 얼마나 나올까?' 하고 궁금해 하며 확인하려고 가축들에게 다가왔다.

그러자 세 마리의 가축이 "살생하면 안 되지요? 남에게 죽이도록 시키는 것은 더 나쁘지 않습니까?"라고 하면서 될 수 있으면 자신들을 살려달라고 애원했다. "그래도 꼭 죽여야 한다면 직접 죽여 달라."라며 사정하고 있는데, 그 백정이 나타났다. 백정은 가축들의 발을 끈으로 단단히 동여맨 후 큰 망치로 소의 머리를 내리쳤다. 날카로운 칼로 염소와 양의 가슴팍을 가르고서 뾰족한 손톱을 가진 손을 집어넣어 가축들에게 엄청난 고통을 주며 그 귀한 목숨들을 다 끊었다.

소가 매우 고통스럽게 울부짖는 것을 사방, 팔방, 시방에 계신 일체 부처님들께서 듣고, "저 소리는 겉으로만 불자의 모습을 한 아무개가 어머니와 같은 유정중생을 죽여서 그들이 고통으로 울부짖는 소리이다."라고 말씀하셨다. 그때 정토에 휘날리고 있던 법의 깃발들이 저절로 내려졌고, 불보살들의 마음도 편치 않았다. 그날 저녁 그 집에 초대된 불자들은 이러한 정황도 모른 채 근사한 저녁 식사를 했다. 이런 자들은 모두 불법의 파괴자라고 할 수 있으므로 그와 같은 살생은 피해야 한다. 마찬가지로 낚시를 취미로 즐기거나, 낚시로 잡은 물고기를 먹는 행위도 하지 말아야 한다.

스승 '파봉카 린뽀체'께서 "나의 위대한 스승은 신도들이 '앞으로 살생하지 않겠습니다!'라고 서원하는 것을 최고의 공양으로 받아들이셨다."라고 말씀하셨다. 살생하지 않는 행위는 그 자체로 큰 방생이라 할 수 있다.

ⓒ 도둑질

주인이 있는 다른 사람의 물건이나 돈 등을 훔치는 행위를 말한다. 도둑질의 업 역시 성립되려면 대상, 의도, 행, 마무리 이 네 가지가 갖추어져야 한다.

도둑질하는 의도는 세 가지를 갖추어야 한다. 대상을 혼동하지 않는 인지와 훔치고 싶어 하는 마음동기, 삼독과 연결된 번뇌를 말한다. 성냄으로 도둑질하는 경우는 원수 등에게 화가 나서 몰래 훔치는 것이고, 탐심으로 도둑질하는 경우는 남이 가진 것을 탐내어 몰래 훔치는 것이며, 치심으로 도둑질하는 경우는 '살기가 너무 어렵고 먹을 것이 없으면 훔쳐도 된다.'라고 하는 외도의 견해를 따르는 것을 말한다.

행은 밤에 훔치거나 낮에 훔치거나 그 방법과 시간에 구애받지 않고 남의 물건을 훔치는 모든 행위를 포함한다.

한편 시장에서 물건을 팔 때 합당하지 않게 서너 배 이상의 폭리를 취하거나, 백성들에게 벌을 주는 명목으로 과하게 세금을 징수하거나, 돈을 빌려주고 많은 이자를 받는 돈놀이를 하는 것 등도 모두 도둑질에 해당한다.

남의 물건을 탐내어 나에게도 그것이 있으면 좋겠다는 마음으로 온갖 아첨을 다 떨어 상대방이 주지 않을 수 없도록 해서 얻어내는 것 또한 명백한 도둑질이다. 이 같은 상황은 일상생활에서 흔히 일어날 수 있으니 매우 조심해야 한다. 그뿐만 아니라 다른 사람의 물건을 맡거나 남에게 돈을 빌린 후 시간이 많이 지나 그 주인이 잊어버렸다고 해서 자기가 가져도 되겠다고 하는 생각 또한 분명히 도둑질이다.

ⓒ 삿된 음행

일반 재가자들의 경우 부부일지라도 성기에 하지 않고, 항문이나 입에 하는 등 정상적이지 않은 방법으로 하는 것은 삿된 음행이다. 임신 중이거나 기도 중일 때 하는 것 역시 정상적인 때가 아니므로, 이 또한 삿된 음행이다. 훌륭한 수행자나 스승, 탑이나 불상이 모셔져 있는 곳에서 하는 것은 장소를 가리지 못한 것이니, 이 또한 삿된 음행이다. 한편 자신의 어머니나 친척과 하거나, 동성끼리 하거나, 아주 어린 아이에게 하는 것처럼 상대방이 비정상적인 경우와 출가자들이 하는 것은 그 자체가 삿된 음행이다.

그 의도를 살펴보면, 인지는 그 대상이 누구인지, 어떤 상태인지를 훤히 알면서 혼동하지 않는 것을 말한다. 출가자라면 혼동하든 혼동하지 않든 상관없이 그 자체가 삿된 음행이다. 동기는 위에서 말한 것과 같은 정상적이지 않은 조건에서 하고 싶어 하는 마음이며, 번뇌는 삼독심으로 이와 같은 음행을 하고 싶어 하는 것을 말한다.

행은 두 대상이 만나서 직접 성교하는 것을 말하며, 마무리는 그 행위에 대해 만족하는 것을 말한다.

ⓔ 거짓말

거짓말하는 업의 바탕은 눈으로 보거나 보지 못하거나, 귀로 듣거나 듣지 못하거나, 코로 맡거나 맡지 못하거나, 혀로 맛보거나 맛보지 못하거나, 몸으로 느끼거나 느끼지 못하거나, 의식으로 알거나 알지 못하는 것 등이고, 거짓말의 대상은 인간으로서 말할 줄 알고 그 뜻을 아는 자이다.

그 의도를 살펴보면, 인지는 보고도 보지 못했다고 바꾸어 말하려고 생각하는 것을 말한다. 동기는 거짓말을 해야겠다는 마음동기이며, 번뇌는 삼독으로 이루어져 있다.

행은 입으로 거짓말을 직접 하거나, 직접 하지 않더라도 눈짓하거나 머리를 끄덕이거나 흔들어서 간접적으로 의사를 표현하는 행위 등 모두가 이에 해당한다.

마무리는 상대방이 그 거짓말에 속아 넘어가는 것이다.

한편 사냥꾼이 짐승을 잡으려다 놓쳐서 어디로 갔는지를 물어 오면, 자기가 알고 있다면 동쪽으로 간 것을 서쪽으로 갔다고 거짓말하지 말고, 화제를 돌려서 '오늘 저녁에 나는 무엇을 할 것이다.'라는 식으로 딴소리를 하거나 아예 대답하지 말아야 한다.

ⓓ 이간질

대상은 친하거나 친하지 않은 사람들 모두가 해당한다.

그 의도를 살펴보면, 인지는 그 관계를 혼동하지 않는 것이고, 동기는 이간질하고 싶어 하는 마음이며, 번뇌는 삼독으로 그런 의도를 갖는 것이다.

행은 말로써 친한 사람들의 사이는 친하지 않게 하고, 친하지 않은 사람들의 사이는 더 나빠지게 만들어 등을 돌리게 하는 것을 말한다. 이렇게 하는 이간질은 참말로 하거나 거짓말로 하거나 상관없다. 어떤 사람이 참말을 했다고 해서 이간질이 아니라고 생각하고, 오히려 좋은 마음으로 한 것이기에 문제가 없다고 생각하여 상대방을 의심하게 만든다면, 이는 명백하게 이간질한 것이 된다.

마무리는 이간질한 말로 인해 서로 등을 돌리게 되는 것이다.

어떤 때는 상대방이 이간질하려고 한 말을 받아들이지 않아서 등을 돌리지 않는 경우도 있는데, 이는 이간질은 아니지만 쓸데없는 잡담〔기어綺語〕을 한 것에 해당한다.

㉥ 거친 말

화를 내게 하는 대상인 중생이나 중생은 아니지만, 가시 등과 같이 내가 거친 말을 하게 하는 것들 모두가 그 대상이 된다.

그 의도를 살펴보면, 인지는 그 대상을 혼동하지 않고 정확하게 인식하는 것이고, 번뇌는 삼독이며, 동기는 그렇게 거칠게 말하고 싶어 하는 마음이다.

행은 눈이 먼 맹인에게 맹인이라고 하거나, 맹인이 아닌데도 맹인이라고 말하는 것과 같이 거짓이든 아니든 상관없이 상대방의 계율이나 가문, 몸 등에 문제가 있다고 말해 상처를 주는 것으로, 설령 표현을 부드럽게 한다고 하더라도 이 또한 거친 말에 속한다. 아무리 좋은 말일지라도 상대방의 마음에 상처를 준다면 이 역시 거친 말에 해당하며 죄가 된다.

마무리는 그 말로 인해 상대방이 상처를 받는 것이다.

㉦ 쓸데없는 잡담

의미 없는 말 모두가 대상이 된다.

그 의도를 살펴보면, 인지는 말하고 싶은 대상을 인식하는 것이고, 동기는 그렇게 말하고 싶어 하는 마음이며, 번뇌는 삼독이다.

행은 오래된 왕의 전설이나 전쟁담, 각종 우스갯소리, 살아가는 이야기를 지나칠 정도로 수다스럽게 떠드는 것, 불필요하게 정치 등 다양한 주제를 가지고 토론하는 것 등을 말한다.

이 항목이 십계 중에서 과보가 가장 작은 것으로 알고 있지만, 실제로는 시간이 어떻게 가는지도 모르고 인생을 낭비하는 최고의 독(毒)이 바로 이것이다.

'아띠샤' 스승께서 "많은 사람들 속에 있을 때는 자기 입을 살피고, 혼자 있을 때는 마음을 살펴라."라고 말씀하신 것처럼, 혼자 있어도 그런 쓸데없는 잡담에 빠지지 않도록 조심해야 한다. 소설이나 외도의 경전 등을 읽는 것도 쓸데없는 잡담에 해당한다.

삿된 음행을 제외한 몸과 말로 짓는 여섯 가지 죄는 자기가 직접 하지 않고, 다른 사람이 하게 시키더라도 그 업이 성립할 수 있다.

◎ 주인이 있는 물건을 탐내는 마음

대상은 다른 사람의 재산이나 물건으로, 예를 들면 시장에 갔을 때 여러 가지 물건이 좋아 보여서 나도 저런 것을 가지면 좋겠다는 마음이 생기게 하는 것들이다.

그 의도를 살펴보면, 인지는 그 대상을 갖고 싶다고 인식하는 것이고, 동기는 그 물건들이 내 것이 되었으면 하고 바라는 마음이며, 번뇌는 삼독이다.

행은 그러한 마음이 더욱 강해져 대상을 마음속에서 자기 것으로 만들어 버리는 것이다.

　마무리는 그렇게 바라는 마음이 더욱 강해져서 그 물건들을 내 것으로 만들어야겠다고 결심하는 것이다.

　심지어 자신이 소유하고 있는 것에 대해서도 이런 마음이 생길 수 있다. 어떤 것을 특히 더 예뻐해 간직하고 싶어지면 집착이 생겨서 절대로 버리지 못하는 경우가 이에 해당한다.

　우리는 시장이나 백화점에 눈요기하러 가서 탐내는 마음을 일으키고, 다녀온 후에도 수십 번 그 마음을 돌이켜본다. 따라서 시장에 가더라도 그런 마음을 내지 않고, 오히려 탐내는 물건들이 신기루처럼 무상해서 의미가 없다고 생각함으로써 그 대치법을 실천해야 한다.

㋜ 남을 해치려는 마음

　대상은 앞에서 설명한 거친 말의 대상과 같이 생명이나 생명이 아니더라도 해치려는 마음이 들게 하는 것이다.

　동기는 죽이고 때리는 등 해치고 싶어 하는 마음이나, 다른 사람이 잘 안되길 바라는 시기심 등이다.

　행은 그런 쪽으로 강하게 움직이는 것이다.

　마무리는 남을 해치겠다고 결심하는 것이다.

　우리가 귀신 등을 쫓기 위해 기도하거나, 중생이 잘못되기를 바라면서 기도하는 경우 그 마음동기가 남을 해치려는 마음과 주인이 있는 물건을 탐내는 마음으로 짓는 죄 둘 다에 해당할 수 있는 위험이 있으므로 조심해야 한다.

㋡ 그릇된 견해

　대상은 인과, 사성제, 삼보 등이 없다고 하거나 다른 이들에게 이러한 견해가 잘못된 것이라고 말하는 것이다. '깡믹'이라는 외도의 성자는 자신의 친딸을 탐내어 음행하고 싶어지자, 다음 생이 없다는 내용으로 수많은 책을 직접 집필하였다. 이는 명백히 그릇된 견해이다.

인지는 이렇게 말하고 실제로 그렇게 생각하는 것이다.

행은 그렇게 말하는 것을 실천하는 것이다.

마무리는 그렇다고 믿어서 그러한 견해를 펴겠다고 결심하는 것이다.

복 없는 자들이 삿된 친구들과 함께 지내면서 이런 견해를 갖게 되는 것이니, 그런 친구들을 멀리해야 한다.

이와 같이 열 가지 불선업에 대해 잘 알아서 불선업을 짓지 않도록 조심하는 것이 매우 중요하다고 스승들께서 거듭거듭 강조하셨다.

나. 죄의 과보가 무겁고 가벼움의 차이

㉠ 죄 자체의 무거움의 차이

몸과 말로 짓는 일곱 가지 불선업 중에서 살생, 도둑질의 순서대로 처음이 가장 죄과가 무겁고 뒤로 갈수록 가벼워진다. 예를 들면 살생이 도둑질보다 무겁고, 도둑질이 삿된 음행보다 무거우며, 삿된 음행이 거짓말보다 죄과가 더 무겁다.

또한 남에게 주는 고통이 얼마나 크고 작은지에 따라 그 죄과의 경중이 정해진다. 예를 들면 누구나 자기 목숨은 귀하게 여기지만, 물질을 목숨만큼 아끼지는 않는다. 따라서 살생과 도둑질의 경우 상대방에게 주는 고통도 그만큼 차이가 있다.

마음으로 짓는 세 가지 불선업, 즉 주인이 있는 물건을 탐내는 마음, 남을 해치려는 마음, 그릇된 견해의 경우에는 반대로 남을 해치려는 마음이 주인이 있는 물건을 탐내는 마음보다 무겁고, 그릇된 견해가 남을 해치려는 마음보다 죄과가 더 무겁다.

ⓒ 마음동기에 따른 무거움의 차이

똑같은 죄를 지어도 그 마음동기에 따라 과보가 다르다. 예를 들어 같은 거친 말을 해도 남들에게 화를 크게 내면서 "개새끼!"라고 심한 욕설을 해댄 경우 이미 크게 화가 난 마음으로 말을 했기 때문에 죄과가 더 무겁다.

ⓒ 행에 따른 무거움의 차이

같은 살생도 대상의 크고 작음과 죽이는 방법에 따라 그 과보가 다르다. 벌레를 죽이는 것보다 코끼리를 죽이는 죄가 더 무거운데, 몸집이 큰 만큼 고통도 더 크기 때문이다. 이는 행의 무거움에 해당한다. 그리고 개구리나 닭, 벌레 등을 불에 태워 죽이는 경우가 있는데, 산 채로 죽였기 때문에 죄 자체와 행 둘 다 무거운 죄가 된다.

㉢ 대상에 따른 무거움의 차이

일반 사람들보다 스승이나 보살의 경지에 이른 분, 출가자, 부모 등과 같은 특별한 대상을 노려보거나 무시하는 눈빛으로 보기만 해도 과보가 더 무거워진다.

㉣ 항상 행함에 따른 무거움의 차이

예를 들어 쓸데없는 잡담을 하는 경우와 같이 항상 짓고 있는 죄의 과보는 특히 더 무겁다.

ⓑ 치료제의 유무에 따른 무거움의 차이
조금도 선행을 하지 않은 자가 짓는 죄는 더욱 무겁다.

위에서 설명한 여섯 가지 무거움 모두에 해당하는 경우나 두세 가지에 해당하는 경우가 있다. 예를 들면 아주 크게 화를 내면서 보살의 경지에 이른 분을 노려보거나 무시하는 눈빛으로 쳐다보는 경우는 대상의 무거움과 행의 무거움 두 가지에 해당한다. 한편 동물을 아주 고통스럽게 죽이는 경우는 죄 자체의 무거움과 행의 무거움 두 가지에 해당한다. 탐심으로 강렬한 리듬의 노래를 거칠게 부르는 경우는 행의 무거움에 해당한다. 직업상 항상 살생을 하는 백정이 부모에게 화를 내면서 죽이는 경우 여섯 가지 무거움 모두에 해당한다.

이처럼 우리의 죄가 무겁지 않은 것은 하나도 없으며, 항상 우리는 과보가 더 무거운 죄들만 짓고 있는지도 모른다.

다. 불선업 각각의 과보
이에 '피할 수 없는 궁극의 과보〔이숙과異熟果〕', '지은 업과 유사한 과보〔등류과等流果〕', '환경으로부터 받는 과보〔증상과增上果〕', 이 세 가지가 있고, 지은 업과 유사한 과보는 '자신이 지은 업과 유사한 행을 하게 되는 과보'와 '남에게 행한 업과 유사하게 받는 과보'로 나누어진다.

열 가지 불선업을 지으면 이 네 가지 과보를 모두 받는다. 큰 죄를 짓게 되면 지옥에 태어나고, 중간 정도의 죄를 지으면 아귀로 태어나며, 작은 죄를 지으면 축생으로 태어난다.

살생을 예로 들면, 피할 수 없는 궁극의 과보로 지옥에 태어난다. 지옥에서 벗어나서 인간으로 태어나더라도 남에게 행한 업과 유사하게 받는 과보로 수명이 짧거나 많이 아프게 되는 고통을 받는다. 자신이 지은 업과 유사한 행을 하게 되는 과보로 아주 어렸을 때부터 살생하는 것을 좋아한다. 또 환경으로부터 받는 과보로 먹어도 몸에서 잘 받아들이지 못하고, 약을 써도 몸에 잘 듣지 않는 등의 고통을 받는다.

지옥에 태어나 지옥의 불과 몸이 하나가 되어 고통받는 것보다 인간으로 태어나 살생하는 것을 좋아하는 것이 더 나쁘다. 이는 다시 살생하는 업을 지어서 결국 삼악도에 떨어지게 되기 때문이다. 이처럼 이 네 가지 과보 중에서 가장 무서운 것은 자신이 지은 업과 유사한 행을 하게 되는 과보이다. 그러므로 불선업을 짓게 되는 원인들을 막는 방법과 선행을 할 수 있는 방법을 찾아서 정진해야 한다.

나머지 불선업들도 그 과보를 살펴보면 다음과 같다.

도둑질하는 행은 남에게 행한 업과 유사하게 받는 과보로 가난하게 되며, 내가 아무리 벌어도 공동재산으로 귀속되어 버리는 고통을 받는다. 삿된 음행을 하면 자기 수행원과 하인, 부인을 지킬 수 없거나 이혼당하는 고통이 따른다. 거짓말을 하면 다른 사람들이 자신을 믿지 않는 과보를 받는다. 이간질하면 친척이나 친구들이 적고, 자기 주변 사람들과도 떨어져 외롭게 되는 과보를 받는다. 거친 말을 하면 결국 남들에게 부드럽지 않고 거친 말을 듣는 과보를 받는다. 쓸데없는 잡담을 하면 남들이 자신의 말을 따르지 않고, 말을 해도 말의 가치가 떨어지는 과보를 받는다. 남의 물건을 탐내면 항상 자기가 하는 일을 성취하기 힘든 과보를 받는다. 남을 해치려는 마음을 내면 항상 불안한 환경에서 살아야 하는 과보를 받는다. 그릇된 견해를 가지면 올바른 견해를 이해하지 못하고 어리석어지는 과보를 받는다.

어떤 경우 죄를 많이 지어도 오래 살고 운도 따르는 사람이 있는가 하면, 수행을 잘하는 사람이 수명도 짧고 건강하지 못하며 어렵게 사는 것은 전생의 업 때문이다. 이번 생에 무언가 좋지 않은 일이나 아프게 되는 일이 생기면 대개는 자신이 이번 생에 행한 것들이나 다른 사람이나 주변의 요인 때문이라고 생각하지만, 그것은 모두 전생에 자신이 쌓은 업의 과보로 생긴 일들이다.

이러한 것들이 남에게 행한 업과 유사하게 받는 과보들이다.

자신이 지은 업과 유사한 행을 하게 되는 과보의 경우 도둑질을 예로 들면, 어떤 사람이 어릴 때부터 습관적으로 작은 물건이라도 훔치거나, 훔치는 방법도 아주 잘 알고 있으며, 훔치는 것을 좋아하는 것 등을 말하니, 이와 견주어 보면 다른 불선업들도 이해하기가 쉽다.

환경으로부터 받는 과보의 경우 도둑질을 예로 들면, 농사를 열심히 지어도 곡식이 잘 영글지 않으며, 아무리 노력해도 재산이 잘 모이지 않거나 남들이 훔쳐가며, 가뭄이나 우박, 서리가 내려서 농사를 망치게 되고, 기르고 있는 가축의 젖이 잘 나오지 않는 것이 이에 해당한다. 또한 삿된 음행을 하면 커다란 진흙 구덩이나 자갈밭과 같이 좋지 않은 환경에 살게 된다. 거짓말을 하면 자신을 속이는 사람이 많아진다. 이간질하면 평탄하지 않은 비탈진 장소에 살게 된다. 거친 말을 하면 가시 등 나무 조각이 많은 곳에 태어난다. 쓸데없는 잡담을 하면 열매 등이 제때 열리지 않거나 때아닌 때에 열리게 된다. 남의 물건을 탐내는 마음을 내면 재물 등 자신이 가진 원만한 것들이 점점 줄어들게 된다. 남을 해치려는 마음을 내면 전쟁이나 전염병, 기근이 심한 곳에 태어난다. 그릇된 견해를 가지면 물이나 보석 등의 근원지가 말라 버리게 된다.

지난해에 농사가 잘되던 논밭이 올해 잘 안되는 것은 땅의 기운이 약해져서인데, 이 또한 환경으로부터 받는 업의 과보이다.

이와 같이 불선업으로 인해 받는 과보들을 들어서 알고 있으면서도 여전히 불선업을 계속 짓고 있다면, 이는 눈 있는 사람이 절벽으로 뛰어내리는 것과 같이 어리석기 그지없는 일이다.

② 선업을 사유하기

가. 선업의 실제

단지 열 가지 불선업을 행하지 않았다고 해서 선업을 쌓았다고 말할 수는 없다. 선업을 쌓으려면 먼저 십불선업이 무엇인지 그 대상을 정확하게 알아야 하고, 그것들을 허물로 봄으로써 절대로 불선업을 짓지 않겠다는 인식이 있어야 한다. 예를 들어 소를 죽이는 것이 불선업임을 알아서 그러한 행을 하지 않는 것을 말한다.

이와 같이 살생하지 않는 선업은 대상, 의도, 행, 마무리 이 네 가지를 모두 갖추어야 한다. 소 한 마리를 죽이지 않은 것을 선업으로 본다면, 소는 살생하지 않은 대상이고, 소를 죽이면 불선업을 쌓는다는 것을 알아서 죽이지 않겠다고 생각하는 것이 그 의도이다. 그런 마음이 더욱 깊어져 절대로 해서는 안 되는 일이라고 반성하며 하지 않는 것이 선업의 행이다. 살생하려는 마음을 버리는 결심이 확실해져서 죽이지 않는 것이 그 마무리이다.

도둑질하는 불선업의 경우도 그 대상은 훔치는 물건이며, 이로 인해 누군가 고통을 받게 되므로 훔치는 행동은 삼악도에 떨어지는 원인이 되니, 그것을 하지 않겠다는 것이 그 의도이다. 또한 그렇게 하지 않겠다고 결심하는 것이 행이다.

삿된 음행 등 다른 불선업을 하지 않음으로써 선업이 되는 경우도 이와 같이 생각하면 된다.

나. 그 각각의 과보

이는 세 가지로 설명한다.

첫째, 피할 수 없는 궁극의 과보에 따라 선업이 큰 순서대로 색계·무색계·욕계의 신이나 인간 등으로 태어난다.
둘째, 선업으로 받는 지은 업과 유사한 과보 역시 남에게 행한 업과 유사하게 받는 과보와 자신이 지은 업과 유사한 행을 하게 되는 과보로 나뉜다. 남에게 행한 업과 유사하게 받는 과보는 십계의 순서대로 장수하거나, 부자가 되거나, 배우자와 금슬이 좋고, 사람들이 자기 말을 인정하고, 주위 사람들과 사이가 좋은 것 등의 과보를 받는다. 자신이 지은 업과 유사한 행을 하게 되는 과보는 성인(聖人)이 환생하자마자 보리심과 자비심이 저절로 생기는 것 등이다.

셋째, 선업을 지어 환경으로부터 받는 과보는 먹고 마시는 것을 몸에서 잘 받아들이고, 약을 쓰면 잘 듣는 등 불선업과 반대로 생각하면 이해하기가 쉽다.

③ 불선업과 선업의 대상에 따른 과보의 크고 작음

가. 대상에 따른 과보의 크고 작음

행의 대상인 일반인, 부모, 수행자, 재가보살, 출가보살, 부처, 근본스승에게 공양을 올리는 경우 근본스승에게 공양 올린 공덕이 가장 크고, 그 다음에 부처, 출가보살, 재가보살, 수행자, 부모, 일반인의 순으로 그 공덕이 점점 작아진다.

삼세의 모든 중생을 감옥에 집어넣고 눈을 뽑아버리는 죄보다 보살에게 경멸의 눈길로 쳐다보는 죄가 훨씬 더 크다. 이와 반대로, 감옥에 갇힌 삼세의 모든 중생을 풀어주고 눈도 돌려주는 공덕보다 보살에게 신심으로 합장하는 공덕이 훨씬 더 크다.

마찬가지로 짐승을 죽이는 죄보다 사람을 죽이는 죄가 더 크다.

나. 몸의 구별에 따른 과보의 차이

계를 받은 사람과 받지 않은 사람이 선업을 닦을 때 그 공덕에 매우 큰 차이가 있다고 대장경에 나와 있다. 불선업도 마찬가지여서 재가자가 십계를 모두 파하는 것보다 출가자가 작은 계 하나를 파하는 죄가 더 크며, 보살계나 밀교계를 파하는 죄는 그보다 훨씬 더 크다.

한편 계를 받은 후 죄를 지으면 그 과보가 크므로 계를 받지 말아야겠다고 생각할 수도 있지만, 이는 어리석은 생각이다. 왜냐하면 삼선도에 태어나는 원인은 계를 잘 지키는 것밖에 없기 때문이다. 다음 생에 더 좋은 조건을 갖추어 수행하기 위해서라도 지금 당장 계를 받아 지켜야 한다. 계를 받지 않는다면 보시 등의 선행을 하더라도 삼선도에 태어나는 원인이 되지 못하므로, 짐승이나 용 등으로 태어나게 된다.

그뿐만 아니라 계를 받으면 공덕을 쌓게 되고, 계를 받지 않으면 끊임없이 불선업을 쌓게 된다. 백정이나 술을 파는 창녀와 같이 스스로 그런 직업을 갖겠다고 마음먹은 이들은 잠을 자거나 쉬는 동안에도 지은 죄의 과보가 끊임없이 늘어나게 된다. 불살생계를 받은 사람과 받지 않은 사람이 살생하지 않을 경우에 계가 없는 사람에게는 살생하지 않은 공덕이 없으나, 계를 받은 사람에게는 살생하지 않은 공덕이 날마다 늘어난다고 『입보살행론』에도 나온다.

그러므로 우바새·우바이·사미·사미니·비구·비구니계를 받은 이는 일부러 행하지 않아도 잠을 잘 때조차 공덕이 늘어나는데, 우바새·우바이는 오계의 공덕이, 사미·사미니는 삼십육계의 공덕이, 비구는 이백오십삼계의 공덕이 늘어나게 된다.

한편 보살계를 지닌 이의 공덕은 그 수를 헤아릴 수 없으며, 심지어 밀교계를 지닌 이의 공덕은 보살계를 지닌 이보다 십만 배나 더 늘어난다. 따라서 아무런 계도 지니지 않은 자는 일부러 공덕을 쌓지 않는 한 어떠한 과보도 받을 수가 없다.

이와 같이 계를 받아 지님으로써 날마다 공덕이 저절로 늘어나는 특별한 이득이 있으니, 계를 받지 않겠다는 어리석은 생각을 버리고 수행에 필요한 계나 보살계 등을 서둘러 받는 것이 좋다.

다. 행에 따른 과보의 차이

물질을 보시하는 공덕보다 법을 보시하는 공덕이 더 크고, 물질을 공양 올리는 공덕보다 실천 수행으로 공양 올리는 공덕이 훨씬 더 크다.

라. 마음동기에 따른 과보의 차이

보리심으로 진언을 한 번 외우거나 초 한 자루를 공양 올려도 그 공덕은 매우 커진다. 이는 보리심 없이 초 십만 자루를 공양 올리는 공덕보다도 더 크다.

이처럼 선업과 불선업을 구별하여 바르게 행할 줄 알면 큰 수고로움 없이도 선업을 쌓는 동시에 불선업을 줄일 수 있으므로 이와 같은 다양한 방법들에 대해서 알아야 한다.

2) 인과를 세부적으로 구별하여 사유하는 방법

과보를 두려워하여 불선업을 행하지 않고 계를 지키면서 선업을 부지런히 닦으면, 다음 생에 삼악도에 떨어지지 않고 삼선도에 태어날 수는 있다. 그렇지만 해탈과 완전한 깨달음을 이루기 위해서는 삼선도에 태어나는 것만으로는 충분하지 않다.

삼선도 중에서 인간으로 태어나더라도 수행을 하기 위해서는 다음의 세 가지 조건을 갖추어야 한다. 이는 특별한 여덟 가지 자격, 여덟 가지 자격에 따른 행위, 여덟 가지 자격이 생기는 원인, 이 세 가지로 설명한다.

(1) 특별한 여덟 가지 자격

이는 장수한다, 용모와 신체가 단정하고 장중하다, 귀한 가문에 태어난다, 경제력을 갖추고 있으며 그 세력이 크다, 말로 남을 해치지 않아 타인에게 신뢰가 있으므로 모든 사람이 자신의 말을 따른다, 보시하고 정진하는 등의 공덕을 갖추어 이름이 나므로 대중들이 공양을 올린다, 남성의 뿌리를 가진다, 해침이 적고 병이 없으며 몸과 마음이 용감하다 등을 말한다.

비옥한 논밭에 좋은 씨앗을 뿌리면 좋은 열매를 맺듯이, 우리는 전생에 쌓은 선업의 공덕으로 몸으로 갖추어야 할 자격 등을 부족하지 않을 만큼 갖고 태어났다.

(2) 여덟 가지 자격에 따른 행위

첫째, 장수해야 자신과 남의 일을 행하는 공덕을 오랫동안 많이 쌓아서 수행을 성취할 수 있다.

둘째, 용모와 신체가 단정하고 장중해야 '아띠샤' 스승처럼 제자나 다른 사람들이 보는 것만으로도 신심이 나게 할 수 있다.

셋째, 귀한 가문에 태어나야 자신에게 무엇이 필요하거나 남에게 시킬 때 다른 사람들이 잘 들어줄 수 있다.

넷째, 경제력을 갖추고 있으면 처음에는 남들에게 물질적으로 베풀고, 나중에는 법을 베풀어 깨달음에 이르게 하는 큰 이타행을 할 수 있다.

다섯째, 말로 남을 해치지 않으면 남들이 믿을 수 있어서 모든 사람이 자신의 말을 따르게 된다.

여섯째, 보시하고 정진하는 등의 공덕으로 이름이 나므로 대중들이 공양을 올린다고 함은 왕이 명령을 내리듯 모든 일이 자기가 원하는 대로 이루어지고 속히 성취할 수 있음을 말한다.

일곱째, 남성의 뿌리를 가지면 많은 사람 속에서도 두려워하지 않고, 자신감이 있어서 외진 토굴에서 혼자 수행하여도 장애가 적다.

여덟째, 해침이 적고 병이 없으며 몸과 마음이 용감해야만 위대한 수행자 '밀라레빠'처럼 몸으로 크게 고행하면서 성취해야 하는 수행도할 수 있으며, 자신과 남의 일에 어떤 어려움이 생겨도 피하지 않고 큰마음에서 나오는 의지력으로 헤쳐 나갈 수 있다.

(3) 여덟 가지 자격이 생기는 원인

수행하기 위해서는 이와 같은 자격을 모두 갖추면 좋긴 하지만, 과연 그것이 가능할까 하고 의심할 수도 있다. 그러나 이는 가능한 일이다. 가을에 수확할 수 있음을 알고 봄에 씨앗을 뿌리면 반드시 수확하는 것과 마찬가지의 원리이다.

이번 생에 선행과 청정한 기도의 힘으로 그와 같은 여덟 가지 자격의 원인을 만들면, 다음 생에 그런 자격들을 반드시 갖추게 되는 것은 너무나도 당연한 일이다.

① 장수하는 원인

남을 해치지 않는 일, 살생하는 불선업을 짓지 않는 일, 방생하거나 남의 목숨을 구해주는 일, 배고픈 중생에게 먹을 것을 주거나 감옥에서 풀어주는 등 어려움에 처한 생명을 구하는 일, 환자에게 약을 주고 간호하는 일 등의 선업을 쌓아야 한다.

② 용모와 신체가 단정하고 장중하게 되는 원인

인욕행을 닦아 실천하고, 불보살님 전에 밝은 촛불이나 아름다운 꽃과 새 옷을 공양 올리는 일, 불상·불탑·불경 등을 새로

툰빠뿐시〔화목한 네 형제〕

이 조성하는 불사, 오래되고 깨진 불상이나 사원을 복원하는 일, 개금이나 단청 등으로 장엄하는 일, 부처님이나 승가에 가사와 승복을 공양 올리는 일, 남에게 새 옷을 주는 일 등의 선업을 쌓아야 한다.

③ 귀한 가문에 나는 원인

자신의 지식이나 가문, 계, 지혜, 친척, 권력 등과 같은 힘 있는 것에 대한 자만심을 버리고 하심(下心)을 하는 일, 스승이나 본존, 부처님, 보살, 성문, 연각, 출가자 등의 특별한 대상을 크게 공경하고 예배하는 일, 출가자의 경우 승가의 선배들을 존경하는 일 등의 선업을 쌓아야 한다. 특히 출가자의 경우 후배들이나 신도들이 와서 절하거나 공양을 올리면, 그것은 자신에게 하는 것이 아니라 자기가 지키고 있는 계율에 올리는 것이라고 생각해야 한다. 경제력이 있다거나 많이 알고 있다는 교만을 버리고, 자기보다 못하다고 선배들을 무시하지 않고 존경하는 것은 부처님 당시부터 내려온 것이니 잘 이어받아야 한다.

한편 자기 부모와 같은 은혜로운 대상이나 수행을 많이 하신 분을 시봉하거나, 가난하고 어려운 이들을 최선을 다해 도와주어야 한다. 이와 같이 행하면 나라의 평화와 행복에도 크게 도움이 된다.

'툰빠뿐시[화목한 네 형제]'의 이야기를 보면, 옛날 인도 땅에 까시라는 나라가 있었다. 그 나라는 비가 알맞게 와서 농사가 잘되었으며, 백성들이 서로 사이좋게 잘 지냈는데, 왕이 교만한 마음을 일으켜 그러한 것들이 모두 자기 덕이라고 자화자찬하였다. 그때 숲속에 있던 어떤 수행자가 왕에게 "그것은 당신 덕분이 아니라 저 숲속에 있는 네 마리 동물들 덕분이오!"라고 말했다. 그 네 마리 동물은 코끼리, 원숭이, 토끼, 새였는데, 어느 날 이들은 "우리는 선후배지간으로 앞으로 서로 공경하며 살자."라고 하며 누가 더 선배인지 알아보기로 했다. 근처에 있는 큰 나무를 보고 코끼리가 "내가 아주 어렸을 때 이 나무가 내 키만큼 자라있는 것을 보았어."라고 말하자 원숭이도 "나 역시 어릴 때 내 키만큼 자라있는 그 나무를 보았지."라고 말했다. 이를 듣고 있던 토끼가 "그 나무의 싹이 자랐을 때 내가 그 이슬을 마신 적이 있는걸."이라고 말하자 새는 "이 나무는 내가 열매를 먹고 버린 씨앗이 싹터서 자란 거야."라고 말했다. 따라서 코끼리보다는 원숭이가 선배이고, 원숭이보다는 토끼가, 토끼보다는 새의 나이가 더 많다는 것을 알게 되었다. 그다음부터 이들은 서로 공경하면서 길을 나설 때는 코끼리 위에 원숭이가 타고, 원숭이 위에 토끼가 올라앉고, 토끼 위에 새가 앉아 서로 사이좋게 다녔다. 수행자는 그 공덕으로 이 나라가 풍요로운 것이라고 말하면서 왕에게 그 광경을 직접 보여주었다.

이와 같이 우리 출가자나 재가자가 모두 겸손하고 서로를 존경할 때 귀한 가문에 태어날 수 있다.

④ 경제력을 갖추고 그 세력이 크게 되는 원인

불상이나 사원에 공양을 올리고 불상·불탑·불경 등을 새로이 조성하는 불사, 가난한 사람들에게 먹을 것과 마실 것을 베푸는 일, 장식품이나 옷 등을 보시하는 일, 청하지 않더라도 도움이 필요한 대상이나 고통받고 있는 이들을 도와주는 일 등의 선업을 쌓아야 한다.

⑤ 말로 남을 해치지 않아 모든 사람이 말을 따르게 되는 원인

십계 중에서 입으로 짓는 네 가지 불선업, 즉 거짓말, 이간질, 거친 말, 쓸데없는 잡담을 하지 않는 것을 잘 지키면 반드시 이와 같은 원인을 갖추게 된다.

⑥ 보시와 정진의 공덕을 갖추어 대중들이 공양을 올리게 되는 원인

자신의 스승이나 삼보, 부모, 성문, 연각, 아사리, 계사 등의 특별한 대상과 선배들을 공경하여 공양을 올리고, 그러한 여러 가지 공덕을 증득할 수 있도록 기도하는 등의 선업을 쌓아야 한다.

⑦ 남성의 뿌리를 가지는 원인

남자로 태어나는 것을 좋아하고 여성의 몸에 집착하지 않아서 남성으로 태어나길 원하고, 여성으로 태어나길 싫어하며, 여성으로 태어나길 원하는 이들의 욕망을 없애주고, 남성이나 수컷 동물이 거세당하는 데서 벗어나게 하는 등의 선업을 쌓아야 한다.

⑧ 해침이 적고 병이 없으며 몸과 마음이 용감해지는 원인

다른 사람이 생각이나 몸으로 하지 못하는 일들을 자기가 할 수 있다면 무조건 도와주어야 하고, 남을 도와주되 성내지 말며, 약과 먹고 마시는 것을 보시하는 등의 선업을 쌓아야 한다.

이처럼 여덟 가지 자격과 그것이 생기는 원인을 알고, 그와

같이 되길 기도하고 실천한다면 '아띠샤' 스승이나 위대한 고승들처럼 될 수 있다. 위의 여덟 가지 자격을 갖추고서도 청정한 기도와 회향을 하지 않는다면, 나라의 왕이나 위대한 큰 인물로 태어나더라도 공덕을 쌓지 못하고 죄만 짓게 되는 일을 흔히 볼 수 있다.

그러므로 다음 생에 수행을 잘하기 위해서는 작은 공덕을 쌓을 때라도 회향을 잘하여 '아띠샤' 스승 같은 분으로 태어나야 한다. 그렇게 하지 않으면, 다음 생에 잘 태어나더라도 죄만 짓고 또다시 삼악도에 떨어지고 말 것이다. 이보다 더 기막힌 일이 또 어디에 있겠는가!

3) 인과를 취하고 버리는 방법

이는 일반적인 참회 방법, 죄업을 소멸하는 네 가지 힘[四對治力]으로 참회하는 방법, 이 두 가지로 설명한다.

(1) 일반적인 참회 방법

수행할 때 선업과 불선업에 관해 자주 사유하고, 집중해서 수행한 후 쉴 때는 산란한 마음을 내지 않고 인과의 옳고 그름을 바르게 알 수 있도록 노력해야 한다.

'게시 벤'은 수행할 때 나쁜 생각이 일어나면 검은 돌을 하나 놓고, 좋은 생각이 일어나면 흰 돌을 놓았다. 처음에는 검은 돌이 많았으나 나중에는 흰 돌이 점점 많아졌다고 한다. 이처럼 우리도 의도적으로 선업과 불선업을 계산하면서 수행해야 한다.

살생이나 거짓말 등을 행하려는 찰나에 그것이 죄가 되는 것임을 알아차려서 죄짓는 것을 막아야 한다. 만약 조금이라도 죄를 지었을 때는 깊이 참회해야 하며, 그와 같이 참회하면 '앙굴리말라'나 '아사세' 왕처럼 오역죄 같은 큰 죄를 짓고도 소멸시킬 수 있으니, 참회에 마음을 쏟는 것이 중요하다.

하사도를 수행할 때 실천의 핵심은 인과에 가장 큰 비중을 두어야 한다. 심지어 '아띠샤' 스승께서도 특히 인과를 강조하셨다.

예전에 『빵꽁착갸외도〔제불보살명칭경諸佛菩薩名稱經〕』 기도를 하던 어떤 사람이 『십만송반야경(十萬頌般若經)』을 팔아먹었는데, 죽자마자 저승사자가 그를 염라대왕에게 데리고 갔다. 그는 염라대왕 앞에서 그런 짓을 한 적이 없다고 거짓말을 했다. 염라대왕이 그에게 업을 비추어 볼 수 있는 거울을 보여주면서 경을 판 사람과 산 사람이 누구이며, 그 대가로 콩을 얼마나 주고받았는지, 심지어 떨어진 콩을 동네 아이들이 주워 먹는 것까지 자세하게 다 보여주자 더는 아니라고 발뺌할 수가 없었다. 스승 '뽀또와'는 이 일화를 후대 사람들에게 꼭 전하라고 말했다. 그러므로 인과의 진리는 언제 어디에서도 결코 속일 수가 없다.

따라서 우리가 아주 작은 선행이나 불선행을 할 때 이를 잘 가려야 한다. 그리고 아주 오래전부터 지어온 습으로 어쩔 수 없이 짓고 있는 죄는 네 가지 대치법의 힘으로써 참회해야 한다.

(2) 죄업을 소멸하는 네 가지 힘〔四對治力〕으로 참회하는 방법

이에 자기가 쌓아온 죄를 알고 몸서리치면서 후회하는 힘, 치료제가 되는 행을 하는 힘, 다시는 죄를 짓지 않겠다고 결심하는 힘, 참회할 대상을 아는 힘, 이 네 가지가 있다.

① 자기가 쌓아온 죄를 알고 몸서리치면서 후회하는 힘

지금까지 쌓았던 죄를 크게 후회하는 것으로 참회를 하기 위해서 매우 중요하다. 이 마음이 일어나면 나머지 세 가지는 저절로 생기기 때문이다. 이는 인과에 대한 신심이 생겨야 가능하다.

② 치료제가 되는 행을 하는 힘

업장을 소멸하기 위해서 하는 모든 선행이 이에 해당한다. 절하는 것, 진언 외우는 것, 공양 올리는 것, 관상하는 것 등의 모든 수행을 말한다.

③ 다시는 죄를 짓지 않겠다고 결심하는 힘

목숨을 버리는 한이 있더라도 앞으로 다시는 죄를 짓지 않겠다고 결심하는 마음의 힘을 말한다. 처음부터 죄를 조금도 짓지 않기는 결코 쉽지 않다. 그러나 한두 가지라도 버릴 수 있다면 완전히 버리고, 그렇게 하지 못한다면 단 하루만이라도 계를 지키는 등의 수행으로 지은 죄를 참회하고 다시는 짓지 않겠다고 거듭거듭 결심해야 한다.

④ 참회할 대상을 아는 힘

귀의하고 발심하는 것과 참회 보살인 금강살타 진언을 외우는 것 등을 말한다.

우리가 시작 없는 전생부터 지어온 죄들을 차곡차곡 쌓아 모으면, 온갖 종류의 보물이 다 들어 있는 왕의 창고보다도 더 커질 것이다. 그러므로 앞서 말한 사대치력에 의지해 업장을 녹여야 한다. 이렇게 참회하고 나서, 마지막에 '하나도 남김없이 죄가 모두 다 소멸하였다.'라고 믿는다.

죄를 무시하거나 두려워하는 것으로는 아무런 도움이 되지 않는다. 초심자들은 참회에 중점을 두고 이와 같은 방법으로 죄가 다 소멸하였다는 증거가 나타날 때까지 꾸준히 참회해야 한다. 앞에서 말한 것처럼 모든 선행이 업장을 소멸하는 방편이 되도록 해야 한다. 그것은 곧 공덕을 쌓는 일이기도 하다.

경전을 보면서 생각하고 살피는 것은 일종의 분석 명상이다. 한편 명상이라고 해서 반드시 특정한 몸자세로 토굴 속에서 혼자 해야 하는 것이 아니다. 자기 이익이나 명예, 다른 사람과 비교하는 마음으로 하는 모든 행은 수행이 아니다. 무엇을 하든지 항상 자기 마음을 살피고, 마음이 얼마나 발전되어 가고 있는지를 살피는 것이 중요하다.

실천하는 방법도 예를 들어, 자기를 무는 모기 한 마리를 잡으려고 편 자신의 두 손을 보는 즉시 '내가 죄를 짓고 있다.'라고 알아차려 그만두는 것과 거짓말을 하려고 할 때도 말이 혀끝에서 나오지 못하게 막는 것과 같이, 아주 작은 죄라도 짓지 않도록 항상 조심해야 한다.

어떤 사람들은 죄를 조금 짓더라도 참회하면 된다고 하는 경우가 있는데, 죄를 처음부터 짓지 않는 것과 이미 짓고 나서 참회하는 것에는 엄청난 차이가 있다. 처음부터 다리가 부러지지 않은 사람과 부러져서 다리에 부목을 대고 치료해 나은 사람 사이에는 아주 큰 차이가 있는 것과 같다. 이처럼 죄의 과보가 생기지 않도록 미리 죄를 짓지 않겠다는 결심을 해야 한다.

한편 참회가 잘되더라도 복덕(福德)과 지덕(智德)의 공덕을 쌓지 않으면 깨달음과 너무 멀어져서 몇겁이나 더 오래 걸리는 큰 허물이 생기는 경우도 많다.

다행히 이번 생에 인간으로 태어났으니 지금부터라도 무상을 사유하고, 삼악도의 고통을 관상하여 삼보에 귀의하고, 인과 등 부처님의 가르침에 의지하여 이번 생에 대한 그릇된 집착을 모두 버리며, 오로지 다음 생을 위하는 마음으로 살아가는 것이 바로 하사도(下士道)로서 처음 깨우치는 길이다.

이번 생의 집착을 버리고 오로지 다음 생을 위해 수행하겠다는 마음이 생기는 하사도를 깨우치더라도 그것만으로는 완벽하지 않으니, 인과와 관련된 경전들을 자주 보면서 다음 단계로 꾸준히 이어서 닦아 나가야 한다.

제3편

수행에 익숙해지기 시작한 이를 위한 수행 체계

중사도차제(中士道次第)와 공통의 마음 닦는 방법

이는 해탈하고자 하는 마음, 해탈에 이르는 길의 본질,
이 두 가지로 설명한다.

"윤회의 행복에 집착하면 해탈할 수 없다."

팔대보살 중 한 분으로 부처님으로부터 심오한 견해의 법맥을 이으신 **문수보살**

1. 해탈하고자 하는 마음

 이는 윤회함으로써 갖는 공통적인 고통을 사유하기, 각각의 고통을 관상하기, 이 두 가지로 설명한다.
 앞에서 본 하사도차제에 의지하여 십불선업을 짓지 않고 계를 지키면서 삼악도의 고통에서 벗어나 인간이나 천신으로 삼선도에 태어나더라도 그것만으로 만족할 수 없다. 윤회의 고통을 완전히 끊고 싶은 마음이 있다면 완전하게 해탈해야만 한다.
 해탈은 예를 들어, 끈으로 묶여 있는 상태에서 풀려나면 그것에서 벗어났다고 말하는 것처럼 묶여 있던 것을 푸는 것을 말한다. 우리는 번뇌와 업의 끈으로 묶여 있다. 그러므로 계속해서 욕계·색계·무색계의 삼계[40] 안에 태어나 육도(六道)를 맴돌고 있다. 육도에서는 태생·난생·습생·화생의 사생(四生)[41]으로

---

40) 생사유전이 쉴 새 없는 미혹의 세계를 셋으로 분류하여 일컫는 말. ①욕계(欲界): 탐욕 가운데서도 특히 식욕·음욕·수면욕이 강한 세계 ②색계(色界): 욕계와 같은 탐욕은 없으나, 미묘한 형체가 있는 세계 ③무색계(無色界): 색계와 같은 미묘한 몸도 없고, 순수한 정신만 존재하는 세계.

모든 유정중생을 묶고 있는데, 이러한 사생에서 벗어나는 것이 해탈이다.

윤회는 삼계의 맨 꼭대기에서부터 가장 낮은 무간지옥에 이르기까지 다양한 몸을 받는 것을 말한다. 어떤 이들은 윤회세계라고 하면 일반 가정이나 육도 등 윤회하고 있는 장소를 생각하는데, 이는 실제의 윤회가 아니다. 어떤 학자는 윤회는 자주 태어나는 것이라고도 하는데, 제7대 달라이라마 '껠상갸초'께서 "윤회란 육도로 태어나는 원인 그 자체를 말한다."라고 말씀하셨다.

그러므로 업과 번뇌 등의 태어날 원인 자체가 없어져야 윤회에서 벗어날 수 있는 것이다. 죄수들이 감옥을 탈출하기 위해서는 먼저 감옥에서 벗어나 자유로워지기를 바라는 마음이 필요한데, 이 또한 감옥 안에서의 고통을 생각하지 않으면 그러한 마음이 생기지 않는다. 마찬가지로 윤회에서 벗어나려는 마음이 없으면 해탈하는 방법을 찾지 않는다.

윤회에서 벗어나려는 마음이 생기려면, '아리야데바〔聖天〕'의 『시갸빠〔사백론四百論〕』에도 "지혜로운 이에게는 삼선도조차 지옥과 닮아 두려움이 생겨나는 곳이다."라고 나와 있듯이, 윤회 세계에서 완전히 벗어나야겠다는 마음이 생겨야 하고, 이를 위해서는 윤회의 고통을 생각해야 한다. 그런 생각을 갖게 하는 방법으로 사성제(四聖諦)와 십이연기(十二緣起) 두 가지가 있다.

---

41) 생명체가 태어나는 네 가지 형태. ①태생(胎生): 모태에서 태어나는 것으로써 사람이나 짐승 따위를 말함. ②난생(卵生): 알에서 태어나는 것으로 주로 조류를 말함. ③습생(濕生): 습기 속에서 태어나는 벌레나 곤충 등을 말함. ④화생(化生): 다른 물건에 기생해 그것으로부터 태어나는 것이 아니라 스스로 업력에 의해 의지할 바 없이 홀연히 생겨나는 것으로, 천인·지옥·중음신 등의 유정(有情)들을 말함.

■ 사성제(四聖諦)

사성제는 석가모니 부처님께서 바라나시의 녹야원에서 다섯 비구에게 처음으로 법륜을 굴리셨을 때 사성제 각각에 관해 세 번씩 열두 가지 내용을 염송하신 것〔三轉十二行相〕이 그 시작이다.

"비구들이여! 이것이 고통의 성스러운 진리, 고성제(苦聖諦)이다. 이것이 일체 고통이 생기는 성스러운 진리, 집성제(集聖諦)이다. 이것이 모든 고통을 멸하는 성스러운 진리, 멸성제(滅聖諦)이다. 이것이 멸함에 이르는 길의 성스러운 진리, 도성제(道聖諦)이다."

여기서 '진리'라고 하는 것은 성자가 보는 것이 진리이기 때문이다. 원인과 결과를 따져보면 원인인 집성제를 먼저 가르쳐야 하지만, 순서를 바꾸어 결과인 고성제를 집성제보다 먼저 설하셨다. 왜냐하면 고통에 대해 두려워하는 마음이 먼저 생겨야 하므로 고성제를 먼저 설하신 것이다. 먼저 고통을 두려워하는 마음이 생기지 않으면 그 원인이 되는 집착을 버릴 수 없기 때문이다.

한편 원인인 도성제가 결과인 멸성제보다 앞서 설명되어야 하지만, 집착에서 완전히 벗어나기 위해서는 먼저 그 원인이 되는 도를 실천해야 하므로 이와 같은 순서로 말씀하신 것이다.

사성제는 해탈하고자 하는 이들이 가장 중요하게 다루어야 할 진리이다. 미륵보살은 『귀라마〔보성론寶性論〕』에서 "병은 알아야 할 대상이고, 병의 원인은 버려야 할 대상이며, 병에서 벗어나는 것은 얻어야 할 대상이고, 약은 의지해야 할 대상인 것처럼, 고통〔苦〕은 알아야 할 대상이고, 고통의 원인〔集〕은 버려야 할 대상이며, 멸(滅)은 고통에서 벗어나 얻어야 할 대상이고, 도(道)는 의지해야 할 대상이다."라고 말씀하셨다. 이는 우리가 병에 걸리면, 병에 걸린 원인을 알아서, 병의 원인을 없애기 위해, 약에 의지해야 하는 것과 같다.

이에 대하여, 제5대 달라이라마께서 우리가 지대가 낮은 곳에서 자고 있을 때 자리 밑에서 물이 샌다면 물이 어디에서 왔는지 살펴보고, 그것을 막는 행을 하는 것과 같다고 말씀하셨다. 고통이라는 병에서 벗어나는 방법을 찾으려면 고통의 원인에서 벗어나겠다는 마음이 생겨야 하고, 그러기 위해서는 고통의 원인부터 알아야 한다.

'쫑카빠' 대사께서는 "고통의 허물을 생각하지 않으면 고성제에 대한 자각이 뚜렷하게 생기지 않을 것이다. 모든 집착 때문에 일어나는 윤회를 생각할 줄 모르면 윤회의 뿌리를 뽑아낼 수 없으므로, 윤회세계의 고통에서 벗어나려는 출리심을 내어야 하고, 우리가 무엇 때문에 묶여 있는지를 알아야 한다. 그렇게 하지 않으면 멸성제를 깨달을 수 없다."라고 말씀하셨다. 사성제 각각에는 다음과 같이 네 가지 행상[四聖諦 十六行相]이 있으며, 고성제에 무상(無常)·고(苦)·공(空)·무아(無我), 집성제에 인(因)·집(集)·생(生)·연(緣), 멸성제에 멸(滅)·정(靜)·묘(妙)·리(離), 도성제에 도(道)·여(如)·행(行)·출(出) 등이 있다. 사성제의 핵심은 사법인(四法印)[42]이다.

우리의 이 몸에는 세 가지 느낌이 있는데, 고통[苦]·행복[樂]·고통도 행복도 아닌 것[不苦不樂]이 그것이다. 우리는 그저 고통의 고통[苦苦]만 알 뿐 괴고(壞苦)와 행고(行苦)를 알지 못해

---

42) 변함없는 만유의 네 가지 진리로, 제행무상(諸行無常), 제법무아(諸法無我), 일체개고(一切皆苦), 열반적정(涅槃寂靜)을 말한다.

몸이 고통 그 자체임을 알지 못한다. 성인 '마누'가 "우리는 사바세계가 행복하다고 집착하기 때문에 윤회세계 자체가 고통뿐이라는 것을 알지 못한다."라고 말했다. 그러므로 고통의 원인인 집성제를 알아서 그것을 버려야 한다. 집성제에는 업인 집성제와 번뇌인 집성제, 이 두 가지가 있다.

그리고 고통에서 벗어난 결과를 멸성제라고 하며, 멸성제를 얻는 방편을 도성제라고 한다. 멸성제를 얻기 위해서는 도성제를 닦아야 한다.

이처럼 사성제 중에서 우선 고통을 알아야 하는데, 보리도차제에서는 고통을 여덟 가지 고통, 여섯 가지 고통, 세 가지 고통 등으로 나누어 말하며, 여기서는 여섯 가지 고통에 관해 설명한다.

1.1. 윤회함으로써 갖는 공통적인 고통을 사유하기

이는 변하는 허물을 사유하기, 만족하지 않는 허물을 사유하기, 몸을 자주 바꾸어야 하는 허물을 사유하기, 반복해서 자궁 속에 잉태되는 허물을 사유하기, 신분이나 지위가 자주 바뀌는 허물을 사유하기, 친구가 없는 허물을 사유하기, 이 여섯 가지로 설명한다.

1) 변하는 허물을 사유하기

우리가 지금 잠시 삼선도 중에서도 가장 귀한 인간의 몸으로 태어나기는 했지만, 윤회 자체는 고통밖에 없다. 윤회세계의 행복은 조금도 믿을 수가 없다. 전생에 원수와 친척, 부모와 자식 등의 관계가 내생에 다시 태어날 때는 이와 반대로 되는 경우가 많다.

옛날에 어떤 아버지가 집 뒤에 있는 연못에서 늘 물고기를 잡았다. 그가 죽어서 그 연못의 물고기로 태어났다. 어머니는 집에 대한 집착이 많아서 죽은 뒤 그 집의 개로 태어났다. 또 그 집 아들의 부인을 탐내는 이가 있어서 아들이 그를 원수로 여겨 죽였는데, 그 원수가 아들 부부의 자식으로 태어났다. 나중에 아들은 물고기로 태어난 아버지를 낚시질해서 먹고 난 후 개가 그 뼈를 먹으려고 다가오자 전생에 원수였던 자식을 품에 안고 귀여워하며 개를 막대기로 때렸다. 지나가던 사리자가 이러한 광경을 보고서, "윤회는 정말 우습구나! 아들은 아버지를 먹고 있으며, 어머니는 남편의 뼈를 탐내고, 아들은 그런 어머니를 때리면서 원수를 품에 안고서 귀여워하는구나!"라고 말했다.

이와 같이 원수나 친척이 항상 그대로일 거라고 믿어서는 안 된다. 이번 생에서조차 친척이나 가족이 바로 눈앞에서 원수로 변하는 경우도 많다. 원수가 친척으로 변하고, 어제의 부자가 오늘 거지가 되는 경우도 흔하게 볼 수 있다. 이처럼 인간관계는 찰나에도 계속해서 변해간다.

옛날에 어떤 여인은 죽은 뒤 뱀으로 태어나 자신의 시체 주위에서 뼈를 감싸면서 계속 맴돌고 있었다. 이는 그 여인이 자기 몸에 너무 집착했기 때문에 받은 과보라고 한다. 또 다른 예로 숲속에 커다란 나무 모양으로 생긴 생명체를 많은 벌레가 갉아먹고 있었는데, 이는 전생에 사원에 있는 나무를 사사로이 유용했던 사람이 죽은 뒤 그 과보로 다시 태어나 고통을 받는 것이라고 목련존자가 말한 바 있다.

옛날에 어떤 신하가 왕에게 "죄인이 한 명 있는데, 어떻게 할까요?"라고 묻자 왕은 다른 일로 바빠서 건성으로, "법대로 하라!"라고 했다. 그래서 결국 그 죄인은 사형을 당했는데 나중에 왕이 그를 기억하고서 어떻게 되었는지 물어보자 신하가 죽였다고 대답했다. 왕은 매우 후회했으며, 죽은 뒤 그 죄의 과보로 큰 악어로 태어나 바다 밑에서 오래도록 살았다. 그러던 어느 날 배를 타고 바다를 건너던 상인들이 악어가 가까이 다가오자 무서워서 "부처님께 귀의합니다!"라고 외쳤다. 그 소리를 들은 악어는 입을 다물어 결국 굶어 죽게 되었고, 그 공덕으로 다시 사람으로 태어났다. 처음에 왕으로 태어나고, 다음에 악어로 태어났다가 다시 사람으로 태어났다고 하는 『자타카〔본생담本生譚〕』에 나오는 이 일화와 같이 윤회세계의 행복은 믿을 수 없다.

2) 만족하지 않는 허물을 사유하기

나방은 불빛, 사슴은 소리, 벌은 향기, 코끼리는 감각에 집착해서 죽음을 자초하듯, 윤회세계의 행복은 소금물을 마시는 것과 같아서 아무리 마셔도 만족할 수가 없다.

우리에게 돈이 한두 푼밖에 없을 때는 열 푼 정도 있으면 좋겠다고 생각하지만, 만일 그만한 돈이 생기면 다시 백 푼 정도 있었으면 좋겠다고 생각한다. 다시 백 푼 정도가 생기면 다음에는 천 푼 정도가 생겼으면 하면서 아무리 많이 가지게 되어도 절대로 만족하지 못한다.

대장경에 왕과 신, 사람들이 가진 모든 것을 한 사람이 모두 다

차지하더라도 결코 만족하지 못할 것이라고 나와 있다. 예전에 '날레뉘'라는 왕은 온 우주를 통치하면서도 만족하지 못했고, 결국 복이 다해 하늘에서 떨어져 죽으면서, "욕심으로 인해 만족하지 못하는 것보다 더 큰 허물은 없다."라는 말을 남겼다. 한 나라를 다스리면 두 나라를 다스렸으면 하는 마음이 생기는 것과 같이 재물 또한 아무리 늘어나도 만족하지 못할 것이다. 이러한 재물을 모으기 위해 쓸데없는 욕심을 부린다면, 끊임없이 노력해서 많이 가지게 되더라도 거지와 다를 바가 없다.

옛날 인도에 '데빠'라는 사람이 욕심 없이 가난하게 살았는데 어느 날 값비싼 보석을 우연히 발견하고는, "이 세상에서 제일 가난한 사람에게 줘야지."라고 말했다. 나중에 그는 이 보석을 '쎌게'라는 왕에게 주었는데 왕이 놀라며, "왜 이것을 나에게 주느냐?"라고 물었다. 이에 '데빠'는 "당신은 만족할 줄 모르기 때문에 가장 가난한 사람입니다. 그래서 당신께 드립니다."라고 대답했다. 그러니 물질적으로 가진 것이 별로 없어도 만족할 줄 아는 사람이 가장 큰 부자이다. 다시 말해 만족할 줄 모르면 갈증을 해소할 수 없다. 그러므로 그것이 가장 큰 허물이라고 말한다.

3) 몸을 자주 바꾸어야 하는 허물을 사유하기

어떤 몸을 받아 태어나더라도 그것은 믿을 수가 없다. 우리가 예전에 인드라나 브라만의 몸으로 수없이 태어났더라도 수행적으로 의미 있는 일에는 아무런 도움이 되지 못했으며, 다시 무간지옥 등에 태어나곤 했다. 가끔 해나 달의 신으로 태어나 몸에서 나는 빛으로 온 우주를 밝힐 만큼 밝게 비추었다고 해도, 다시 어둠으로 가득한 우주의 경계에 윤회하여 자신이 내민 손조차도 보이지 않는 암흑을 만나게 된다.

이처럼 우리가 과거에 신이나 인간의 모든 행복과 같이 가치 없는 것을 즐긴 적이 많았던 것처럼 무엇을 하더라도 믿을 수 없다. 예전에 신으로 태어나 다이아몬드 방석을 깔고 앉았던 적도 있고, 수많은 보석으로 만든 집에서 살았던 적도 있지만, 지금은 인간으로 태어나 천으로 된 방석을 깔고 앉아있는 것과 같다. 인드라처럼 엄청난 갑부로 태어나더라도 몸을 바꾸면 다시 가난해지듯이 모든 것이 무상하다면, 다음 생에 인드라로 태어나는 것도 아무런 도움이 되지 않는다.

한편 여신들의 허리까지 내려온 풍만한 가슴을 만지며 오래도록 즐긴 적이 있어도 다시 지옥에 태어나서 수문장들과 부딪치며 심한 고통에 휩싸였던 적도 많았다. 신의 감로수만 마시면서 살았지만, 그곳에서의 수명이 다해 다시 지옥에 태어나 끓는 쇳물만을 마신 적도 있었다. 전륜성왕으로 태어나 수천만 명의 백성들을 통치하면서 왕권을 휘두른 적도 있었으나, 이제는 그런 흔적조차 찾아볼 수가 없다.

예전에 티벳의 어느 위대한 스승이 돌아가실 때 사람들이 유언을 청하자, "윤회세계의 일은 무상하여 아무 의미가 없구나."라는 말씀만 반복하셨다고 한다. 우리도 이러한 윤회세계에서 아무리 좋은 몸을 받고 아무리 많은 재물을 갖게 되더라도, 위에서 말한 다양한 예들처럼 궁극적으로 아무런 도움이 되지 못함을 알아야 한다.

옛날에 전륜성왕으로 태어나서 신었던 신발 한 짝이 온 우주의 재산과 맞먹을 정도로 값진 것이었다고 해도, 윤회세계를 벗어나는 데에는 아무런 도움이 되지 못했다. 왕과 거지도 죽어서 중음신 상태에 이를 때는 조금도 차이가 없다. 그러므로 우리는 이처럼 몸을 자주 바꾸는 허물을 관상해야 한다.

4) 반복해서 자궁 속에 잉태되는 허물을 사유하기

과거에 우리가 지옥에 태어나서 마신 끓는 쇳물의 양이 바닷물보다도 많겠지만, 윤회하는 원인을 끊지 못한다면 그보다 훨씬 더 많은 쇳물을 마셔야 한다. 개와 돼지로 태어나서 먹은 똥과 쓰레기의 양은 수미산보다도 더 높겠지만, 윤회에서 벗어나지 못한다면 그보다 훨씬 더 많은 똥과 쓰레기를 먹어야만 한다.

우리가 과거에 만났던 부모나 형제들과 이별할 때마다 울어서 흘렸던 눈물도 바닷물보다 많겠지만, 윤회를 벗어나지 못한다면 이보다 더 많이 울어야만 한다. 전생의 원수들이 잘라냈던 우리의 머리를 모으면 큰 산보다도 더 높을 것이다. 그리고 윤회를 벗어나지 못하면 그보다 더 높이 쌓일 정도로 많은 목이 잘려 나갈 것이다. 우리들 각자가 윤회하면서 빨아 먹었던 어머니의 젖 역시 바닷물보다도 더 많다.

하사도에서 설명한 것처럼 한 번 죽어서 삼악도에 태어나는 것만으로도 두려운데, 다시 태어나고 죽는 것에 대한 두려움은 더 말할 필요가 없다.

5) 신분이나 지위가 자주 바뀌는 허물을 사유하기

부처님께서 설하신 「사부율전(四部律典)」에 다음과 같은 게송이 나온다.

"쌓았던 모든 것은 결국 다 허물어지게 되어 있다.
높이 올라간 것은 결국 떨어지게 되어 있다.
만나는 모든 관계는 결국 헤어지게 되어 있다.
살아있는 모든 것은 결국 죽게 되어 있다."

이처럼 윤회세계의 어떤 부귀영화도 결국은 다 변하게 되어 있다. 우리가 엄청나게 고생하면서 모으고 모았던 집과 재물도 강도들이 빼앗아 가면 제대로 한번 써보지도 못하고 사라져 버린다. 지금은 형제와 친척들이 모여들지만, 이들도 몇 년 후에는 반드시 헤어지게 되어 있다.

우리가 사회에서 가지고 있는 높은 지위들도 아무런 쓸모가 없어지게 된다. '궁탕 린뽀체'께서 "'명성과 명예'라는 죽은 나무를 멈추지 않고 계속 오르다가 점점 가늘어지는 나무 꼭대기에서 부러져 떨어지고 마는 것이 아쉽구나! 중간쯤에서 멈추었으면 좋았을 것을……"이라고 말씀하셨다. 전생이나 내생뿐만 아니라 이번 생의 신분이나 지위마저도 확실하지 않아서 왕이나 대통령이 수감되는 경우도 흔하게 볼 수 있다.

6) 친구가 없는 허물을 사유하기

『입보살행론』에도 나오듯이, 어머니 자궁에서 태어날 때도 혼자 태어났고, 살면서 아플 때에도 홀로 그 고통을 견뎌야 하며, 결국 죽을 때도 버터 속에서 털을 골라내듯 혼자 숨을 거두게 된다. 아무도 도와주는 이가 없다.

이처럼 윤회하는 동안 얻은 모든 행복과 어떤 부귀영화도 믿을 수 없을 뿐만 아니라, 윤회하면서 만난 친구들도 영원히 도움이 될 수는 없다. 이렇게 윤회하면서 받는 고통들을 살펴서 윤회의 고통이 끝없음을 안다면, 이 어찌 복장 터질 일이 아니겠는가?

윤회의 끝이 본질적으로 있고 없고를 떠나서, 중요한 것은 자기 스스로 윤회의 원인을 없애고 윤회세계의 사슬을 끊는 것이다. 본인이 윤회에서 벗어나는 것이 중요하다. 윤회에서 벗어남으로써 고통을 끝내고 싶다면 윤회하는 원인을 없애야 한다.

1.2. 각각의 고통을 관상하기

막걸리를 마시고 탈이 난 적 있었던 사람은 나중에 막걸리를 보기만 해도 거부반응을 일으키는 것처럼, 삼악도의 고통에 대해서는 이미 하사도차제에서 자세하게 살펴보았으므로 그곳에 태어나고 싶은 생각은 전혀 없을 것이다.

중사도에서는 삼선도에 태어나는 고통에 관해 사유하고 관상해야 한다. 이는 인간의 고통을 관상하기, 아수라의 고통을 관상하기, 신들의 고통을 관상하기, 이 세 가지로 설명한다.

1) 인간의 고통을 관상하기

이는 태어나는 고통을 관상하기, 늙는 고통을 관상하기, 병드는 고통을 관상하기, 죽는 고통을 관상하기, 좋아하는 것과 헤어져야 하는 고통을 관상하기, 싫어하는 것과 만나야 하는 고통을 관상하기, 좋아하는 것을 갖고자 해도 구하지 못하는 고통을 관상하기, 이 일곱 가지로 설명한다.

(1) 태어나는 고통을 관상하기

앞서 본 삼악도의 고통이 그와 같을 때 신과 인간으로 태어나면 그보다는 고통이 적을 거라고 생각할 수도 있지만, 삼선도에 태어나더라도 윤회하여 태어나는 그 자체는 고통만 따를 뿐이다.

우리가 인간으로 태어나더라도 수행을 하면 의미가 있지만, 그렇지 않으면 고통이 엄청나게 크다. 어머니의 자궁 속은 좁고 어두우며 피 등으로 혼탁한데, 태어나는 순간 모두 잊어버려서 단지 그곳에서의 고통을 지금 기억하지 못할 뿐이다. 다시 인간으로 태어난다면 이런 태어남의 고통을 또다시 겪어야만 한다.

어머니 자궁 안에서 밖으로 나오기 전까지 손발과 몸통 등이 하나씩 생겨날 때마다 엄청난 고통 역시 하나씩 뒤따른다. 처음 아버지의 정액과 어머니의 피가 만나는 것을 보고 우리의 식(識)이 그곳으로 들어갈 때 마치 삶기는 것처럼 뜨겁다. 응고된 우유와 비슷한 그 속으로 식이 들어갈 때 지옥의 솥 안에서 끓는 쇳물처럼 뜨거운 고통이 따른다. 손가락과 발가락, 머리카락들이 자라나기 시작할 때는 마치 우리 몸속으로 나뭇가지들이 파고드는 것과 같은 고통이 있다. 이렇게 하나씩 자랄 때마다 고통도 하나씩 더 따라온다.

어머니가 뜨거운 것을 먹거나 마실 때는 삶기는 것처럼 뜨거운 고통이 있고, 움직일 때는 마치 태풍 속에서 흔들리는 것과 같은 고통이 있다. 또한 누울 때는 큰 산봉우리 밑에 깔리는 것과 같은 고통을 받는다. 예를 들어 우리가 만약 쇠로 만들어진 사방이 막힌 어두운 통에 들어가 있다고 생각해 보면 그 안에서 하루도 살기가 힘들 것이다. 어머니의 자궁도 그와 비슷하다. 그 안은 매우 작고 어두우며 더럽고 냄새나는 곳으로, 거기서 9개월 10일 정도를 살아야 한다. 의식이 생기면 자궁 안이 더러운 것을 인식해서 밖으로 나오고 싶어 하는데, 태어날 때도 살아있는 소의 가죽을 벗기는 것과 같은 고통과 쥐어짜듯이 빠져나오는 고통이 있다.

태어나자마자 아무리 부드러운 천 위에 눕혀 놓아도, 가시구덩이 안에 놓인 것과 같은 고통이 따른다. 밖에서 불어오는 바람을 쐬면 날카로운 칼에 찔리는 것과 같은 고통이 따른다. 사람들이 귀여워하며 두 손으로 들어서 데려가는 것조차 매가 작은 새를 채어갈 때와 같은 공포를 느낀다. 전생에 공부했던 것을 모두 잊어버려서 지혜가 없으므로 먹고 자고 걷고 앉는 법조차 처음부터 다시 배워야 한다.

이러한 태어남의 고통에 대해 구경하듯이 하지 말고, 앞으로 다시 태어나는 것과 태어나고 있는 고통들에 대해서 깊이 사유해야 한다.

어떤 사람은 우리가 태어나면서 이미 그러한 고통들을 다 겪었기 때문에 이제 더는 문제가 되지 않는다고 생각할 수도 있지만, 본인이 윤회의 끝을 볼 때까지는 이같이 반복되는 태어남의 고통을 피할 수 없음을 알아차려야 한다.

(2) 늙는 고통을 관상하기

아무리 멋진 몸을 가졌더라도 늙으면 힘이 빠져 추해지고, 육근(六根)이 풀어져서 그 대상을 인식하는 힘도 약해진다. 수명이 다해 가는 고통과 함께 의식을 비롯한 육식(六識)이 차례로 약해진다. 몸은 활처럼 구부러지고 피부의 윤기가 사라지며, 앉고 서는 것도 힘들어진다. 흰 머리카락이 생기고 주름살이 늘어나는 등 몸이 추하게 변하면서 생을 마치게 된다.

이 모두는 우리가 윤회하기 때문에 생기는 허물들이다. '까담'의 스승 '까마와'는 "늙음이 천천히 오는 것이 천만다행이다. 이러한 늙음이 한꺼번에 밀려오면 참을 수 없을 것이다. 우리가 오늘 밤에 젊고 기력이 있는 상태에서 잠이 들지만 내일 아침에 갑자기 여든이 넘은 무기력한 노인처럼 늙어 있다면, 누가 참을 수 있겠는가."라고 말했다.

그러므로 지금처럼 육근이 청정하고 머리가 맑으며 몸에 힘이 있을 때 수행해야 한다. 나중에 이러한 늙음의 허물들이 생기면 수행하기가 너무 어렵다. 늙어서 육근이 약해지고 스스로 앉고 서는 것조차 힘들어지면, 과연 어떻게 수행할 수 있겠는가? 머리카락이 하얗게 되고 주름살이 잡히는 것은 염라대왕이 미리 신호를 보내는 것이다. 늙음으로써 죽음에 대한 두려움이 생기는 등 많은 고통을 차례대로 겪게 된다.

(3) 병드는 고통을 관상하기

몸의 상태가 나빠지면 고통으로 마음이 편하지 않은 상태가 지속되고, 오래 아프게 되면 평소 즐기던 것들에 대해서도 정나미가 떨어지게 된다. 또한 본인이 원하지 않아도 해야 하는 고통이 있어서 수술을 받고 싶지 않아도 받아야 하며, 약을 먹고 싶지 않아도 먹어야만 하는 것 등이다. 최악의 경우 목숨마저도 잃게 되고, 마음이 편치 않은 고통을 당하며, 씩씩하거나 젊었더라도 몸에 힘이 빠지고 입과 코가 마르고 아파서 드러눕게 된다.

구체적으로 병 하나하나의 고통들을 생각해 보면 병듦의 고통을 알 수가 있다. 아주 위급하거나 심하게 아파 죽게 될 때 유언조차 남기지 못하는 등 여러 가지 경우를 생각하면서 관상해야 한다.

(4) 죽는 고통을 관상하기

자기 재산과 일가친척들이 자신과 헤어지게 된다. 죽을 때의 고통으로 마음이 편할 수 없지만 아무도 죽음 그 자체를 피할 수는 없다.

(5) 좋아하는 것과 헤어져야 하는 고통을 관상하기

스승이나 제자, 친구, 부모, 친척 등 늘 소중히 아끼고 사랑하던 사람들과 결국 헤어지게 될 것이다. 차 한 잔 마시는 데 걸리는 시간조차 떨어지기 싫어했던 인연들과도 헤어져야 한다. 권력이나 지위, 재산과도 떨어져야 한다. 출가자라면 계율과 떨어져 제대로 지키지 못함으로써 겪는 고통도 있다. 이것은 우리가 운이 없어서 당하는 것이 아니라, 그 자체가 윤회의 실상이기 때문이다.

(6) 싫어하는 것과 만나야 하는 고통을 관상하기

원수와 만나 두들겨 맞거나 도둑을 맞는 고통, 병에 걸려 받는 고통, 사람 간의 다툼에서 비롯된 고통, 왕이나 상사로부터 처벌을 받는 고통, 도둑과 만나는 고통 등 셀 수 없이 많다.

우리가 매일 아무리 바쁘게 일만 해도 만족할 만한 소득을 얻지 못하고, 오히려 스트레스와 질병만 얻게 되는 것도 윤회의 실상이다. 이처럼 윤회세계에 발을 담그고 있는 한 고통만이 따를 뿐이니, 그러한 윤회의 원인을 없애야 한다.

(7) 좋아하는 것을 갖고자 해도 구하지 못하는 고통을 관상하기

이는 배고픔과 목마름을 해결하고 필요한 것을 구하려고 노력하며, 추위와 더위를 이겨내고자 할 때 생기는 고통 등을 말한다. 어떤 사람이 일을 해결하기 위해 높은 사람에게 부탁하러 가기 전에, 그가 부탁을 들어주리라고 기대하면서도 초조 불안해지는 고통과 나중에 부탁을 들어주지 않아서 느끼게 되는 고통 등이 이에 해당한다.

재산을 모을 수 있는 바탕이 되는 논밭을 가진 사람들이 더 행복할 거라는 생각이 들 수도 있지만, 거기에도 고통밖에 없다. 농부가 농사일을 하려면 아침부터 일찍 일어나 일해야 하고, 낮에는 햇볕에 그을리고, 바람이 불면 흙먼지 속에서도 일해야 하며, 씨앗을 뿌리면 수확해서 곳간에 쌓아두기 전까지 홍수와 가뭄을 염려해야 하고, 제대로 수확할 수 있을지도 염려하는 등 그 고통이 끝이 없다.

재산이 없으면 없는 대로 고통이 있다. 거지들은 '오늘은 이것을 먹지만, 내일은 뭘 먹을까?' 하는 편치 않은 마음으로 먹을 것을 구하러 다녀야 하고, 돌아다녀도 구하지 못하는 고통이 있다.

재산이 있으면 있는 대로 고통이 따른다. 부자에게 재산이 많은 것을 알고서 거지들이 동냥해서 얻어가고, 이웃이 빌려 달라고 해서 가져가며, 힘 있는 관리들이 빼앗아 가거나, 심지어 쥐들조차도 갉아먹어 없애는 등의 고통이 있다. 또 돈을 벌어야 하는 고통, 지켜야 하는 고통, 지키지 못하는 고통, 잃어버릴까 염려하는 고통, 남들의 시기 질투로 사실과 다른 비방을 들어야 하는 고통 등이 있다.

대장장이나 옷을 수선하는 사람 등 기술이 있는 사람들에게는 먹고 입는 것과 보수가 만족스럽지 않은 고통과 상대방이 만족하지 않을까 봐 염려하는 고통 등이 있다. 출가자도 욕심 없이 자족하며 청정하게 수행하지 않는다면 어떤 기도나 수행도 고통이 될 뿐이다.

윗사람이 볼 때 현장에서 일하는 아랫사람들은 아무 문제도 없어 보이지만, 그들에게도 고통밖에 없다. 입고 먹는 것이 부족하고, 가진 재산이 별로 없으며, 일이 서툴러 야단맞는 고통이 있다. 어떨 때는 밥 먹을 시간도 없이 일에 쫓기는 고통이 있으며, 밤낮없이 걱정하면서 힘겨운 인생을 산다.

한편 부하 직원들도 상사가 행복할 거라고 생각하지만, 그 역시도 고통스러울 뿐이다. 한 나라의 국왕이나 대통령은 나라 안에서 일어난 여러 가지 재난에 대한 책임을 져야 하고, 적국과 상대해야 하는 고통, 일가친척을 직접 챙기지 못하는 고통, 권력을 빼앗기지는 않을까 염려하는 고통이 따른다. 천석꾼이 천 가지 걱정, 만석꾼이 만 가지 걱정을 하듯, 결국 말 한 마리만큼의 재산이 있으면 고통도 그만큼 생긴다.

누구를 만나더라도 처음에는 좋은 이야기만 하지만, 조금 친해지면 입이 찢어지고 코가 부러지는 등의 고통스러운 이야기들만 줄줄 늘어놓는다. 겉모습과 옷차림에만 약간의 차이가 있을 뿐 고통으로 가득한 인간의 내면은 누구나 똑같다. 누가 어디서 무엇을 얻거나 친한 이와 함께 있더라도 마음에 들지 않는 것 등은 윤회세계가 고통 그 자체임을 드러내는 증거이다.

우리가 차 한 잔을 즐기며 마시는 순간조차도 잘 살펴보면 고통뿐임을 알 수 있다. 절이나 절 바깥 어디에 있더라도 그 또한 고통뿐이다. 처음에 어느 절에 머물다가 그곳에 만족하지 못하고 다른 곳으로 옮기면 조금 낫지 않을까 하고 토굴로 들어가 보지만, 토굴에서도 적응을 못해 순례나 해보자는 생각에 또다시 순례하러 떠난다. 그러나 그 어디에도 행복은 없다. 그래서 고향에 가보기도 하지만, 어디에 가고 누구를 만나서 대화를 나누어 보아도 먹을 것, 입을 것, 명예 이 세 가지가 충족되지 못한 중생들의 불만스러워하는 소리만 들릴 뿐이다.

이 모든 고통은 바로 우리가 윤회에 머무르기 때문에 생기는 허물들로, 우리에게 인간의 고통이 어떠한 것인지 알게 해 준다. 만약 그러한 고통이 어디에서 비롯된 것인지 알아차리지 못하면, 어떤 특정 장소나 주위 사람 등 외부에 있는 대상으로부터 자신의 고통이 왔다고 착각하게 된다. 사람들이 윤회가 저 멀리 어딘가에 떨어져 있다고 생각할 위험도 있다. 그러므로 모든 고통의 뿌리는 윤회에서 벗어나지 못한 허물임을 알아야만 한다.

2) 아수라의 고통을 관상하기

'아수라로 태어나면 행복할까?'라고 생각할 수도 있겠지만 이곳에도 고통밖에 없다. 아수라는 수미산[43] 위 신들이 사는 곳

---

[43] 황금의 땅 위에 있는 모든 산의 왕. 동쪽은 은, 남쪽은 푸른 청금석, 서쪽은 붉은 수정, 북쪽은 황금으로 덮여있다. 수미산의 동서남북 각각의 색깔이 하늘에 비춤으로써 하늘의 색이 그와 같고, 그 보석의 색에 따라 바다의 색도 그와 같다. 수미산의 높이는 물 위

바로 아래에 머문다. 네 가지 아수라계가 있고, 외젠, 다외텡와, 네상뽀, 미요와 등 네 곳이다.

천상계와 아수라계는 이층 건물처럼 위아래가 바로 붙어있다. 아수라의 모습은 신과 비슷하지만, 신과 경쟁해서 이긴 적이 없다. 아수라계에는 아름다운 여인이 많은데, 신들이 계속해서 그 여인들을 빼앗아 가는 고통이 있다. 신들에게는 수명이 다하기 전까지 죽지 않게 해주는 감로수가 있으며, 아수라보다 훨씬 더 부유하므로 항상 신에게 질투하는 아수라의 고통은 불에 타는 것처럼 괴롭기만 하다. 우리가 원수에게 가진 것을 조금만 빼앗겨도 엄청나게 억울해 하는데, 아수라가 신들이 가진 많은 재산을 보고 느끼는 질투는 이루 말로 다 표현하기 힘들 정도이다.

참을 수 없는 질투심으로 신들과 전쟁을 하지만, 신들은 아수라를 쉽게 물리칠 수 있다. 신들은 아수라가 던지는 철퇴에 목이 잘려도 그 즉시 회복되는 능력이 있으므로 아수라만 참패를 당할 뿐이다. 이처럼 아수라는 신들과 싸울 때마다 항상 당하기만 할 뿐 이겨본 적이 없다고 한다.

우리 인간세계에서도 전쟁으로 죽는 것을 두려워한다. 그런데 이 아수라계에서는 전쟁으로 인한 고통이 끝이 없으며, 그 고통도 인간세계보다 몇 배나 더 심하다. 그러므로 아수라들이 전쟁터에서 죽는 광경을 직접 보는 아수라의 아내들이 받고 있는 고통들도 하나하나 관상해야 한다.

3) 신들의 고통을 관상하기

로 8만 유순이고, 물 아래로도 8만 유순이라고 한다.

그렇다면 신들의 세계는 좀 더 나은가? 고통은 없는가? 절대로 그렇지 않다.

신들에게는 멀리서 죽음이 왔다는 신호와 가까이서 죽음이 왔다는 신호에 대해 각각 다섯 가지로 모두 열 가지의 고통이 있다. 죽음이 다가오면 몸의 윤기와 탄력이 사라지고, 자신이 늘 앉던 자리에 앉아 있기가 싫어지며, 몸을 장식한 꽃들은 시들고, 옷에서 냄새가 나며, 땀이 나는 등의 다섯 가지와 몸의 빛이 작아지고, 목욕할 때 몸에 물기가 남으며, 옷과 장식에서 감미롭지 못한 소리가 나고, 눈이 감기고, 한곳에만 머무르는 등의 다섯 가지로 모두 열 가지 죽음의 신호를 받게 된다. 모래 위에 내던져진 물고기처럼 한쪽 구석에서 통곡하며 일주일 동안 고통스럽게 보내다가 수명이 다한다. 사천왕천의 7일은 인간계의 350년에 해당한다. 그러므로 신들이 죽기 전 일주일 동안 받는 고통이 짧다고 생각할 수도 있지만, 인간세계에서 350년 동안 받는 고통과 같은 셈이다.

신을 '삼세를 볼 수 있는 존재'라고도 부른다. 이는 과거에 어떠한 인연을 지어서 신으로 태어났는지를 아는 것, 신으로 태어난 현재의 상황이 어떠한지를 아는 것, 죽은 뒤 어디로 태어나는지를 아는 것, 이 세 가지를 말한다.

신들은 인간처럼 과거에 겪은 고통 등을 생각하고 헤아려서 발심을 하거나, 남이 겪는 고통을 보고 자비심을 내는 등의 선행을 하지 않는다. 전에 쌓아두었던 공덕만을 쓰기 때문에 결국 그 복이 다 없어지게 된다. 나는 십만 원짜리 옷을 사서 입는데 다른 사람은 만 원짜리 옷을 사서 입는 경우, 내가 다른 사람보다 열 배의 공덕을 쓴 것이 된다. 신들은 행복을 마음껏 즐기기 때문에 많은 복을 써버린다. 우리는 지금 복을 쌓아야 할 때이지 까먹을 때가 아니다.

이처럼 신들은 자신이 쌓아두었던 공덕을 모조리 다 써버리기 때문에 대부분 다음 생에는 삼악도에 떨어진다. 죽기 전 미리 삼악도에 태어나는 것을 직접 보기 때문에, 신들이 가진 몸과 재산, 친구 등의 부귀영화가 다 소멸하여 느끼는 마음의 고통이 지옥중생의 고통보다 열여섯 배나 더 크다.

우리가 다음 생에 어떤 생으로 태어날지 생각만 해보아도 죽을 때 고통스럽고 마음이 편치 않은데, 신들은 미리 삼악도에 태어나는 것을 확실하게 볼 수 있으니 어찌 더 고통스럽지 않겠는가? 다음 생에 겪게 될 고통을 미리 알고서 몹시 괴로워하며 울부짖는다.

죽을 때가 다가오면 다른 남신이나 여신들도 시체를 대하듯 홀로 내버려 둔다. 친하게 지내던 친구들조차 "잠깐만이라도 같이 놀아줘. 나는 이제 여기에서의 수명이 다 되어 낮은 곳으로 태어나게 되니 앞으로 너희들을 볼 수 없게 돼. 조금이라도 더 같이 있어 줘!"라며 아주 불쌍한 표정으로 애원해도 쳐다보지도 않는다. 양심이 조금 있는 친구들도 멀찍이 떨어져서 긴 막대기 끝에 꽃을 매달아 죽음이 다가온 신의 머리 위에 씌워주며, "죽어서 인간으로 다시 태어나 복을 쌓고 다시 이곳에 태어나렴." 하고 기도해줄 뿐이다. 그런 말을 들으면 더욱 고통스러워진다.

한편 복이 적은 신들은 복이 구족한 신들을 보면 기가 죽는 고통이 있고, 힘이 약한 신들이 힘센 신들로부터 쫓겨나는 고통도 있다. 무색계(無色界)에 태어나면 태어났다는 생각밖에 없고, 삼매에 들어서 수겁 동안 있다가 결국 죽어서는 낮은 곳에 태어나므로 완전한 자유를 얻지 못하는 고통이 있다. 그곳을 떠나 낮은 곳에 태어나도 지혜가 없는 바보, 바보 중의 바보로 태어난다.

어떤 신들은 그저 삼매에 든 것을 해탈한 것으로 착각하기도 한다. 그래서 나중에 다시 태어날 곳을 미리 볼 때 해탈에 대한 그릇된 견해를 가진 과보로 결국 무간지옥에 태어나는 것을 보게 된다. 그러므로 이러한 신들이 착각하고 있지만, 그것은 쇳물이 펄펄 끓는 지옥의 큰 가마솥 가장자리에 서 있는 것과 다를 바가 없다. 그보다는 차라리 인간세계에서 관세음보살 진언인 '옴 마니 빼메 훔'으로 수행하는 가난한 할머니가 더 나을지도 모른다.

제7대 달라이라마 '깰상갸초'께서 다음과 같이 말씀하셨다.

"삼계 윤회라는 불에 달구어진 쇠집
시방 어디를 가더라도 고통으로 타는 것을
마음에 받은 큰 상처는 자기 마음이 만든 현상일 뿐
해롭고 위험한 곳을 떠도는 정경이 슬프도다."

이처럼 윤회는 삼계의 맨 꼭대기에서부터 무간지옥에 이르기까지 그 어디에 태어나더라도 불에 벌겋게 달구어진 육 층짜리 쇠로 된 집 안을 이리저리 옮겨 다니는 것일 뿐 고통은 끊임없이 이어진다. 그러므로 고통의 본성 세 가지를 알아야 한다.

윤회세계에서 행복이라고 생각하는 것들도 알고 보면 고통일 뿐이다. '고통도 행복도 아닌 어느 쪽으로도 기울지 않은 감각〔不苦不樂受〕'의 상태 또한 고통 그 자체이다. 예를 들어 화끈거리는 상처에 시원한 물을 뿌리면 잠시 나아진 것처럼 느끼듯, 윤회에서 느끼는 행복 역시 '행복에 대한 감각〔樂受〕'이 잠시 일어난 것일 뿐이므로 조금 지나면 다시 고통스러워지는데, 이를 '변하는 고통〔壞苦〕'이라고 한다.

그와 같이 번뇌로 인해 몸의 모든 감각이 느끼는 행복과 그 행복을 일으키는 심왕(心王)[44]과 심소(心所)[45] 모두 다 어떤 대상과 만났을 때 또 다른 번뇌를 일으키므로 변하는 고통이 된다.

상처가 나면 아픔을 느끼게 되는데, 원래부터 우리 몸은 상처가 나지 않아도 화끈거리는 고통을 인지하는 본성을 가지고 있다. 상처가 차가운 물이나 뜨거운 것 등과 부딪히지 않았을 때는 아직 번뇌로 쌓여 있는 몸의 감각이 고통을 일으키는 조건과 만나지 않아 고통도 행복도 아닌 상태이다.

이와 같이 심왕과 심소로 인지하는 모든 대상도 과거의 업과 번뇌의 힘에 의해 변하고, 미래에 고통과 번뇌가 생기게 되는 씨앗을 남겨서 후에 나쁜 쪽으로 변하게 하므로 '모든 행의 고통〔行苦〕'이라고 한다.

상처가 난 부위에 아주 차거나 뜨거운 물이 닿을 때 고통을 느끼게 되는데, 이를 '고통의 감각〔苦受〕'이라고 한다. 이처럼 몸과 마음이 고통을 받을 때 번뇌로 인한 고통의 감각들과 심왕과 심소의 대상 모두는 '고통으로부터 오는 고통〔苦苦〕'이다.

한편 행복이라고 생각하는 것은 착각이며, 그것은 변하는 고통이다. 예를 들면 그늘 밑이 시원해서 그 아래에 오래 있으면 춥게 느껴진다. 그러다가 따듯한 햇볕이 들면 잠시 행복하

---

44) 의식작용의 본체로 객관적인 대상의 총체적인 상을 인식하는 정신작용을 말한다.
45) 심왕(心王)에 종속하여 일어나는 정신작용으로 심소유법(心所有法)이라고도 한다.

게 느끼지만, 그것은 행복이 아니다. 햇볕 아래 계속 앉아 있으면 아무런 고통 없이 행복해야 하지만 이번에는 더워져서 다시 그늘 밑으로 가야 하기 때문이다.

계속 걸어 다녀 피곤할 때도 앉으면 행복하다고 느끼지만, 이 역시 서 있던 큰 고통이 점점 줄어들면서 앉아 있는 작은 고통이 점점 늘어나는 것을 모르는 것일 뿐이므로, 그 사이에 고통이 없는 것이 아니다. 오래 앉아 있으면 거기서 고통을 느끼고, 산책이 필요하다고 하면서 다시 일어나게 된다. 일어나는 순간 앉아 있던 큰 고통이 점점 줄어드는 반면 서 있는 고통이 조금씩 일어나는 것이니, 이처럼 고통을 알아차려야 한다.

우리의 번뇌로 인해 생긴 이 몸은 모든 행의 고통이다. 이같은 몸은 모든 고통의 자루일 뿐이다. 윤회세계의 모든 고통은 이 몸을 받았기 때문에 비롯된 것이다. 지옥의 춥고 차가운 고통도 번뇌로 인해 지옥의 몸을 받았기 때문이며, 아귀와 축생도 마찬가지이다. 당나귀가 무거운 짐을 싣고 다녀야 하는 고통을 받는 것도 당나귀의 몸을 받고 태어났기 때문이다.

작은 가시에 찔려 느끼는 아픔조차도 번뇌로 인해 받은 이 몸 때문이다. 그러므로 알몸으로 큰 가시덤불 한 짐을 메고 있는 사람이 짐을 풀어서 내려놓기 전까지는 그 고통을 피할 수 없는 것처럼, 우리의 번뇌로 인해 생긴 이 몸이라는 짐은 그것에서 벗어날 때까지 고통스럽지 않은 때가 없다.

번뇌로 인해 생긴 이 몸은 이번 생의 고통의 자루이며, 다음 생의 고통으로 이끈다. 이런 몸을 가진 것이 모든 고통 중에서도 가장 큰 고통이다. 윤회에는 자유가 없으며, '삼계의 꼭대기〔有頂〕'에서 아래로는 무간지옥에 이르기까지 번뇌의 힘으로 다양한 몸을 받아 돌고 도는 것일 뿐, 몸으로 인해 생기는 윤회에서의 모든 부귀영화·권력·명예 등을 아무리 살펴보아도 이 모두가 착각이며, 고통에 속고 있음을 알아차려야 한다.

자기에게 좋지 않은 일이 생기거나 사고가 났을 때 느끼는 고통으로, 이제 더는 사바세계의 일에 의미가 없으니 수행만 해야겠다는 결심을 한다고 해서, 윤회가 의미 없음을 참되게 본 것이 아니다. 윤회하는 그 자체가 고통일 뿐이므로 고통을 알아차려서 윤회하는 원인의 뿌리를 뽑아야 한다.

출가자들도 공양이나 시봉을 받는 것이 죽을 때 아무런 도움이 되지 않고, 모두가 무상하며, 고통이 따르게 될 뿐이라는 것을 알아야 진정으로 발심할 수 있다.

중사도에서는 이러한 발심이 중요하다. 그와 같이 발심이 된 상태에서는 어떤 수행을 하더라도 그것이 바로 해탈의 원인이 된다. 그렇지 않으면 복전(福田)에 의지해서 수행하는 것을 제외한 다른 수행들은 윤회의 수레바퀴를 돌리는 것에 지나지 않는다. 훌륭한 수행이라고 해서 기(氣)를 돌리는 데 평생을 매달리거나 밀교 수행을 아무리 많이 하더라도, 해탈과 완전한 깨달음의 길 근처에는 가지도 못한다. 그렇게 의미 없는 고생스러운 수행들은 잠시 뒤로 미루어 두고, 도의 세 가지 핵심인 출리심·보리심·공성을 깨닫는 바른 견해를 바탕으로 정진하는 것이 무엇보다 중요하다.

『중론』의 저술을 통해 공사상을 확립한 후 대승불교에 큰 영향을 주어 두 번째 부처님으로 널리 알려진 인도의 스승 **나가르주나(용수보살)**

2. 해탈에 이르는 길의 본질

이는 집제로 인해 윤회함을 알아차리기, 해탈의 본질을 알아차리기, 이 두 가지로 설명한다.

2.1. 집제로 인해 윤회함을 알아차리기

이는 번뇌가 생기는 것, 업을 쌓게 되는 것, 죽어서 다시 태어나는 것, 이 세 가지로 설명한다.

1) 번뇌가 생기는 것

이는 번뇌를 알아차리는 것, 번뇌가 생기는 순서, 번뇌의 원인, 번뇌의 허물, 이 네 가지로 설명한다.
윤회세계의 일반적인 허물과 각각의 허물을 관상함으로써 해탈에 이르고자 하는 출리심(出離心)이 생기면, 어떤 원인으로 윤회하게 되는지 그 원인을 알아야 한다.

윤회의 원인인 집성제에는 업인 집성제와 번뇌인 집성제 두 가지가 있다. 우리가 몸을 받고 태어나는 것은 업 때문이며, 그 업은 번뇌로부터 생긴다. 과거에 쌓았던 업이 수없이 많지만, 그것이 일어나도록 연결하는 요인이 되는 번뇌인 애(愛)와 취(取)가 없으면 수분이 없는 씨앗과 같아 업만으로는 태어날 힘을 잃게 된다.

(1) 번뇌를 알아차리는 것

비록 과거에 쌓은 업이 없더라도 번뇌가 있으면, 그 즉시 번뇌로 새로운 업을 쌓아서 윤회의 몸으로 태어나게 된다. 그러므로 우리가 윤회하는 뿌리는 바로 번뇌이다.

번뇌는 일어나자마자 번뇌 그 자체의 힘으로 정화되지 않은 마음을 계속 일으키게 한다. 그러므로 번뇌를 알아차려야만 한다. 알아차리지 못하면, 원수가 누구인지도 모르면서 무기를 휘둘러대는 것처럼 어떤 해독제를 써야 할지 모르는 것과 같으니, 번뇌부터 정확하게 알아야 한다.

번뇌에는 뿌리에 해당하는 근본번뇌(根本煩惱)와 가지에 해당하는 수번뇌(隨煩惱)가 있다.

■ 근본번뇌(根本煩惱)

근본번뇌에는 탐욕, 성냄, 교만, 어리석음, 의심, 견해인 번뇌, 이 여섯 가지가 있다.

첫째, 탐욕(貪欲): 우리 마음에 드는 대상인 물질이나 몸, 먹을 것, 마실 것 등을 볼 때 그 대상과 떨어지지 않으려는 욕심을 말한다. 다른 번뇌들은 천 위에 쌓인 먼지와 같아서 털어 버리기가 쉽지만, 탐심으로 인한 대상에 대한 집착은 천 위에 쏟은 기름이 퍼져서 배어들면 결국 없애기 어려운 것처럼, 대상을 보고 만지는 등으로 마음이 끌리고 그 대상에 대한 애착이 점점 커져서 떨어지기가 더 어렵게 된다.

'탐욕의 올가미로 윤회의 감옥에 묶였다.'라고 하는 것처럼 윤회세계를 벗어나려는 마음이 생기지 못하게 하는 뿌리도 탐심이며, 윤회세계에서 돌고 도는 주된 원인도 이 탐심이다. 탐심의 치료제는 부정관(不淨觀)이다. 부정의 대상으로 어떤 사람에게 애착이 생기면 그 사람을 더러운 것 서른여섯 가지를 넣은 자루라고 생각하고, 고기 등에 애착이 생기면 그 고기의 원인이 더러운 것이며 살생을 당해 고통받은 것 등 부정한 것들을 관상해야 한다.

둘째, 성냄[嗔心]: 유정과 유정이 아닌 것에 대하여 참지 못하고 상대를 해치려는 거친 마음을 말한다. 원수 등 자기가 싫어하는 대상을 보면 마음이 더욱 거칠어져서 불이 타오르듯 화를 내는데, 이는 그동안 쌓았던 공덕이 모두 타버리는 큰 허물이 된다.

살생하고 폭력을 행하는 것도 성냄이 하는 것이다. '이분은 남들에게 경책을 잘하신다.'라며 오히려 화내는 것을 치켜세우고 문제 삼지 않는 경우도 있지만, 성냄보다 더 큰 죄는 없고 인욕보다 더 큰 고행은 없다. 선업을 무너뜨리는 가장 강력한 성냄이라는 무기는 인간이나 천신의 몸을 얻지 못하게 하고, 더 나아가 해탈이나 성불도 하지 못하게 한다.

성냄은 번뇌들 중에서 공덕을 없애는 데 가장 큰 힘이 있으며, 삼악도에 떨어지는 주된 원인이므로 더욱더 조심해야 한다. 이에 대한 치료제는 인욕을 익히는 수행 등이며, 인욕에 대해서는 상사도의 육바라밀에서 자세하게 다루도록 하겠다.

한편 제자들에게 도움이 되길 바라는 마음으로 짐짓 화난 척 하며 때리는 것은 나쁜 것이 아니다.

셋째, 교만(憍慢): 자신에게 남들보다 뛰어난 힘이나 재산, 학식, 권력, 가문이 있다고 해서, 혹은 계율을 잘 지키거나 심지어 감미로운 목소리를 가지고 있다고 해서, 자신이 남보다 우월하다는 의식을 갖는 것을 말한다. 높은 산 위에서 보면 다른 것들이 다 저 아래로 보이듯, 대수롭지 않은 일을 하면서도 자기가 최고의 수행을 하고 있다고 착각하여 다른 이들을 개미처럼 하찮게 보는 교만이 생긴다.

'까담'의 스승들은 "봄에 높은 산 위가 먼저 파랗게 되는지, 계곡 아래가 먼저 파랗게 되는지를 보면 알 수 있다."라고 말했다. 한편 많은 스승들이 "교만이라는 둥근 공 위에는 학식의 물이 고이지 않는다."라고 제자들을 다그치기도 했다. 교만이 높으면 지혜를 이루기가 힘들다. 스승들이 아무리 귀한 법을 설해주어도 교만한 이에게는 전혀 도움이 되지 않는다. 이에 대한 치료제로 삼을 수 있는 것은 자기가 모르는 것들을 살피는 것이다. 머리에서 발끝까지 안팎으로 자신이 알 수 있는 것과 알 수 없는 것을 살펴보고 모르는 것이 많음을 알아서 교만을 꺾어야 한다.

넷째, 어리석음[癡心]: 눈이 없으면 볼 수 없고, 캄캄한 곳에서는 대상이 보이지 않는 것처럼 사성제와 삼보, 인과의 이치를 알지 못하는 것이 여기서 말하는 어리석음이다. 어리석음은 모든 번뇌의 뿌리이다.

한편 '나'가 있다고 집착하는 견해인 살가야견(薩迦耶見)과 무지가 하나라고 보는 견해가 있다. 이 견해에 따르면 살가야견은 곧 무지이다. 이와 달리 서로 다르다고 보는 견해에 따르면, 예를 들어 밧줄을 뱀으로 착각하는 것은 살가야견이고, 밧줄 주위의 캄캄한 어둠 때문에 그 자체를 알지 못하는 것은 무지라고 본다. 이 둘을 하나라고 보는 견해는 '짠드라끼르띠〔월칭月稱〕'와 '다르마끼르띠〔법칭法稱〕'의 견해이며, 다르다고 보는 견해는 '아상가〔무착無着〕' 등의 견해이다.

다섯째, 의심(疑心): 사성제나 삼보, 인과 등이 있는지 없는지, 사실인지 아닌지를 의심하는 것이다. 삼보에 대한 의심은 우리가 깨달음을 이루는 데 방해가 된다. 인과를 의심하면 사람이나 천신으로 태어나는 데 큰 방해를 받고, 사성제를 의심하면 해탈에 이르는 데 커다란 방해를 받는다.

이상의 다섯 가지 근본번뇌는 견해가 아닌 번뇌이다.

여섯째, 견해인 번뇌 다섯 가지

- '나'가 있다고 보는 견해〔薩迦耶見〕: 무상한 온(蘊)이 모인 몸을 보고 '나', '나의 것'이라고 보는 견해가 있는 번뇌이다. 예를 들면 다른 사람들이 자신을 칭찬하거나 비판하고 도와주거나 해칠 때 '그들이 나에게 그렇게 했다.'라는 생각이 마음속에서 생생하게 떠올라 마치 그것이 실제로 존재하는 것처럼 생각하는 것은 큰 허물의 뿌리이다. 살가야견은 개미와 같이 아주 작은 생명에게도 있다. 지나가는 개미를 풀 등으로 찌르면 해침을 당할까 봐 두려워 죽은 체하다가 조금 뒤에 일어나 도망가는 것을 볼 수 있는데, 이는 살가야견이 있어서 하는 행동이다.

- 한쪽으로 치우친 견해〔邊見〕: 살가야견으로 인식한 대상인 '나'는 영원하며 원래부터 존재한다는 견해〔常見〕와 죽으면 '나'가 없어진다고 하는 견해〔斷見〕 등을 말한다. 이는 주로 외도들에게 있다. 하지만 우리 불교도에게도 실제로 있다

거나 아에 없다고 보는 그와 비슷한 견해가 있다.
- 어느 견해 하나만을 최고로 보는 견해〔見取見〕: 살가야견, 사견, 변견 중 하나를 최고라고 생각하는 견해가 있는 번뇌를 말한다.
- 외도가 지니는 계와 금계에 집착하는 견해〔戒禁取見〕: 예를 들면 한쪽 발을 들고 서 있는 계율, 삼지창 위를 뛰어넘으면 깨닫는다는 말 따위를 해탈로 이끄는 최고의 길로 여기는 외도들의 견해를 말한다. 한편 신통으로 전생에 자신이 개였던 것을 알고서, 이번 생에 개 짖는 소리를 내는 등 개처럼 행동하면 다음 생에 다시 인간으로 태어난다고 하는 믿음을 최고로 여겨서 그 같은 어리석은 행동과 삿된 견해를 따르는 외도들도 있다.
- 잘못된 견해〔邪見〕: 사성제와 삼보, 인과 등의 있는 것을 없다고 하는 견해와 없는 것을 있다고 주장하는 견해, 이 두 가지를 말한다. 어떤 외도들이 "이 세간은 시바라는 신이 만들었다."라고 주장하는 것처럼, 그렇게 만들어지지 않았는데도 만들어졌다고 하는 견해 등을 말한다.

'견해인 번뇌' 다섯 가지를 하나로 치고, 여기에 '견해가 아닌 번뇌' 다섯 가지를 더한 것이 여섯 가지 근본번뇌이다. 그러므로 이러한 번뇌들이 생겼을 때 각각 그 대치법을 행하여 없앨 줄 알아야 한다. 이 중에서도 다른 모든 번뇌의 뿌리인 무지(無知)는 알아차리기가 어려우니, 뒤에서 다시 설명하도록 하겠다.

(2) 번뇌가 생기는 순서

여섯 가지 근본번뇌를 비롯한 모든 번뇌는 아상(我相)과 살가야견에서 생겨난다. 살가야견과 무지를 하나로 보는 견해에 따르면, 모든 번뇌는 살가야견에 의해 일어난다고 한다. 한편 살가야견과 무지를 둘로 보는 견해에 따르면, 이들은 주로 무지에서 온다고 한다.

'나'를 분별하는 살가야견은 '나에게 칭찬해 주는 것을 좋아하는 것' 등 '나'가 마음속에 존재하는 것처럼 인식하여 사용하는 자인 '주체'라는 생각이 생기게 한다. 이렇게 해서 생긴 주체가 '나'를 애착하고 남을 미워하며, 도와주는 사람에게 애착하고, 해치는 사람에게 화를 내며, 이도 저도 아닌 중간의 사람은 무시한다.

모든 번뇌의 뿌리인 무지나 살가야견에 의해 탐욕, 성냄, 의심 등이 생기게 되고, 그로 인해 업을 쌓게 되며 그것이 윤회하는 원인이 된다. 윤회의 뿌리는 살가야견·무지·아집이 같이 작용하기 때문이다. 번뇌를 완전하게 없애기 위해서는 아집에 대한 무지의 치료제인 무아를 깨닫는 지혜를 닦아야 한다. 그러므로 만병통치약은 무아를 깨닫는 지혜라고 한다. 우리가 세간에서 짓는 모든 죄는 자기를 애착하는 데서 생긴다. 자기에 대한 애착을 버리면 그러한 죄를 짓지 않는다. 그러므로 그런 것들이 생기기 전에 그 원인을 막는 방법을 알아야만 한다.

(3) 번뇌의 원인

이는 의지처, 대상, 나쁜 조건을 가까이함, 그릇된 가르침, 훈습, 망상을 일으킴, 이 여섯 가지로 설명한다.

① 의지처

이미 우리 몸속에 병의 씨앗이 잠재되어 있고, 병의 씨앗을 제거하지 못한 상태에서 조금씩 먹었던 음식 등이 발아시켜 병이 나게 하는 것처럼, 우리 마음에는 이미 잠재된 번뇌의 씨앗이 있기 때문에 어떤 요인들과 부딪치기만 하면 그 즉시 번뇌가 일어날 만반의 준비가 되어 있다.

② 대상

번뇌의 씨앗이 전부 소멸하지 않았으므로 마음에서 좋아하고 좋아하지 않는 등의 대상과 만나게 되면 그 씨앗〔의지처〕이 작용하게 된다.

그러므로 가급적이면 번뇌의 대상과 떨어져 있어야 한다. 출가자들이 절이나 토굴 등에서 수행하는 것도 그런 까닭에서이다. 수행 초보자인 경우 대상과 만나지 않으면 번뇌가 일어나지 않는 데 도움이 되므로 최대한 번뇌의 대상과 멀리 떨어져 있는 것이 좋다.

'톡메상뽀' 보살의 『걜쎄락렌쏘된마〔보살도를 닦기 위한 37가지 실천〕』에 다음과 같이 나와 있다.

"나쁜 고향을 떠나버려 번뇌가 점점 줄어들고
산란함이 없어 수행이 저절로 늘어나며
의식이 맑아 법에 대한 확신이 일어나니
적정처에 머무르는 것이 보살의 행이라네."

이처럼 번뇌가 생기는 대상을 멀리하고, 수행할 수 있는 장소에 머무는 것이 매우 중요하다.

③ 나쁜 조건을 가까이함

번뇌를 일으키는 나쁜 조건들을 멀리해야 한다. 음주나 게임처럼 번뇌와 가까워지게 하는 것들에 대한 잡담 등 수행과 멀어지게 하고 오직 이번 생만 집착하게 하는 것들은 모두 나쁜 조건들이다. 이런 것들과 가까이하면 번뇌가 생기는 원인이 되어서 결국 좋지 못한 일을 하게 된다.

옛날 펜뽀겔이라는 지역에 술을 마시는 사람과 마시지 않는 사람이 있었다. 술 마시는 사람은 수행자들이 많이 사는 라딩이라는 곳에 갔고, 술 마시지 않는 사람은 티벳의 수도 라싸에 갔다. 라딩에 간 사람은 '까담'의 스승들을 만나 뵈었고, 라싸에 간 사람은 삿된 친구들을 만났다. 이렇게 누구를 만나느냐에 따라 얼마 후 그들이 펜뽀겔에서 다시 만났을 때 술 마시던 사람은 술을 마시지 않게 되었고 술 마시지 않던 사람은 오히려 술을 마시게 되었다.

스승을 만날 때도 물질에 집착하는 스승을 만나면 제자도 구두쇠가 되며, 화를 잘 내는 스승을 만나면 제자도 화를 잘 내게 되는 것처럼 어떤 부류의 사람과 가까이 지내느냐에 따라 그를 닮아가게 된다. 이처럼 삿된 이의 성품을 쉽게 닮을 수 있으니 그런 부류와 사귀지 말아야 하며, 친하게 지내지 않도록 조심해야 한다.

예전에 어떤 나라에 마시기만 하면 누구나 미치게 되는 물이 있었다. 그 나라 사람들은 모두 그 물을 마셨지만, 왕은 마시지 않았다. 사람들은 모두 미쳐서 왕이 미치지 않은 것을 흉보면서 오히려 왕이 미쳤다고 말했다. 이처럼 번뇌에 찌든 사람들은 수행자를 자신들의 무리에 끼워주지 않는다. 하지만 무리에 끼지 못하더라도 앞서 말한 '까담빠의 열 가지 재산'에 의지한다면 문제 될 것이 없다.

④ 그릇된 가르침

어떤 책들은 도움이 되는 것처럼 보이지만 실제로는 번뇌를 일으키기도 하는데, 이를 '사교(邪敎)'라고 한다. 성냄을 부추기는 전쟁 이야기, 탐욕을 일으키는 성(性) 이야기, 시간만 허비시키고 쓸데없는 생각만 들게 하는 잡서 등을 보면 번뇌가 늘어나는 원인이 된다. 반면 훌륭한 스승들의 생애를 담은 경이나 책들은 우리에게 공덕의 씨앗을 심어준다. 그러니 이처럼 번뇌를 일으키지 않는 책들을 보아야 한다. 많은 사람과 모여 옛날 왕들의 전쟁담이나 연애담, 투쟁적인 이야기 등을 나누면 탐욕이나 성냄 등의 번뇌를 일으키는 원인이 된다.

⑤ 훈습

번뇌에 너무 오랫동안 익숙해져서 다른 일로 몹시 바쁠 때에도 탐욕이나 성냄 등이 저절로 일어나는 것을 훈습(薰習)이라고 한다. 전생에 탐욕이나 성냄 등에 얼마나 익숙해져 있는지에 따라 이번 생에 번뇌가 더 강해지거나 약해진다. 별것 아닌 대상에게도 크게 애착하거나 화를 내기도 하는데, 성냄에 익숙한 사람들은 누가 눈을 부릅뜨기만 해도 참지 못하고 버럭 화부터 낸다. 이러한 훈습은 대치법에 의지하지 않고는 달리 없앨 수 있는 방법이 없다.

⑥ 망상을 일으킴

탐욕의 대상이나 성냄의 대상을 수시로 떠올리면서 좋다거나 좋지 않다는 등의 평계를 대는 마음을 자주 내는 것을 말한다. 탐욕의 대상인 옷을 고를 때처럼 아름다운 빛깔과 멋진 모양, 좋은 재질 등을 자주 떠올리거나, 원수에게 어떻게 해침을 당했는지, 그 뒤에 또 내게 어떻게 대했는지 등 자기 마음에 들지 않는 성냄의 대상을 자주 생각해서 번뇌를 계속 만들어내는 것을 말한다.

그런 생각을 하는 사람들은 비록 수행은 하고 있지만, 고통과 불평만 늘어나 '과연 인과가 있을까?'라는 의심을 일으키게 되므로, 이러한 번뇌가 생기는 여섯 가지 원인을 최대한 막아야 한다. 이에 대한 대치법에 의지하지 않으면 번뇌는 점점 늘어나기만 하니, 우리는 반드시 대치법으로 그 뿌리를 뽑아내야 한다.

(4) 번뇌의 허물

미륵보살의 『장엄경론』에 "번뇌는 자기를 망치고, 모든 유정을 망치며, 계율도 망치게 해서 항상 마음에 큰 고통을 준다."라고 나와 있듯이, 번뇌는 허물이 많다. 번뇌가 생기면 마음은 불선업을 행하는 쪽으로 변한다.

대상을 만나면 잠재해 있던 번뇌의 씨앗이 싹터서 삿된 것으로 변해 탐욕이나 성냄 등과 비슷한 번뇌를 끊임없이 자라나게 한다. 번뇌 때문에 훌륭한 스승들을 비판하고, 이번 생과 다음 생의 모든 일에 고통의 업을 쌓아서 해탈과 완전한 깨달음의 경지와는 점점 멀어지게 된다.

또 선행을 하지 않으므로 다른 사람들이 자기에게 좋은 말을 하거나 도와주는 것이 점점 줄어들고 부처님과 호법신들로부터도 멀어지게 된다. 이번 생에 남들과 끊임없이 다투게 되며, 다음 생에 오지나 삼악도에 태어나는 등의 끝없는 허물들이 생기는 원인은 모두가 번뇌 때문이다. 그러므로 이런 번뇌들이 생기자마자 가장 큰 원수로 생각하여 즉시 없애도록 해야 한다.

『입보살행론』에서 "외부의 적에게 친절히 대하면 모두가 나에게 이익을 주는데, 번뇌라는 원수는 의지할수록 결국 고통으로 해치기만 한다네."라고 하듯이 전생에 무간지옥 등에서 겪은 모든 고통은 번뇌가 일으킨 것이다. 다음 생에 윤회하는 것도 번뇌 때문이다. 그러므로 어떤 원수보다도 더 독한 것이 바로 번뇌이다.

'게시 벤'이 "번뇌, 그가 긴장하면 나도 긴장하고, 그가 느슨해지면 나도 느슨해진다. 내 마음의 문 앞에 대치(對治)의 칼을 들고 서 있는 것 말고 다른 할 일은 없다."라고 말한 것과 같이 번뇌는 가장 독한 원수임을 알아차리고 즉시 대치법으로 다스려야 한다.

2) 업을 쌓게 되는 것

업에는 마음속에 조작하는 사유 작업〔思業〕, 사업 이후에 일으키는 업〔思已業〕, 이 두 가지가 있다.

(1) 마음속에 조작하는 사유 작업〔思業〕

이는 선(善)이나 불선(不善), 또는 선도 아니고 불선도 아닌 것들에 대해 마음을 일으키는 행위를 말한다. 예를 들면 거친 말을 해야겠다고 생각을 움직이는 마음과 거친 말을 하게 시키는 마음의 행, 그것이 마음속에 조작하는 사유 작업이다.

(2) 사업 이후에 일으키는 업[思已業]

이는 '마음속에 조작하는 사유 작업[思業]'이 움직여 몸과 말로써 행한 것들이다. 그러한 번뇌로 '복이 아닌 업[非福業]'과 복업(福業), 부동업(不動業) 이 세 가지가 생긴다. 차례대로 예를 들면, 이번 생의 일만 생각해서 살생하는 등의 업을 쌓는 것은 '복이 아닌 업'이다. 이로써 삼악도에 태어나게 된다. 다음 생의 일을 생각해서 복업을 쌓으면 삼선도에 태어난다. 부동업은 외부의 그런 행복에 관심을 두지 않고, 내부적인 선정의 기쁨을 추구하는 느낌에 의지하는 것으로써 선정의 첫째 단계[初禪]에서 선정의 셋째 단계[第三禪] 사이의 신으로 태어나게 된다. 그 후 선정의 기쁨을 추구하는 느낌마저도 싫어하여 불고불락수의 평정을 추구하면 선정의 넷째 단계[第四禪] 이상의 신으로 태어나는 원인이 된다.

출리심·보리심·공성을 깨닫는 바른 견해 이 세 가지 중에서 어느 하나에라도 의지하지 않으면 그 어떤 수행도 윤회하게 되는 원인이 될 뿐이다. 출리심 등으로 수행하지 않고 그저 수행만 하고 싶어서 인생을 걸고 토굴에서 선정을 닦더라도, 운이 좋으면 선정에 든 신으로 태어나는 원인 정도는 될 수 있지만, 그 이상 아무것도 아니다. 진정으로 수행하고 싶다면 빠짐없이 다 갖추고 있는 요의법을 찾아서 그에 의지하여 수행해야 한다.

3) 죽어서 다시 태어나는 것

이는 죽음, 바르도[중음신], 태어남, 이 세 가지로 설명한다.

(1) 죽음

경전에 수명이나 복이 다하거나 갑작스러운 사고로 죽는 등 아홉 가지 죽음의 원인에 대해 나와 있다.

죽음을 향해 있는 마음은 다음 생에 태어날 업에 마음이 끌려서 죽는 순간 그쪽으로 마음이 쏠려 버린다. 이때 마음이 쏠리는 원인은 십이연기 중에서 여덟째 애(愛)와 아홉째 취(取)이다. 예를 들어 불지옥에 태어나는 자는 '이 몸과 떨어지는구나!'라고 아쉬워하며 이 몸에 애착하면서〔愛〕 '따뜻한 곳이 있으면 좋겠다. 불 속에라도 들어가고 싶구나!'라는 마음으로 불지옥을 취(取)한다.

쏠리는 대상은 선업과 불선업 중에서 어느 쪽이 더 강한지, 어느 쪽의 업이 더 많이 쌓여 있는지에 따라 취하는데, 만약 비슷하다면 더 익숙한 쪽을 취하고, 익숙한 정도마저도 비슷하다면 어느 쪽이 더 먼저 행한 것인지를 가려서 취한다.

다음 생을 택하는 시기는 자신이 죽기 직전에 기억이 나서 하거나 다른 사람들이 기억나게 해서 선택하는데, 믿음·자비심·탐욕·성냄 등의 선업과 불선업의 거친 인식이 일어나 마음을 작용하게 한다. 거친 인식이 모두 지나가면, 죽음에 대한 미세한 마음은 선업도 불선업도 아닌 중간〔無記〕 상태가 되며 선업과 불선업 어느 것도 기억할 수 없게 된다.

그와 같이 죽음을 맞이한 순간, 믿음 등의 선함이 생기면 선업 쪽을 택하게 되므로 죽을 때 선한 마음을 가지는 것은 매우 중요하다. 늘 수행해왔더라도 죽는 순간 화를 내면서 죽으면, 죽을 때의 마음이 불선업 쪽을 택하기 때문에 삼악도에 태어난다. 이와 반대로 늘 악행만 지어왔더라도 죽는 순간 선한 마음을 내게 되면 삼선도에 태어난다.

그때 삼선도나 삼악도 중 어디에 태어나는지 대충 짐작할 수 있는 방법이 있다. 삼선도에 태어날 경우 몸의 온기가 아래에서 위로 점점 거두어져 올라가며, 삼악도에 태어날 경우 반대로 몸의 온기가 위에서 아래로 점점 거두어지면서 내려가는 것을 볼 수 있다. 이러한 현상은 병으로 아픈 사람들이 죽어가는 것을 직접 살펴보면 더 확실하게 알 수 있다.

어떤 사람들은 죽을 때 자신의 업으로 인해 자기를 잡으러 온 사람의 환영을 보거나, 무거운 것에 짓눌리는 환각을 느끼기도 한다. 예전에 어떤 절의 원주가 신도들이 공양물로 올린 차(茶)를 사사로이 많이 빼돌렸다. 그가 죽을 때 차 상자들 밑에 깔려 상자들이 자기를 짓누르는 환각을 느껴서 주위 사람들에게 상자를 치워 달라며 외쳤다고 한다. 한편 패악을 많이 저지른 어떤 군수가 죽을 때 사람들이 자신을 짓누르고 있는 환영을 보거나, 선행을 닦았던 어떤 거지가 죽을 때 무척 좋은 집과 하얀빛을 보는 등 죽음에 대한 신호로 그러한 징조들이 나타난다. 또 추상이라는 오지에 '옴 마니 빼메 훔' 진언 염송을 많이 해온 한 할머니가 죽음의 순간 많은 상서로운 징조를 보았다고 전해온다. 이처럼 죽기 전에 다음 생을 미리 알 수 있는 여러 징조가 나타나며, 이는 아직 죽음의 시작에 불과하다.

(2) 바르도[중음신]

죽음의 상태가 끝나면 그 즉시 미래의 몸 상태와 비슷한 모양의 환영으로 바뀐다. '미래의 몸 상태'라 함은 다음 생에 태어나 받을 몸의 모양을 말한다. 그러므로 간혹 영가가 살아있을 때와 똑같은 모습으로 나타나서 중음신 상태의 소식을 전했다고 한다면, 이는 거짓말이다. 한두 번은 그처럼 목격할 수도 있지만, 이는 귀신이 죽은 사람의 모습을 빌려서 세간 사람들을 현혹하는 것이라고 위대한 수행자 '밀라레빠'께서 말씀하셨다.

바르도의 몸은 육근을 모두 갖추고 있으며, 자기 업에 따른 신통력이 있어서 어머니의 자궁과 같이 자신이 태어날 장소 외에는 어디를 가려고 해도 걸림이 없다.

지옥, 아귀, 축생, 욕계의 신이나 인간으로 태어날 바르도는 순서대로 불에 탄 나무, 물, 연기, 금과 같은 색을 띤다. 색계로 태어날 바르도는 흰색을 띠며, 무색계로 태어날 경우 중음신의 상태를 거치지 않는다. 죄를 많이 지은 사람들의 중음 상태는 캄캄한 밤처럼 어둡고, 선행을 많이 한 사람들의 경우 밤에 보이는 흰 달빛처럼 밝다.

바르도의 수명은 다양한데 대부분 7일이라고 한다. 7일 만에 다시 태어나지 못하면 중음신 상태로 되돌아가기를 일곱 번 반복하며, 49일 안에는 반드시 다시 태어난다고 한다.

(3) 태어남

태생(胎生)을 예로 들면, 처음 중음신 상태에서 부모가 결합하여 피와 정액이 섞이는 것을 보고서 생긴 탐심으로 어머니의 자궁을 좋은 집으로 착각하여 그 안으로 들어간다. 그러면 아버지와 어머니의 성기밖에 보이지 않고 그에 실망하여 화를 내고 중음신이 죽는데, 이때 바로 그 자궁에 걸리고 마는 것이다. 만약 그 부모와 인연이 없다면 다시 중음신 상태로 돌아가서 그런 상황을 계속 반복한다.

■ **십이연기(十二緣起)**

앞서 간단히 설명한 집성제로 윤회세계에 태어나는 원인을 사유하는 방법도 도움이 되지만, 십이연기를 알아서 이에 의지해 차례대로 사유하면 더 많은 도움을 받을 수 있다.

옛날 석가모니 부처님께서 머무셨던 중인도의 왕이 다른 지역을 통치하고 있던 '우다야나' 왕에게 많은 선물에 대한 보답으로, 부처님 말씀에 따라 십이연기를 설명하는 윤회도를 천에 그려서 보냈다. 윤회도를 받은 '우다야나' 왕이 그 탱화를 보고서 엄청나게 큰 출리심이 생겼다고 하는 일화가 있다.

이처럼 큰 스승들께서 십이연기를 통해 하사도와 중사도를 가르치시는 경우가 있다. 여기서도 출리심이 생기는 방편으로 십이연기를 설명하여 집착으로 생기는 윤회의 허물들을 사유하고자 한다.

석가모니 부처님께서 『싸뤼장빼도〔도간경稻芋經〕』를 설하실 때, "이것이 있으므로 저것이 있다. 이것이 생기므로 저것이 생긴다."라고 말씀하신 것처럼, 무지로부터 행 등의 십이연기가 차례로 이어진다.

첫째, 무지(無知)는 윤회의 뿌리이다. 지혜는 자아(自我)가 없음을 아는 것이다. 사람이나 사물을 보았을 때 본래부터 자아가 있다고 착각하는 것을 가리켜 십이연기에서는 무지라고 한다. 무지에는 맹인처럼 인과에 대해 미혹한 것과 공(空)에 대해 미혹한 것, 이 두 가지가 있다.

둘째, 행(行)은 일을 하는 것과 같아서 무지가 일으킨 마음 동기가 윤회하는 몸을 만드는 행 그 자체를 말한다. 인과에 미혹하여 무지가 일어날 때 '복덕이 될 수 없는 업〔不善業〕'을 쌓는 행을 하며, 공(空)에 미혹하여 무지를 일으켜서 '복덕이 되는 업〔善業〕'과 '과보가 변하지 않는 업〔不動業〕'을 쌓는 행을 한다.

셋째, 식(識)에는 두 가지가 있다. 원인이 생겼을 때의 식과 과보가 일어났을 때의 식이다. 행의 업으로 습(習)이 생기는 것은 '원인이 되는 식'이고, 우리가 어머니의 자궁에 들어가자마자 생기는 식은 '결과가 되는 식'이다. 예를 들면 무지로 살생하는 업을 행할 때 순간적으로 업을 쌓는 것이 원인이 되는 식이다. 그 업의 힘으로 지옥에 태어날 때의 식은 결과가 되는 식이다. 불선업 하나하나는 삼악도에 태어나는 식을 만든다. 선업도 그와 마찬가지이다. 모래에 기름을 붓거나 종이에 도장을 찍듯이 식에 업습을 뿌려서, 애(愛)와 취(取)가 태어나는 유(有)의 힘을 더욱 강하게 한다.

넷째, 명색(名色)이다. 예를 들어 자궁에서 태어나는 것을 볼 때 수(受)·상(想)·행(行)·식(識) 이 네 가지가 명(名)에 해당하는 연기이다. 어머니와 아버지의 피와 정액이 만날 때 처음 들어가는 식부터 일주일마다 변하는 것들이 색(色)에 해당하는 것으로, 이러한 것을 명색의 연기라고 한다.

다섯째, 육입(六入)은 육경(六境)과 안(眼)·이(耳)·비(鼻)·설(舌)·신(身)·의(意)의 육근(六根), 그리고 육식(六識)이 모여 대상을 분별 작용할 수 있기 직전까지 이른 것을 말한다.

여섯째, 촉(觸)은 육근·육경·육식이 모여 대상을 좋아하는 감각이나 싫어하는 감각 또는 좋아하지도 싫어하지도 않는 감각 등 대상에 대한 분별 작용이 일어남을 말한다.

일곱째, 수(受)는 촉으로 인해 행복과 고통, 행복하지도 고통스럽지도 않은 느낌, 이 셋 중에서 하나가 생기는 것을 말한다. 예를 들면 마음에 드는 대상을 만나면 행복한 느낌이 생기는 것이 이에 해당한다.

여덟째, 애(愛)는 행복한 느낌과 떨어지기 싫어하는 애(愛)와 고통으로부터 떨어지고 싶어 하는 애(愛), 행복과 고통 그 둘로부터 평등한 상태가 되고 싶어 하는 애(愛)를 말한다.

수(受) 때문에 애(愛)가 생긴다고 말하는 것은 무지(無知) 등이 모여 촉(觸)이 일어나고, 촉으로 인하여 수(受)가 일어나고, 수로 인하여 애(愛)가 일어나는 것을 말한다. 무지(無知)가 없으면 수(受)가 있어도 애(愛)가 일어나지 않는다.

아홉째, 취(取)는 애(愛)가 더욱 강해져 대상에 집착하는 것을 말한다. 이에 네 가지가 있는데 욕망으로 색(色)·성(聲)·향(香)·미(味)·촉(觸)을 취하는 것, 앞서 말한 '견해인 번뇌' 다섯 가지 중 살가야견을 제외한 나머지 네 가지 견해를 취하는 것, 사견(邪見)에 해당하는 계율과 금행(禁行)을 취하는 것, 자아(自我)가 있다고 취하는 것 등이다.

열째, 유(有)는 '다시 윤회함'을 말한다. 행에 의해 식(識)에 업습을 뿌려서 유를 취하여, 다음 생의 몸에 태어나는 힘을 더욱 강하게 한다.

열한째, 생(生)은 그와 같이 유(有)를 만들어 업의 힘이 더욱 강해지면 사생(四生) 중 하나를 택하여 식(識)이 들어가는 순간을 말한다. 예를 들어 태생의 경우 정자와 난자가 결합해 어머니 자궁 속으로 식이 들어가는 순간이 이에 해당한다.

열둘째, 노사(老死)의 연기는 차례로 일어난다. 노(老)는 몸의 상태가 점차 늙어가는 것이며, 사(死)는 식과 몸이 분리되어 몸을 버림으로써 없어짐을 말한다.

이러한 십이연기의 순서와 이치를 잘 알아야 한다. 이는 업과 번뇌, 고통 셋으로 이루어진 것으로 무지와 애, 취는 번뇌에 속하고, 행과 유는 업에 속하며, 나머지 일곱 가지는 고통에 속한다. 그러므로 십이연기를 사유하여 윤회세계 공통의 고통을 봄으로써 마치 감옥에서 벗어나고 싶어 하듯이 윤회세계에서 벗어나고자 하는 마음이 생기는 것이 출리심이다. 그렇게 벗어나고 싶은 마음이 생기면 해탈의 길을 배워야 한다.

2.2. 해탈의 본질을 알아차리기

이는 어떤 몸이 윤회에서 벗어날 수 있는가, 어떤 길에 의지하여야 윤회에서 벗어날 수 있는가, 이 두 가지로 설명한다.

1) 어떤 몸이 윤회에서 벗어날 수 있는가

윤회의 허물을 사유해 보면, 윤회의 모든 것들은 물통 안에 담긴 물에 비친 달이 바람에 흔들려 한 찰나도 멈추지 않고 일렁이듯 무상한 것임을 알 수 있다. 윤회의 행복과 모든 물질적인 안락은 독사의 머리 아래에서 쉬고 있는 것과 같아 두렵고 위험할 뿐이다. 육도 어디에 태어나도 고통밖에 없는 줄을 안다면, 불타는 집이나 감옥에 갇혀 있는 것처럼 그 속에서 한시도 더 오래 머무는 것을 싫어하고 빨리 벗어나려고 하는 마음이 저절로 일어나게 된다.

따라서 윤회의 원인이 되는 업과 번뇌 이 둘에 대해 확실하게 잘 알아야 한다. 그 둘 중에서도 번뇌, 번뇌 중에서도 윤회의 뿌리가 되는 무지에 대해 잘 알아야 하며, 이 무지에서 벗어나는 방법 또한 잘 알아야 한다. 무지에서 벗어나기 위해서는 유가구족의 인간 몸으로 계율을 받아서 실천해야 하며, 그렇게 행할 때 비로소 윤회에서 벗어날 수 있다. 그러므로 윤회에서 벗어나는 데는 유가구족의 이 인간 몸보다 더 나은 것이 없다.

2) 어떤 수행에 의지해야 윤회에서 벗어날 수 있는가

윤회의 뿌리를 뽑기 위해서는 그 원인이 공성에 대해 미혹하여 생기는 '나'라고 여기는 아상(我相)과 아집(我執)임을 알고 그것을 없애야 한다. 그것을 뿌리 뽑지 않으면 다른 어떤 치료제로도 번뇌를 일시적으로는 물리칠 수 있지만 근본적으로 없앨 수는 없다.

다른 어떤 대치법으로도 아집을 없앨 수 없으며, 아집과 반대되는 치료제로만 윤회의 뿌리를 없앨 수 있다. 그것은 바로 '나'가 없음을 깨닫는 지혜이다. '나'가 있다는 생각과 반대가 되는 '나'가 본래 없음을 깨닫기 위해서는 아집의 뿌리를 뽑을 수 있는 무아(無我)의 지혜가 필요하다. 무아의 지혜가 아닌 다른 어떤 대치법을 행하더라도 그것은 아집을 더 강하게 할 뿐 그 뿌리는 절대로 뽑아낼 수 없다.

이 무아의 지혜를 바르게 깨우치려면 삼학(三學) 중에서도 선정(禪定)을 이루어야 한다. 나무를 자르려면 날카로운 도끼와 그 도끼를 쥐고 휘두를 수 있는 단단한 어깨가 필요하다. 날카로운 도끼가 없으면 나무를 자를 수 없고, 단단한 어깨가 없으면 그 도끼로 나무를 내려칠 수가 없기 때문이다. 밤에 벽화를 보기 위해서는 밝은 호롱불이 필요하며, 호롱불 또한 바람에 흔들리지 않아야 하는 것처럼, 무아를 깨닫는 지혜는 날카로운 도끼나 밝은 호롱불과 같고, 공성을 확실히 깨닫게 하는 내면적인 미세한 산란함에 흔들리지 않는 견고한 선정은 단단한 어깨와 바람에 흔들리지 않는 호롱불과 같다. 내면적인 산란함에서 벗어나 견고한 선정을 이루기 위해서는 외부적인 거친 산란함에서 벗어난 계학을 잘 배워서 실천해야 한다. 이같이 계(戒)·정(定)·혜(慧) 삼학을 잘 닦아야 아상과 아집이라는 나무를 잘라낼 수 있다.

산란함 없이 선정이 깊어지는 방편으로 먼저 삼학 중 계학(戒學)을 배워야 한다. 아집의 대치법은 공성을 깨닫는 지혜이며, 이를 깨닫기 위해서는 선정을 닦아야 하는데, 계를 지키지 않으면 선정의 원인을 제대로 갖추지 못하게 된다. 그러므로 중사도에서는 실천할 바를 모두 담고 있는 삼학 가운데 주로 계학에 관해 설명하고자 하며, 나머지 정학과 혜학 둘은 상사도에서 다룰 것이다.

계는 모든 공부와 수행, 선정의 바탕이 된다. 그러므로 계를 잘 지키는 것이 무엇보다도 중요하다. 불법의 뿌리인 계를 잘 지키면 큰 공덕을 쌓게 되지만, 그렇지 않으면 큰 죄를 짓게 된다. 계를 지킴으로써 얻는 이익을 살펴보면, 부처님의 가르침이 있는지 없는지는 그 뿌리인 계율이 있는지 없는지에 달려있을 정도이다. 그렇듯 계를 지닌 이들이 있으면 불법이 있다고 할 수 있고, 그런 이들이 없으면 비록 높은 경지의 보살들이 계시더라도 불법이 있다고 할 수 없다.

율장을 보면 석가모니 부처님께서 "나는 열반에 들었지만, 계율이 너희들의 스승이다."라고 말씀하셨으니, 이는 우리가 가진 계율이 부처님을 대신하는 것이라고 생각하여 항상 바르게 공경하고 잘 지켜야 함을 말한다.

삼학 중에서 선정과 지혜는 처음부터 실천하기가 어렵지만, 계율은 우리가 바로 실천할 수 있으며, 이를 지키는 이가 있는지 없는지에 따라 부처님의 가르침이 있는지 없는지를 알 수 있다. 여기서 말하는 계율은 주로 사미·사미니·비구·비구니계의 별해탈계를 말한다.

부처님의 가르침을 지닌다고 하는 것은 높은 법좌 위에 올라 법을 가르치는 것만을 말하는 것이 아니라, 우리가 지니고 있는 계를 바르게 지키는 것도 부처님의 가르침을 지니는 것이라고 할 수 있다. 교법(敎法)은 듣고 생각해서 그 가르침을 지니고 지키는 것이며, 계를 바르게 지키는 것은 증법(證法)을 지키는 것이 된다.

율장을 보면 "계를 지닌 비구들이 있는 곳은 밝게 빛나며, 여래가 있는 것이 보인다."라고 석가모니 부처님께서 말씀하셨다. 지금 이 세상 어떤 것과도 비교할 수 없는 부처님의 가르침이 지속되거나 끊기는 것은, 사찰을 화려하게 단청하거나 안을 값비싼 것들로 장엄하고, 사람들이 많이 모여들거나 큰 건물이 들어서는 것 등에 달린 것이 아니라, 자신이 지닌 계를 얼마나 잘 지키느냐에 달려있다.

이 세상에 부처님의 가르침이 크게 융성하더라도 자신이 지니고 있는 계를 파하면, 자신에게 자기가 하는 모든 수행의 바탕이 되는 계가 사라지고, 부처님의 가르침이 완전히 소멸하는 것과 같다. 그러므로 우리가 부처님께 밤낮 없이 계속 물질적인 공양을 올리는 것보다 조금이라도 계를 지키는 공덕이 훨씬 더 크다.

북동쪽에 있는 왕축갤뽀라는 불국토의 계율을 영겁 동안 지키는 것보다 이 지구의 석가모니 부처님께서 가르치신 계율을 하루 동안 지키는 공덕이 훨씬 더 크다. 부처님께서 살아 계실 당시에 계를 완전하게 지키는 것보다 이런 오탁악세의 말법 시대에 계의 일부라도 지키는 공덕이 더 크며, 억겁 동안 수많은 부처님께 공양을 올리는 것보다 지금 계를 지키는 공덕이 더 크다. 계를 잘 지키는 사람은 부처님께서 화신(化身)으로 세상에 나투실 때 부처님을 직접 뵙게 되는 공덕이 있다고 한다.

그러므로 부처님 가르침의 핵심이 지속되기를 바라는 마음으로 누구나 자신이 받은 계를 잘 지켜야 한다. 또한 계를 받는 것이 누구에게는 행복이 되지만, 다른 누군가에게는 고통이 되기도 한다고, 율장에 다음과 같이 나와 있다.

"비구들이여! 자기 목숨과 헤어져서 죽기는 쉽다.
그러나 계율을 파하고 죽는 것은 결코 쉬운 일이 아니다.
죽음은 이번 생의 수명이 다한 것이지만
계를 파함은 일억 생 동안 유가구족의 인간 몸과 떨어지고
행복하지 못하며, 큰 과보를 받아서
고통의 한가운데에 서게 되는 것이다."

세간에서 권력이 있는 왕의 명령을 어기면 사형을 당하거나 운 좋게 피할 수도 있지만, 별해탈계를 어기면 누구나 인과에 따라 용의 왕 '엘레답'처럼 그 과보를 받게 된다.

옛날 용왕인 '엘레답'이 어느 날 전륜성왕으로 변신해 주변의 많은 신하를 거느리고 석가모니 부처님을 뵈러 갔다. 부처님의 어떤 제자들은 그들이 하늘에서 부처님을 뵈러 내려왔다고 생각했고, 욕심이 많은 이들은 자신은 언제쯤 저런 부자가 될까 하고 부러워하는 등 각자 여러 가지 생각을 하며 이런저

런 말들을 했다. 드디어 왕이 부처님께 절을 올리고 한쪽 자리에 앉았다.

부처님께서는 "어리석은 자여! 연등불 시대에 받은 계를 어겨서 축생인 용으로 태어났으면서도 이제 내 제자들까지도 속이려고 하는구나. 밖으로 나가서 원래 네 모습으로 하고 다시 오너라."라고 말씀하시자 용은 "저는 다른 용들과 사이가 좋지 않아서 저를 해치려 들 것입니다. 그러니 제 모습을 바꿀 수가 없습니다."라고 고했다. 그러자 부처님께서 "수호신 '뇌진락 나도르제'는 용왕 '엘레답'을 지켜라."라고 분부를 내리셨다.

그때서야 비로소 용은 밖으로 나가서 원래의 모습을 하고 다시 들어왔다. 그 모습은 머리가 일곱 개 달린 뱀으로, 머리마다 엘레나무가 한 그루씩 자라고 있었고, 수많은 벌레들이 그 나무를 파먹고 있었다. 그 주위를 파리 떼가 맴돌았고, 고름과 피가 떨어져 고약한 냄새를 풍겼다. 용은 다시 부처님께 절을 올리고 한쪽에 앉았다.

그 자리에 있던 부처님의 제자들이 두려워하면서 그가 누구인지 여쭈었다. 부처님께서는 "방금 전에 전륜성왕의 모습으로 나타나 너희들이 부러워했던 바로 그 자이다."라고 하시니, 그 자리에 앉아 있던 용왕이 "이제 저에 관해 말씀해 주십시오."라고 간청했다. 부처님께서 "사람들이 팔만 년 동안 살 수 있는 미륵불 시대의 부처님이 너에 관해 말해 줄 것이다."라고 말씀하시자 그의 몸이 사라졌다.

그러자 비구들이 용왕 '엘레답'이 그런 모습을 하게 된 연유를 부처님께 여쭈었다. 부처님께서는 "그는 과거 연등불 시대에 출가하여 삼장과 다른 많은 것들에 능통했으며, 엘레나무가 있는 조용한 곳에서 지냈다. 그때 그 나뭇가지에 이마를 부딪치자 화가 나서 엘레나무를 몇 번이나 잘라내어 다시는 그 나무가 자라지 못하게 만들었다. 학식이 높아 아는 것이 많은데도 크게 화내면서 일부러 계를 어겼기 때문에 그와 같은 모습으로 태어났다."라고 대답하셨다.

용왕 '엘레답'처럼 조그마한 계를 어기는데도 이같이 큰 과보를 받은 예가 있다. 우리도 일부러 계를 어긴 적이 많으니 다음 생에 어디로 가게 될지 살펴야 한다. 비록 우리가 매우 광대하거나 심오한 다른 훌륭한 수행들을 하지 못하더라도, 자기가 받은 계를 잘 지킨다면 그것이 곧 가장 큰 수행이며 부처님의 가르침을 지키는 일이 된다. 재가자들도 자기가 받은 오계나 십계, 보살계 등을 단 하루만이라도 잘 지켜서 큰 공덕을 쌓도록 해야 한다.

■ 파계(破戒)의 네 가지 문과 이를 막는 방법

계율을 지키기 위해서는 다음과 같은 네 가지 파계의 문을 알고, 이를 막는 방법을 배워야 한다.

첫째, 알지 못하여 짓는 죄의 문: 배우지 않아 알지 못하는 죄의 문이 있어서 죄를 계속 짓게 되니 그 문을 막아야 한다. 이는 계를 어떻게 지켜야 하는지를 모르는 것은 물론 죄가 생기는 것조차 모르는 것으로, 율장과 그와 관련된 경들을 통해 자세히 배워서 알아야 한다.

둘째, 공경하지 않아 생긴 죄의 문: 공경하지 않는 것은 죄의 문이므로 부처님과 계율, 도반, 모든 율사를 존경해야 한다. 특히 자기가 지닌 계를 실제의 부처님으로 인식하여 크게 공경하는 것이 중요하니, 그러한 계를 무시하지 말아야 한다. 석가모니 부처님께서도 열반에 드실 때 계율이 부처님의 대변인이라고 말씀하셨기 때문이다.

셋째, 번뇌가 많아 생긴 죄의 문: 번뇌가 많은 것 또한 죄의 문이 된다. 탐욕이나 성냄 등 어떤 번뇌든 자신에게 있는 가장 큰 번뇌로 인해 죄를 짓게 된다. 적들을 무찌르기 위해서는 먼저 그 우두머리인 장군부터 없애야 하는 것처럼, 우리에게 있는 번뇌들 중에서 어떤 것이 가장 강한지를 알아서 대치법으로 그것부터 없애야 한다. 예를 들어 탐욕이 강하면 그 치료제인 부정관(不淨觀)을 관상해야 한다. 우리가 애착하는 이 몸을 더러운 자루라고 인식하여 뼈와 살, 피만 들어있음을 자세히 아는 것으로 치료제를 삼아야 한다. 성냄의 치료제로는 자애심을 관상하여야 하며, 교만의 치료제로는 병듦과 늙어감 등 생로병사로 세속적인 행복이 자주 바뀌는 무상함 등을 관상해야 한다. 어리석음의 치료제로는 연기법과 공성에 대한 바른 견해 등을 관상해야 한다.

넷째, 방일하여 생긴 죄의 문: 잠자거나 일하거나 공부하거나 쉬는 등 모든 일을 행할 때 해야 할 것과 하지 말아야 할 것을 기억〔正念〕과 알아차림〔正知〕으로 잘 살펴야 하며, 자신이 신·구·의 삼문(三門)으로 죄업을 짓고 있는지 아닌지를 살펴서 죄를 짓는 문을 다 막아야 한다. 부끄러움을 아는 등의 바른 생각으로 이러한 죄짓는 문을 잘 지켜야 한다.

한편 출가자는 만일 죄를 짓게 되더라도 한 달에 두 번 포살을 할 때 참회하여 모두 없애야 한다. 예를 들어 옷차림이 여법하지 않거나 오후 불식을 지키지 않은 것과 같은 작은 죄를 짓더라도 참회하는 것은 매우 중요하다. 다음 생에 유가구족의 인간 몸을 받기 위해서는 지계를 잘해야 하는 것이지 보시 등의 몇 가지 선행만으로 되는 것이 아니다. 출가자나 재가자 모두 계를 잘 지키는 동시에 보시 등의 다른 실천 방편들도 최대한 많이 행해야 다음 생에도 이 귀한 인간의 몸을 받을 수 있다.

어떤 사람들은 계를 지키는 것은 둔근들이나 하는 일이며, 이근들은 그렇게 복잡하게 할 필요 없이 오직 참선이나 밀교와 같은 높은 가르침에 의지하면 된다고 생각하여 계를 지키는 것을 중요하게 생각하지 않는데, 그런 태도가 바로 방일함이다. 밀교 수행자로서 별해탈계(別解脫戒)를 지닌 출가자들은 별해탈계를 무시하지 않고 오히려 그것을 바탕으로 삼아서 잘 지켜야 한다. 어떤 사람들은 '도의 세 가지 핵심〔삼요도三要道〕'인 출리심·보리심·공성을 깨닫는 바른 견해도 없이 평생을 마음챙김 명상이나 하면서 보내는 경우가 있는데, 이는 그저 쓸데없이 시간만 낭비하는 일일 뿐이다.

이와 같이 중사도에서는 우리가 업으로 윤회하게 되고, 그 업 또한 번뇌로 생기게 되는 원리에 관해 설명하였다. 번뇌 중에서도 뿌리가 되는 무지는 윤회에 다시 태어나는 원인이 되니, 그러한 무지를 완전히 뿌리 뽑기 위해서는 삼학 중에서 지혜가 필요하다. 그 지혜를 닦기 위해서 먼저 선정에 들어야 하며, 선정을 잘 닦기 위해서는 계학(戒學)을 먼저 배워야 하므로, 계율은 모든 수행의 바탕이 된다.

이것이 중사도와 상사도의 공통적인 수행 방법이다.

제4편

수행에 익숙해진 이를 위한 수행 체계

상사도차제(上士道次第)

이는 오직 보리심만이 대승의 입문이며 보리심을 일으키는 이득, 보리심을 일으키는 방법, 보리심을 일으키고 육바라밀을 닦는 방법, 이 세 가지로 설명한다.

"자신의 이익에 집착하면 진정한 이타의 보리심이 아니다."

1. 오직 보리심만이 대승의 입문이며 보리심을 일으키는 이득

 앞서 말한 하사도와 중사도를 통해 출리심을 일으키고 계·정·혜 삼학을 부지런히 배우고 익혀 윤회에서 벗어나 해탈의 경지에 이르렀다고 본인 스스로 생각한다고 하더라도 대승에 입문했다고 볼 수 없다. 버려야 할 바를 다 버리거나 일체 공덕을 완전하게 쌓은 것이 아니어서 자기 뜻도 제대로 이루지 못했기에 남도 제대로 도와줄 수 없다. 그러므로 완전하게 깨닫기 위해 대승의 길로 입문해야 한다.
 소승의 아라한들은 선정의 즐거움으로 수겁 동안 그 상태에 머물게 되는데, 그 기간은 한 중생이 지옥에 태어나 그곳의 과보를 다 받은 뒤 다시 인간으로 태어나 대승의 길에 입문하여 완전히 깨닫는 기간과 비슷하다고 한다.
 아라한의 경지는 완전한 깨달음의 길과는 요원하기에 소승의 아라한 경지에 이르는 것보다 처음부터 대승의 법을 들어서 대승과 인연을 맺는 것이 중요하다. 비록 대승의 법에 대해 자세히 알지 못해서 사견(邪見)으로 지옥에 떨어지게 되더

팔대보살 중의 한 분으로 자비의 본존이자 모든 부처님의 어머니이신 **관세음보살**

라도 완전한 깨달음의 경지에 오르기 위해서는 그것이 더 빠른 길이다.

석가모니 부처님의 십대제자 중 한 분인 가섭존자가 소승의 법을 가르치면 아라한의 경지에 오를 수도 있는 비구 육십 명이 있었는데, 문수보살이 그들에게 먼저 가서 대승의 법을 설하였다. 그러나 그 비구들은 대승의 가르침을 마음에 다 담지 못하고 사견을 내어 지옥에 떨어졌다. 가섭존자가 부처님께 이 사실을 말씀드리자 부처님께서는 "문수가 그들에게 최고의 방편을 보여준 것이니, 이는 잘한 일이다."라고 칭찬하셨다. 이처럼 성문·연각의 아라한은 선정에 든 상태에서 부처님의 가피로 대승에 입문하게 되더라도 과거 선정의 즐거움에 익숙했던 습성 때문에 발심하려고 크게 노력하지 않는다. 설령 노력한다고 하더라도 이미 그들 자신이 고통에서 벗어났기 때문에 다른 중생들이 고통에서 벗어나기를 바라는 '큰 연민'이 생기기가 어렵다고 한다.

이처럼 자신의 깨달음이 목적인 소승 성문의 견해는 완전한 깨달음의 경지에 이르고자 할 때 가장 큰 장애가 된다. 그러므로 출리심이 충분하게 성숙하면 반드시 대승에 입문해야 한다. 즉 상사도에서 중사도와 공통의 마음을 닦는 것은 출리심을 일으키는 정도에 이를 뿐이지 본격적으로 보리도차제를 닦은 것이 아니다.

본격적으로 보리도차제를 닦는다는 것은 상사도의 보리심을 닦는 것이다. 앞에서 본 하사도와 중사도는 기초적인 수행이 되며, 상사도에서 행하는 것이 도에 온전하게 들어가는 것이다. 따라서 제5대 달라이라마의 『람림잠뻴쉘룽』에 나오는 '대승의 길을 닦고 싶은 마음이 일어나기 위한 열 가지 이득'에 관해 설명하겠다.

■ 열 가지 이득

첫째, 대승에 입문하게 된다.

대승의 길에 들어섰는지 아닌지를 구별할 수 있는 것은 마음의 흐름[심상속心相續]에 보리심이 있느냐 없느냐에 달려있다. '쫑카빠' 대사께서도 "법이 대승인지 아닌지가 중요한 것이 아니라, 수행자가 대승의 길에 들어섰는지가 중요하다. 그러한 대승의 수행자가 되는 것은 오직 보리심을 일으키는 데 달려있다. 그 실천이 따르지 않고 그저 보리심을 이해한 정도라면, 비록 대승의 수행자라 할지라도 그 수준에 머물고 만다."라고 말씀하셨다.

보리심이 없으면 비록 밀교의 왕이라 부르는 '쌍왕뒤빠[구야싸마자]'의 생기차제와 원만차제를 관상 수행하더라도, 깨닫는 것은 둘째 치고 대승의 길의 첫째 단계인 자량도(資糧道)에도 이르지 못한다. 그러나 보리심이 있으면 '옴 마니 뻬메 훔'이라는 진언을 한 번만 외우더라도 대승의 수행이 되며, 완전한 깨달음의 원인이 된다. 보리심이 없으면 밀교의 생기차제를 관상할 때도 만달라의 세계가 아닌 그저 궁전을 구경하는 정도에 지나지 않게 된다. 또 원만차제를 수행할 때 하는 기(氣)를 돌리는 수행법들도 마치 불은 때지 않으면서 풍로로 바람만 일으키는 것과 같다. 그러므로 밀교 수행도 지속적으로 보리심을 얼마나 넓히느냐에 달려있다.

예전에 인도에서 보리심도 없이 '야만따까 딴뜨라'를 수행하던 어떤 이가 죽어 티벳에 가서 귀신으로 다시 태어났는데, '아띠샤' 스승께서 그가 티벳에 해가 된다고 하여 먹을 것을 조금 주고 추방하셨다고 한다. 어느 정도로 수행하여 불보살들을 뵙거나 심안통과 같은 약간의 신통이 생기는 것을 대단하게 여길 수도 있지만, 보리심이 없는 수행은 결국 삼악도에 떨어지는 원인만 될 뿐이다.

우리가 과거에 심안통을 비롯한 여러 신통력을 가지고 태어났지만 결국 아무런 도움이 되지 못한 것만 살펴보더라도, 이번에 보리도차제를 만났을 때 잘 배우고 익혀 보리심을 일깨우는 것이 바람직한 일임을 알아야 한다. 신통은 결코 중요한 것이 아니다. 왜냐하면 신통은 죽어서 중음신 상태에 이르면 누구나 한 번씩 얻는 것으로 깨달음에는 결코 도움이 되지 못하기 때문이다.

그러나 보리심이 있다면 별달리 크게 노력하지 않더라도 이는 대승의 뿌리가 된다. 짐승에게 먹이를 줄 때도 보리심으로 행하면 완전한 깨달음의 원인이 되고, 비록 불선업을 행하더라도 보리심으로 행하면 선업으로 바뀌는 힘이 있다. 보리심 없이 공성만 깨닫는 지혜는 성문·연각·보살의 깨달음의 원인이 되는 어머니와 같고, 보리심은 완전한 깨달음의 원인이 되는 아버지와 같다고 한다. 그래서 공성을 깨닫는 지혜를 어머니라고 한다.

흔히들 우리 마음의 의지를 어디에 두고 수행하고 있는지를 묻는 질문에 밀교적인 수행이나 참선, 염불 등을 말하지만, 보리심이 없으면 이런 것들은 오히려 삼독의 번뇌를 의지처로 삼게 될 수도 있다. 결론적으로 부처의 경지를 얻고자 한다면 보리심을 모든 마음의 의지처로 삼아야 한다.

'아띠샤' 스승께서는 이미 많은 법에 능통하셨음에도 이에 만족하지 않고 보석과 같은 보리심을 배우기 위해 13개월 동안이나 거친 바다를 항해한 끝에 마침내 스승 '쎌링빠'로부터 모든 보리심의 요법(要法)을 듣고 보리심을 마음의 의지처로 삼으셨다.

이러한 보리심을 일으키는 데는 우리가 받은 이 몸보다 더 나은 것이 없으며, 보리심을 닦는 요법으로 보리도차제보다 더 나은 것이 없다. 그러한 보리도차제를 만나고도 마음에 보리심을 일으키지 않는다면 이보다 더 안타까운 일이 어디에 있겠는가!

둘째, 부처님의 아들이라는 이름을 얻는다.

윤회의 감옥에 묶여 있는 중생들도 보리심을 일으키는 순간부터 '부처님의 아들'이라고 불린다. 이처럼 부처님의 아들이 되는 것도 보리심이 있느냐 없느냐에 달려있다. 이러한 보리심이 없으면, 심안통을 비롯한 여러 신통을 갖추고, 공성을 깨닫고, 번뇌를 다 여의었다고 하더라도 부처님의 아들이 아니며 대승의 불자가 되지 못한다.

보리심이 일어났을 때 땅이 진동하며, 부처님이 앉아 계신 법좌까지도 진동한다고 한다. 불교에서는 모든 중생의 공업(共業)으로 이 우주가 생긴 것이라고 말한다. 보리심이 일어나면 많은 중생을 번뇌에서 벗어나게 할 수 있으므로 윤회세계가 흔들리고, 우주도 참을 수가 없어서 덩달아 진동한다.

보리심을 일으킨 사람이 새로 나오면 불보살들께서는 자기 형제자매가 하나 더 생긴 것처럼 기뻐하신다. 시방에 계신 부처님들께서 새로운 아들이 탄생한 것처럼 기뻐하시기 때문에 부처님의 아들이 된다고 한다.

셋째, 종성(種姓)의 면에서 대승은 성문과 연각을 압도한다.
『동뽀꾀빼도〔화엄경華嚴經〕』에서 "바다에서 나오는 여의주가 이 세상의 모든 보석을 압도하는 것처럼, 보리심이 있는 사람은 성문과 연각을 모두 압도한다."라고 나온다. 아주 어린 왕자가 나이 많은 대신들을 압도하고, 가루라〔금시조金翅鳥〕의 새끼가 다른 새들을 모두 제압하는 것과 같이, 비록 처음 보리심을 일으킨 보살일지라도 성문·연각의 아라한 모두를 압도한다. 다이아몬드가 깨어져도 그 가치는 남아있는 것처럼, 원보리심을 일으켰지만 실천하지 못한 경우에도 부처님의 아들이라는 이름을 잃은 것은 아니다. 이같이 모든 공덕의 보석 중에서 보리심이 최고이다.

넷째, 최고의 공양 대상이 된다.
보리심을 일으키면 세간의 신들이나 인간들의 최고의 존경과 예배의 대상이 된다. 또 인드라나 브라만과 같은 신들도 와서 공양을 올린다고 한다. 이는 몸에서 빛이 나게 하고, 모든 소원을 성취하게 한다. 과거에 많은 부처님들도 보살에서 탄생하셨고, 보살은 보리심에 의지해서 탄생하기에 부처님들도 보리심 그 자체를 공경하신다. 만약 보살들이 탄 마차를 끌고 가는 이가 없으면 부처님께서 손수 마차의 끈을 앞이마에 걸고 마차를 끌고 가신다고 한다. 이는 부처님께서도 보리심을 공경하시기 때문에 가능한 것이다.
그러나 이 마음은 짧은 기간 동안 닦아서 생기는 것이 결코 아니다. '아띠샤' 스승께서도 12년 동안 보리심을 닦으셨다. 어떤 사람들은 기초 없이 선정수행이나 염불수행을 하는 데도 오랜 시간을 보내는데, 보리심을 일으키는 수행을 위해 노력하는 것은 비록 힘이 들더라도 그 대가는 훨씬 더 크다.

다섯째, 큰 공덕을 속히 쌓는다.
'까담'의 스승 '눅룸빠'께서는 "보리심을 일으키기만 하면, 처음의 복덕도 보리심이 쌓게 하고, 업장도 보리심이 닦게 하고, 장애도 보리심이 제거해준다."라고 말씀하셨다. '쫑카빠' 대사께서도 "모든 것을 황금으로 변하게 하는 연금액이 있는 것처럼, 우리를 번뇌의 몸으로부터 부처의 경지에 오르게 하는 것이 보리심이다."라고 말씀하셨다.

공덕을 쌓는 데도 보리심보다 나은 것은 없다. 보리심 없이 수십만의 유정에게 수십 겁 동안 삼천대천세계의 재산으로 보시하더라도 그 공덕은 사라진다. 그러나 비록 작은 것이라도 보리심으로 짐승에게 먹을 것을 준 공덕은 사라지지 않는다. 보리심으로 향 한 자루만 피우더라도 일체중생의 수만큼 향을 피운 공덕이 있다. 또 보리심으로 한 번만 '옴 마니 뻬메 훔' 진언을 외워도 일체중생의 수만큼 진언을 외운 공덕을 쌓게 된다.

석가모니 부처님 당시 어느 가난한 여인이 아주 작은 등불을 부처님께 공양 올렸는데, 밤이 되어 아난다가 그것을 아무리 끌려고 해도 끄지 못했다. 그때 부처님께서 이 등불은 괴겁의 종말에 부는 파멸의 바람이 몰아쳐도 끌 수 없을 거라고 말씀하셨는데, 이는 그 여인이 보리심으로 부처님께 공양을 올렸기 때문이다.

보살계를 받고 보리심을 닦기 시작하는 그 순간부터 밤에 잘 때나 낮에 일하는 동안에도 내내 공덕이 끊임없이 쌓이게 된다. "한 중생의 아픔이 나았으면 좋겠다고 하는 공덕도 큰

데, 하물며 무량한 마음으로 일체중생의 아픔이 나았으면 하는 공덕이 어찌 크지 않겠는가!"라고 『입보살행론』에도 나온다. 이처럼 보리심으로 어떤 공덕을 쌓더라도 이는 일체중생의 수만큼 한량없는 공덕을 쌓게 된다.

여섯째, 업장을 빠르게 소멸한다.

업장을 소멸하는 데에도 보리심보다 나은 것이 없다. 『입보살행론』에도 "참회할 수 없는 큰 죄는 보리심 이외의 다른 어떤 선행으로도 소멸시킬 수 없다네."라고 나오듯이 보리심이 있으면 업장과 그의 과보인 어떠한 두려움의 난관도 헤쳐 나갈 수 있을 뿐만 아니라, 아주 용감한 친구와 함께 길을 가는 것처럼 두려움이 일어나지 않으며, 큰 불선업도 한순간에 확실하게 소멸시킨다.

'아상가'는 동굴 안에서 미륵보살을 만나기 위해 12년 동안 수행을 해도 뜻을 이루지 못했다. 그러나 중생에 대한 연민이 생김으로써 모든 업식이 녹아 미륵보살을 뵙게 되었다. 이처럼 보리심 없이 백 년을 참회하는 것보다 단 하루라도 보리심을 갖고 관상하는 편이 훨씬 낫다.

일곱째, 소원을 성취한다.

보리심을 일으키면 일시적으로나 궁극적으로 이익이 되는 모든 일을 힘들지 않고 쉽게 성취할 수 있다. 이익이 되는 일 중에서도 최고는 일체중생이 원하지 않는 고통에서 벗어나게 하는 것과 그들이 원하는 행복을 성취하게 하는 것인데, 이 또한 보리심에 달려있다.

밀교 수행이나 진언을 외워서 공덕을 쌓는 것과 같이 성취하기 어려운 것들도 보리심을 바탕으로 하면 쉽게 할 수 있다. 우리가 기도하고 부지런히 정진하더라도 성취하지 못하는 이유는 보리심이 없기 때문이다. 그러므로 정진하는 사람이 큰 장애를 없애려면 반드시 보리심을 실천해야 한다.

여덟째, 해침과 장애들로부터 방해를 받지 않는다.
전륜성왕은 잠잘 때도 금강수(金剛手), 인드라, 사천왕 등이 항상 지키고 있다. 보리심을 가진 보살들은 전륜성왕의 두 배나 되는 신들이 밤낮없이 지키고 있다고 한다. 그러므로 귀신의 해침이나 장애 등이 생기지 않는다. 보리심이 없으면 아무리 기도를 해서 수호신을 청하더라도 올까 말까 하다. 보리심이 있는 이들은 설령 기도를 하지 않더라도 사천왕 등이 항상 지키고 있으며, 다른 번뇌나 병으로부터도 해침을 당하지 않는다.
석가모니 부처님께서도 보드가야에서 성불하실 때 마왕의 해침을 보리심으로 정복하셨다. 보리심을 참되게 수행하면 귀신들도 해칠 수 없음을 직접 체험을 통해 확신하셨다고 '파봉카 린뽀체'께서 말씀하셨다.

아홉째, 보살의 경지와 도에 속히 이른다.
보리심 없이 공성에 대한 견해만으로는 지혜 외의 복덕을 완성하지 못한다. 지혜와 복덕을 함께 쌓아 번뇌장과 소지장을 없애는 것도 주로 보리심의 힘으로 가능한 것이다. 그러한 보리심이 있을 때 밀교 수행에 의지하면 한 생에 깨달을 수 있지만, 보리심이 없으면 깨달을 수 없다. 요컨대 까마귀에게 먹이를 주는 사소한 선행조차도 보리심을 갖고 하면 깨달음의 원인이 되므로, 도의 경지에 속히 이르게 된다고 하는 것이다.

열째, 모든 중생의 행복의 근원이 된다.

성문·연각·전륜성왕 등이 누리는 모든 행복은 부처님 덕분에 생기는 것이다. 부처님께서는 보살로 있다가 태어나셨는데, 보살은 보리심에서 나왔다. 그러므로 모든 중생의 행복의 근원은 오직 보리심뿐이다. 그뿐만 아니라 팔만사천대장경의 핵심과 보살들의 마음의 의지처, 제대로 된 밀교 수행을 할 수 있는 것 등도 모두 보리심에 달려있다.

보리심을 일으키는 것이라면 무엇이든 할 수 있다는 용맹한 자세로 마음을 기울여야 한다. 대승의 가르침이 있는지 없는지를 알아보는 것도 보리심에 달려있으므로, 수행자라면 보리심을 일으키는 것을 최우선으로 삼아야 한다. 과거 부처님들 가운데 보리심 없이 부처의 경지에 이른 예는 어디에서도 찾아볼 수가 없다. 만약 보리심 없이도 부처의 경지에 이를 수 있다면, 이는 과거에 없었던 일로 큰 화젯거리가 될 것이다.

우리는 보리심은 일으키기 어려운 것이라며 당연한 듯 핑계를 대기도 하고, 어떤 이들은 이것이 대승의 기본 가르침이므로 그보다는 좀 더 심오한 법에 의지해 수행해야 한다면서 아예 관심도 가지지 않으며, 더욱이 이를 실천하는 사람은 매우 적다.

이것은 여의주를 큰 바다에서 찾지 않고, 소의 발자국에 고인 물에서 찾는 것과 같다. 요즘 누군가에게 마음의 의지처나 수행의 핵심이 무엇이냐고 물어보면 어떤 신이나, 삼재를 소멸하는 경이나, 송사 등에 관련된 장애를 물리치는 진언 등에 의지한다고 대답하는데, 보리심 수행을 하지 않으면 성불할 수 없다는 것을 알아야 한다.

한편 '아띠샤' 스승께서 티벳과 인도에 크게 불법을 펼치실 수 있었던 것도 근본스승들을 잘 모시고, 보리심을 수행한 힘으로 가능하게 된 것이라고 말한다. '까담'의 스승들께서도 "보리심이 없으면, 바로 귓가에서 북을 쳐도 방해받지 않을 정도의 깊은 삼매에 들 수 있을지라도 진리에 아무런 도움이 될 수 없다."라고 말씀하셨다.

아버지는 종성의 공통적이지 않은 원인이고, 어머니는 공통적인 원인이듯이 보리심 또한 성불의 공통적이지 않은 원인이며, 공성을 깨닫는 지혜는 성문·연각·보살 삼승의 공통적인 원인이기에, 공성을 깨닫는 지혜가 소승과 만나면 아라한의 원인이 되고, 대승과 만나면 성불의 원인이 된다. 따라서 완전한 부처의 경지에 오르기 위해서는 보리심 없이는 불가능하다.

보리심의 수행 없이 대수인〔착첸〕, 대원만〔족첸〕, 생기차제와 원만차제 등의 수행과 여러 본존을 친견하는 것보다 보리심을 조금만 이해하더라도 앞으로의 성불을 더욱 빠르게 하기에, 보리심의 수행은 무엇보다도 중요하다. '아띠샤' 스승께서도 보리심을 수행의 핵심으로 여기고, 자애와 연민으로 생긴 보리심을 닦아야 한다고 거듭거듭 말씀하셨다. 따라서 본존을 관상하고 밀교의 진언을 외우는 정도로만 그치지 말고, 보배로운 보리심 수행에 더욱더 정진해야 한다.

2. 보리심을 일으키는 방법

 이는 보리심을 닦는 실질적인 순서, 보리심을 수계식으로 지니는 방법, 이 두 가지로 설명한다.

2.1. 보리심을 닦는 실질적인 순서

 이는 일곱 가지 인과법으로 보리심 닦기와 평등하게 자기와 타인을 바꾸기, 이 두 가지로 설명한다.
 '일곱 가지 인과법으로 보리심 닦기〔균데멩악뒨〕'는 인도의 '짠드라끼르띠〔월칭月稱〕'로부터 '짠드라고민〔대덕월大德月〕', '싼타락시타〔적호寂護〕'로 이어진 방법이고, '평등하게 자기와 타인을 바꾸기〔닥셴냠제〕'는 '샨티데바〔적천寂天〕'로부터 내려온 방법이다. 두 가지 방법 중 어느 것을 의지해도 보리심을 닦을 수 있다. 이 두 가지 법맥은 스승 '쎌링빠'로부터 '아띠샤' 스승에게로 이어졌으며, '아띠샤' 스승은 『보리도등론』에서 이를 가르치셨다. 구(舊) '까담빠'는 주로 '일곱 가지 인과법으로 보리심

나가르주나의 견해를 이은 귀류논증중관학파의 위대한 스승
짠드라끼르띠(월칭보살)

닦기'의 방법을 널리 알렸지만, '평등하게 자기와 타인을 바꾸기'의 방법은 엄격하게 비밀로 하여 전해 내려왔다. 이후 신(新) '까담빠'인 '쫑카빠' 대사께서 이 두 가지 법맥의 가르침을 하나로 연결하여 보리심을 닦아야 한다고 주장하셨는데, 우리도 이 같은 방법으로 보리심을 닦아야 한다. 따라서 이 두 가지 가르침을 서로 보완하면서 보리심을 닦아야 하지만, 가르치고 배울 때는 따로따로 가르치고 배워야 하므로 '일곱 가지 인과법으로 보리심 닦기'의 방법부터 설명한다.

1) 일곱 가지 인과법으로 보리심 닦기

이는 어머니임을 알아차리기, 은혜를 기억하기, 은혜에 보답하기, 중생들을 향한 자애심을 사유하기, 큰 연민심〔大悲心〕을 사유하기, 확고하게 결심하기, 발심하기, 이 일곱 가지로 설명한다.

(1) 어머니임을 알아차리기

우리가 원하는 것이 부처의 경지에 이르는 것이라면, 보리심을 닦지 않고서는 여기에 이를 수 없다. 그렇지 않으면 서울에 간다고 부지런히 가서 이제 다 왔다고 한숨을 돌리고 있는데, 막상 부산에 도착해 있는 경우를 만날 수도 있다. 그러므로 반드시 순서대로 닦아야 한다.

일체중생이 어머니임을 알아차리기 위해서는 평등심이 먼저 생겨야 한다. 일체중생에 대한 평등한 마음이 없으면 자애심과 연민심 등이 일어나더라도 어느 한쪽으로 치우치게 되기 때문이다. 일체중생을 향한 평등심이 필요한데, 우리는 보통 어떤 사람은 너무 좋아해서 집착하고, 어떤 사람은 너무 싫어해서 무시한다. 그러므로 평등심을 갖기 위해서는 자기 앞에 원수나 친척, 그도 저도 아닌, 이 세 가지 관계의 사람을 대상으로 평등심을 사유해야 한다.

그러한 세 가지 마음이 떠오르게 될 때 싫어하는 사람에게 화내는 이유를 살펴보면, 전에 자신을 해치거나 좋게 대하지 않았기 때문임을 알게 된다. 중사도에서 이미 윤회세계가 믿을 수 없는 것이라고 하였듯이, 그 원수는 어느 전생에 나와 여러 번 친척이었음을 사유해서 화가 나는 것을 막아야 한다. 현재의 친척이라고 해서 좋아하는 이유를 살펴보면, 우리에게 먹을 것을 주거나 도와주는 사소한 이유로 좋아하는 것임을 알게 된다. 그렇지만 그도 전생에 여러 번 나의 원수였음을 알아서 집착을 버려야 한다. 지금 원수도 아니고 친척도 아닌 사람들도 무시해서는 안 된다. 그 사람들도 전생의 원수나 친척들과 같다고 알아야 한다.

이렇게 사유하고 관상해서 이 세 가지 대상이 똑같은 관계임을 알게 되면, 누구를 좋아하거나 싫어하는 것이 얼마나 무의미한 일인지를 알게 된다. 친척에게 그와 같이 집착할 필요가 없음은 전생에 원수였을 수도 있고, 지금의 원수는 전생에 여러 번 친척이었을 수도 있기 때문이다. 이렇게 하나하나 살피면 평등심을 가질 수 있다.

그뿐만 아니라 지금 내 눈앞에 원수나 친척으로 보일뿐이지 그러한 관계가 영원히 유지되는 일은 어디에도 없다. 자기 자신을 애착하고 남을 싫어하는 것을 염두에 둘 필요가 없으며, 대상으로서 그들을 볼 때도 행복을 바라고 고통을 바라지 않는 것이 나와 똑같음을 알아야 한다.

혹여 이번 생에 나를 도와주거나 해치는 차이가 있다는 생각이 들더라도, 그때나 지금이나 양자 간에 아무런 차이도 없음을 알아야 한다. 과거에 도와주었던 사람과 지금 도와주는 사람은 똑같다. 과거에 몽둥이로 나를 때렸던 사람이나 지금 그렇게 해치는 이는 같은 사람이므로, 관상했던 원수와 친척, 그도 저도 아닌 사람, 이 세 가지 대상을 더 넓게 확대해 일체중생 역시 그와 마찬가지라고 알아야 한다.

그런 식으로 사유하고 관상하면 원수를 미워해 복수하려고 하거나, 친척을 좋아해 가까이하려고 하는 것과 같은 좋지 못한 행동들을 저절로 막을 수 있게 된다. 그렇지 않고 일체중생 중에서 대상을 분별하여 자기가 미워하거나 좋아하는 것을 따로따로 골라서 하게 되면 보리심이 일어날 틈이 없게 된다. 평등심만 닦는 데 몇 년이 걸린다고 하더라도 반드시 그와 같이 닦아야 한다. 만일 평등심 없이도 보리심을 닦을 수 있다고 생각한다면 이는 어리석은 일이다.

보리심을 닦기 위한 일곱 가지 중에서 '어머니임을 알아차리기'가 가장 어렵다. 이것이 생기지 않으면 다음 순서인 '은혜를 기억하기' 등으로 이어지기가 불가능하므로, '어머니임을 알아차리기'를 가장 중요한 것으로 알고 열심히 닦도록 노력해야 한다.

일곱 가지 인과법으로 보리심을 닦기 중에서 첫째인 '어머니임을 알아차리기'를 사유하기 위해서 일체중생 가운데 가장 가까운 친척이 이번 생의 어머니임을 알아야 한다. 이러한 마음이 생기지 않으면 보리심이 일어날 수 없다. 심오한 공성은 여러 가지 논리로 알 수 있기에 그것을 깨우치기가 그다지 힘들지 않지만, 일체중생이 어머니임을 알아차리는 것은 그보다 더 어렵다. 왜냐하면 일체중생이 내 어머니였던 것은 단 하나의 논리로만 이해해야 하기 때문이다.

　오늘의 우리 마음은 어제의 마음이 이어져온 결과이다. 그 전의 흐름을 살펴 거슬러 올라가면 태어난 직후의 마음은 어머니의 자궁 안에 있던 마음이 이어진 것이며, 자궁에 들어간 직후의 마음은 자궁에 들어가기 직전의 마음이 이어진 것임을 알 수 있다. 이처럼 그 이전으로 계속 거슬러 올라가 보면 마음의 시작이 없음을 알게 된다. 그와 같이 시작이 없는 마음에는 끝도 없음을 알아야 한다. 이를 알게 되면 우리가 태어났던 생도 그 수를 이루 다 헤아릴 수 없을 정도로 많음을 알게 된다.

　그러므로 이번 생에 어머니가 있는 것처럼 전생에 태생이나 난생 등으로 태어났을 때도 어머니가 한 분씩 있었으며, 만일 우리가 백 번 태어났다면 백 분의 어머니가 있었을 것이고, 천 번 태어났다면 천 분의 어머니가 있었을 것이다. 이와 같이 수없이 많은 생을 거듭하면서 우리의 어머니도 그 수만큼이나 많았음을 알 수 있다.

　한편 '물론 우리의 어머니가 많이 있었겠지만, 과연 한량없는 일체중생 모두가 우리의 어머니였을까?'라고 의심이 들 수도 있다. 하지만 우리가 수많은 생명체로 태어났어도 태어났던 생들을 하나하나 다 기억하지 못함을 알아야 한다. 무릇 다양한 생명의 종류를 다 헤아릴 수 없으며, 우리는 이미 그 종류별로 무량한 수의 몸으로 태어났기에 모든 중생의 수보다도 훨씬 더 많이 태어났을 것이다. 그리고 태어날 때마다 어머니가 있었을 것이고, 그래서 모든 중생이 한 번뿐만 아니라 헤아릴 수 없을 정도로 여러 번 반복해서 어머니가 되었을 것이다.

대지의 흙을 작은 구슬로 만들어 하나씩 전생의 어머니 수를 세어 보면 그 흙구슬이 모자랄 정도라고 한다. 그와 같이 일체중생이 나의 어머니였던 것도 그 수를 헤아릴 수 없는데, 자신이 이런저런 생명으로 태어난 적이 없었다는 등의 말을 어찌 할 수 있겠는가. 그것도 한두 번이 아니라 여러 번 반복해서 태어났을 것이다. 그와 같이 일체중생이 나의 어머니 아니신 분이 없으므로 모든 중생이 나의 어머니임을 알아차리는 수행을 해야 한다.

만약 전생에 내 어머니였다면 알 수 있어야 하는데 단지 자신이 모르기 때문에 그렇지 않을 거라고 생각한다면, "어머니가 아니었던 중생을 한 명도 보지 못했다."라고 하신 부처님의 말씀을 떠올려야 한다. 우리가 모르고 있을 뿐이지 일체중생은 우리의 친어머니였다. 이번 생의 친어머니가 돌아가시고 다시 개로 태어나더라도 본인은 모르고 있는 경우가 많다. 하물며 다른 경우는 오죽하겠는가! 또 시간이 많이 지났다고 해서 어머니가 아니라고 할 수도 없다. 왜냐하면 지금 입고 있는 옷이 아무리 낡았다 해도, 과거의 색도 바래지지 않고 냄새도 나지 않던 그 새 옷과 다르다고 말할 수 없는 것처럼, 이번 생의 어머니와 전생의 어머니들도 이와 같이 전혀 차이가 없음을 사유해야 한다.

작년에 목숨을 구해준 은인에 대해 올해도 그 은혜를 기억하는 것처럼 꾸준한 사유를 통해서 모든 중생이 어머니임을 알아차리게 되면, 아주 작은 개미를 보더라도 저 개미가 어느 과거 생에 나의 어머니였고, 나의 모든 행복이 그 개미에게 달려있었던 적도 있었음을 자세하게 마음에 떠올릴 수 있게 된다.

(2) 은혜를 기억하기

일체중생이 어머니였음을 알게 되면 어머니였을 때마다 베푸셨던 은혜를 관상해야 한다. 이번 생의 어머니를 비유로 들어 보면, 처음 아기를 가져서부터 아홉 달 열흘 동안 당신의 배 속에서 키우면서 아기에게 해로울까 두려워 자신이 먹고 마시거나 걸어갈 때조차 조심스럽게 행동하셨다. 그때 어머니가 지혜롭게 키우지 않으셨다면 정법을 만날 수 없었을 것이며, 지금처럼 수행할 수도 없었을 것이다. 이 모든 것은 본인의 덕으로 된 것이 아니라 오직 어머니의 은혜 덕분이다.

자식을 낳고서 항상 조심스럽게 안고는 귀한 보석을 찾은 것처럼 좋아하며, 따뜻한 가슴으로 감싸고 사랑스러운 미소로 키우셨다. 콧물조차 자식이 아플까 봐 입으로 닦아내 주시고, 나뭇잎으로 닦아낼 수 있는 똥도 행여나 다칠까 하여 손으로 닦아내 주셨다.

하루만이 아니라 단 한 시간이라도 어머니가 그렇게 돌봐주시지 않았다면 진작 개나 새들에게 뜯어 먹혔을 것이다. 더 나아가 아이가 만약 옥상이나 계단 같은 높은 데서 떨어질 위험에 처해 있다면, 어머니는 하루에 백 번이면 백 번 다 아이의 목숨부터 구해주셨을 것이다. 아이에게 고통이 오면 당신이 대신 고통을 받아내고, 늦은 밤에도 아이에게 마음이 쏠려서 편안하게 잠도 이룰 수가 없었다. 걸음마에서부터 혼자 서고 말하고 먹을 수 있는 등 지금의 이 모든 것은 어머니의 은혜 덕분이다.

어머니는 우리를 키우기 위해 죄를 짓기도 하고, 싫은 소리도 듣는 등 갖가지 고통을 다 이겨내셨다. 어렵사리 귀하게 모은 재물로 시집보내고 장가보내는 등 이렇듯 온 우주를 다

주고도 더 주고 싶어 하는 마음이 바로 어머니의 마음이다.

　이처럼 지금의 어머니가 베푸신 것과 같이 모든 중생들이 과거에 어머니였을 때 내게 베푸셨던 은혜를 사유해야 한다. 짐승으로 태어났을 때도 어미로서 애지중지하며 혀로 핥아서 키우셨다. 새로 태어났을 때도 어미는 두 날개로 품고서 누가 달려들어 해치려고 하면 오로지 새끼를 위해 자기 목숨까지 버리면서 지켰으며, 밖에서 먹이를 조금밖에 구해오지 못해도 새끼에게 먼저 주면서 키우기를 한두 번만 한 것이 아니라 수천수만 번 하면서 그와 같은 은혜를 베푸셨을 것이다.

　예전에 골록이라는 지역에서 어떤 강도가 칼로 말을 베었는데, 말의 배 속에 있던 새끼가 땅에 떨어졌다. 이때 죽어가던 말 어미가 새끼를 혀로 핥으면서 감싸는 것을 보고서, 그는 다시는 강도짓을 하지 않겠다고 결심하였다. 그때 말의 새끼는 지금의 자신이며, 지금의 원수가 그 어미였을지 누가 알겠는가! 이와 같이 금생의 어머니가 자신에게 은혜를 베푸신 것처럼 모든 중생이 은혜를 베푸는 것이 마찬가지임을 사유해야 한다.

(3) 은혜에 보답하기

　지금의 어머니가 앞을 보지 못하는 맹인에다 정신도 혼미하여 길을 잃고 헤매다 절벽으로 떨어지려고 할 때 그것을 곁에서 지켜보던 자식이 어머니를 구하지 않으면 누가 나서서 구하겠는가?

　그와 마찬가지로 모든 중생은 선업과 불선업을 분별할 수 있는 지혜의 눈이 없어서 찰나마다 실천을 거꾸로 하여 걸음마다 죄악을 지으며, 마음은 삼독 번뇌로 물들어 거의 미쳐있는 상태이다. 실로 고통만 있는 삼악도로 떨어지려는 순간 천만다행으로 우리는 근본스승을 만나 대승의 귀한 법을 듣고 선업과 불선업을 분별하는 방법도 알고 있으니, 지금 위험에 처해 있는 중생을 구제하는 짐을 져야 하며, 그것이 은혜에 보답하는 길임을 사유해야 한다.

한편 먹고 마시거나 입는 것 등을 베푸는 것은 배고픔이나 갈증을 잠시 해소해 주는 것일 뿐 근본적으로 보답하는 것이 아니니 모든 행복을 갖추게 하고 모든 고통을 버릴 수 있도록 진실로 보답해야 한다. 그렇게 해서 그들이 부처의 경지에 이르게 될 때 모든 행복은 갖추고 모든 고통은 여의게 되므로, 일체중생이 부처의 경지에 이르도록 하겠다는 마음을 반드시 내어야 한다.

자기 어머니가 미쳐서 칼을 들고 아들을 죽이려고 할 때 그런 어머니에게 화내지 않고 먼저 원인을 치료할 방법부터 찾는 것처럼 원수에게조차도 그러한 논리로 보답해야만 한다.

(4) 중생들을 향한 자애심을 사유하기

모든 중생을 진심으로 사랑하고 아끼는 마음을 일으키는 것이 여기서 말하는 중생들에 대한 자애심이다. 스승 '뽀또와'가 어느 노모에게 말하기를, 자애심이라는 것은 당신이 아들을 애지중지하는 바로 그것이라고 했다. 이와 같은 자애심을 모든 중생을 향해 가져야 한다. 여기서 따로 관상할 필요 없이 위에서 말한 어머니임을 알아차리기, 은혜를 기억하기, 은혜에 보답하기, 이 세 가지를 잘하면 자애심은 저절로 우러나게 된다.

모든 중생의 마음에는 번뇌가 없는 행복이 없으며, 지금 행복이라고 느끼는 것도 착각이고, 고통 그 자체에만 빠져 있으므로 '그들 모두 행복하면 얼마나 좋을까.'라고 하는 마음과 '행복의 조건을 갖추게 하소서!'라고 기도하는 마음과 '내가 그것을 돕겠다.'는 마음으로 자애심을 사유해야 한다.

(5) 큰 연민심[大悲心]을 사유하기

'쫑카빠' 대사께서 『보리도차제론』에서 보리심을 닦는 순서를 정했을 때 큰 연민은 대승의 길로 들어서는 뿌리라고 가르치셨다.

큰 연민의 특징은 처음에는 대승의 길로 확실하게 들어서게 하는 보리심을 일으키는 뿌리이자 씨앗 같은 것이고, 중간에는 보살행을 실천하는 데 게으르지 않고 열심히 정진하게 하는 물과 거름 같은 것이며, 끝으로 부처의 경지에 이른 후에도 남을 위해 끊임없이 베푸는 행을 하게 하는 것이다. 이는 열매를 수확하여 사용하는 것처럼 매우 중요하다.

보리심이 얼마나 자신에게 깊이 새겨져 있는지도 큰 연민에 달려있다. 보살들이 각 차제에 오르는 시간도 얼마나 큰 연민심[大悲心]을 가졌는가에 달려있다. 보살들이 밀교에 입문하여 빠른 길을 닦을 수 있는 것도 큰 연민의 힘 때문이다.

하나밖에 없는 아들이 불구덩이에 빠졌을 때 부모는 주저하지 않고 곧바로 뛰어들어 아들을 구해내지만 다른 친척들은 그렇게 할 수 없는 것만 보아도, 그들이 얼마나 큰 연민심을 가지고 있는지 알 수 있다.

큰 연민을 사유할 때 백정들이 소나 양을 잡는 것을 직접 보거나 그런 상황을 떠올리면 큰 연민이 생기기가 쉽다. 백정이 양을 잡을 때 보면 양의 뒷발을 묶어 거꾸로 매달아 도망갈 수 없게 만든 다음 목숨을 위협한다. 양은 죽음의 공포에서 도망가고 싶어도 도망갈 수 없고, 두려움의 눈물이 앞을 가려도 구해줄 이가 아무도 없다. 백정의 얼굴을 쳐다보면 더욱 무섭고, 결국 견딜 수 없는 고통과 공포 속에서 다양한 방법으로 죽임을 당한다. 우리는 이렇게 죽임을 당하는 과정에서 양이 아무것도 모를 거라고 생각하지만, 앞서 하사도에서 이미 설명한 것과 같이 양도 죽임을 당하는 고통을 미리 알고서 백정이 잠시 자리를 비웠을 때 발로 흙을 덮어서 칼을 숨겼다. 도살장에 아직 끌려가지 않은 소나 양들이 지금은 평화로이 풀을 뜯고 있지만 오래지 않아 그들도 곧 그렇게 당하기는 마찬가지이다. 그들이 전생에 우리 어머니였음을 알아 큰 연민을 일으켜서 그러한 과정을 자세하게 사유하고 닦아야 한다.

이와 같은 과정을 어느 정도 사유할 수 있으면, 하사도차제에서 설명한 삼악도의 고통을 하나씩 떠올리면서 관상해 본다. 어떤 어머니는 불에 달구어진 쇠판 위에 있으며, 다른 어머니는 끓는 쇳물에 삶겨지기도 하고, 어떤 어머니는 아귀로 태어나 배고프고 목마른 고통에서 벗어나기 위해 먹을 것을 찾아 헤매고 있는 것 등을 관상하면서, 모든 중생에 대해 큰 연민을 일으켜야 한다. 그러한 큰 연민이 생기면, 산에서 풀을 뜯고 있는 양들과 지금 도살장에서 죽임을 당하고 있는 양들은 단지 시간의 차이만 있을 뿐 결국 다 고통스럽게 죽임을 당하듯, 지금 세상에서 죄를 짓는 사람들과 이미 삼악도에 떨어진 중생들도 이와 별반 다르지 않다고 관상해야 한다. 이번 생의 어머니 역시 고통의 원인을 만들고 있음을 알아서 큰 연민으로 그러한 것을 관상한다.

그것을 더 확대해서 친척이나 원수, 나아가 모든 중생이 죄를 짓는 일에만 몰두하여 지금 삼선도에 태어나 고통받고 있으면서도 다음에 더 큰 고통을 받는 삼악도에 떨어질 원인을 열심히 짓고 있다고 관상한다. 그러면서 '이런 모든 중생이 그러한 고통에서 벗어나면 얼마나 좋을까.'라는 생각과 자신이 그들을 건져내겠다는 큰 연민심도 일으켜야 한다.

그러한 연민이 일어나기 힘든 중생들에 대해서는 특별하게 따로 사유해야 한다. 예를 들면 천상계에 있는 신들에게 연민이 생기기 힘들 때 앞서 중사도에서 설명한 그들의 고통을 생각하고 사유하면 그들에게도 큰 연민이 일어날 수 있다. 그러한 큰 연민이 일어나면 사랑하는 외아들이 병에 걸릴까 봐 염려하는 어머니가 먹고 마실 때조차 늘 자식을 걱정하는 것과 같이, 일체중생에게도 그와 같은 큰 연민이 일어나게 된다.

단지 일체중생이 모든 고통에서 벗어났으면 하는 연민은 성문·연각들도 공통으로 가지지만, 고통으로부터 그들을 구제해야겠다는 연민은 대승의 '특별한 연민심'만으로 가능하기에, 우리는 이것을 일으켜야 한다. 이러한 큰 연민이 일어나기 어렵더라도 물러서지 말고 부지런히 사유해서 닦아야 한다. 과거에 자신이 큰 병으로 아팠던 적이 있다면, 같은 병으로 고통스러워하는 사람들을 볼 때 연민을 느끼게 될 것이다. 왜냐하면 자신이 직접 그런 일을 겪었기 때문이다. 그러므로 앞서 하사도와 중사도에서 본 삼악도와 윤회의 고통을 떠올린다면 큰 연민이 생길 수 있다.

(6) 확고하게 결심하기

어머니의 짐을 자식이 들어야 하는 것처럼 모든 중생의 고통을 없애고 행복하게 하는 짐을 내가 지고서 그들이 부처의 경지에 이를 수 있도록 앞장서겠다고 결심하는 것을 말한다. 절벽에서 떨어지려는 사람을 보고 '누가 저 사람을 구제해 주었으면 좋겠다.'라고 간절하게 마음을 일으키는 것은 자애심이나 연민심과 비슷하지만, 내가 직접 그를 구하겠다고 마음을 일으키는 것은 '확고하게 결심하기'에 해당한다. 자애심과 연민심 정도는 성문·연각들에게도 있지만, 확고한 결심은 그들에게 없다.

(7) 발심하기

이렇게 결심은 했지만 과연 자신이 그 짐을 질 수 있는지를 살펴보면, 지금 자신에게는 한 중생도 구제할 힘이 없음을 알게 될 것이다. 그러므로 속히 그들을 구제할 수 있는 힘을 길러야 하며, 그러한 경지에 이르고자 하는 발보리심(發菩提心)도 해야 한다.

이와 같이 중생들을 구제할 수 있는 경지는 세속의 신들도 도달하지 못했으며, 성문·연각의 아라한은 더더욱 아니다. 소승의 아라한들은 소지장으로부터 완전하게 벗어나지 못했으며, 중생을 구제하는 힘도 그 정도밖에 되지 않기 때문이다. 그러나 부처의 경지는 그와 비교할 수 없으며, 손바닥과 하늘처럼 차이가 크다. 중생의 근기와 생각 등에 따라 구제하고 베풀 수 있는 힘이 저절로 일어나는 것도 부처의 경지뿐이다. 하사도에서 설명한 것들을 생각하더라도 부처의 경지에 이르러야만 남을 근본적으로 도울 수 있다. 그러므로 우리도 일체중생에게 이익을 주기 위해서 그와 같은 경지에 반드시 이르겠다는 마음을 내어야 한다.

위에서 설명한 평등심으로 모든 중생이 어머니임을 알아차리고, 그 은혜를 기억하여 은혜에 보답하는 것 등은 남을 위하는 이타심의 바탕을 닦는 것이 된다. 자애심과 큰 연민심, 확고한 결심 이 세 가지는 실제적인 이타의 마음이며, 이러한 마음이 생기고 나면 마지막으로 남을 돕기 위해 부처의 경지에 이르겠다고 발심하게 된다. 그러나 그렇게 발심하는 것만으로 완성되지 않는다. 부처의 경지에 이르기 위해서는 그 길을 배워야 하며, 자신의 이익만을 위해서가 아닌 자애심과 큰 연민심, 확고한 결심을 하면서 사유한 것들을 그대로 실천해야만 한다.

이와 같이 하면 부처의 경지에 이를 수 있다. 왜냐하면 보리심을 닦을 수 있는 때는 이번 생보다 더 나은 때가 없으며, 법 중에서도 대승의 가르침을 배우고, 한 생에 깨달아 여래의 경지에 오를 수 있는 밀교 수행을 할 수 있는 것도 지금의 이 몸이라야 가능하기 때문이다.

보리도차제를 사유하고 관상하는 것이 힘들다고 생각해서 독경하거나 염불하는 것을 더 좋아한다면, 이는 부처님 가르침의 핵심을 모르고 있는 것이다. 우리가 다음 생에도 이런 몸을 얻을 수 있을지 모를 일이며, 다시 얻게 되더라도 대승의 가르침, 그중에서도 특히 보리도차제를 다시 만나게 될지 알 수 없으므로, 이 몸이 다하기 전에 보리심을 일으킬 수 있도록 간절히 노력해야 한다.

옛날 어느 산골에 기근이 들어 죽기 일보 직전에 놓인 아버지와 아들들이 있었다. 그러던 어느 날 먹을 것을 조금 찾았는데, 아버지가 생각하기에 이것을 나누어 먹으면 잠깐의 배고픔은 면할지 몰라도 근본적인 해결은 되지 않음을 알았다. 그래서 자기가 그것을 다 먹고 생긴 힘으로 음식을 구해오면 가족 모두를 살릴 수 있지 않을까 하는 생각으로 그 음식을 다 먹었다. 그래서 생긴 힘으로 아버지는 먹을 것을 찾아 나섰고, 결국 나머지 가족 모두를 살려낼 수 있었다. 그러므로 수승한 밀교 수행이나 '옴 마니 뻬메 훔' 진언을 한 번 외우는 등 어떤 수행을 하더라도 이와 같이 크게 발심하고서 행해야만 성취할 수 있게 된다.

우리가 만난 어떤 유정중생을 위해서 완전한 깨달음을 이루겠다는 마음이 저절로 일어날 때 실질적인 보리심을 일으킨 것이다. 이는 대승의 자량도(資糧道)에 입문하는 것으로, 성불하는 데 걸리는 삼아승지겁(三阿僧祇劫)의 시간 동안 쌓아야 하는 공덕의 시작이다. 이 정도가 되면 보살이며, 부처의 아들이라는 이름을 얻게 된다. 이를 바탕으로 밀교에 입문하여 실천한다면 완전한 깨달음을 이루는 것이 빨라지게 된다. 이것이 '일곱 가지 인과법으로 보리심 닦기'이다.

2) 평등하게 자기와 타인을 바꾸기

대보살 '샨티데바'의 '평등하게 자기와 타인을 바꾸기〔닥센냠제〕'로 마음 닦는 방법을 설명하고자 한다. 위에서 말한 '일곱 가지 인과법으로 보리심 닦기〔균데멩악뒨〕'를 실천해도 보리심이 일어날 수 있으며, 여기서 말하는 '평등하게 자기와 타인을 바꾸기'라는 방편을 의지해도 보리심이 일어난다.

'평등하게 자기와 타인을 바꾸기'는 '까담빠'들이 주로 실천하였으며, 여기에 '똥렌〔주고받기〕'을 겸하여 수행하는 것을 '로종〔마음 바꾸기〕'이라고 한다.

'까담'의 스승 '체카와'께서 『로종된둔마〔마음 닦는 일곱 가지

요결)』에 자타 바꾸어 보리심을 일으키는 것에 관해 다음과 같이 말씀하셨다.

"대자비에 절하옵니다.
이 감로와 같은 요의법의 핵심은 스승 '쎌링빠'로부터 전수된 것이다.
금강석, 태양, 약초와도 같은 이 가르침의 의미를 깨달아야 한다.
오탁악세에도 '로종' 수행을 닦아 마음을 보리도로 바꾸어야 한다."

요즘 같은 오탁악세에는 반드시 '로종' 수행을 바탕으로 보리심을 닦아야 하며, 다음과 같이 일곱 가지 요결을 바탕으로 자타 바꾸어 보리심을 일으키는 방법에 관해 설명하고자 한다. 이에 보리심을 닦기 위한 예비수행, 보리심을 닦는 본수행, 보리심의 역연을 순연으로 바꾸기, 평생 닦아야 할 수행의 핵심, 마음 닦는 수행의 경계, 마음 닦는 수행의 서언, 마음 닦는 수행의 학처, 이 일곱 가지가 있다.

(1) 보리심을 닦기 위한 예비수행

"먼저 예비수행을 닦고 익혀야 한다."라고 하신 바와 같이, 앞서 설명한 하사도와 중사도의 공통적인 수행은 바로 보리심을 일으키기 위한 예비수행이다.

(2) 보리심을 닦는 본수행

이는 속제 보리심 닦기와 진제 보리심 닦기, 이 두 가지로 설명한다.

① 속제 보리심 닦기

"모든 허물은 이기심 하나에 있다. 모든 중생이 큰 은인임을 닦아야 한다. 번갈아가며 주고받기를 닦아야 한다. 받는 순서는 자신부터 시작해야 한다. 이 둘은 숨을 내쉬고 들이쉬는 데 실어야 한다. 삼경(三境), 삼독(三毒), 삼선근(三善根) 다음에 간략한 요의법, 이를 기억하기 위해 조언에 따라 모든 행을 다스려야 한다."라고 하신 바와 같이, 자기와 타인을 평등하게 사유하기, 이기심의 허물을 다양하게 사유하기, 이타심의 이득을 다양하게 사유하기, 자기와 남을 실질적으로 바꾸어 사유하기, '똥렌〔주고받기〕'을 관상하기, 이 다섯 가지로 설명한다.

가. 자기와 타인을 평등하게 사유하기

처음에는 위에서 설명한 평등심에서 연민심까지의 내용을 사유하면서 관상하면 된다. 그다음 '나'라는 것을 매우 아끼며 애착하는 만큼 남을 생각하지 못하며, 이로 인해 자기와 남을 평등하게 보지 못하고 있음을 알아차려야 한다.

자기와 타인은 차이가 없다. 우리는 어떤 작은 고통도 원하지 않고, 어떤 큰 행복에도 결코 만족하지 않는다. 행복을 바라고 고통을 바라지 않는 점에서 누구나 똑같음을 알아야 한다. 자기와 남을 바꾸기 위해서는 먼저 장애가 되는 이기심의 허물과 이를 평등하게 할 수 있는 조건이 되는 이타심의 장점을 깊이 사유해야 한다.

나. 이기심의 허물을 다양하게 사유하기

『구루요가경』에서 이기심은 아주 고치기 힘든 만성 고질병으로 원하지 않는 고통이 생기게 하는 원인으로 보아야 한다고 하였다. 『입보살행론』에서도 세간의 모든 고통은 자신만의 행복을 바라기 때문에 생긴 것이라고 하였다. 구체적으로 『입보살행론』에는 "세간의 모든 해침이나 두려움, 고통이 아집에서 나오는 것이라면, 이처럼 큰 귀신이 나에게 무슨 도움이 되겠는가."라고 하였다.

 이와 같이 우리가 원하지 않는 모든 일은 이기심에서 출발한 것이다. 무기나 독, 귀신 등의 해침과 지옥·아귀·축생으로 태어나는 원인도 자신만의 행복과 이익을 바라는 마음으로 살생하거나 인색한 짓을 하고 남을 무시하는 등의 허물로 만들어진 것이다. 그뿐만 아니라 지금 몸이 아프고 병이 들거나 원수를 두려워하고 타인과 다투는 등의 원인은 이기심으로 지나치게 많이 먹거나, 입을 것과 명예 등을 버리지 못함으로써 생기는 허물들이다.

 나라 간에 전쟁이 일어나고, 부부가 다투며, 심지어 출가자들끼리 다투는 것도 모두 다 이기심의 허물이다. 이기심 없이 '나는 아무런 상관없으니, 당신 좋을 대로 하십시오.'라는 마음 자세를 가지면, 전쟁이나 다툼과 같은 허물이 일어날 수 없다. 도둑이나 강도에게 빼앗기거나 쥐가 파먹어서 마음이 편치 않은 것조차도 모두 다 이기심 때문이다.

 독이나 소화되지 않는 음식을 먹고 죽는 것도 이기심으로 온갖 음식을 다 먹었기 때문에 죽는 것이지 실제로 독이 목숨을 앗아간 것이 아니다. 이처럼 이기심이 우리를 죽이고 있다. 아무 짓도 하지 않았음에도 도둑질했다는 누명을 쓰게 되는 것 또한 예전에 이기심으로 남을 이같이 해친 과보를 받고 있는 것이다.

 그러므로 이기심은 삼선도와 해탈의 목숨을 빼앗아가는 백정이다. 삼독의 자루를 등에 지고 다니며 모든 공덕의 열매를 도둑질하는 도둑이다. 무지의 밭에 불선업의 씨앗을 뿌려 윤회를 수확하는 어리석은 농부다. 화살이 날아들고 창과 칼을 휘두르는 치열한 전쟁 중에도 오직 나만의 이익이나 명예에만 골몰하는 탐욕스러운 자다. 자신이 손해를 본다고 스승이나 부모도 속이는 부끄러움이 없는 자다. 처음부터 어떤 좋은 일도 성취하지 못해서 빈손으로 떠도는 귀신이다. 희망이 없는데도 희망을 바라는 자다. 높거나 자기와 비슷하거나 자기보다 낮은 것에 질투하고 비교하며 무시한다. 칭찬하면 좋아하고 비난하면 화내면서 세간의 모든 나쁜 것을 불러내는 자다. 이기심은 모든 죄의 근원이다. 무시이래로 고통만 받게 하는 것도 이기심이다. 원수가 자기 심장 한가운데 있는데도 밖에 있는 원수만 물리치려고 한다. 우리가 지금까지 윤회세계에 돌고 돌면서 고통을 받는 것도 바로 이기심 때문이다.

이기심과 아집은 다르지만 '로종〔마음 바꾸기〕'에서는 이 둘을 하나로 보는데, 서로 비슷한 점이 있기 때문이다. 이 둘은 모든 죄악의 뿌리이다. 아집은 '나'와 '나의 것'이 마치 원래부터 있는 것처럼 생각하는 것이며, 이기심은 '나'라는 것을 버리지 못하고 모두 가지려고 하는 것이다.

결론적으로 이 모든 허물은 자신만의 행복을 바라는 마음이 가슴속 깊이 자리 잡고 있어서 생겨난 것으로, 이기심을 없애지 못하면 결코 행복해질 수가 없다. 우리가 많은 고통을 받고 있는 것은 그 뿌리가 무엇인지 알아내려고 찾아낸 적이 없어서인데, 그것은 이기심이다. 이제부터 그 뿌리인 이기심을 최고의 원수로 알고, 이를 버려야겠다는 마음을 가져야 한다.

다. 이타심의 이득을 다양하게 사유하기

대보살 '샨티데바'는 세간의 모든 행복은 남의 행복을 바라는 데서 생긴다고 말했다.

그와 같이 우리가 귀한 몸을 얻고, 부족함 없이 살거나, 기쁨을 느낄 수 있는 것 등은 모두 다른 사람을 소중히 여기는 이타심에서 비롯된 것들이다. 남의 목숨을 귀하게 여겨 살생하지 않음으로써 생긴 공덕의 과보로 인간으로 태어나 장수하게 되고, 이타심으로 보시하고 도둑질하지 않은 과보로 크게 부유하게 된 것이다.

결론적으로 어리석은 자가 자신만을 위해 일하는 것과 부처님께서 남을 위해 행하시는 것의 차이를 보면 알 수 있다. 부처님과 우리가 과거에 윤회의 바퀴를 계속 돌았던 것은 같지만, 부처님께서는 어느 순간부터 이타심으로 이기심의 허물을 모두 소멸시키고 깨달으셨다. 하지만 무시이래로 우리는 윤회 세계에서 자기 자신만 소중하게 여겨왔으며, 이러한 이기심으로 내가 행복하기만을 집착하기 때문에 아직도 여기에 남아있는 것이다.

과거에 우리가 자비하신 부처님처럼 이타적으로 행했더라면, 지금쯤은 깨달아서 자신의 고통을 모두 다 없애고 분명히 남을 위해 이타행을 하고 있을 것이다. 우리가 이기심으로 행하는 모든 것은 결국 자신에게 고통만 따르게 하니, 이기심으로 무엇을 물리치려고 해봐야 이는 이기심 자체가 원수인 줄 모르고 밖에서만 허우적거리는 꼴이다.

석가모니 부처님께서 과거에 '뻬마젠'이라는 이름의 왕으로 태어난 적이 있었는데, 나라에 전염병이 돌자 이타심으로 이를 없애기 위해 '로히따'라는 물고기로 다시 태어나셨다. 왜냐하면 그 물고기를 먹어야 사람들이 전염병에서 모두 나을 수 있다고 했기 때문이다. 스스로 그 물고기로 태어날 것을 서원하여 물고기로 나서 전염병에 걸린 많은 사람을 구제하셨다.

석가모니 부처님께서 거북이로 태어났을 때도 바다 한가운데에서 난파된 배에 있던 상인 오백 명을 등에 업고 바닷가까지 데리고 나와 구해주셨다. 또 왕자 '닝똡첸뽀'로 태어났을 때는 배고픈 어미 호랑이가 자기 새끼를 잡아먹으려는 것을 보고 연민을 느껴 자신의 몸도 보시하셨다.

그와 같이 석가모니 부처님께서는 수없이 많은 이타행을 하셨지만, 우리는 오로지 자기 자신만 생각하고 살아왔기 때문에 당장은 그러한 행들을 따라 하기가 힘들다. 그러나 실제로 직접 행하지는 못하더라도 기도를 통해 마음으로라도 이같이 행해야 한다.

이타심은 수확이 좋은 논밭과 같고 보배로운 여의주와 같다. 우리가 지금 먹고 입는 것 모두가 남을 의지해서 생긴 것이며, 모든 중생이 우리 어머니였을 때 베풀어주셨던 은혜뿐만 아니라 심지어 어머니가 아니었을 때도 우리에게 큰 은혜를 베풀어주셨기 때문에 우리가 지금 이렇게 살고 있는 것이다.

우리에게 쌀 한 줌이 생기는 것도 누군가가 땅을 갈고 씨를 뿌려 물을 주고 관리하는 등 많은 노력을 기울였기 때문이고, 우리가 사는 이 집도 누군가가 땅을 파고 주춧돌을 놓아 벽돌과 기둥을 세우는 등 많은 노력을 기울였기 때문이며, 우리가 입고 있는 옷들도 누군가가 실을 잣고 베를 짜서 재단하고 바느질하여 만들었기 때문에 입을 수 있는 것이다.

우리가 이같이 유가구족의 인간 몸을 얻는 것에서부터 보리심이 일어나고 육바라밀을 실천해서 완전한 깨달음의 경지에 이를 수 있는 것도 모두 중생들이 베푼 은혜가 있었기 때문이다.

연민의 대상, 발심의 대상, 보시의 대상, 계를 지키는 대상, 인욕행을 할 수 있는 대상도 모두 중생과 관련된 것들이다. 이 모든 중생 덕분에 우리의 수행이 가능한 것이다.

우리가 완전한 깨달음을 성취하는 데 있어, 반은 스승님들 덕분이지만 나머지 반은 중생들이 베풀어 준 큰 은혜를 바탕으로 한 것이다. 모든 중생은 일시적이고 궁극적인 모든 이익을 성취하게 해주는 여의주와 같다. 그러므로 그들을 향해 이타행하는 것은 너무나 당연한 일이다.

라. 자기와 남을 실질적으로 바꾸어 사유하기

위에서 본 이기심의 단점과 이타심의 장점을 잘 살펴서 나를 이롭게 했던 마음과 남을 무시했던 마음, 이 두 가지의 입장을 서로 바꾸는 것을 '자타 바꾸기'라고 한다. 이것은 남이 자기가 되고 자기가 그 사람이 되는 것을 말하는 것이 아니다. 이제까지 자기가 이기심으로 다른 사람을 무시하거나 무관심했던 것을 거꾸로 자세하게 살펴봄으로써, 이제는 자기만 아끼던 이기심을 남을 아끼는 이타심으로 바꾸는 것이다.

무시이래로 지금까지 타인에게 관심을 갖지 않고 무심했던 것을 이제부터 자신을 버리고 타인에 대한 관심을 늘리는 것으로 마음을 닦아야 한다. 이런 방법으로 사유하면 실질적으로 마음을 바꿀 수 있다. 예를 들면 이 산에 있을 때는 저 산이 되고, 저 산에 있을 때는 이 산이 되는 것처럼 자기와 남도 바꿀 수 있다.

마. '똥렌[주고받기]'을 관상하기

'자타 바꾸기'에 의지하여 '똥렌[주고받기]'을 관상해야 한다. 이는 연민심을 바탕으로 한 '받는 것'과 자애심을 바탕으로 한 '주는 것'인데, 이것이 '주고받기' 수행의 기본이다.

'주고받기'에 대한 많은 가르침에서 '주는 것'에 대해 먼저 다루고 있지만, 실제로 실천할 때는 '받는 것'부터 관상해야 한다. 사실 주는 것을 생략하고 남의 고통을 받는 것만 관상해도 도움이 되지만, 먼저 남의 고통을 받아서 고통을 없애지 않고 남에게 행복을 주는 것만 관상하는 것은 도움이 되지 않는다.

먼저 연민심을 바탕으로 한 '받는 것'을 살펴보면 일체중생의 모든 고통을 없애고자 하는 마음으로 연민심을 일으키고, 남의 모든 고통을 삭발할 때 머리카락을 깎아내듯이 검은빛으로 가져와 자신의 가슴에 있는 이기심에 흡수된다고 관상한다. 더 자세하게 하려면 불지옥의 뜨거운 고통과 그 불까지도 받아들여 숨을 들이마실 때 자기 가슴속에 있는 이기심의 한가운데로 뜨겁게 흡수된다고 관상한다. 순서대로 얼음지옥·아귀·축생·아수라·인간·천신 등 십지보살 이하 모든 중생의 고통과 업을 자신이 받아들여서, 실제로 그들의 고통과 업장이 소멸되었다고 관상한다. 이러한 타인의 고통을 말로만이 아니라 자신에게 실제로 수용되고 있다고 느껴야 한다. 이와 같이 고통을 받을 때 근본스승과 부처님 두 분은 관상하지 말아야 한다.

근기에 따라 어떤 사람은 이런 수행에 거부감을 느끼기도 하는데, 그런 사람들이 할 수 있는 방법은 자신의 것부터 시작하는 것이다. 자신이 오후에 받을 고통을 오전에 미리 받는다고 관상하고, 내일 받을 고통을 오늘 미리 받는다고 생각하며,

다음 달에 받을 고통, 내년에 받을 고통, 이번 생과 다음 생에 받을 고통, 세세생생 받을 고통 등을 미리 받는다고 관상하고, 그다음에는 부모나 친척 등 가까운 이들의 고통에서부터 가깝지도 않고 원수도 아닌 이들의 고통으로까지 확장시켜 나간다. 이것이 잘되면 원수에서 일체중생에 이르기까지 차례대로 확장해서 관상해야 한다.

처음부터 원수의 고통을 받아들이려는 마음이 생기기 어려울 수 있으므로 자기 자신의 고통부터 시작해 지옥 중생에까지 미치게 하고, 때로는 지옥부터 십지보살까지의 고통이나 나라의 위로부터나 아래로부터의 모든 고통을 자기가 받는다고 다양하게 관상한다. 심지어 돌에 맞은 개의 고통마저도 자신이 받아들여야 한다. 이때 불안하거나 긴장되는 감정이 생기면 이는 좋은 징조이다. 이와 같이 관상할 때 그런 것들을 직접 받을 수 없더라도 이를 통해 큰 공덕을 쌓게 된다. 이러한 관상에 익숙해지면 남의 고통을 직접 받아들일 힘도 생긴다.

이제 자애심을 바탕으로 한 '주는 것'에 대해 살펴보면, 일체중생의 성취를 위해서 본인이 성스러운 부처님의 몸으로 변한다고 관상한다. 타인에게 필요한 대상으로 자신을 변화시키는 것이다.

자신이 시원한 소나기로 변해 불지옥의 고통을 없앤다고 관상하고, 자신의 몸을 변화시켜 그들이 유가구족의 인간 몸을 받을 수 있게 하고, 아름다운 장소와 좋은 집으로 변해 안락하게 살 수 있도록 해준다고 관상하며, 먹고 마실 것으로도 변해서 그들이 먹고 마시며 만족해하는 것까지도 관상한다. 또 내가 입을 것으로도 변해 그들에게 입을 것이 되어 주고, 근본스승으로 변해 법문으로 그들이 깨닫게 되는 것까지도 관상한다.

얼음지옥에서는 자신이 햇볕과 따스한 옷으로 변하며, 아귀들에게는 먹고 마실 것으로, 축생들에게는 법을 분별할 수 있는 지혜로, 아수라들에게는 갑옷으로, 천신들에게는 다섯 가지 감각의 사물인 거울·악기·향수·진귀한 과일·아름다운 옷 등으로 변한다. 이처럼 자신이 중생들이 필요로 하는 모든 것으로 변해서 육도의 모든 중생에게 준다고 관상한다.

자신의 몸을 변화시켜서 주는 것뿐만 아니라 자기가 가진 모든 공덕까지도 다 준다고 관상한다. 근본스승과 부처님들께 자신의 몸을 갖가지 다양한 공양물로 변화시켜 공양 올리고, 스승들께서 장수하며 뜻하신 대로 모든 일을 성취하신다고 관상한다.

이처럼 줄 때는 중생들이 행복을 원하면서도 얻지 못하는 것을 생각하여 주로 자애심을 바탕으로 해서 주어야 한다. 여기 '로종〔마음 바꾸기〕'에서는 '받는 것'과 '주는 것' 이 두 가지 관상을 마음의 의지처로 삼아 '똥렌〔주고받기〕' 수행을 잊지 않도록 기회가 있을 때마다 자주 실천해야 한다.

한편 '주고받기' 이 두 가지를 호흡에 의지해 수행하는 방법도 있다. '똥렌' 관상에 익숙해지면 나중에 자신의 호흡을 밖으로 내쉴 때 '주고', 안으로 들이마실 때 '받는' 것을 관상한다. 처음에는 이렇게 하기가 쉽지 않지만 자주 실천하여 익숙해지면, '자타 바꾸기' 관상이 보리심을 쉽게 일으키는 데 큰 효과가 있음을 알게 된다.

② 진제 보리심 닦기

"확신을 얻고 난 뒤 비밀의 법을 가르쳐야 한다. 모든 법을 꿈과 같이 보아 생겨남 없는 식(識)의 본성을 관(觀)하고, 공성의 대치 또한 제자리에서 벗어나 입선할 때 바탕인 공(空)에 머물며, 방선할 때 환술로 만들어낸 사람처럼 여겨야 한다. 착각을 자각해 사신(四身)을 보니 공성은 위없는 보호라네."라고 하신 바와 같이, 진제 보리심인 공성을 깨닫는 지혜를 닦아야 한다. 자세한 내용은 뒤에 나오는 '지혜바라밀'에서 설명하겠다.

(3) 보리심의 역연을 순연으로 바꾸기

이 방법은 매우 중요하며 수행에 큰 도움이 된다. 수행할 때 장애가 많고, 그 원인들을 제거하지 못할 때는 장애를 수행의 조건으로 받아들일 줄 알아야 한다. 그렇게 하지 못하면 좋거나 나쁜 어떤 일이 생기더라도 수행을 망치게 된다.

어떤 이는 권력이나 지위 등에 집착하여 수행하지 못하고, 어떤 이는 물질적인 것 때문에 수행하지 못하며, 좋은 일이 생겼을 때는 들뜨고, 나쁜 일이 생겼을 때는 지쳐서 수행하지 못한다. 이렇게 조건에 휘둘리면 수행하기가 어렵다. 조금 수행하는 척하다가 그만두는 것만큼 나쁜 일은 없다. 그러므로 무슨 일이 생기더라도 오히려 그것을 좋은 방편으로 삼을 수 있어야 한다. 이는 생각으로 역연(逆緣)을 순연(順緣)으로 바꾸는 방법, 행으로 역연을 순연으로 바꾸는 방법, 이 두 가지로 설명한다.

① 생각으로 역연을 순연으로 바꾸는 방법

이는 행동으로 바꾸기와 견해로 바꾸기, 이 두 가지로 설명한다.

가. 행동으로 바꾸기

일반적으로 본인이 병이나 귀신, 원수로 인해 마음이 편치 않으면 이런 것들이 무엇무엇 때문이라고 핑계를 댄다. 그런 것들이 모두 인과로 인해 생기는 것임을 모른다. 하지만 갖가지 고통의 뿌리가 어디에 있는지, 원하지 않는 일들이 일어나는 원인이 무엇인지를 자세히 살펴보면 업으로 인한 과보 때문임을 알게 되고, 더 자세하게 살펴보면 결국 본인의 이기심 때문임을 알게 된다.

누가 자기 물건을 훔쳐가서 피해를 보게 되면 도둑을 탓하지만, 그것은 자기 불선업에서 비롯된 것이며, 그렇게 불선업을 짓도록 한 것은 바로 본인의 이기심이라는 것을 알아야 한다. 병이나 고통, 불리한 상황 등에 직면할 때에도 그것을 깨달음을 얻기 위한 하나의 방편으로 생각을 전환할 줄 알아야 한다.

병이 생기면, 전생에 지었던 자신의 불선업으로 지옥에 떨어질 과보를 지금 미리 가볍게 받는 것이라고 생각을 바꿔 마음으로 좋아해야 한다. 그뿐만 아니라 본인이 '주고받기'를 관상해서, 이제는 일체중생의 고통을 자신이 대신 받을 수 있게 되었다고 생각하여 더욱더 좋아해야 한다. 심지어 "나머지 고통들도 내가 미리 받게 하소서! 일체중생의 모든 고통도 내가 대신 받게 하소서!"라고 기도하며 사유해야 한다. 그뿐만 아니라 뭇 생명의 고통을 자신이 실제로 받을 수 있는 기회가 생겼으니, 이를 참으로 좋은 일이라고 여기며 진실한 마음으로 '주고받기' 관상을 한다면, 자신의 병도 장애가 되지 않고 오히려 수행의 공덕을 쌓는 데 크게 도움이 될 것이다.

이렇게 나쁜 장애들이 오히려 공덕을 쌓는 동기가 된다고 하는 이유는 누구든 고통을 원하지 않는다면 죄짓는 일을 버려야 한다고 생각해서 공덕을 쌓고 업장을 소멸하는 쪽으로 나아갈 수밖에 없기 때문이다. 만약 우리에게 괴롭고 힘든 일이 생기지 않으면, 그것을 통해 수행해야겠다는 생각도 나지 않게 된다. 병들거나 사고가 나는 등 좋지 않은 일들이 생기면, 그제야 마음이 괴로워서 수행에 입문하는 계기로 삼곤 한다.

누군가로부터 해침을 당하거나 해로운 일들이 생기면, 수행하지 않고 윤회세계를 헤매고 있는 나에게 이제 수행 좀 하라는 암시를 보내어 도와주는 것이라고 생각해야 한다. 오히려 이런 일들을 은혜롭게 생각하여 '마음 바꾸기' 수행을 하는 방편으로 삼을 줄 안다면, 고통으로 인해 공성을 깨달을 수 있는 원인이 될 수도 있다. 병이나 귀신 등이 자기 스스로 제압하지 못했던 원수인 이기심을 없애는 데 도움을 주고 있으므로, 오히려 고맙게 생각해야 한다.

우리에게 이런 좋지 않은 일이 생기면 쉽게 수행을 포기해 버리기도 하는데, 길을 가는 사람이 높고 가파른 낭떠러지를 지날 때 더욱 조심하듯이 이럴 때일수록 더 조심해서 '똥렌[주고받기]' 수행을 해야 한다.

『입보살행론』에서 고통의 장점은 슬픔으로 교만을 없애고, 윤회하는 이들에게 연민심이 늘어나 죄짓는 것을 피하게 되며, 공덕을 쌓는 것을 좋아하게 되는 것이라고 하였다. 그처럼 우리에게 고통이 생기면 슬픔으로 쓸데없는 교만을 없애고, 고통이 원인이 되어서 타인에게 연민이 생기며, 고통의 원인이 되는 이기심을 버리게 된다. 이러한 고통의 장점을 모르면 고통이 생기는 것보다 건강하고 즐거운 일이 생기는 것을 좋아하겠지만, 그것은 그렇게 좋아할 일이 아니다.

행복이 생김을 좋아하지 마라!
오히려 고통이 생김을 좋아하라!
행복은 복덕을 깎아내리고
고통은 자신의 업장을 소멸한다.

한편 남들의 칭찬을 받으면 교만이 높아진다. 이는 이번 생과 다음 생 둘 다 망치게 되며, 자신의 허물도 볼 수 없게 한다. 남들이 자기를 비판하면 잠시 듣기는 싫지만, 후에 스스로 그 일을 살펴서 조심해야 한다. 다른 사람들이 자기를 욕하는 것은, 자신이 성취하도록 축원해주는 것이나 다름없다고 생각해야 한다. 이러한 일들이 자신에게 직접적으로 생겼을 때 이와 같은 방편으로 자신의 나쁜 성격을 고쳐나가야 한다.

나. 견해로 바꾸기

보통 인(因)과 연(緣)이 만나서 좋고 나쁜 감정들이 일어나지만, 실제로 그런 것이 원래부터 있는 것은 아니다. 나와 남이라고 하는 것도 원래부터 있는 것이 아니다. 이렇게 원래부터 있는 것이 아니라는 것을 알아서, 싫어해서 마음이 불편하거나 좋아해서 집착하는 것 등을 막아야 한다. 지금 일어나는 좋거나 나쁜 어떤 일들도 죽을 때는 꿈을 꾼 것처럼 기억의 대상으로만 남을 뿐이라는 것을 알고, '과연 이 짧은 인생에 탐내고 화내고 미워할 필요가 있겠는가!'라고 생각하여 좋지 않은 일들이 생겼을 때 이를 물리쳐야 한다.

지금까지 자신이 관상했던 '주고받기'를 살펴서 이는 생각으로 관상만 한 것일 뿐이지 실제로 '주고받기'를 한 것이 아님을 알아야 한다. 이제 이를 실제로 실천할 수 있도록 자신이 그 짐을 져야겠다고 확고한 결심을 해야 한다. 그렇게 해야지만 완전한 깨달음의 경지에 이르겠다고 하는 실질적인 보리심이 일어나게 된다. 이러한 과정이 '일곱 가지 인과법으로 보리심 닦기'와 '평등하게 자기와 타인을 바꾸기'로 '주고받기'를 관상하는 방법이다.

이를 밀교의 만달라를 통한 관상과 함께 일체중생이 모든 행복과 행복의 원인까지 모두 갖추었다고 관상을 하면 공덕을 쌓는 데 더 큰 효과가 있다. 먼저 보리심을 일으키는 열매를 맺고 이것을 도를 닦는 방편으로 관상하는 방법은 자신이 부처님의 몸으로 변하고, 거기서 빛이 나와 모든 중생의 고통을 없애며, 그들 모두가 부처님으로 변한다고 기뻐하는 것을 관상한다.

우리가 좋아하고, 싫어하며, 이도 저도 아닌 세 가지 대상에 대해 좋아하거나, 미워하거나, 무시하는 감정이 일어날 때 이로 인해 생기는 모든 결과, 예를 들면 삼악도에 떨어져서 받는 고통을 자기가 대신 받고, 윤회하면서 받는 고통도 자신이 받아서 일체중생이 탐욕과 성냄과 무지가 없는 공덕을 갖추게 되었다고 생각해야 한다.

모든 나쁜 것의 뿌리가 이기심이라는 것을 알아서, '로종' 수행이 자신의 나쁜 업을 소멸하는 원인이 되고 남의 고통을 자신이 받는 것이 최상의 약임을 알게 되면 마음이 편안해져 행복 그 자체가 된다. 그러므로 역연을 순연으로 바꾸고 마음의 불편함이 없어지게 하는 '로종'의 다른 이름은 '모든 행복의 원천'이라고도 한다.

우리는 좋지 않은 일들이 조금만 생겨도 싫어하며 피한다.

그러나 물건들을 가지고 먼 길을 떠난 상인들이 갑자기 소나기가 쏟아지면 '비가 와서 도둑들이 오지 못할 것이다.'라며 오히려 기뻐하는 것처럼 모든 일의 긍정적인 면을 사유해야 한다. 『입보살행론』에 다음과 같이 나와 있다.

"해결할 수 있는 문제라면
걱정할 필요 없이 해결하면 되네.
해결할 수 없는 문제라면
걱정할 필요가 없네. 해결할 수 없으므로!"

고통이 생길 때 편치 않은 마음으로 사는 것은 도움이 되지 않는다. 그러한 일들을 오히려 방편으로 삼을 줄 알아야 한다. 자신이나 일체중생에게 일어난 모든 좋지 않은 일들을 자기가 다 해결하겠다고 생각하는 것보다 더 큰 공덕은 없다.

② 행으로 역연을 순연으로 바꾸는 방법
이는 자량을 쌓기, 업을 참회하기, 사람 아닌 해치는 존재에게 자비로 '또르마' 베풀기, 호법신에게 도움을 청하는 기도하기 등의 네 가지 행을 말한다.

(4) 평생 닦아야 할 수행의 핵심
"가르침의 핵심을 간추리면 오력(五力)으로 수행해야 한다. 대승의 '포와' 수행의 요지는 오직 오력뿐이니 행을 주의해야 한다."라고 하신 바와 같이, 살아있을 때 실천하는 다섯 가지 힘과 죽을 때 실천하는 다섯 가지 힘이 있다.

① 살아있을 때 실천하는 다섯 가지 힘

가. 마음동기의 힘

살아있을 때 실천하는 다섯 가지 힘 중에서 마음동기의 힘이 가장 중요하다. 아침에 일어나자마자 이번 생에, 그중에서도 올해, 특히 오늘 하루도 이기심이라는 원수를 물리치기 위해 의미 있는 시간을 보내겠다는 마음을 강하게 일으켜서 가슴속에 깊이 새겨야 한다. 이렇게 결심하면 무슨 일을 하더라도 마음동기의 힘으로 시간을 보내게 된다. 예를 들면 밥 한 끼를 먹더라도 미리 시간을 정하고 사용하게 된다.

보통 우리는 매일 아침에 일어나 허리띠를 매면서부터 먹고 입는 것, 명예 등과 같은 이번 생의 행복에만 집착하며 시간을 보낸다. 그 대신 아침에 허리띠를 맬 때마다 '이기심이라는 원수를 물리치기 위해 의미 있는 시간을 보내겠다.'라고 결심한 것을 떠올려서 마음동기의 힘으로 마음을 온통 수행에만 쏟아야 한다.

나. 선행의 종자인 자량을 쌓는 힘

보리심을 증장시키기 위해 덕을 쌓고 업을 녹이는 행을 모은 일곱 가지〔七支供養〕를 통해서 공덕을 쌓는 것을 말한다. 우리는 공덕을 쌓을 때 오직 이번 생만을 위해서 행하기 때문에 공덕의 씨앗을 제대로 심지 못한다. 그런 쪽으로 빠지지 않는 것이 중요하다.

다. 익숙하게 하는 힘

우리가 '오고 가고 먹고 자는〔行住坐臥〕' 등 평소의 모든 행동을 보리심이 증장하는 쪽으로 사용하여 끊임없이 수행해야 한다. 대보살들이 자신의 머리와 손, 발 등 보시하기 어려운 것들을 베풀 수 있는 것은 마음이 베푸는 데 익숙해졌기 때문에 가능한 일임을 알 수 있다.

처음에는 서툴렀던 대장장이나 목수도 나중에 기술이 익으면 별 어려움 없이 일을 잘할 수 있게 되는 것처럼, 자신의 몸을 보시하는 것도 익숙해지면 남에게 채소 한 단을 주는 것처럼 쉽게 할 수 있다. 이와 같이 익숙해지면 쉽지 않은 일이 아무것도 없음을 알게 된다.

예전에 위대한 스승들은 등자에 한쪽 발을 걸고 말에 올라타는 순간에도 보리도차제 전체를 한 번 관상할 수 있었다. 이는 그만큼 익숙해졌기 때문에 가능한 것이다. 우리가 가득 담긴 차 한 잔을 마시는 것조차도 익숙해지지 않는다면 어떻게 쉽게 마실 수가 있겠는가?

라. 이기심을 물리치는 힘

이기심이 생길 때마다 즉시 막아야 한다. 마치 도둑이나 강도들을 벌주고 때려서 쫓아내듯이 이기심을 물리쳐서 막아야 한다.

마. 회향발원의 힘

하루 동안 지은 모든 공덕을 두 가지 보리심을 증장시키기 위해 회향 발원해야 한다.

② 죽음에 이르기 전 마지막에 실천하는 다섯 가지 힘

가. 마음동기의 힘

죽을 때와 중음신의 상태에서도 마음동기의 힘으로 보리심을 여의지 않겠다고 결심해야 한다.

나. 선행의 종자인 자량을 쌓는 힘

살아있을 때 가장 집착했던 물건을 비롯하여 사용했던 모든 것을 특별하고 귀한 대상에게 공양 올리려는 마음을 내어 애착 없이 행해야 한다. 죽은 후에 누가 대신 공양을 올려주는 것보다 죽기 전에 자신이 직접 공양을 올리는 공덕이 훨씬 더 크다. 이처럼 마음에서 집착을 버리고 회향하지 않으면 안 된다.

예전에 어느 비구가 자기 발우에 애착을 가지고 죽어서 뱀으로 태어났는데, 부처님께서 그 뱀을 숲으로 쫓아냈다. 이에 뱀은 격분했으며, 그의 분노로 일어난 불은 숲을 다 태워버렸고 자신도 그 불에 타죽은 뒤 삼악도에 떨어졌다고 한다. 또 어떤 사람은 땅 밑에 숨겨둔 금에 애착하다 죽어서 뱀으로 다시 태어나 부처님께 그 황금을 공양 올려야만 했다.

살아있을 때 몸에 지나치게 집착하면 죽어서 그 시신 속에 사는 벌레로 태어날 수도 있다. 예전에 한 여자의 시체가 바닷가에 있었다. 그 시체에 뱀처럼 생긴 벌레가 시신의 눈과 입, 코와 귀 등을 쉴 새 없이 돌아다니고 있었는데, 이는 그 여인이 자신의 몸에 애착하여 늘 거울에 비친 자신을 바라보면서 몸에 집착하다가 죽었기 때문이라고 한다.

죽을 때 공덕을 쌓고 보리심을 기억하며 발원하면서 죽어야 하는데, 몸에 집착하지 않는 것이 가장 중요하다. 예전에 어떤 스님이 돈에 집착하다가 죽어서 돈을 숨겨두었던 곳에 개구리로 다시 태어나 돈을 움켜쥐고 있었다고 한다.

어떤 사람은 죽을 때 애착이 너무 강해서 쉽게 숨을 거두지 못하기도 한다. 티벳 암도에서 온 한 노스님은 평소에 늘 음식이나 차에 들어 있는 버터에 집착했다고 한다. 그 집착으로 죽을 때 숨을 거두기조차 어려웠는데, 스승 '궁탕 잠뺄양'께서 좋은 방편으로 "버터에 대한 애착을 버려라. 극락에는 우리가 여기서 얻는 것보다 훨씬 더 좋은 버터가 많이 있다."라고 말씀하시자마자 곧바로 숨을 거두었다고 한다. 이런 일은 누구에게나 일어날 수 있는 위험이 있으므로 애착 등을 버리는 것이 매우 중요하다.

다. 업장을 소멸하는 힘

죽을 때 죄를 깊이 참회하고 깨뜨린 계율을 회복하는 것을 말한다. 밀교 수행자라면 죽을 때 만달라 가운데 계신 본존으로부터 관정을 받고, 그동안 보살계나 밀교계 등을 제대로 지키지 못한 것에 대해 참회해야만 한다. 그 외에도 그동안 범했던 다른 모든 불선업을 깊이 참회하는 것이 매우 중요하다. 이 같은 참회는 평소에도 물론 중요하지만 죽을 때는 더더욱 중요하다. 왜냐하면 참회를 하지 않으면 정토에 태어날 원인이 있어도 업식에 가려 그곳으로 가지 못하는 경우가 많기 때문이다.

라. 발원의 힘

자신이 정토 등에 태어나기를 바라는 것이 아니라, 그 대신 보리심이 일어나고 모든 중생의 고통이나 죄와 업장 등을 내가 받기를 바라며 발원하는 것을 말한다.

마. 익숙하게 하는 힘

평소에 보리심에 익숙해진 그 힘으로 죽을 때 보리심을 관상하면서 떠나야 한다. 그것보다 나은 것은 없다. 이것이 '로종'으로서, 가장 안전하고 믿을 수 있으며 효과적인 '포와' 수행이다. 죽음에 임하는 자세는 석가모니 부처님께서 열반에 드실 때처럼 오른쪽 겨드랑이를 땅에 대고 사자가 잠자는 자세처럼 누워서 자신의 의식을 몸에서 분리시키는 것이 바른 방법이다. 하사도 수행자라면 죽을 때 귀의하는 마음으로 의식을 분리시키고, 상사도 수행자라면 보리심을 사유하면서 의식을 분리시켜야 한다. 이와 같이 행하면 정토에 태어나게 되는 특별한 효과가 있다.

스승 '체카와'께서 입적하실 때, "내가 많은 중생을 제도하기 위해서 무간지옥에 태어나기를 발원했지만, 그곳에 태어나기보다는 정토에 태어날 징조가 더 많아 보이는구나!"라고 말씀하셨다. 또한 '뽀또와' 스승께서도 이와 같이 입적하셨다. 예전에 어떤 모녀가 강물에 빠져서 떠내려가고 있었다. 그 둘은 서로가 죽지 않기를 바라는 선한 마음으로 죽었기 때문에 두 사람 다 극락에 태어났다고 한다. 그러므로 죽을 때 보리심을 일으키면 정토에 태어나는 것은 의심할 필요가 없다.

'포와' 수행에서 '흑'과 '펫' 진언을 중요하게 여기는데, '흑'자 수련을 많이 해서 정수리의 백회가 뚫렸다고 해도 그렇게 대단한 일은 아니다. 그것은 정확한 관상 없이 몸속의 기(氣)를 돌리는 것으로도 가능하기 때문이다. '로종'의 '포와' 수행에는 '흑'이나 '펫'이 없고 정토에 태어난다는 표현도 없지만 이보다 더 나은 것은 없다. 다른 '포와' 수행의 경우, 수행에 대한 관정을 받고 실천하더라도 죽어서 삼악도로 나지 않는다고 장담할 수가 없다. 그러나 위의 다섯 가지 힘에 의지하여 다음 생으로 식(識)이 떠나면, 적어도 삼악도에는 태어나지 않는다고 장담할 수 있다.

(5) 마음 닦는 수행의 경계

"모든 가르침의 목적은 단 하나뿐이니 주로 두 증인의 면에서 수행을 증명해야 한다. 항상 편안한 마음을 유지해야 한다. 닦음의 기준은 이기심이 없어진 것이다. '로종' 수행의 증거로 위대한 다섯 분이 있다. 주의하지 않아도 중심을 잃지 않는다면 '로종' 수행이 된 것이다."라고 하신 바와 같이, 이는 모든 수행에 대한 핵심을 하나로 꿰기, 두 가지 증명, 늘 행복한 마음 갖기, 산란함 속에서도 닦을 때 흔들림이 없기, 닦음의 기준이 다름, 닦음의 증거 다섯 가지, 이 여섯 가지로 설명한다.

① 모든 수행에 대한 핵심을 하나로 꿰기

부처님께서 설하신 팔만사천대장경 전부를 이기심을 없애는 방편으로 삼을 줄 알아야 한다. 대장경의 모든 내용은 번뇌의 치료제이다. 아무리 뛰어난 신통력을 가진 사람이라고 해도 번뇌를 멸하지 못하면 아무 소용이 없다. 독수리도 하늘을 날 수 있고, 심지어 쥐도 땅을 파고 들어갈 수 있으며, 물고기조차 물속에서 헤엄칠 수 있다. 그러니 사람에게 그와 같이 할 수 있는 신통력이 있다고 해도 가치 있게 여길 필요가 없다.

'로종'을 통해서 수행과 수행 아닌 것을 알아차려야 하며, 만약 수행의 결과로 이기심과 아상, 아집이 줄어들고 있다면 이를 계속 닦아 나가야 한다.

② 두 가지 증명

자신과 타인의 관점에서 두 가지 증명이 있어야 한다. 실제로 본인이 실천을 바르게 하지 않으면서도 하는 척해서 다른 사람이 인정하게 하거나, 계율을 잘 지키지 못하는데도 다른 사람이 좋게 평가하도록 만드는 것을 막아야 한다.

예를 들어 감이 겉으로 익은 것처럼 보이지만 속은 익지 않았거나, 교활한 고양이가 쥐를 잡지 않는 척하다가 갑자기 덮치는 것과 같은 거짓 행동을 막아야 하는데, '로종' 수행을 그런 식으로 하면 절대로 안 된다. 밖으로는 부끄럽지 않게 행을 하고, 안으로는 실천함이 가득하여 안과 밖이 둘 다 청정해야 한다. 비난받을 행동을 하지 않도록 주의해야 하며, 무엇보다도 자기 자신을 부끄럽지 않게 하는 것이 가장 중요하다.

③ 늘 행복한 마음 갖기

물질적인 것이 생기더라도 그것을 더 늘리거나 지키려고 하는 잡생각으로 마음을 불편하게 만들면 안 된다. 비록 없어도 찾으려고 고민하지 말고 그에 대한 허물을 생각하며, 어떤 상황에서도 유리하거나 불리한 조건을 모두 수행의 방편으로 삼아 늘 기쁜 마음으로 만족할 줄 알아야 한다. 칭찬받으면 좋아하고, 비난받으면 싫어하는 등 세속팔풍에 마음이 흔들리지 말아야 한다. 행복과 고통의 원인을 살펴서 불편한 마음을 없애야 한다.

④ 산란함 속에서도 닦을 때 흔들림이 없기

자신이 말을 타는 훈련이 잘되어 있으면, 집중하는 것과 상관없이 말에서 떨어지지 않는다. 말을 타는 훈련이 잘되어 있지 않다면, 긴장해서 집중하면 말에서 떨어지지 않지만, 집중하지 않으면 십중팔구는 떨어지게 된다. 말을 타는 데 익숙하면 긴장하지 않아도 말에서 떨어지지 않듯이, '로종' 수행도 익숙해질 때까지 하지 않으면 잘 훈련되어 있지 않은 이가 말을 타는 것과 같다.

마음이 집중되지 않은 상태에서는 사소한 일에도 화를 내지만, '로종'을 생각하면 화내는 마음이 사라지게 된다. '로종'에 익숙해진 사람은 마음을 집중하지 않은 상태에서도 다른 사람이 때리거나 욕을 해도 화내지 않는데, 이는 '로종'에 얼마나 익숙해졌는지를 알게 하는 기준이 된다.

⑤ 닦음의 기준이 다름

죽음과 무상을 닦았다고 볼 수 있거나 출리심이 생겼다고 할 수 있는 기준은 이번 생에 대한 집착을 버리는 것과 부귀영화 등의 세속적인 것에 마음이 끌리지 않는 것이다. 이와 마찬가지로, 여기서는 이기심을 버리는 것이 '로종' 수행이 되었다고 볼 수 있는 기준이 된다.

⑥ 닦음의 증거 다섯 가지

고통과 해침 등을 참아내는 대고행자(大苦行者), 나보다 남을 귀하게 여기는 이타심을 가진 대보살(大菩薩), 십법행(十法行)[46]을 행하는 데서 한시도 벗어나지 않는 대수행자(大修行者), 미세한 죄와 허물조차도 멀리하는 대지율자(大持律者), 진실한 마

---

46) 대승의 경을 사경(寫經)하고, 공양(供養)을 올리며, 남에게 법을 보시(布施)하고, 청문(聽聞)하며, 독경(讀經)하고, 암송(暗誦)하며, 해설(解說)하고, 풍송(諷誦)하며, 사유(思惟)하고, 수습(修習)하는 것 등을 말한다.

음으로 대승의 도인 보리심을 바르게 닦는 대요가행자(大瑜伽行者) 등 이 위대한 다섯 분은 위에서 설명한 다섯 가지 마음을 닦는 수행의 경계로 '로종' 수행을 하는 이에게만 가능하다.

(6) 마음 닦는 수행의 서언

"항상 보편적인 세 가지 실천을 해야 한다. 취하고 버리는 것을 엄하게 다스려야 한다. 마음은 바꾸고 겉으로 드러내지는 말아야 한다. 다른 이의 허물을 말하지 말아야 한다. 다른 이의 어떠한 허물도 따지지 말아야 한다. 먼저 큰 번뇌부터 다스려야 한다. 결과에 대한 기대를 모두 버려야 한다. 독이 든 음식을 버려야 한다. 앙심을 품지 말아야 한다. 비난하지 말아야 한다. 원한을 갚으려고 때를 기다리지 말아야 한다. 남의 약점을 잡아서 해치지 말아야 한다. '조'에게 지울 짐을 소에게 지우지 말아야 한다. '로종' 수행을 헛된 곳에 쓰지 말아야 한다. 남보다 공(功)을 먼저 차지하려고 들지 말아야 한다. 신을 악마로 전락시키지 말아야 한다. 내 행복을 위해 남에게 고통을 주거나 불행하기를 바라지 말아야 한다."라고 하신 바와 같이, '로종' 수행을 할 때 지켜야 할 열여덟 가지 서언에 대해 설명하고자 한다.

① 수행을 다짐해놓고 어겨서는 안 된다

'로종〔마음 바꾸기〕' 수행을 다짐하고서 그 가르침을 어기지 말아야 하며, '로종' 수행하는 것을 구실로 삼아 계율이나 다른 작은 가르침도 무시하지 말아야 한다.

② 수행한다고 해서 함부로 행동해서는 안 된다

'로종' 수행을 한다는 구실로 이기심이 없는 척하면서 사람이나 사람 아닌 것에게 함부로 행동하지 말아야 하며, 그들에게 해를 끼치는 일 등을 조심해야 한다.

③ 수행할 때 한결같이 해야 한다
'로종' 수행을 하다 말다를 반복하며 변덕을 부리지 말아야 한다. 친척에게는 인내할 수 있으나 원수에게는 인내할 수 없고, 사람에게는 인내하지만 사람 아닌 것에는 인내할 수 없는 등의 행동을 하지 말아야 한다.

'로종' 수행의 서약과 어긋나지 않게 하고, '로종' 수행을 한다고 해서 함부로 행동하지 않으며, '로종' 수행을 치우침 없이 해야 하는 보편적인 이 세 가지 실천을 항상 행해야 한다.

④ 거친 마음을 그대로 두지 말고 선하게 계속 발전시켜야 한다
가능하다면 하루 안에, 잘 안되면 한 달 안에, 그것도 어려우면 적어도 일 년 안에는 고칠 수 있는지 살펴보면서 닦아나가야 한다. 그렇게 고치려고 단단히 마음먹지 않으면, 출가하거나 불교에 입문하고서 나이가 들어도 출가나 불교입문을 하기 전의 마음 그대로 있게 된다. 해가 가도 변하지 않는 집 뒤에 있는 큰 바위처럼 그냥 두지 말고 바로 고쳐야 한다.
자신의 거친 마음을 보리심과 출리심, 무상 등으로 바꾸어 나가야 한다. 한편 안으로 하는 공부나 수행은 조금도 없으면서 밖으로 보이기 위해 눈을 지그시 감으며 수행하는 척하는 가식적인 행동은 하지 말아야 한다.

자신의 수행적인 경험과 발전은 오직 마음으로 해야 하는 것이지 말이나 행동으로 하는 것이 아니므로, 수행하는 모습을 겉으로 드러내지 말고 아무도 모르게 하면서 지내야 한다. 인도의 대논사 '빤덴다와닥빠〔월칭月稱〕'도 평범한 분으로밖에 보이지 않았지만 안으로는 소의 그림에서 우유를 짤 수 있을 정도로 큰 도인이었으며, '샨티데바〔적천寂天〕'나 '람충빠' 같은 분들 역시 겉으로 수행의 정도를 드러내지 않았다. '까담'의 스승들 역시 계속해서 수행만 하셨을 뿐이다. 높은 명예나 이름이 알려지는 것에 초연했던 그분들의 행동을 본받아야 한다.

만약 우리가 갖고 있는 보석이나 여의주를 남들에게 자랑하려고 보여준다면 소문이 퍼져서 장애가 많아지고 무척 위험해진다. 보통의 세간 사람들처럼 이번 생에만 집착하여 수행하면 이런 외형적인 모습에 빠지기가 쉽다. 그렇게 하지 말고, '까담'의 스승들이 자신의 좋은 자질을 숨기고 수행하신 것과 같이 우리도 겉으로 드러내지 않고 '로종' 수행을 해야 한다.

⑤ 다른 사람의 결점을 말하지 말아야 한다

특히 장애인들에게 그들이 가진 결점 등을 말하지 말아야 한다. 우리는 남의 허물을 들추어내거나 비난하기를 좋아하는데, 그렇게 하지 말아야 한다. 만약 우리가 자신은 높이고 다른 사람들을 비난하거나 놀리는 등 업신여기려는 의도로 말을 한다면, 이는 수행이 무엇인지 몰라서 행한 허물이다.

⑥ 남의 결점이나 허물을 살피지 말고 자기 허물만 살펴야 한다

다른 사람의 허물이나 결점이 드러나기를 기다리거나 지켜

보아서는 안 된다. 그렇지 않으면 친구나 같이 사는 주변 사람들의 허물이나 약점만 찾게 되며, 결국 아무런 허물도 없는 부처님의 허물조차 보게 될 것이다. 그러다 보면 자기도 모르게 남을 무시하거나 욕하고 그의 허물만 보게 되는 사견이 생기므로 이런 행동을 하지 말아야 한다.

그보다는 오직 자신의 허물만을 살피면서, 마치 위태로운 절벽을 따라 아슬아슬하게 걸어갈 때에 주변에서 무슨 일이 일어나도 주의를 기울이지 않는 것처럼, 눈길을 자기 쪽으로 돌려서 자기 자신이 넘어지지 않도록 해야 한다.

⑦ 번뇌 가운데 가장 강한 것부터 먼저 닦아야 한다

누구나 크고 작은 수많은 번뇌를 가지고 있는데, 그 번뇌의 종류와 강도는 각자 조금씩 다르다. 주된 번뇌로는 탐욕, 성냄, 어리석음, 교만, 의심 등을 들 수 있다. 자신의 내면을 들여다보아서 어떤 번뇌가 가장 강한지를 가려내고 치료제로 그것부터 먼저 닦아야 한다.

예를 들어 탐심이 강하면 부정관을 치료제로 삼는 등 앞에서 설명한 것들을 참고하여 닦아야 한다.

⑧ 보상을 바라지 말아야 한다

우리가 한 가지를 수행하더라도 대가를 바라거나 좋은 과보를 바라지 말아야 한다. 보리심을 키우려고 수행하는 것은 모든 중생을 이롭게 하기 위함이지 보상을 받기 위함이 아니다. 그와 같이 바라는 마음으로 수행한다면 이는 불순한 수행이 될 뿐이다. 다만 모든 이들의 행복을 위해 수행을 진지하게 하는 데 의미를 두어야 한다.

⑨ 독이 있는 음식은 버려야 한다

이기심의 독이 섞여 있는 수행의 음식을 먹지 말아야 한다. 이처럼 번뇌가 생겼을 때 치료제를 사용하지 않은 채로 수행하지 말아야 한다. 수행할 때 자기에게 집착하는 어리석음의 독과 자기만을 위하는 어리석음의 독이 스며있지 않은지를 분명히 알아차려야 한다. 아집이라는 독이 수행에 스며들어 있으면 즉시 무아(無我)를 치료제로 써야 하며, 이기심이라는 독이 스며들어 있으면 이타심과 보리심을 치료제로 써야 한다.

⑩ 고통을 다정하게 섬기지 말아야 한다

다른 사람들이 나를 괴롭히더라도 그 고통을 당할 필요는 없다. 그렇다고 해서 상대방에게 보복하라는 뜻은 아니다. 예를 들어 어떤 사람이 자기에게 "개새끼!"라고 욕을 한다고 해서 그에게 "도둑놈!"이라고 하며 맞받아치거나, 누군가에게 한 대 맞았다고 해서 그 보복으로 두 대를 때리는 등의 행동을 하지 말아야 한다. 이처럼 자신에 대해서는 다정한 태도를 결코 취하지 말 것이며, 반면 다른 사람들에게는 부드럽게 대해야 한다.

⑪ 심술궂은 농담에 냉정해야 한다

누군가가 놀리거나 모욕을 줄 때 거기에 맞받아쳐서 비꼬거나 욕을 해서는 안 되며 인욕으로 받아들여야 한다.

⑫ 앙심을 품고 벼르지 말아야 한다

다른 사람에게 복수하기 위해 길목에 숨어서 해칠 기회를 노리는 등의 행동을 하지 말아야 한다. 세속의 어리석은 이들은 속으로 적개심을 품고 있지만, 입가에 미소를 띠며 가식적으로 웃는 것을 좋게 생각하기도 한다. 이 같은 세속의 일들은 수행과는 거리가 멀기 때문에 이런 상황을 만났을 때 오히려 자신을 더 잘 살펴야 한다.

⑬ 남의 약점을 찌르지 말아야 한다

다른 사람의 큰 허물을 알게 되었을 때 남들 앞에서 비난하지 말아야 한다. 우리는 모질고 가시 돋친 말로 남의 가장 아픈 약점을 찔러서 피해를 주는 일이 자주 있다. 이처럼 고의로 독한 말을 하거나 저주하는 주술로 인간이나 인간이 아닌 다른 존재를 해치려고 하지 말아야 한다.

⑭ '조'의 짐을 황소에게 지우지 말아야 한다

자기가 저지른 일을 다른 사람에게 덮어씌우지 말아야 한다. 티벳의 야크와 일반 암소 사이에서 태어난 '조'는 기운이 세어서 밭을 갈거나 무거운 짐을 먼 곳으로 나르는 등의 힘든 일에 쓰임새가 많다. 그러므로 만약 여느 황소에게 '조'가 질 수 있는 짐을 지우면 견뎌내지 못한다.

이와 마찬가지로 조금 바보스럽고 남의 악의를 잘 알아차리지 못하는 사람들에게 너무 힘든 일을 떠맡기거나, 자기가 저지른 일을 덮어씌우는 따위의 나쁜 짓을 해서는 안 된다. 이러한 행동으로 일시적으로는 힘을 덜 수도 있겠지만, 언젠가는 반드시 그 짐이 더 커져서 본인에게 돌아오게 됨을 알아야 한다. 인과의 법칙은 어긋나는 경우가 없기 때문이다.

⑮ '로종' 수행을 헛된 곳에 쓰지 말아야 한다

'로종' 수행은 이기심을 없애기 위해서 하는 것이지, 다른 귀신 등의 해침을 막거나 공양을 받거나 명예 등을 얻기 위해서 하는 것이 아니다.

⑯ 남보다 공(功)을 먼저 차지하려고 들지 말아야 한다

누군가와 어떤 일을 같이 할 때 처음에는 비슷한 힘으로 어울려서 일하다가 마지막에 안간힘을 다해 혼자 이익을 모두 다 차지해 버리는 것과 같은 행동을 하지 말아야 한다. 그런 짓은 아무리 훌륭한 업적을 쌓더라도 이기심의 발로일 뿐이다.

어떤 경쟁에서 결국 자신이 승리하게 될 것을 뻔히 알면서도 처음에 교활하게 뒤로 처져서 상대방이 방심하게 하는 것과 같은 짓을 하지 말아야 한다. 또 공동 소유의 물건을 사사로이 손에 넣으려 하거나 제일 먼저 얻었으면 하는 마음도 내지 말아야 한다.

⑰ 선신을 잡신으로 낮추지 말아야 한다

남의 눈에는 보리심을 가꾸고 있는 것처럼 보이게 하면서 속으로는 허전함과 괴로움만 더하고 있다면, 이는 바로 선신(善神)을 잡신(雜神)의 수준으로 낮추는 꼴이 된다. 예를 들어 겉으로는 올바르게 수행하고 있는 것처럼 보여도 안으로는 자신이 성취한 일에 대해 자만심을 키우고 있다면, 이는 스스로 타락의 길을 걷고 있을 뿐이다. 이처럼 '로종' 수행이 이기심의 치료제가 되지 못하고 오히려 이기심을 키우는 꼴이 되는 것처럼, 선신을 잡신으로 낮추지 말아야 한다.

⑱ 행복을 차지하려고 남에게 슬픔을 주지 말아야 한다

자신의 행복을 위해서 자기가 싫어하는 사람이 잘못되었으면 하는 마음이나, 빨리 죽었으면 하는 등의 마음을 내지 말아야 한다. 이는 불행 속에서 행복을 추구하는 것이다. 그와 같은 모든 그릇된 태도는 그저 자기를 위하는 이기심만 키우게 될 뿐 수행에는 전혀 도움이 될 수 없음을 명심해야 한다.

이와 같은 열여덟 가지가 '로종〔마음 바꾸기〕'의 서언이자 곧 지켜야 할 바이다.

(7) 마음 닦는 수행의 학처(學處)

"모든 수행은 오직 '로종' 수행만을 위해 행해야 한다. 오직 '로종' 수행만으로 모든 역연을 정복해야 한다. 처음과 마지막에 두 가지를 행해야 한다. 수행은 쉬운 것부터 배워야 한다. 좋고 나쁜 모든 상황을 견뎌내야 한다. 목숨을 다해 이 두 가지를 지켜내야 한다. 세 가지 면에서 다스리기 어려운 번뇌를 정복해야 한다. 모두 대승의 '로종' 수행으로 바꾸어야 한다. 세 가지 주된 원인을 실천해야 한다. 먼저 거친 것부터 닦아야 한다. 보리심의 큰 뜻을 위해 닦아야 한다. 쇠퇴하지 말아야 할 세 가지를 닦아야 한다. 떨어짐 없는 세 가지를 갖추어야 한다. 장애를 대치(對治)로 삼아 닦아야 한다. 누구에게도 치우치지 않는 평등심을 닦아야 한다. 모든 대상과 행동에 진심을 다해 '로종'을 닦아야 한다. '로종' 수행을 하기 어려운 대상들에게 늘 마음을 닦아야 한다. 외적인 조건에 따라 '로종' 수행을 버리지 말아야 한다. 지금은 가장 중요한 수행에 힘써야 할 때이다. 앞으로도 늘 보리심의 갑옷은 입어야 한다. 여섯 가지 뒤바뀐 행을 하지 말아야 한다. 하다 말다 하지 말아야 한다. 끝까지 온 힘을 다해 닦아야 한다. 항상 살피고 따져서 번뇌에서 벗어나야 한다. 자신의 공(功)을 내세우지 말아야 한다. 사소한 이유로 쉽게 화내지 말아야 한다. 봄철 날씨처럼 변덕을 부리지 말아야 한다. 보답과 명예를 바라지 말아야 한다."라고 하신 바와 같이, '로종' 수행을 할 때 배워야 할 스물두 가지 학처에 대해 설명하고자 한다.

① 배운 내용 모두를 하나로 귀결시켜야 한다

먹고, 말하고, 잠자며, 걷는 일상의 모든 행위를 헛되이 하지 말아야 한다. 모든 행위를 하나의 행위, 즉 보리심을 가꾸는 행위가 되도록 해야 한다. 다양한 선행을 하지 않더라도 일상생활의 모든 순간을 '자타 바꾸기'의 마음 하나로 묶는다. 자신의 몸을 중생에게 바쳤으므로 중생의 일을 하기 위해서 이 몸을 키우겠다는 마음을 가져야 하며, 다른 행동도 모두 그와 같이 해야 한다. 기도나 수행도 당연히 그러한 마음으로 해야 한다.

② 모든 장애를 하나로 묶어서 조복시켜야 한다

수행하다 보면, 사람과 사람 아닌 것들의 장애를 견뎌야 하는 상황에 부딪히게 된다. 그럴 때 보복을 생각할 것이 아니라 더 높은 뜻을 가져야 한다. 우리를 괴롭히는 그들에게 오직 따뜻한 사랑을 돌려주어야 한다.

마음이 몹시 산란하고 괴로울 때는 수행을 하기 전에 멋대로 방일하면서 살았던 것을 기억하여 그로 인해 윤회의 고통에서 벗어나지 못하고 있음을 떠올려야 하며, 그 흐름을 멈추도록 바로 지금 정복해야 한다. 의사가 약으로 고칠 수 없는 환자에게는 사혈을 하고 뜸을 뜨는 것처럼, 모든 병과 번뇌의 치료제인 '자타 바꾸기'를 통해 이기심을 이타심으로 바꾸는 것만으로도 모든 문제를 해결할 수 있다.

③ 처음과 마지막에 해야 할 일이 있다

마음동기와 회향은 모든 수행의 시작과 끝이다. 아침에 일어날 때 모든 행을 가장 높은 보리심을 키우는 데 집중하겠다는 강한 마음동기를 가져야 한다. 하루가 끝날 때는 그날 한 모든 행을 돌이켜 생각해 보고 잘못된 점이 있으면 반드시 참회하도록 해야 한다. 낮 동안은 용맹심을 가지고 시간을 보내고 있는지 아닌지를 스스로 살피는 것이 중요하다.

④ 좋은 일이든 나쁜 일이든 모든 상황을 이겨내야 한다

행복하거나 고통이 따르거나 무슨 일이 생기더라도 '로종'의 실천만은 버리지 말아야 한다. 어떤 사람들은 재산이나 명예 등을 조금 얻으면 좋아서 수행을 버리기도 한다. 또 어떤 이들은 원수에게 해침을 당해 그 고통으로 수행을 하지 못하기도 한다. 하지만 어떤 경우에도 '마음 바꾸기' 수행만은 포기하지 말아야 한다.

⑤ 수지한 계율과 '로종'의 서언을 목숨처럼 지켜야 한다

대승의 길을 따르는 이라면 반드시 계율과 '로종'이 두 가지를 자신의 목숨보다 더 소중하게 지켜야 한다. 목숨과 가르침 가운데 어느 하나를 택해야 하는 상황이 닥치면 법을 버리기보다는 서슴없이 목숨을 버릴 수 있어야 한다. 비록 찰나에 목숨을 잃게 된다고 할지라도 보리심을 죽이는 어리석은 짓은 하지 말아야 한다. 이는 목숨을 버리는 것보다 훨씬 나쁜 일이다.

⑥ 세 가지 어려움을 이겨내는 수행을 해야 한다

번뇌를 알아차리기 어려움과 치료제를 사용하기 어려움, 번뇌의 상속을 끊기 어려움, 이 세 가지를 잘 알아서 배워야 한다.

⑦ 세 가지 주된 원인을 지어야 한다

내부적으로 믿음·지혜·정진 등을 마음으로부터 실천할 수 있고, 외부적으로 좋은 스승을 찾고, 수행이 가능하도록 의식주를 적당히 갖추는 이 세 가지 원인을 짓기 위해 발원하고 기도해야 한다.

⑧ 세 가지 흔들림 없는 태도에 대해 기억해야 한다

스승을 존경하며 항상 흔들림 없는 헌신의 마음을 지녀야 한다. '로종' 수행에 흔들림 없는 기쁨과 행복을 느껴야 한다. 그리고 정지(正知)[47]로 이 모든 '로종' 수행의 학처를 지키며, 가장 작은 벌레에 이르기까지 모든 유정중생을 돕겠다는 서원을 흔들림 없이 지녀야 한다.

⑨ 세 가지 갈라놓을 수 없는 것을 지녀야 한다

신·구·의를 그냥 가만히 두지 말고, 항상 선행을 하는 쪽으로 유도해야 한다. 절하거나 탑돌이 하는 것뿐만 아니라 척추

---

[47] 심소 중 하나로 자신의 몸과 마음을 쉼 없이 살펴 관찰하는 것을 말한다.

를 곧게 펴서 자세를 바르게 하는 것 등도 몸으로 쌓는 선행이다.

⑩ 모든 사물에 대하여 결코 치우침 없는 마음으로 대해야 한다

'로종'의 대상을 친한 이와 원수로 분별하거나, 중생과 부처로 나누어서 차별하지 않고 마음을 바르게 닦아야 한다. 특히 인내심 등이 생기기 어려운 원수나 스승·부모·친구 등을 따로 나누어 관상의 대상으로 삼아 마음을 닦아야 한다.

⑪ 모든 방편을 깊고 넓게 쓰도록 힘써야 한다

보리심을 일으키기 위해서 우리가 배우는 모든 가르침을 모든 중생과 모든 현상에 전부 적용해야 한다. 육도의 모든 중생이 따뜻한 자비와 친절의 대상이 되어야 하며, 우리의 감각을 통해 받아들이는 어떠한 경험도 모두 그대로 '로종'의 과정이 되도록 해야 한다. 그처럼 삶의 모든 상황을 슬기롭게 전환할 수 있다면, 수행의 핵심을 강화시켜 나갈 수 있는 지속적인 기회를 제공하는 무수한 실례들을 일상생활 속에서 찾을 수 있다.

⑫ 항상 가까운 관계에 있는 사람들에 대해서 관상해야 한다

함께 공부하는 친구나 부모 형제 등 가까운 관계에 있는 사람들과 우리에게 사랑과 친절을 많이 베풀어주는 사람들에 대해서 마음에 걸림이 생기는 것을 특히 주의 깊게 살펴야 한다. 가까운 사람일수록 미움과 경멸의 감정이 생기기 쉬운데, 관계가 먼 사람들에 대해 느끼는 감정보다 훨씬 더 극단적인 결과를 낳게 된다.

또한 우리와 동등하거나 경쟁하는 사람, 비난과 모욕 등으로 부당하게 해를 입히는 사람들에 대해서도 마음 다스리기에 각별히 힘써야 한다. 나아가 이유 없이 싫은 감정이 드는 사람을 대하는 마음의 움직임에 대해서도 비록 직접 접촉하는 일이 없더라도 항상 주의 깊게 살펴야 한다.

⑬ 환경에 연연하지 말아야 한다

먹을 것과 입는 것 등 조건이 다 갖추어지면 그때 수행하겠다고 하는 생각을 버리고, 비록 다 갖추지 못하더라도 그것에 연연하지 말고 수행해야 한다. 그렇지 않으면 먹을 것이나 입는 것이 풍부할 때는 수행자처럼 보이지만, 조금 아프거나 좋지 않은 일이 생기면 보통 사람들이나 다름없게 된다. 그와 같이 되지 않도록 노력해야 한다.

⑭ 바로 지금 온 힘을 다 쏟아야 한다

수행하기 좋은 조건들을 모두 다 갖추기란 지극히 어렵다. 대수롭지 않은 세속의 일에도 자기한테 좋은 기회가 오면 놓치지 않으려고 안간힘을 다 쓰듯이, 지금 이 정도로 수행할 수 있는 조건을 갖추고 있는 때를 슬기롭게 활용하지 못하고 놓쳐서는 안 된다.

⑮ 뒤바뀐 행을 하지 말아야 한다

이번 생만을 위해서 수행하지 말아야 하며, 이번 생보다는 다음 생을 위해서, 세속적인 일보다는 부처님의 법을 수행하기 위해서, 다른 여러 가지 수행보다는 '로종' 수행을 주로 해야 한다. 그렇게 하여 앞뒤가 뒤바뀐 수행을 하지 말아야 한다.

■ **앞뒤가 뒤바뀐 여섯 가지 행**

첫째, 수행하는 데는 참을성이 없어 쉽게 피곤해하고 고행을 참지 못하면서, 오히려 세속적인 일에는 참을성이 있는 것은 앞뒤가 뒤바뀐 인욕이다.

둘째, '듣고 생각하고 닦는 수행〔聞思修〕' 등을 통해 법의 맛을 경험해야 한다. 하지만, 그보다는 세속적인 대화나 장사, 군사 문제 등의 개념을 이해하고 분석할 수 있을 때 세속적인 것의 맛을 경험하게 되는데, 이는 앞뒤가 뒤바뀐 맛의 경험이다.

셋째, 죄인들에 대한 연민을 사유하기보다 고행하는 수행자들을 불쌍하게 여기는 것은 앞뒤가 뒤바뀐 연민이다.

넷째, 청정한 수행을 성취하려는 서원을 세우기보다 세속의 행복이나 권력, 부를 부러워하고 그렇게 되기를 바라는 것은 앞뒤가 뒤바뀐 서원이다.

다섯째, 자기에게 의지하는 주변 사람들을 다음 생에 도움이 되는 수행과 연결시켜주지 않고, 장사하거나 말다툼에서 이기는 법 등 다음 생에 도움이 되지 않는 것을 가르치는 것은 앞뒤가 뒤바뀐 이끎〔引導〕이다.

여섯째, 자타의 공덕이나 남의 행복에 대해 수희하지 않고, 불선업이나 원수의 고통을 보고 기뻐하는 것은 앞뒤가 뒤바뀐 수희이다. 예전에 한 비구는 자신이 경쟁하던 다른 비구가 파계하는 것을 보고 기뻐하였는데, 스승 '뽀또와'께서 이를 듣고 비구계를 파한 죄보다 그것을 기뻐한 죄가 더 무겁다고 말씀하셨다.

⑯ 하다 말다 하지 말아야 한다

어느 때는 우리가 귀한 법을 듣고서 생긴 말뚝 신심으로 몇 날 며칠을 제대로 먹지도 않고 밤낮없이 수행하다가도, 제풀에 금방 지쳐서 진절머리를 내며 다시 수행할 엄두도 내지 않는 그런 어리석은 짓은 하지 말아야 한다. 수행은 마땅히 한결같이 흐르는 강물과 같아야 계속 진보할 수가 있다. 수행을 하다 말다 하는 것은 결코 확고부동한 성취로 이끌어주지 못한다.

⑰ 자신의 능력을 과소평가하지 말아야 한다

자신이 어떤 일을 해낼 능력이 있는지 없는지를 저울질해 보고서, 스스로 능력이 없다고 움츠러드는 짓을 하지 말아야 한다. 오히려 어떤 일이든 이로운 일에는 서슴없이 온 힘을 쏟아야 한다. 수행자는 마치 아무런 두려움이나 망설임 없이 어떠한 임무가 주어져도 과감하게 나서는 용사와 같아야 한다. '로종'을 실천하여 마음속으로 스스로 무능하다고 여기는 모든 미혹을 뿌리 뽑는 것이 중요하다.

⑱ 살피고 따져서 자유로워져야 한다

어떤 감정의 설렘이 얼마나 자주 강하게 일어나는지를 살펴야 하며, 설렘이 일어나게 하는 대상이 무엇인지 분명히 알아내야 한다. 이 두 가지 방법으로 설렘이 이는 것을 스스로 멈출 수 있게 되며, 그것이 바로 자유로워지는 것임을 알아야 한다.

⑲ 허풍 떨지 말아야 한다

수행을 조금밖에 하지 않고도 마치 큰일이나 해낸 것처럼 남에게 자랑하는 것은 수행과는 한참 거리가 먼 일이니 반드시 삼가야 한다.

⑳ 앙갚음하지 말아야 한다

남들이 나를 아무리 해치거나 미워하더라도 앙갚음하지 말고 인내로 닦아야 한다. 마찬가지로 치밀어 오르는 화를 억지로 누르며 장래에 복수하려는 앙심을 품어서 자꾸 남에게 해를 입힐 기회를 엿보지 않도록 해야 한다.

㉑ 변덕 부리지 말아야 한다

마음의 벗에 대해 처음에는 사랑을 느끼다가 별안간 그를 싫어하고 경멸하는 등 봄철 날씨처럼 변덕을 부리지 말아야 한다. 한결같지 못한 마음은 결코 수행에 도움이 되지 못한다.

㉒ 보답과 명예를 바라지 말아야 한다

다른 사람들을 도와줄 때 항상 모든 존재들이 이익과 복을 받을 수 있도록 보답이나 명예를 바라지 않고 순수한 마음으로 행해야 한다. 내가 베푼 것에 대한 감사나 칭찬을 받으려는 생각이나 기대가 거기에 끼어들어서는 안 된다.

이것이 '로종' 수행에서 배워야 할 스물두 가지이다. 이와 같이 행하면 수행을 하는 데 있어 모든 장애가 없어지고, 순조롭게 깨달음의 길로 나아가게 되어 수행을 성취할 수 있게 된다. 이 비법은 '아띠샤' 스승의 스승이신 '쎌링빠'로부터 '까담'의 스승 '체카와'로 그 법맥이 이어진 것이다. 또한 스승 '체카와'께서는 '로종' 수행에 대해 자신감을 얻고 다음과 같이 말씀하셨다.

"과거에 지었던 선연과
자신의 큰 믿음으로
고통과 비난에 무심하여
아집을 다스리는 법을 배우고 닦았으니
이제는 죽어도 후회가 없네."

2.2. 보리심을 수계의식으로 지니는 방법

보리심을 수계의식으로 지니는 방법은 '쫑카빠' 대사의 『보리도차제광론』을 참조하여 자세히 알아야 한다. 여기서 간략하게 설명하면, 처음에 아직 받지 못한 보살계를 받는 방법과 보살계를 받은 후 쇠퇴하지 않게 지키는 방법 두 가지가 있다.

보리심을 수계의식으로 지니는 것은 보리심에 대해 배워서 어느 정도 경험한 후 수계의식을 통해 보리심을 지니면 보살계를 얻을 수 있지만, 보리심에 대해 알지도 못하고 아무런 경험도 없으면 수계의식을 하는 장소에 가서 수계 발원문을 함께 따라 읽는다고 해서 보살계를 얻을 수 있는 것이 아니다. 하지만 보리심에 대한 경험이 없어도 수계의식에 참석하고 발원하는 것만으로도 보리심과 선한 인연을 맺을 수 있기에, 수계의식을 통해서 보살계를 받는 것은 아주 중요하다.

귀의심과 보리심 일으키기

저는 이 순간부터 완전한 깨달음 얻을 때까지
거룩한 불·법·승 삼보에 귀의합니다.
제가 보시 등을 행한 공덕으로
모든 중생 위해 완전한 깨달음을 얻게 하소서.

귀의계 수계 발원문

스승이신 아사리께서는 저를 보아주소서.
저 ○○○라고 부르는 사람은
지금 이 순간부터 목숨이 다할 때까지
양족존(兩足尊) 부처님께 귀의합니다.
이욕존(離欲尊) 부처님의 가르침에 귀의합니다.
중중존(衆中尊) 승가 대중에 귀의합니다.
제가 완전한 깨달음 얻을 때까지
거룩한 불법승 삼보에 귀의한 불제자로
스승께서는 받아주소서.

보살계 수계 발원문

스승이신 불보살들께서는 저를 보아주소서.
과거 부처님들께서 보리심을 일으켜
보살행을 차제대로 실천하셨듯이
저 또한 중생들을 위해 보리심을 일으켜
보살의 육바라밀행을 차제대로 실천하겠나이다.
보배로운 최상의 보리심 생기지 않은 것들 생기게 되고
생긴 것 줄어들지 않고 더욱더 늘어나게 하소서.
허공이 남아있는 한 중생이 남아있는 한

저 또한 머물러 중생의 고통을 없애게 하소서.
지수화풍 등 사대와 허공과 같이
늘 모든 중생의 삶에 바탕이 되게 하소서.
흙과 물, 불과 바람, 약과 숲의 나무와 같이
항상 모든 중생이 원하는 대로 쓰게 하소서.
지금 저는 보살계를 얻어 사람의 몸이 의미 있게 되고
부처의 종성으로 태어나 부처님의 아들이 되었네.
이제 저는 무슨 일이 있더라도 부처님의 말씀대로
보리심에 어긋나지 않게 행하겠나이다.

까담 스승 '랑리탕빠'의 『마음 다스리는 여덟 가지 게송』

최상의 뜻 이루려는 마음으로
내가 일체중생을 여의주보다 더 늘 소중히 여기게 하소서.
어디서 누구와 만나든지 나 자신 누구보다 낮추고
마음속 깊이 남을 가장 귀하게 여기게 하소서.
모든 행에 자신의 마음을 살피고 번뇌 일어난 즉시
나와 남 해치기에 단호히 제거하게 하소서.
버림받고 불쌍한 중생들 죄와 고통이 크게 누르는 것 볼 때
귀한 보석의 원천 찾아낸 것처럼 소중히 여기게 하소서.
남이 나를 질투하여 헐뜯고 모함하여도
부당한 패배는 내가 받고 승리는 남에게 바치게 하소서.
내가 도와주었기에 크게 기대했던 그가 매우 나쁜 해 끼쳐도
바른 스승으로 보게 하소서.
직·간접의 이익과 즐거움 모든 어머니에게 바치고
어머니의 허물과 고통 모두 은밀히 내가 받게 하소서.
또한 앞의 모든 수행이 번뇌인 세속팔풍에 물들지 않고

모든 법 신기루로 아는 마음으로 집착 없이 속박에서 벗어나게 하소서.

이제 이와 같은 수계의식을 통해 귀의계와 보살계를 받고 난 뒤 최대한 남을 해치는 모든 행을 하지 않고, 자신이 할 수 있는 만큼 최선을 다해 남을 도와서 베푸는 삶을 살 수 있도록 노력해야 한다. 어디에서 무엇을 하든지 자신의 마음 상태가 어떠한지 항상 기억하고 알아차려 이타행을 하는 것이 보리심이다. 보리심을 일으키는 방법에는 평등심을 바탕으로 지모(知母), 염은(念恩), 보은(報恩), 자심(慈心), 비심(悲心), 수승한 결심, 보리심 등의 일곱 가지 인과법으로 보리심을 닦는 방법과 평등하게 자기와 타인을 바꾸어 보리심을 닦는 방법 두 가지가 있으며, 자비심과 이타심, 보리심은 같은 의미로 볼 수 있다.

보리심을 일으키면 생기는 이득, 보리심을 일으키는 방법, 보리심을 일으키고 보살의 육바라밀행을 실천하기 등에 대해 문사수로 배우고 실천하여, 귀의와 보리심을 우리 삶의 등불로 삼아 관세음보살님과 달라이라마 존자님처럼 모든 중생을 이롭게 하는 의미 있는 삶을 영위해 나가야 한다.

『중론』의 견해와 밀교의 두 차제 등 현밀의 모든 법을 실천하기 쉽도록 체계화한 『보리도차제광론』, 『비밀도차제광론』 등 많은 저술을 남기신 **쫑카빠 대사**

3. 보리심을 일으키고 보살행을 닦는 방법

　예를 들면 다른 나라로 여행을 떠날 준비를 하였더라도 직접 출발해서 가지 않으면 그곳에 도착할 수 없는 것처럼, 보리심을 일으키고 나서도 보살행을 하지 않으면 부처의 경지에 이를 수 없다. 그러므로 보살행을 실천하는 방법을 배워야 한다.
　부처의 색신(色身)과 법신(法身)을 이루기 위해서는 복덕 자량과 지덕 자량을 함께 닦아야 한다. 이는 방편인 보리심과 공성을 깨닫는 지혜를 늘 함께 닦아야 함을 말한다. 보살의 모든 행은 방편과 지혜 두 가지에 다 포함된다. 방편은 육바라밀 중에서 보시·지계·인욕·정진·선정바라밀을 말하며, 지혜는 육바라밀 중 마지막인 지혜바라밀을 말한다.
　보리심을 일으키고 보살행을 닦는 방법에는 자기 마음을 익히기 위해서 육바라밀을 닦는 법, 다른 사람을 이끌기 위해 사섭법(四攝法)을 행하는 법, 금강승(金剛乘)[48]을 배우는 방법, 이 세 가지가 있다.

---

48) 금강처럼 견고한 최상의 가르침이란 뜻으로 소승과 대승에 견주어 금강승(金剛乘)이라고 하며, 현교를 인승(因乘)이라고 하는데 비해 과승(果乘) 또는 밀승(密乘)이라고도 한다.

3.1. 육바라밀을 닦는 법

1) 보시바라밀

자신의 몸, 자기가 가진 모든 재물과 선한 공덕까지도 베푸는 마음이 보시의 실제이다. 이는 재시(財施), 법시(法施), 무외시(無畏施) 이 세 가지로 설명한다.

(1) 물질적인 것을 공양 올리는 재시(財施)

가장 소중한 자기 목숨을 주는 것에서부터 아주 적은 물 한 모금을 주는 것까지를 말한다. 우리가 전생에 인드라 같은 신이나 전륜성왕으로 태어났을 때 비록 부유했지만 보시를 실천하지 않음으로써 의미 있고 핵심적인 어떤 일도 이루지 못해 지금 이런 상태로 머물러 있다고 생각해야 한다.

그러므로 이번 생에 보답이나 과보를 전혀 바라지 않고 보시해야 한다. 가난한 이들과 작은 개미들에게조차 비록 한입에 넣을 정도로 작은 먹을 것이라도 보리심으로 보시하는 것이 보시바라밀의 실천이며, 그것이 바로 보살행이다. 보시의 과보가 줄어들지 않게 하기 위해서는 보시할 대상을 만족시켜야 한다. 우리는 삼보에 큰 공양을 올리더라도 상을 내어서 하기 때문에 일을 그르치곤 하는데, 이는 청정하지 못한 보시이다.

보시하고 나서도 '내가 너무 많이 주는 것은 아닌가?'라고 하거나 '보시할 대상이 틀렸다. 내가 잘못 준 것 같다.'라고 생각하는 등으로 후회하지 말아야 한다. 공양을 올리거나 보시를 행하는 시작과 마무리에 모든 중생을 위해서라는 마음동기를 잘 일으키고, 간절하게 발원하며, 어떤 크고 작은 보시를 하거나 봉사를 하더라도 보답을 바라지 말아야 한다.

(2) 법과 관련된 것들을 공양 올리는 법시(法施)

법을 들으려고 하는 사람에게 법 한 구절을 좋은 마음으로 틀리지 않게 설해주는 것도 법 보시이다. 법시라고 해서 반드시 법좌에 앉아서 설법하는 것만 말하는 것이 아니다. 일반적인 대화중에도 직·간접적으로 남을 불법으로 이끌기 위해서 법에 관해 말하는 것 또한 법 보시에 해당한다.

이 보시는 다른 어떤 보시보다도 으뜸이 된다. 경전을 암송하거나 배울 때도 주변의 신들과 일체중생이 함께 듣고 있다는 생각으로 법을 보시한다. 그때 법의 소리를 들은 작은 벌레의 마음에도 훈습이 생기게 되는 것은 물론이다.

그렇지 않고 염불이나 수행할 때 겉으로 남들에게 잘 보이기 위해서 하거나 그 대가로 오로지 보상만 받으려고 하는 것이 아닌지를 살피고 조심해야 한다. 왜냐하면 이는 은혜로운 석가모니 부처님께서 한 생에 깨달을 수 있는 방편으로 밀교 등과 같이 귀한 법을 설해주셨는데, 이를 우리가 직업처럼 여기고 법을 물건처럼 파는 행위가 되기 때문이다. 이는 왕을 용상에서 내려오게 하여 청소 등의 잡일을 시키는 것과 같게 되니, 법을 보시할 때는 좋은 마음동기로 행해야 한다.

법을 설하는 것은 물론이고 대화를 나눌 때도 수행담을 통해 법을 수행할 수 있도록 이끈다면 이 또한 법시에 해당한다. 출가자들은 주로 법시(法施)를 행하면서 그와 더불어 자신에게 청정한 재물이 생기면 재시(財施)도 행해야 한다. 그렇지만 '까담'의 스승 '싸라와'께서는 출가자들에게 "내가 당신들에게 보시의 공덕에 관해 말하지 않겠다. 재물을 베풀지 않고 탐착해서 생기는 허물에 관해서 말하겠다."라고 하셨다.

(3) 두려움 없는 상태로 만들어주는 무외시(無畏施)

감옥에서 고통받고 있는 중생을 풀어주는 것과 물에 빠진 중생을 건져주는 것 등을 말한다. 여름이나 겨울에 벌레들을 더위와 추위에서 구제해 주는 것도 무외시(無畏施)에 해당한다.

무외시가 멀리 있다고 생각하지 말아야 한다. 자기 몸에 붙어 기생하는 이 같은 작은 벌레에게도 이를 행할 수 있다. 물에 빠진 벌레들을 보고서 손가락을 조금 움직여 건져내는 것만으로도 무외시를 행할 수 있다. '로종' 수행에서 내가 남에게 주는 것을 관상하는 것도 보시에 해당한다.

보시바라밀을 닦는 것에 대해 『입보살행론』에서 "만약 모든 중생이 가난에서 벗어났을 때라야 보시바라밀을 완성한 것이라고 한다면, 아직도 가난한 사람이 많이 남아있으니 어찌 과거의 부처님들께서 보시바라밀을 완성하셨다고 할 수 있겠는가."라고 했듯이 중생들을 가난에서 벗어나게 한 것만을 가리켜 보시바라밀이라고 하지 않는다. 성문·연각의 아라한들도 인색한 마음을 갖고 있지 않지만, 그것을 가리켜 보시바라밀을 완성했다고 할 수는 없다.

또한 "모든 물질에 대한 집착을 버리고 일체중생에게 보시하는 마음, 이를 보시바라밀이라고 이르니 오직 그와 같은 마음이어야 하네."라고 『입보살행론』에도 나오듯 보시행의 이득과 손실을 살펴서 자신의 몸과 재물, 선근과 인색함 없이 마음으로 보시한 공덕까지도 남에게 베푸는 것이야말로 완전히 익숙해진 보시바라밀이라고 할 수 있다.

마음으로부터 항상 베푸는 것을 관상하는 것도 중요하다.

출가자들은 어떤 가난한 사람이 가사를 달라고 해도 당장 줄 수 있는 마음자세가 되어 있어야 한다. 이 또한 경험하고 마음에 익숙해지는 데 달려있으므로, 아주 작은 것부터 차례대로 닦아야 한다. 나중에 자기 몸도 선뜻 내어줄 수 있는 경지에 이를 때까지 베푸는 마음을 계속 키우는 것이 중요하다.

그러한 마음을 키우는 방법은 우리가 죽으면 가지고 있던 것들을 하나도 가져갈 수 없음을 생각하고, 몸조차도 버리고 가야 하는 무상에 대해 사유하는 것이다. 마음속 깊이 다른 사람에게 베풀어주는 것을 관상한다면 집착으로 인해 짓는 업이 작아지고 보시바라밀을 실천하는 것이 된다. 마음에서만 보시하는 것으로 만족하지 말고 반드시 행동으로 실천하도록 하여, 길에서 만난 거지가 달라고 손을 내밀면 조금이라도 베푸는 것이 좋다. 비록 보시할 재물이 없더라도 청정하지 못한 방법으로 구한 것을 보시해서는 안 된다.

일반적으로 육바라밀 중에서 처음 세 가지인 보시, 지계, 인욕은 주로 재가자들이 실천하는 것이라고 부처님께서 말씀하셨다. 하지만 아직 익숙해지지 않은 상태에서는 자기 몸을 보시하지 말아야 한다. 나중에 보시에 완전히 익숙해진 경지에 이르면 『입보살행론』에서 말한 것처럼 몸을 베푸는 것도 채소 한 단을 주듯이 가벼운 마음으로 쉽게 할 수 있게 된다.

또 출가자라면 자기 가사나 법복을 남에게 주어서는 안 되고, 일반 재가자라면 출가자에게 저녁 공양을 올리지 말아야 한다. 오신채 등을 가리는 청정한 수행자에게는 마늘이나 양파 등 고약한 냄새가 나는 것으로 공양을 올리지 말아야 한다. 경전의 허물을 찾아내어 공격하려는 극악한 자에게는 경전을 보시하지 말아야 한다. 죽고 싶어 하는 사람에게 독이나 무기를 보시하지 말아야 한다. 준비가 되어 있지 않은 사람에게 밀교를 설하지 말아야 한다. 불법과 많은 이들을 해치고도 잘못을 뉘우쳐 마음을 바르게 고치려는 생각이 없는 죄인을 감옥에서 풀어주지 말아야 한다.

진심으로 남을 위해 보시한 공덕이 화냄으로써 다 타버리지 않도록 잘 지켜야 하며, 이번 생의 행복만을 바라거나 다음 생에 삼악도에서 벗어나기만을 바라는 등의 좋지 못한 마음동기가 아닌 청정한 마음동기로 보시해야 한다.

2) 지계바라밀

남을 해치는 것으로부터 마음이 정화됨과 그에 익숙해지도록 완벽하게 닦음이 지계바라밀이다. 지계는 섭율의계(攝律儀戒), 섭선법계(攝善法戒), 섭중생계(攝衆生戒), 이 세 가지로 설명한다.

(1) 소극적으로 악을 막아 자신을 이익 되게 하는 섭율의계
    (攝律儀戒)

보살계·별해탈계(別解脫戒)[49]·밀교계 등의 삼종계(三種戒)를 말한다. 보살계를 받으려는 사람은 반드시 별해탈계가 필요하다고 '아띠샤' 스승께서 말씀하신 것은 밀교 수행을 하기 위해서는 비구계를 받은 이가 최고이듯 보살계를 받는 데 있어 별해탈계를 지니는 것이 최고라는 의미이다. 보살계를 받을 때 반

---

[49] 자신이 이 계를 지키면 자기 스스로 해탈할 수 있다는 뜻으로 바라제목차(婆羅提木叉)를 말한다. 우바이·우바새계, 사미·사미니계, 식차마나니계, 비구·비구니계, 팔재계 등 팔종별해탈계가 있다.

드시 별해탈계가 필요한 것은 아니다. 왜냐하면 보살계를 받는 신과 축생인 용이 존재하고, 별해탈계는 사람만 받을 수 있기 때문이다.

별해탈계를 받고 보리심을 닦는 이가 반드시 지켜야 할 공통적인 계율은 섭율의계이다. 별해탈계를 받지 않고 십불선을 막는 십계 또한 섭율의계이다. 보살은 십계나 별해탈계와는 별도로 보살계를 갖추고 있다고 한다.

(2) 적극적으로 모든 선을 행하여 자신을 이롭게 하는 섭선법계(攝善法戒)

보살계를 지닌 이가 특별하고 귀한 대상에게 절을 올리거나 공양 올리고 시봉하거나 기도하는 것 등과 문사수(聞思修)나 설법 등의 신구의로 짓는 모든 선행과 자기와 남의 마음을 닦기 위해서 하는 모든 육바라밀의 행이 이에 해당한다.

보살들의 모든 행은 '세 가지 계〔삼취정계三聚淨戒〕'에 모두 포함된다. 보리도차제의 모든 내용도 이 '세 가지 계'를 더욱 발전시킨 것이다.

(3) 일체중생을 이롭게 하는 섭중생계(攝衆生戒)

보살의 사섭법(四攝法) 등을 말한다. 중생을 도와주는 방법에는 행으로 고통에서 벗어나도록 도와줌, 방편에 무지한 것에서 벗어나도록 도와줌, 이득이 되도록 도와줌, 더럽거나 위험한 곳에서 벗어나도록 도와줌, 근심걱정에서 벗어나도록 도와줌, 가난에서 벗어나도록 도와줌, 장소를 제공해줌, 마음을 맞추어 줌, 바른길로 갈 수 있도록 도와줌, 삿된 수행에 빠지지 않도록 도와줌, 신통으로 도와줌 등 열한 가지가 있다. 그중에서 신통으로 도와주는 방법 외에 나머지 열 가지는 우리 모두가 할 수 있는 일이다. 이타의 마음으로 신구의 삼업을 행하는 것 모두가 이에 해당한다.

따라서 별해탈계를 받지 않아도 열 가지 불선을 막는 십계는 반드시 지켜야 한다. 자신의 마음을 성숙하게 하는 육바라밀을 실천하고, 할 수 있는 최선을 다해 남을 돕는 것은 여기서 말한 섭율의계·섭선법계·섭중생계의 세 가지를 실천하는 방식이다.

3) 인욕바라밀

인욕은 해침이나 고통에 마음이 흔들리지 않는 것을 말한다. 『입보살행론』에서 "중생 간의 해침은 허공과 같아서 그 모두를 절대로 다 막을 수 없으니, 화내는 이 마음 하나만 없앤다면 그 모든 적을 없애는 것과 같다네."라고 하며, 여기에 "그처럼 화내는 마음을 없애지 않으면 안 된다. 화내는 것만큼 무거운 죄도 없고, 인욕처럼 큰 고행도 없다."라고 덧붙였다.

인욕은 내원해인(耐怨害忍), 안수고인(安受苦忍), 무생법인(無生法忍) 이 세 가지로 설명한다.

(1) 원한과 헐뜯음을 알고 참아내는 내원해인(耐怨害忍)

원수 등 다른 사람들이 자신을 해칠 때 그에 대해 화내지 않고 인욕수행을 해야 한다. 그러한 수행을 하기 위해서는 성냄의 과보부터 알아야 한다. 성냄은 불선업 중에서 가장 나쁜 것이어서 한번 화를 내면 천 겁 동안 쌓았던 공덕이 모두 없어지게 된다고 한다. 성냄의 허물을 알아서 우리도 항상 인욕으로 정진해야 한다.

누가 보살인지 알 수 없기 때문에 함부로 화를 내어서는 안 된다. 우리가 그러한 특별한 대상에게 화를 낼 때, 다시 말해 자기보다 큰 공덕을 가진 보살에게 화를 내면 백 겁 동안 쌓았던 공덕이 없어지고, 보살이 아닌 이가 보살에게 화를 내면 천 겁 동안 쌓았던 공덕이 사라진다고 『입중론(入中論)』과 『입보살행론』에도 나와 있다. 그처럼 화내는 죄가 매우 크므로 인욕을 반드시 닦아야 한다.

화가 나기 전에 인욕을 닦아야 하며, 화가 날 때는 이미 늦다. 이런 일을 막기 위해서는 성냄의 허물을 사유하여 인욕수행을 해야 한다. 그러지 않으면 자신을 비롯한 모든 사람을 고통에 빠뜨려 불행하게 만들게 된다. 심지어 성냄은 자기 자신의 목숨조차 스스로 끊어 버리는 자살로 몰고 갈 수도 있으며, 원수가 많이 생기는 것 역시 성냄 때문이다.

'이 모든 것이 사실일 수도 있지만, 우리가 화를 낼 대상이 이다지도 많은데 과연 인욕을 할 수 있을까?'라는 생각이 들 수도 있다. 『입보살행론』에서 "가시로 덮인 대지를 가죽으로 덮으려 하는데, 그 많은 가죽이 어디에 있겠는가! 신발 바닥만큼의 가죽으로도 모든 대지를 덮은 것과 같다."라고 나와 있듯이 원수를 모두 물리쳐 없애려고 해도 중생은 끝이 없기에 그것은 불가능하다. 그보다는 원수인 화내는 마음 하나만 없애면 모든 원수를 없애는 것과 마찬가지가 된다.

인욕의 실체와 종류, 성냄의 허물 등에 대해 바르게 알아야 한다. 옛날에 어떤 제자가 화가 나서 도둑을 마구 때리고 있었는데, 스승이 말려도 멈추지 않자 제자의 코에 손가락을 대고 "인욕! 인욕!"이라고 외쳤다. 그때서야 제자는 잊어버린 인욕을 다시 기억하게 되었다. 화를 내는 엄청난 죄를 이미 저지른 후에 인욕수행을 해보아야 무슨 소용이 있겠는가?

처음에는 어렵지만 인욕의 마음을 닦아 익숙해지면 인욕수행이 쉬워진다. 자신을 해치는 상대방에게 화를 낼 필요가 없는 이유에 대해 다음과 같이 살펴보면 알 수 있다. 어떤 사람이 몽둥이로 자신의 머리를 때린다고 가정해보자. '실제로 아프게 하는 몽둥이에 화를 내야 하지만, 그 몽둥이도 사람이 쥐고 때렸으니 어쩔 수 없는 일이다. 또 그 사람도 번뇌로 때리게 된 것이니 그 번뇌에 화를 내야지 번뇌를 가진 사람에게 화를 내어서 무엇 하랴?'라고 사유해야 한다. 직접 맞은 몽둥이와 그 번뇌에 화낼 수 없다면, 그 중간에 있는 사람에게 무슨 잘못이 있어서 화를 내겠는가? 그렇게 몽둥이로 맞게 된 가장 직접적인 원인은 자신에게 있다고 알아야 한다. 과거 전생에 그 사람을 해쳤던 업의 과보를 지금 자신이 받게 된 것이므로, 이는 당연한 일이지 화낼 일이 아니다.

그뿐만 아니라 우리가 '로종'을 공부할 때와 같이 생각해야 한다. 환자가 미쳐서 의사를 때리거나 아들이 미쳐서 아버지를 때릴 수 있지만 의사와 아버지가 화를 내지 않고 그들의 광기를 치료하기 위해 노력하듯이, 우리를 해치는 원수들도 번뇌에 사로잡혀서 어쩔 수 없이 그렇게 하는 것이니, 그 사람에게 화내지 말고 그가 번뇌를 없앨 수 있도록 도와주어야 한다.

한편 불에 손을 데는 것도 자기가 손으로 불을 만졌기 때문이니, 불이 자신을 화나게 하는 것이 아니라 자기가 잘못해서 당한 것뿐이다. 불이 원래 뜨거운 성질이 있는 것처럼, 그 사람이 원래 화를 잘 내는 성격이라면 화를 낸다고 해서 같이 화낼 필요 없이 그를 피해야 한다. 다른 사람이 나를 욕하거나 때릴 때 기분이 나빠져서 마음에 고통을 받더라도 복수하지 않고, 삼악도에 떨어질 원인을 만들지 말아야겠다고 생각해서 화내는 마음의 치료제인 인욕수행을 해야 한다.

예전에 '아띠샤' 스승 곁을 '아상가'라는 왕의 어릿광대가 늘 따라다녔는데, 그는 버릇이 나빠서 함께 지내기 어려운 사람이었다. 다른 사람들이 스승께 그 사람을 상대하지 마시라고 권했지만, '아띠샤' 스승께서는 "너희들은 그런 말을 하지 마라. 그분 덕분에 나에게 인욕수행이 하나씩 늘어난다."라고 하며 받아들이지 않으셨다. 이와 같이 원수를 대할 때마다 인욕을 발전시키는 밑거름으로 생각해야 한다.

자신의 뜻만을 이루기 위해 수행하여 성취한 성문·연각들도 원수에게 화내지 않는다고 하는데, 하물며 대승의 수행자로 자처하는 우리는 더더욱 화내지 말아야 하지 않겠는가?

(2) 온갖 고통을 받아들여야 함을 알고 참아내는 안수고인
(安受苦忍)

행복에 집착하지 않고 오히려 고통을 귀한 장신구로 여기고, 약처럼 생각해야 한다. 어떤 것을 성취하기 위해 해야 하는 고행이나, 병과 싫어하는 원수, 심지어 악몽에 시달리는 고통조차도 수행의 방편으로 삼을 줄 알아야 한다. 이러한 고통들이 생기면 다음 생에 삼악도에 떨어질 것을 지금 이 고통을 겪는 것으로 대신한다고 알아서 기쁘게 생각할 줄 알아야 한다. 예를 들어 어떤 사형수가 목숨 대신 손을 자르는 것으로 목숨을 부지할 수 있다고 한다면, 기쁜 마음으로 그렇게 할 수 있는 것과 같다.

한편 사혈을 하거나 뜸을 뜰 때에도 병이 나을 수 있다는 믿음으로 그 고통을 참는 것처럼, 어떤 수행을 성취하기 위해 고행할 때 이것이 삼악도에서 받을 많은 고통을 대신하여 미리 받는 것임을 알고 좋아해야 한다.

출가자들도 처소나 옷 등 외부적인 환경이 별로 좋지 않더라도 가사와 탁발에 만족하며 수행할 수 있는 것은 선근이 있어서임을 알고 꾸준히 수행해 나아가야 하며, 외부적인 고통을 기쁜 마음으로 받아들여야 한다. 그렇게 하지 않으면 수행은 하지 않고 맛있는 것이나 좋은 물건을 구하는 것에나 관심을 가지면서 인생을 낭비하게 된다.

욕심 없이 만족하며 산다면, 꼭 필요한 것들은 이러저러한 경로로 반드시 생기게 되어 있으므로 탐내지 말아야 한다. 예전에 '쫑카빠' 대사께서 여덟 명의 제자와 함께 토굴에서 지내며 수행할 때 넉넉하지 않아도 만족하며 지내며, 승복이 많이 해어지지 않은 것만으로도 만족하셨다. 먹을 것과 입는 것 등은 이들의 수행에 그리 방해가 되지 않았다고 한다. 이와 마찬가지로 우리도 자신이 가진 것을 기뻐하며 만족해야 한다. 왜냐하면 자기 복으로 생긴 것들이기 때문이다. 다른 사람들에게 비난받게 되더라도 그것을 듣기 싫은 것으로 생각하지 말고 인욕을 길러야 한다.

(3) 생멸하지 않는 법의 이치를 알아서 흔들림이 없는 무생법인 (無生法忍)

선행을 닦아 핵심이 되는 내용을 배움으로써 해야 할 것과 하지 말아야 할 것, 삼보의 공덕, 얻고자 하는 보리심과 깨달음, 그 보리심과 깨달음으로 가는 길, 무아, 삼장 등에 관심을 가지는 것이다.

4) 정진바라밀

정진은 선한 대상에 기뻐하며 부지런히 하는 것을 말한다. 이것이 수행을 성취하는 최고의 방법이다. 지금 수행에 입문해서 완전하게 깨달을 때까지 항상 정진에 의지해야만 성취가 가능하다. 모든 공부가 정진에 달려있다고 할 수 있다. 우리가 정진할 때 마치 지친 당나귀가 언덕을 올라가는 것처럼 힘들게 하지 말고, 환희롭고 힘차게 정진해야 한다.

처음에는 작은 것부터 차근차근 익히면서 정진바라밀을 발전시켜야 한다.

■ 세 가지 게으름
첫째, 무엇이든 뒤로 미루는 게으름
이는 곧바로 수행하지 않고 차일피일 자꾸 미루며 하기 싫어하는 것을 말한다. 이에 대한 치료제로 무상을 생각하고 유가구족의 몸 받기가 어려움을 사유한다.

둘째, 의미 없는 일로 시간을 보내는 게으름
이는 먹을거리나 잡담, 쓸데없는 모임에 관한 이야기, 심지어 농사를 짓거나 장사하는 일, 옷을 수선하는 등의 세속적인 일이나 불선업에 해당하는 일로만 시간을 보내는 것을 말한다. 이 같은 일들은 아무리 열심히 해도 정진이라고 할 수 없고, 다만 고생한다고 말해야 한다. 그러므로 세속적인 일이 의미가 없고 그것이 고통의 원인임을 알아서 그런 일로 시간을 보내지 말아야 한다.

셋째, 스스로 자신감이 없어 하는 게으름

"어떻게 나 같은 사람이 부처가 될 수 있겠는가. 어떻게 내가 일체중생을 위해 일할 수 있겠는가. 어떻게 내가 나의 머리와 손발을 남에게 줄 수 있겠는가."라는 등의 말로 자기 자신을 비하하는 것을 말한다. 이에 대해 부처님의 법 하나하나를 치료제로 삼아 다스릴 수 있다.

예를 들면 유가구족의 몸을 받기가 어려운 원인을 하나하나씩 살펴서 평생이 걸리더라도 내가 먼저 닦아야겠다는 생각과 함께 장사 같은 세속적인 일을 할 때 조그마한 이익에도 큰 고생을 견뎌내는 것을 보면서 깨달음을 위해 더욱더 정진해야겠다는 마음을 키워야 한다. '진리를 설하신 부처님께서 작은 벌레에게도 불성이 있어서 깨달을 수 있다고 말씀하셨는데, 하물며 우리는 인간으로서 어찌 깨달을 수 없겠는가.'라는 마음으로 나태함을 버려야 한다.

머리와 손발을 남에게 줄 수 있는 보살들도 처음부터 이와 같이 행할 수 있었던 것은 아니다. 아주 작은 일부터 시작해 그와 같이 할 수 있게 된 것처럼 우리도 작은 일부터 시작하여 그와 같이 할 수 있다는 마음을 마땅히 가져야 한다.

우리도 완전히 깨달을 수 있으며, 이번 생에 우리가 이 귀한 보리도차제를 닦아서 성취할 수 있다는 마음을 내어야 한다. 또 중생을 위해서 삼악도에 가게 된다면 과연 그곳의 고통을 자신이 견딜 수 있을지에 대해 생각해보아야 한다. 중생을 위해 그곳에 머물 수도 있지만, 이미 죄를 버렸기 때문에 고통을 겪거나 불행해지지 않을 것이다. 원인 없이는 과보가 생기지 않기 때문에 '비록 삼악도에 가게 되더라도 그것은 고통이 아니라 행복이므로 나도 그곳에 갈 수 있다.'라는 자신감을 가져야 한다.

 정진에는 인욕의 갑옷을 입고 정진하기, 모든 선행을 닦기 위해 정진하기, 일체중생을 이롭게 하기 위해 정진하기, 이 세 가지가 있다.

(1) 인욕의 갑옷을 입고 정진하기

 한 중생을 위해서 수십만 겁 동안 무간지옥에 태어나야 하더라도 인욕을 닦아야 한다. 밀교 수행을 할 때 자신이 무간지옥에 태어나서 받는 고통은 참을 수 있어도 중생이 받는 고통은 참을 수 없다는 자비심이 있어야 한다. 사랑하는 아들이 물에 빠져 떠내려가는 것을 본 어머니가 가능한 한 빨리 아들을 건져내고 싶은 마음이 일어나는 것과 같은 마음을 가져야 한다.

 끊임없이 보리심을 닦고 두려움 없는 자신감을 얻어서 연민과 기도의 힘으로 중생제도를 위해 무간지옥 등에 다시 태어나려고 할 때 환희로운 마음으로 들어가야 한다. 고통으로 마음이 편치 않을 때나 이타행이 어려울 때일수록 갑옷 같은 정진을 닦아야 한다.

(2) 모든 선행을 닦기 위해 정진하기

 공덕을 쌓고, 업장을 소멸하며, 공양을 올리고, 육바라밀을 실천하는 등의 모든 정진을 말한다.

(3) 일체중생을 이롭게 하기 위해 정진하기

 보살이 사섭법(四攝法)에 정진하는 것처럼 위에서 말한 '세 가지 계〔三聚淨戒〕' 중 하나인 일체중생을 이롭게 하는 섭중생계(攝衆生戒)와 비슷하다.

5) 선정바라밀

이는 선정을 닦을 때 갖추어야 할 여섯 가지 조건, 선정수행의 다섯 가지 장애를 여덟 가지 대치법으로 닦아 사마타를 이루는 방법, 선정을 닦는 아홉 단계인 구주심(九住心)을 이루는 방법, 구주심을 여섯 가지 힘〔六力〕으로 이루는 방법, 구주심에 선정사작의(禪定四作意)가 있는 이치, 실제 사마타를 이루는 이치, 이 여섯 가지로 설명한다. 앞서 중사도의 삼학 중에서 다루지 않았던 선정과 지혜를 육바라밀과 함께 여기에서 다루고자 한다.

어떤 상황을 자세하게 보기 위해서는 대상에 흔들리지 않아야 하는 것처럼, 흔들림 없는 선정이 필요하다. 오직 선정만을 논한다면 외도들의 이론과 공통적인 면도 있으며, 실제로 외도들이 선정을 닦기도 하지만 불교에서는 출리심으로 선정을 닦기 때문에 해탈의 원인이 되며, 삼보에 귀의한 바탕을 가지고 닦기 때문에 정법을 수행하는 것이 된다. 그와 같이 선정을 닦지 않으면 현교에서 말하는 공성과 밀교에서의 생기차제와 원만차제 등의 큰 깨우침을 얻을 수 없다.

물을 담으려면 물통이 필요하듯이, 현교와 밀교에서 어떤 깨우침을 얻고 싶을 때 선정은 반드시 필요하며, 수행을 처음 시작할 때에도 견고한 선정을 닦는 것은 매우 중요하다. 윤회의 뿌리를 없애고 오직 해탈만을 얻기 위해서라도 공성을 깨우치는 지혜가 필요하며, 이를 위해서 견고한 선정을 반드시 닦아야 한다. 공성을 뚜렷하게 보는 데 있어 공성에 대해 흔들리지 않는 견고한 선정이 필요하며, 이는 어둠 속에서 벽에 그려진 그림을 보려면 등불이 밝은 것과 바람에 흔들리지 않는 것이 함께해야 하는 것과 같다. 그뿐만 아니라 사마타를 이루면 유가구족과 무상 등을 훨씬 더 쉽고 크게 깨우칠 수 있다.

보리심을 완전히 이루고 난 뒤에 선정을 닦아야 하는 것이 아니므로, 보리심이 일어나기 전에 선정을 먼저 닦아도 되고, 보리심이 일어난 후에 선정을 닦아도 된다. 선정을 닦으면 삼승(三乘)의 어떤 수행을 하더라도 매우 효과가 있다.

그리고 가장 먼저 사마타를 이루기 위해서는 그 조건부터 갖추어야 한다. 왜냐하면 조건을 갖추지 못한 채 아무리 참선을 하더라도 선정을 이룰 수 없기 때문이다. '아띠샤' 스승께서도 『보리도등론』에서 "사마타를 이루는 조건들을 갖추지 않으면 정진으로 수천 년 동안 아무리 닦더라도 사마타를 이룰 수 없다."라고 말씀하셨다.

(1) 선정을 닦을 때 갖추어야 할 여섯 가지 조건

사마타[시네, 止]인 선정을 닦기 위해서 먼저 갖추어야 할 여섯 가지 조건이 있다. 이것이 없으면 선정을 닦을 수 없다. 이는 여섯 가지로 설명한다.

① 적합한 환경을 갖추어야 한다

선정수행을 위한 적합한 환경에는 다음에 나오는 다섯 가지의 특징이 있다.

첫째, 선정을 닦을 때 수행에 필요한 것을 구하기 쉬운 조건이 갖추어진 곳을 찾아야 한다. 죄를 지어서 얻은 음식이나 청정하지 않은 방법으로 구한 음식을 얻어먹으면 선정에 해로우니 이를 피해야 하며 주변에서 구하기 쉬운 음식이어야 한다.

둘째, 선정을 닦는 장소는 예전에 위대한 스승들이 수행했던 가피가 있는 장소가 좋다. 초심자들에게는 청정한 장소의 기운이 필요하므로 그러한 장소가 선정을 닦는 데 도움이 된다. 그런 장소를 찾지 못한 경우에는 예전에 승가의 다툼이 없었던 곳이나, 무서운 야생동물이나 강도나 도둑, 힘이 센 귀신들이 살지 않는 곳을 택해야 한다. 그렇지 않으면 자신이 아무리 겁이 없다고 하더라도 외부적으로 해침이 오기 때문에 큰 장애가 된다. 만약 선정을 닦는 곳에 귀신들이 살고 있다면 쫓아내지 말고 부드러운 방법으로 귀신을 달래서 해결하는 것이 중요하다.

셋째, 좋은 장소라고 하는 것은 더위와 추위로 인해 병이 생기지 않는 곳이며, 땅의 기운과 물이 본인에게 맞는 곳이다.

넷째, 같이 지내는 도반들도 자신과 마음이 통하면 좋다. 초심자라면 선정을 닦는 장소에 적어도 세 사람 정도는 함께 있어야 하며, 자기 혼자 머물러서는 안 된다. 혼자 머물면 많은 허물이 생기게 된다. 만약 서로 수행하는 데 마음이 잘 맞는다면 그 수가 많아도 상관없다. 그러나 잡담을 많이 하거나 자기 마음대로 하면서 시간을 낭비하는 도반과는 머물지 말아야 한다. 또한 '선정의 가시는 소리다.'라는 말이 있듯이 낮에는 사람, 밤에는 개 짖는 소리나 물소리 등이 들리지 않는 곳에서 선정을 닦아야 한다.

다섯째, 스승으로부터 선정수행에 필요한 가르침을 미리 잘 배워서 확실하게 알고 있어야 한다.

② 욕심이 적어야 한다

입는 것이나 먹는 것 등이 좋거나 많은 것에 집착하지 않아서 욕심이 적어야 한다.

③ 만족할 줄 알아야 한다

그리 좋지 않은 먹는 것이나 입는 것을 갖게 되더라도 만족함을 말한다. 욕심 때문에 만족하지 못하면 부귀영화에 집착하게 되며, 재물을 지키는 일에 빠지면 망상이 일어나 선정에 들 수 없다.

④ 청정한 계율을 지켜야 한다

계율은 모든 수행의 기초이며 근본이기 때문에 청정한 계율을 지키는 것이 수행의 바탕이 된다. 마음속의 미세한 산란함을 제거하기 위해서는 먼저 외부적으로 거친 산란함을 버려야 하므로, 계율로써 몸과 마음의 행을 잘 살펴서 그러한 거친 마음을 제거해야 한다.

⑤ 의미 없는 일을 그만두어야 한다

많이 모여서 잡담하는 것을 버리지 않으면 의미 없는 일만 하면서 시간을 낭비하게 된다. 의미 없는 일을 줄이고 산란하지 않게 살아야 한다. 집중적으로 선정을 닦기 위해서는 의술이나 점성술 같은 의미 없는 일들도 그만두어야 한다. 이런 일들은 사탕수수 껍질에 집착하는 것과 같으니 의미 없는 작은 일에 매달려 고생하는 것을 버려야 한다. 어떤 사람은 나이가 많이 들어서도 물질적인 것에 대한 욕심 때문에 무척 고생하는 경우가 있는데, 이는 참으로 안타까운 일이다. 만족함이 없으면 아무리 나이가 많이 들어도 마음이 가난해서 의미 없는 일에만 빠져서 지내다가 죽고 만다.

⑥ 욕심 등의 분별망상을 버려야 한다

욕심 등에는 죽음과 속박을 당하는 이번 생의 허물과 다음 생에 악도로 떨어지는 허물이 있다고 사유해야 하며, 마음에 들거나 들지 않는 윤회의 모든 것이 무상함을 알고 이 모두가 머지않아 곧 나와 떨어져야 함을 알아서, 내가 이 같은 것들에 집착하고 분노하는 등의 모든 분별망상을 버려야 한다.

이와 같이 선정수행을 할 수 있는 조건이 모두 다 갖추어진 상태에서 열심히 선정을 닦는다면 선정을 닦는 데 6개월 정도면 충분하다.

(2) 선정수행의 다섯 가지 장애를 여덟 가지 대치법으로 닦아 사마타를 이루는 방법

바른 경전에 의지하지 않고 다만 어떤 스승의 어록을 요의법으로 여겨서 거기에 의지해서 수행할 경우 평생 선정을 닦더라도 미세한 혼침(惛沈)을 깨우침으로 착각하는 문제가 발생한다. 마음을 그런 것에 의지해서 혼침을 깨우침으로 착각하는 것만큼 안타까운 일이 없다. 그러한 방법으로 아무리 정진해도 이는 인생을 낭비하는 일일 뿐이다.

아주 옛날부터 유명한 수행자들도 그러한 것을 혼동하고 착각한 일들이 많았다. 그에 대해 옳고 그름을 알 수 있는 경을 찾아야 하며, 스승으로부터 자세하게 배워야 한다. 석가모니 부처님 당시부터 많은 위대한 고승들의 법맥과 그들의 가르침인 요법(要法)들에 근거하여 배워야 한다.

'쫑카빠' 대사께서는 '견해·수습·행 세 가지〔따곰쬐 쑴〕'를 배워 나갈 때 이전에 인도에서 이미 증명된 것에 의지했을 뿐만 아니라 문수보살을 직접 친견할 때 의심나는 부분을 여쭈고 그에 대한 가르침을 받으셨다. 우리도 그러한 법에 의지해야 한다. 만일 증명되지 않은 법에 의지하여 수행한다면, 전에 누구도 깨친 적이 없는 깨달음을 얻게 될 것이다.

그러므로 심오한 밀교의 수행부터 그보다 쉬운 선정을 닦더라도 그 근원이 어디에서 비롯되었는지를 살펴서 선정수행을 할 때 '착각으로 말미암은 다섯 가지 잘못된 점〔五錯誤〕'들을 바로잡아야 한다.

① 게으름의 허물

이는 선정 닦는 것을 좋아하지 않으며 쉽게 피곤해하는 것을 말한다. 그에 대한 대치법으로는 선정의 공덕을 알고 신심으로 선정을 닦고 싶은 마음을 내어서 정진하는 것과 심신이 평안하며 융통성이 있는 경쾌한 마음인 경안(輕安)[50]이다.

선정을 닦을 때 하기 싫은 마음과 비록 하더라도 오래가지 못하는 원인은 게으름 때문이며, 이에 대한 실질적인 치료제는 경안이다. 처음부터 경안 상태가 이루어지는 것은 아니므로 시작할 때 신심이 필요하다. 선정의 공덕을 생각하고 산란심의 허물을 알고서 선정을 닦으면 망상 없이 잘 집중할 수 있다. 집중이 잘되면 빨리 성취할 수 있으며, 심안통과 같은 신통력을 성취할 수 있게 된다.

---

50) 선심소(善心所) 중의 하나로 몸과 마음이 가볍고 편안한 상태를 말한다.

이러한 과정을 밟아서 수행하면 잠을 자면서도 선정을 닦을 수 있고, 번뇌를 줄일 수 있으며 기초부터 순서대로 관상함으로써 빨리 성취할 수 있는 등의 이득이 있으므로, 먼저 선정에 대한 신심이 생기도록 해야 한다. 신심이 생기면 기꺼이 구하고자 하는 희구심(希求心)이 일어나고, 이로 인해 정진력이 생기며, 경안(輕安) 상태에 이른다. 이 네 가지가 순서대로 원인과 결과처럼 이어져서 일어난다.

② 요의법을 잊어버리는 허물

이는 선정을 닦는 동안 집중해야 할 목표를 확실하게 기억하지 못하고 놓치는 것을 말한다. 이러한 현상은 선정을 닦을 때 가장 큰 허물이다. 이를 물리치는 방편으로는 마음의 코끼리를 단단한 기둥에 묶고서 집중하는 것인데, 이렇게 하면 어떤 대상을 목표로 삼더라도 선정을 성취할 수 있게 된다.

티벳에 불교가 전파되기 전에 있었던 '뵌교'에서는 '아' 자를 대상으로 하거나 어떤 외도들은 아주 작은 돌멩이를 선정의 대상으로 삼아서 닦기도 했다. 어떤 사람들은 선정을 닦는 방법을 잘못 이해해서 대상을 눈앞에 놓고 그 대상을 보면서 닦는다고 한다. 그러나 그것은 선정을 잘못 이해한 것이다.

'쫑카빠' 대사께서는 부처님의 몸을 대상으로 해서 선정을 닦으면 공덕을 쌓거나 업장을 소멸할 수 있는 큰 특징이 있으며, 이는 밀교에서 자신을 부처님으로 관상할 때도 도움이 된다고 말씀하셨다. 이러한 방법은 부처님의 은혜를 사유할 때에도 도움이 된다.

관상하는 방법은 처음 자신의 정수리 한 뼘쯤 위에 근본스승이 계신다고 관상하고, 다시 근본스승의 가슴에서 손가락 한

마디 크기의 석가모니 부처님께서 나와서 자신의 양미간 중앙의 바로 앞 공간이나 배꼽 주변에 있는 것을 관상하여 선정의 대상으로 삼는다. 이런 방법이 아니면 석가모니 부처님으로 변한 자기 자신을 선정의 대상으로 삼을 수도 있다. 어떤 이들에게는 이 같은 형상을 대상으로 관상하는 것보다 형상이 없는 마음을 대상으로 관상하는 것이 쉬운 경우도 있다. 한편 생기차제에서는 '여래의 몸'을, 원만차제에서는 '아' 자를 대상으로 의지하여 관상하는 것도 가능하다.

어떤 대상을 선정의 대상으로 삼아도 가능한데 처음 정할 때 잘 살펴서 정해야 하며, 진전이 없다고 해서 대상을 바꾸지 말아야 한다. 장작에 불을 붙일 때 자꾸 장작을 바꾸면 불이 잘 붙지 않는 것과 같다. 이와 같이 선정을 닦을 때 잠자거나 먹거나 화장실을 가는 일 외에는 꾸준하게 쉼 없이 최소한 6개월에서 1년 정도 성취할 때까지 끊임없이 계속해 나가야 한다.

관상 방법은 그 대상인 부처님의 모습을 그린 탱화나 불상, 부처님의 삼십이상 등의 특징을 마음에 새겨두면 관상할 때 그 대상이 마음속에 나타나기가 쉽다. 또는 스승이 알려주는 대상을 마음속에 그려서 나타나게 한다. 대상을 관상할 때 대상이 비록 거칠고 반 정도만 나타나더라도 이는 대상을 찾은 것이 된다. 이렇게 찾은 대상을 기억에서 놓치는 것이 '요의법을 잊어버리는 허물'에 해당한다.

이에 대한 대치법은 정념(正念)[51]이다. 손에 염주를 꼭 쥐고 있는 것처럼, 강한 정념으로써 선정의 대상을 잘 잡고 있어야

---

51) 염(念) 또는 억념(憶念)이라고도 하며, 별경심소(別境心所) 중의 하나로 이미 기억했던 대상을 잊지 않는 작용을 하는 식을 말한다.

한다. 여기서 정념이라 하면 본인이 익숙해진 물건이나 대상을 마음속에서 잊어버리지 않는 것을 말한다.

만약 부처님을 대상으로 선정을 닦아갈 때 '선정의 목표인 부처님'과 '관상하는 부처님'은 차이가 있다. 첫째, '선정의 목표인 부처님'은 전에 본 적이 있어서 그 형태나 색깔이 마음속에 기억된 것을 말하고, 둘째, '관상하는 부처님'은 마음속에 잊어버리지 않도록 강화하는 것이다. 이것을 감수경(感受境)[52] 이라고도 한다. 앞에서 설명한 자신의 미간 사이에 조성한 부처님을 선정의 대상으로 하여 산란하지 않게 잘 관상할 수 있게 되면, 이제 혼침과 도거의 장애가 생기기 시작한다.

③ 혼침(惛沈)과 도거(掉擧)의 허물

혼미와 혼침, 도거를 구별할 줄 모르면 원수를 구별하지 못하는 것과 같은 큰 허물이 생기니, 이 셋을 잘 알아차려야 한다. 혼미(昏迷)는 몸과 마음이 무겁게 느껴지고 잠과 같은 몽롱한 상태에 빠지는 마음으로, 장애가 되는 무기(無記)나 불선(不善)에 포함되며 선(善)이 아니다. 이는 수번뇌(隨煩惱)[53] 중의 하나로 혼침의 원인이 된다.

혼침(惛沈)에는 거친 혼침과 미세한 혼침 두 가지가 있다. 이 둘의 차이는 감수경을 기억하고 집중해서 대상에 머무는 힘이 있지만 선명함이 없는 상태는 거친 혼침이고, 감수경에

---

52) 심식(心識)에 의해 일어난 감각을 통해 받아들여지는 대상. 집중할 목표로 삼은 선정의 대상을 말한다.
53) 근본번뇌에 수반하여 일어나는 스무 가지 번뇌로 분(忿), 한(恨), 부(覆), 뇌(惱), 질(嫉), 인색(吝嗇), 광(誑), 첨(諂), 교(憍), 해(害), 무참(無慚), 무괴(無愧), 혼미(昏迷), 도거(掉擧), 불신(不信), 해태(懈怠), 방일(放逸), 실념(失念), 부정지(不正知), 산란(散亂) 등을 말한다.

집중해 머무는 것과 선명함은 있지만 대상에 집중하는 힘이 약간 풀려 마음이 편안해져서 대상을 선명하게 보지 못하는 상태는 미세한 혼침이다.

이 미세한 혼침은 선정을 닦을 때 가장 큰 장애이다. 여기서 선명함이 강하지 않다고 하는 것은 감수경에 안주하여 마음을 놓아버리는 것을 말한다. 또 떠올려진 감수경이 너무 확실해져도 이는 다시 미세한 혼침의 원인이 된다.

선명함이 강하다는 것은 감수경에 마음이 너무 깊이 집중하여 있는 것을 말한다. 감수경의 선명함과 그것이 강한지 강하지 않은지를 보는 것은 손에 염주를 쥐거나 잔을 잡을 때 약하게 살짝 쥐는 것과 강하게 꽉 잡는 것의 차이를 말하는 것과 같다. 이러한 것들은 경험을 통해서 살피지 않으면 말로 아무리 자세하게 설명해주어도 이해할 수 없다.

이는 대상이 얼마나 선명하고 투명한지를 말하는 것이 아니라 자신의 염(念)이 얼마나 선명하고 투명한지를 말하는 것이다. 염(念)이 선명하지 않은 것은 마치 어두운 그림자가 감수경 위에 드리워진 것과 같다. 이처럼 미세한 혼침과 선정은 둘 다 대상에 안주함과 선명함이 있어서 서로 비슷하기 때문에 이 둘을 구별하기가 어렵다.

미세한 혼침을 쌓으면 들이마시는 호흡을 하루 종일 멈출 수 있을 정도로 집중할 수도 있다. 그러므로 예전에 많은 수행자가 이를 선정의 상태로 혼동하여 최고의 수행이라 찬탄하였으나, 이는 본래 그 의미를 몰라서 그런 것이다. 미세한 혼침을 선정으로 혼동한다면 이는 색계와 무색계에 태어나는 원인이 되지 못할 뿐만 아니라 이번 생에서조차 치매 등에 걸릴 위험이 크며, 머리가 점점 둔해지므로 일부러 축생으로 태어나는 원인만 쌓게 될 뿐이다.

도거(掉擧)는 근본번뇌 중 탐심을 바탕으로 과거에 보았던 대상에 마음이 끌리는 작용을 하는 식이나 마음에 드는 형상에 끌리는 애착의 일부로서 들뜨면서 흐트러진 미세한 마음 상태를 말하며, 선정을 방해하는 일종의 정신 작용을 말한다. 즉 낮에 연극을 보고 난 뒤 밤에 그 형상들이 자연스럽게 떠오르는 것처럼 탐욕의 대상을 기억하는 것을 말한다.

그러나 이는 마음이 다른 일에 빠지는 산란(散亂)과는 차이가 있다. 대상인 원수를 싫어하여 해치고 싶어 할 때의 산란함과 보시, 지계 등의 공덕을 쌓으려고 할 때의 산란함 등은 명백하게 마음이 다른 데 빠지는 것이지 도거가 아니다.

도거와 산란함은 둘 다 선정의 장애가 맞지만, 여기서 도거만을 장애로 여기는 이유는 마음이 선한 대상이나 분노의 대상에 빠지는 산란함은 적게 일어나고 오래가지 못하는 반면, 평소에도 늘 집착의 대상에 빠지는 산란함은 자주 일어나고 오래가기 때문에 이에 '도거'라고 이름을 붙이고 선정의 장애로 여긴다.

마음의 대상으로 삼은 부처님의 몸, 즉 감수경을 놓침으로써 관상할 때 처음에 관상했던 부처님의 몸이 선명하지 않은 것은 거친 도거에 해당한다. 후에 얼음 밑으로 물이 흐르는 것처럼, 감수의 경계를 놓치지 않으면서 이제 관상해 나가는 대상이 뚜렷해졌다고 기뻐하는 것이 미세한 도거이다.

이러한 장애물을 없애기 위해 정지(正知)가 실질적인 치료제는 아니지만, 혼침과 도거가 일어나는지 일어나지 않는지에 대해 전쟁터에서 적군의 상태를 감시하듯이 정지로 지켜보아야 한다. 만약 정지로 너무 오래 지켜본다면 이는 오히려 대상에 집중해서 머무는 것에 장애로 변하게 된다. 그렇지만 정지로 지켜보지 않으면 선정에 허물이 생겨도 알아차리지 못한다. 이는 마치 도둑이 물건을 모두 다 가져가 버린 꼴이 된다.

이와 같이 정지로써 혼침과 도거가 오는지 오지 않는지 지켜보아야 한다. 이는 찻잔을 손으로 들 때 단단히 잡고서 잔이 비뚤어지지 않았는지 눈으로 살피는 것처럼, 먼저 정념이 대상을 잡아서 마음속에 떠오르는 감수경을 확실하게 한 다음, 정지로 혼침과 도거가 일어나는지 아닌지를 살펴서 그러한 장애들로부터 관상의 대상을 살펴야 한다. 정지(正知)는 지혜의 일부에 속한다.

④ 혼침과 도거가 있는 상태에서 그 대치법을 행하지 않는 허물

혼침이나 도거 두 가지 중에서 어느 한쪽이 생겼을 때 그 치료제를 사용하지 않으면 허물이 되니 반드시 치료제를 사용해야 한다. 혼침과 도거가 일어나면 그것을 그대로 두지 말고 거칠거나 미세한 혼침과 도거 어떤 것이 생기더라도 각각의 치료제를 사용해야 한다. 이는 적이 눈에 뜨이면 막기 위해 노력하는 것과 같다.

어떤 치료제를 써야 하는지를 살펴보자. 미세한 혼침은 마음이 가라앉아서 일어난 것이므로 혼침과 마음이 가라앉음 두 가지는 같은 것이다. 비록 선명함과 안주함이 있을지라도 감수경(感受境)의 강도(상태)가 낮아지면 선명함의 강도가 사라지는 '미세한 혼침'이 일어난 것이니 이때는 우선 관상을 멈추되 대상을 놓치지 않으면서 감수경에 대한 마음 작용을 더 조이면 된다. 그러나 너무 조이면 도거가 일어나므로 적당하게 조여야 한다.

　부처님께서 비파의 줄이 너무 팽팽하거나 느슨하면 소리가 잘 나지 않으니 적당하게 줄을 조여야 비로소 제대로 된 소리가 난다고 말씀하셨듯이, 미세한 혼침이 생겼을 때 마음을 너무 조이면 도거가 생길 수 있으므로 어느 정도 여유를 두고 적당하게 조여야 한다. 이 정도로 하면 혼침이 생기겠다 싶은 마음이 들면 조금 더 조여 준다.

　전에 혼침과 도거가 생겼던 경험에 의지하여 오직 정지(正知)로써 살피지 않으면 본인의 상황이 혼침에 빠져있는지 도거가 일어났는지 정확한 상황을 알아차리기 힘들다. 그렇지만 원수 중에도 자기 식구로 혼동하는 원수가 있다면 이를 알아차리기 힘들어 위험해질 수도 있듯이, 혼침을 선정으로 착각하는 큰 허물이 생길 위험이 있으므로, 특히 마음을 조이는 것에 집중해야 한다.

　그러나 마음을 조여도 선명함이 사라지면서 마음이 흐트러지거나, 감수경이 선명하지 않으면서 가라앉아 보이지 않으면 거친 혼침이 생긴 것이다. 이는 마음을 너무 조여서 생긴 허물이므로 대상을 조금 느슨하게 하여 관상한다. 이렇게 하여도 대상이 선명해지지 않으면 대상을 버려서 마음이 가라앉은 것을 올려주는 방편을 쓰거나, 유가구족의 몸을 얻기 어려움이나 삼보의 공덕, 선지식에 의지하는 이득, 보리심의 이득 등을 관상하여 마음에 용기를 주고 기쁘게 해주어야 한다. 다른 방편으로 밝은 것을 마음속으로 생각하는 것도 좋으며, '똥렌' 수행 중 남에게 주는 것을 관상하여 마음의 상태를 올려주어야 한다. 그렇게 하여 가라앉은 마음이 사라지면 대상에 다시 집중해야 한다.

이러한 방편들이 처음에는 익숙해지지 않아서 빨리 도움이 되기가 어렵지만, 익숙해진 이라면 이 귀한 몸을 얻기가 어려운 것만 생각하여도 얼굴에 시원한 물을 뿌린 것처럼 환희로운 마음이 저절로 일어날 것이다.

이렇게 하여도 혼침을 없애지 못하면 혼침을 강제로 없애는 방법이 있다. 자신의 심장에서 매우 밝은 형태의 하얀 빛이 '펫!' 소리와 함께 정수리를 통해 몸 밖으로 빠져 나와서 하늘 높이 올라간 후 그것이 하늘과 하나가 되는 관상을 몇 번 반복한다.

이것으로도 없애지 못하는 경우에는 이러한 관상을 멈추고, 혼침이 생기는 원인인 혼미와 잠, 그리고 무거운 마음 등을 없애는 방법으로 시원한 곳에 앉거나 조금 높은 곳에 앉아서 관상하면 해결할 수 있다. 주변 이곳저곳을 경행하거나 찬물로 세수하는 것도 시도해 본다. 그래서 혼침이 사라지면 곧바로 다시 관상에 들어가도록 한다.

미세한 도거는 감수경을 놓치지 않았음에도 산란한 마음이 일어나는 것을 말하는데, 이는 마음을 너무 많이 조여서 생긴 허물이므로 우선 마음을 약간 풀어줌으로써 조금 느슨해진 감수경의 상태가 되도록 한다. 이 같은 방법이 도움이 되지 않고 계속 들뜨면, 이는 다시 거친 도거가 일어나는 원인이 된다. 이러한 현상은 마음이 지나치게 들뜬 원인에 의해서 일어나는 것이므로 들뜬 마음을 조절해야 한다.

마음을 조절하는 방법으로는 관상하고 있는 상태를 멈추지 않은 상태에서 죽음에 대한 무상, 윤회세계의 허물, 삼악도의 고통 등을 생각하여 지나치게 들뜬 마음을 가라앉히도록 한다. 개인적으로 슬펐던 일이나 아픈 기억 등을 떠올리는 것을 방편으로 삼아도 도움이 된다.

　이렇게 해서도 마음을 가라앉히지 못하는 경우에 도거를 강제로 가라앉히는 방법으로 호흡을 들이마시고 내쉬는 것에 집중하여 내쉴 때는 '나가고 있구나.' 들이마실 때는 '들어오고 있구나.'를 알아차리거나, 호흡이 들어오고 나가는 숫자를 마음속으로 세는 방법이 있다. 이때 처음에는 셋, 넷 정도밖에 셀 수 없을 수도 있는데, 숫자를 잊어버리면 곧바로 다시 처음부터 세도록 한다. 그런 방법으로 스물한 번 정도 셀 때까지 산란해지지 않고 마음을 집중할 수 있다면, 이는 구주심(九住心)의 첫 번째 단계인 마음이 안으로 머물기 시작하는 안주심(安住心)에 이른 것이다.

　이러한 방법으로도 도거를 제거하지 못하면 관상을 잠시 멈춘 후 다시 시작하는 마음으로 용맹심을 갖고 짧은 시간 동안 관상한다. 만약 발전이 없는 상태에서 오랜 시간 관상하면, 다음에 관상할 때는 앉는 방석만 보아도 피곤해져서 고개를 돌리게 되니 관상하고 싶은 마음이 진실로 있는지를 살피는 것이 매우 중요하다.

　'선명하면 선명한 대로, 선명하지 않으면 선명하지 않은 대로 멈춘다.'라는 말이 있듯이, 관상이 잘된다 싶을 때 관상을 멈추면 다시 시작할 때 하고 싶은 마음과 관상이 잘되는 마음이 일어난다. 선명하지 않은 상태에서 아무리 노력해도 선명하게 되지 않는데, 고집을 부려 계속 관상을 하다가 멈추면 다시 시작할 때 하고 싶은 마음이 일어나기도 어렵고 관상을 해도 잘되지 않는다.

　예전에 스승 '롱될라마 린뽀체 롭상남걜'께서 '까담빠'의 말씀을 제자들에게 전할 때 우리가 오랫동안 관상에 안주하기를 희망하지만, 목표물을 살짝 건드리는 정도밖에 머물지 못하는 이유에 대해, "요즘 시대는 자신의 마음을 정화할 때이지 남의 마음을 정화할 때가 아니다."라고 빗대어 말하면서 울었고, 울음을 그치지 못해서 다음날까지도 법문을 하시지 못했다고 한다.

하루에 열여덟 번 정도 관상에 들고 나는 방법으로 비록 시간이 짧더라도 혼침과 도거가 섞이지 않은 정확한 관상을 자주 여러 번 반복하는 것이 중요하다. 이와 같이 해서 자신에게 힘이 생기면 관상에 안주하는 시간을 길게 늘이도록 한다.

⑤ 혼침과 도거가 없는 상태에서 대치법을 행하는 허물

혼침과 도거의 흐름은 구주심(九住心)에서 여덟 번째 단계인 성주심(性住心)의 상태에 이르러야 끊어지게 된다. 이때 혼침과 도거가 없어졌음에도 불구하고 계속해서 이것이 일어나는지 일어나지 않는지를 살펴서 지속적으로 대치법을 행하려고 노력한다면, 이는 마음이 대상에 집중해서 머무는 데 장애가 되므로 선정의 다섯 가지 장애 중 하나에 해당한다. 이를 제거하기 위해 알아차림으로 대치법을 행하지 않고 그대로 내버려 두는 평등에 머물러야 한다.

예전에 많은 선지식들께서 '버려야 한다.', '놓아야 한다.'라고 하신 말씀들은 구주심 중에서 여덟 번째 단계인 성주심(性住心)의 혼침과 도거가 사라진 상태에서 정지(正知)를 놓아야 한다는 의미라고 한다. 혼침과 도거가 완전하게 사라지는 상태인 구주심의 여덟 번째 단계에 이르기 전에 정념이나 감수경의 힘을 놓으라고 하는 말이 아니다. 왜냐하면 감수경에 안주함은 빨리 올 수 있지만, 미세한 혼침을 제거하지 않아서 선정과 멀어지는 경우가 있기 때문이다. 감수경 즉 선정의 대상은 다양하지만, 선정을 닦는 방법은 밀교의 원만차제 전까지 거의 비슷하다.

관상 방법으로는 위에서 살펴본 수행에 갖추어야 할 적합한 환경 다섯 가지를 비롯하여 선정을 닦을 때 갖추어야 할 여섯 가지를 모두 잘 갖춘 뒤, 편안한 방석 위에 비로자나칠법의 자세로 앉는다.

정수리에 모신 근본스승으로부터 손가락 한 마디 정도의 크기인 석가모니 부처님께서 나와 양미간 중앙의 앞 허공에 계신다고 관상한다. 이러한 선정의 대상이 처음부터 선명하게 떠오르지는 않으니 그것을 처음부터 선명하게 하려고 굳이 노력할 필요가 없다.

관상하고 있는 부처님의 머리와 손발이 황금빛으로 대강 나타나는 것을 정념으로 알아차려야 하며, 이후 마음속에 떠오르는 것이 견고해지도록 산란하지 않은 정념으로 감수경을 뚜렷하게 볼 수 있도록 정진하는 것은 혼침과 도거 둘 다를 제거하는 방법이 된다. 이는 선정을 닦는 사람들이 마음에 간직해야 할 최고의 요법이다.

혼침은 마음속에 떠오르는 것을 단단하게 조이면 제거되고, 도거는 산란하지 않은 마음으로써 제거된다. 한편 이와 같은 방법으로 관상했을 때 대상에 안주하게 되면 혼침과 가까워지므로 선명함과 그것을 떠올리는 방법이 단단해지도록 조금씩 조여야 한다. 이렇게 해서 너무 선명해지면 도거가 일어나는 원인이 되므로 다시 대상에 안주해야 한다. 선정을 닦는 체하여 닦아야 할 선정이 무엇인지도 모르면서 하려고 시도하지 말 것이며, 대상에 머무는 방법과 선명하게 떠올리는 방법, 이 두 가지를 반드시 사용하여 선정을 닦아야 한다.

위에서 설명한 것처럼 정념으로 감수경을 놓치지 말아야 한다. 이때 거칠거나 미세한 어떤 혼침과 도거가 생기려고 해도 곧바로 정지로 살펴서 각각의 치료제로 다스려야 한다. 그런 방법으로 혼침이나 도거가 제거되고 나면 이제는 치료제를 사용하지 말고 오직 대상에만 집중해야 한다.

강도가 매우 높은 선명함으로 강하게 키워야 한다. 대상과 대상에 집중하는 마음, 이 두 가지를 하나로 해서 관상한다. 마치 목동이 산으로 양들이 올라가는지 올라가지 않는지를 두루 잘 살피는 것처럼, 분별망상이 생기면 그 실체를 살펴서 각각 제거하도록 해야 한다. 마음에 의지하여 선정을 닦고 싶은 이라면 치료제로써 분별망상을 제거하여 닦아 나가야 한다.

(3) 선정을 닦는 아홉 단계인 구주심(九住心)을 이루는 방법

사마타를 이루려면 구주심의 단계를 경험해야 하며, 이를 위해 먼저 구주심을 알아야 한다.

구주심은 안주심(安住心), 섭주심(攝住心), 해주심(解住心), 전주심(轉住心), 복주심(伏住心), 식주심(息住心), 멸주심(滅住心), 성주심(性住心), 지주심(持住心) 등의 아홉 단계를 말한다.

① 안주심(安住心)

선정을 닦을 때 밖으로 향하는 마음을 버리고 마음을 안으로 향하게 하여 그에 안주하기 시작한 상태를 말한다. 육력(六力) 중에서 스승으로부터 선정을 닦는 방법에 대해 잘 듣고 배우는 '들음의 힘〔聞力〕'에 의지해 안주심의 단계를 이룬다.

이 단계에서는 대상에 잠시 잠깐 안주하지만 오랫동안 안주

선정을 닦는 순서

1. 사람은 선정을 닦는 수행자를 가리키며, 마음을 안으로 향하게 하여 머무르기 시작하는 구주심 중 첫 번째 단계는 안주심(安住心)의 단계이다. 2. 수행자가 손에 들고 있는 올가미는 선정을 닦는 과정에서 목표를 놓치지 않는 정념(正念)을 상징한다. 3. 도끼 모양의 날카로운 칼은 혼침인지 도거인지를 구분하게 해주는 지혜인 정지(正知)를 상징한다. 4. 굽은 길 여섯 갈래는 육력(六力)을 상징하며, 첫 번째 굽은 길은 '들음의 힘'을 나타낸다. 이에 의지해서 구주심 중 첫 번째 단계인 안주심(安住心)을 성취한다. 5. 코끼리는 수행자의 마음을 뜻하며, 몸집이 크고 색깔이 검은 경우 무겁고 가라앉은 느낌의 혼침(惛沈)을 의미한다. 6. 원숭이는 산란함을 뜻하며, 색깔이 검은 것은 도거(掉擧)를 상징한다. 7. 구주심 중 일곱 번째 단계인 멸주심(滅住心)까지 불꽃이 있거나 없고, 크거나 작은 차이를 표시한 것은 정념과 정지에 나아가는 힘이 크고 작음을 표시한다. 8. 여섯 갈래의 길 중 두 번째 구부러진 길은 '사유의 힘'을 의미한다. 여기서는 구주심 중 두 번째 단계인 섭주심(攝住心)을 성취한다. 9. 안주심을 지속시키는 섭주심(攝住心)의 단계이다. 10. 과일은 마음을 산란하게 하는 도거의 다섯 가지 대상인 색·성·향·미·촉의 오경 중 맛(味)을 상징한다. 11. 옷감 또는 천은 마음을 산란하게 하는 도거의 다섯 가지 대상 중 촉감(觸)을 상징한다. 12. 머리에서부터 조금씩 희게 변하는 것은 순서대로 선명함과 안주함이 점점 발전해감을 의미한다. 13. 세 번째로 구부러진 길은 육력 중 '기억의 힘'을 나타내며, 여기서는 구주심 중 세 번째 단계인 해주심(解住心)과 네 번째 단계인 전주심(轉住心)을 성취한다. 14. 해주심(解住心)은 마음이 산란해지는 것을 바로 알아차려 다시 선정의 대상인 감수경으로 돌아가는 것을 의미한다. 15. 토끼는 미세한 혼침을 상징하며, 여기서는 거칠고 미세한 혼침을 따로 알아차리게 된다. 16. 뒤돌아보는 것은 산란한 마음을 알아차려서 다시 대상에 집중함을 의미한다. 17. 바라 모양의 악기는 마음을 산란하게 하는 도거의 다섯 가지 대상 중 소리(聲)를 상징한다. 18. 소라 속에는 향이 있으며 향은 마음을 산란하게 하는 도거의 다섯 가지 대상 중 냄새(香)를 상징한다. 19. 정념을 강하게 하여 선정의 대상인 감수경을 놓치지 않는 상태인 전주심(轉住心)의 단계이다. 20. 네 번째로 구부러진 길은 육력 중 '알아차림의 힘'을 나타내며, 여기에서 구주심 중 다섯 번째 단계인 복주심(伏住心)과 여섯 번째 단계인 식주심(息住心)을 성취한다. 21. 그동안 혼침보다 먼저 생겼던 도거가 뒤에 나타나기 시작하며, 도거의 힘이 약해진다. 22. 정지(正知)가 마음을 산란하지 않게 만들어 삼매로 이끈다. 23. 삼매의 공덕이 쌓여 거친 혼침과 도거가 사라지는 상태인 복주심(伏住心)의 단계이다. 24. 거울은 마음을 산란하게 하는 도거의 다섯 가지 대상 중 색(色)을 상징한다. 25. 미세한 혼침이 생길 위험이 사라진 상태인 식주심(息住心)의 단계이다. 26. 다섯 번째로 구부러진 길은 육력 중 '정진의 힘'을 나타내며, 여기에서 구주심 중 일곱 번째 단계인 멸주심(滅住心)과 여덟 번째 단계인 성주심(性住心)을 성취한다. 27. 혼침과 도거가 장애가 될 수 없는 멸주심(滅住心)의 단계이다. 이때는 미세한 혼침이나 도거가 생기기 어렵고, 만약 생기더라도 작은 노력으로도 바로 없어진다. 28. 이 단계에서 코끼리의 검은색이 사라지고, 원숭이가 없어진 것은 처음에 정념과 정지에 조금만 의지하더라도 혼침이나 도거의 산란함이 장애가 되지 않아서 끊어지지 않는 삼매에 들어감을 나타낸다. 29. 처음에 대치법을 살짝 기억하는 것만으로도 미세한 혼침과 도거가 저절로 소멸하는 성주심(性住心)의 단계이다. 30. 여섯 번째로 구부러진 길은 육력 중 '익숙해짐의 힘'을 나타내며, 여기에서 구주심 중 아홉 번째 단계인 지주심(持住心)을 성취한다. 31. 노력 없이 선정에 들 수 있는 상태인 지주심(持住心)의 단계이다. 32. 선정을 성취하였음을 나타낸다. 33. 마음의 경안을 나타낸다. 34. 몸의 경안을 나타낸다. 35. 수행자가 불타오르는 칼을 손에 들고 있는 것은 공성을 깨닫는 선정과 지혜를 함께 갖추었음을 상징한다. 36. 정념과 정지로써 바른 견해(正見)를 찾은 상태이다.

할 수 없다. 이는 산란함을 일으키는 것이 생겨서 마음이 산란하거나 도거로 인해 힘이 빠져서 그런 것이므로, 예전보다 분별망상이 더 많이 일어나는 것처럼 느껴진다. 그러나 이것은 분별망상이 늘어나는 것이 아니라 분별망상을 알아차리게 된 것이다.

② 섭주심(攝住心)

위와 같이 관상하여 마음이 대상에 안주함을 지속시키는 것을 말한다. 예를 들면 염주를 돌리면서 진언을 하는 동안 망상을 일으키지 않는 것과 같다. 이때 분별망상이 가끔씩 사라지기도 하고 때로는 일어나기도 하면서 분별망상이 쉬는 경계가 온다. 이는 육력 중에서 둘째인 '사유의 힘〔思力〕'으로 성취한다.

구주심의 첫째와 둘째인 안주심과 섭주심에서는 혼침과 도거가 많이 일어나고, 안주하는 힘이 약해서 선정사작의(禪定四作意) 중에서 첫째인 '애써서 주의함'을 이어가는 상태로 마음을 조여 들어가야 할 때이다. 대상에 안주하는 것보다 산란심의 상태가 더 길다.

③ 해주심(解住心)

옷의 떨어진 부분을 깁듯이, 안주하는 시간이 길어지는 상태에서 대상을 향한 마음이 산란해진 것을 바로 알아차려 다시 감수경으로 돌아가는 것을 말한다.

이 단계는 이전의 두 단계보다 산란심이 지속되는 시간이 짧다. 육력 중에서 셋째인 '기억의 힘〔正念力〕'이 생기는 때이다.

필요가 없어진다.

성주심의 단계에서는 관상에 드는 동안 적은 노력으로도 혼침과 도거 등의 장애를 없앨 수 있으므로, 굳이 마음을 다시 거두어들이는 노력 없이도 그 대상에 안주하는 상태로 선정사작의 중에서 셋째인 '노력함으로써 끊어짐이 없는 주의함'이 이어지는 상태에 해당한다. 이는 끊어짐 없이 마음을 짓는다는 뜻이다.

구주심에서 일곱째 멸주심과 여덟째 성주심은 '정진의 힘〔精進力〕'으로 성취한다.

⑨ 지주심(持住心)

노력 없이도 삼매에 드는 것을 말한다. 성주심의 단계에 자주 익숙해진 것을 바탕으로 여기서는 노력할 필요 없이 저절로 되는 것이므로 작은 노력조차 할 필요 없이 마치 염불에 아주 숙달한 이가 염불하는 것처럼 완전히 삼매에 든다. 이 단계는 육력 중에서 '익숙해짐의 힘〔慣習力〕'으로 성취한다.

구주심에서 첫 번째 단계는 분별망상을 알아차리는 경험을 하고, 두 번째 단계는 분별망상이 쉬는 상태를 경험하며, 세 번째 단계는 이런 분별망상들이 지친 것처럼 보이는 경험을 한다.

결국 구주심에서 첫 번째와 두 번째 단계는 안주하는 시간에 차이가 있다. 두 번째와 세 번째 단계는 산란심이 길고 짧은 차이가 있다. 세 번째와 네 번째 단계는 감수경을 놓칠 수 있고 없는 차이가 있다. 네 번째와 다섯 번째 단계는 거친 혼침이 생기고 생기지 않는 차이가 있으며, 다섯 번째와 여섯 번째 단계는 미세한 혼침에 대해 우려하고 하지 않는 차이가 있다. 한편 여섯 번째 단계에서 미세한 도거가 일어나는 것이 줄어든다. 여섯 번째와 일곱 번째 단계는 미세한 혼침과 도거에 빠질 위험이 있고 없는 차이가 있다. 일곱 번째와 여덟 번째 단계는 혼침과 도거가 있고 없는 차이가 있다. 여덟 번째와 아홉 번째 단계는 노력을 하고 하지 않는 차이가 있다.

한편 일곱 번째 단계에서는 혼침과 도거를 막았으므로, 그것을 놓칠 위험이 있는지에 대해 염려할 필요가 없다. 예를 들면 원수와 싸워서 그를 무력하게 만들었기 때문에 크게 우려하거나 주의할 필요 없이 막는 것만으로도 충분하다고 한다.

(4) 구주심을 여섯 가지 힘〔六力〕으로 이루는 방법

구주심 중에서 첫째는 '들음의 힘〔聞力〕', 둘째는 '사유의 힘〔思力〕', 셋째와 넷째는 '기억의 힘〔正念力〕', 다섯째와 여섯째는 '알아차림의 힘〔正知力〕', 일곱째와 여덟째는 '정진의 힘〔精進力〕', 아홉째는 '익숙해짐의 힘〔慣習力〕'으로 성취하는데, 위의 구주심을 단계별로 설명하면서 이미 자세하게 다룬 바 있다.

(5) 구주심에 선정사작의(禪定四作意)가 있는 이치

주의함〔作意〕이 존재하는 과정은 구주심 중에서 첫 번째와 두 번째 단계는 '애써서 주의함'을 이어가는 상태이고, 중간의 세 번째부터 일곱 번째 단계까지는 '끊어짐이 있는 주의함'을 이어가는 상태이며, 여덟 번째 단계는 '노력함으로써 끊어짐이 없는 주의함'을 이어가는 상태이고, 아홉 번째 단계는 '노력하지 않아도 저절로 이어지는 주의함'으로 삼매가 이어지는 상태이다.

한편 구주심의 첫 번째와 두 번째 단계에서는 혼침과 도거가 심하여 삼매에 드는 것이 워낙 짧아서 혼침과 도거가 삼매를 장해하거나 하지 않는다고 말할 정도는 아니다. 정념과 정지로 집중할 때이므로 '애써서 주의함'을 이어가는 상태라고 말한다.

중간의 세 번째부터 일곱 번째까지 다섯 단계는 정념과 정지로 집중해야 하지만, 삼매에 드는 것이 점점 길어지고 혼침과 도거로부터 장해를 받기에 '끊어짐이 있는 주의함'을 이어가는 상태라고 말한다.

여덟 번째 단계는 시작할 때 조금 노력함으로써 혼침과 도거의 장해 없이 삼매를 끝까지 이어갈 수 있기에 '노력함으로써 끊어짐이 없는 주의함'을 이어가는 상태라고 말한다.

한편 아홉 번째 단계는 노력 없이도 삼매에 들 수 있으므로 '노력하지 않아도 저절로 이어지는 주의함'으로 삼매가 이어지는 상태라고 말한다.

(6) 실제 사마타를 이루는 이치

구주심 중에서 아홉째인 지주심(持住心)을 성취하였을 때 미세한 혼침과 도거를 소멸하고, 노력 없이 오랫동안 삼매에 들어 머물 수 있다고 해도 이는 사마타에 아주 가까이 도달했다고는 할 수 있으나 아직 실제 사마타의 단계에 도달한 것은 아니다.

사마타를 성취하기 위해서는 선정에 들어 계속 닦음으로써 더 익숙해져서 몸과 마음이 가볍고 편안한 경안의 상태에서 특별한 기쁨이 일어나야 한다. 마음의 경안과 몸의 경안 두 가지 중에서 마음의 경안이 먼저 일어나지만, 몸 경안의 기쁨과 마음 경안의 기쁨 둘 중에서는 몸 경안의 기쁨이 먼저 일어난다.

몸의 나쁜 기(氣)가 사라져서, 마치 방금 삭발한 머리에 손을 대면 머리를 약간 누르는 느낌을 받긴 하지만 오히려 따뜻하게 느끼는 것과 같이 매우 편안한 느낌을 받게 된다. 번뇌 쪽으로 이끌어 마음대로 선을 행하지 못하게 장해하는 나쁜 기가 사라지면 곧바로 마음의 경안이 일어난다.

그런 다음 그 힘으로 생긴 몸의 경안을 이끌어주는 능동적인 기(氣)가 몸에 퍼져서, 불선으로 이끄는 나쁜 기로부터 벗어나 아무런 걸림 없이 자기가 원하는 대로 선행을 할 수 있으므로 몸이 부드럽고 마치 솜처럼 가벼운 몸의 경안이 일어난다.

이러한 과정에 의지하여 촉(觸)이 매우 편안한 그 자체에서 몸 경안의 기쁨이 크게 일어나는 것을 경험한다. 계속해서 삼매의 상태에 들어 있으면서 몸에 아무런 느낌이 들지 않고, 자신의 몸마저도 감수경에 흡수되어 마음 경안의 기쁨이 크게 일어난다. 이처럼 마음은 넘쳐나는 기쁨으로 들떠 거의 대상에 머물 수 없는 상태에 이른다.

그 뒤 마음이 넘쳐나는 경안의 기쁨으로 들떠 있던 상태가 조금씩 가라앉으면서 기쁨이 줄어드는 것에 의해 마음이 대상에 매우 견고하게 머무는 선정과 흔들림 없는 경안을 얻는 동시에 초선(初禪)의 예비 단계인 '초선근분미지정(初禪近分未至定)'을 증득하여 최초로 사마타의 경지를 성취한다. 이는 세간과 출세간의 많은 깨우침을 얻기 위해 없어서는 안 되는 선정이므로 '미지정(未至定)'이라고 한다.

초선근분미지정인 최초의 사마타에서부터 차례대로 여덟 가지 선정[54]을 얻을 수 있지만, 우리에게 이것이 크게 필요하지 않은 이유는 색계나 무색계로 태어나는 것이 목표가 아니기 때문이다. 한편 외도들은 비상비비상처천(非想非非想處天)의 선정을 얻은 것을 해탈에 이른 것으로 착각하기도 하지만, 이것은 결코 윤회에서 벗어나 진정한 해탈의 경지에 이른 것이 아니다.

예를 들면 한 수행자가 부단한 노력 끝에 비상비비상처천의 삼매에 수년 동안 머물러 있었음에도 불구하고, 나중에 선정에서 나와 길게 자라난 자신의 머리카락을 갉아 먹는 쥐를 보고서 벌컥 화내는 바람에 선정에서 쇠퇴하여 삼악도로 떨어졌다고 하는 이야기도 있다.

이와 같이 하여 사마타를 잘 이루었다면 벽 속에 있는 티끌의 수도 헤아릴 수 있을 정도로 마음이 밝아지는 것을 경험하게 되고, 색·성·향·미·촉 외색(外色)의 상과 탐·진·치 삼독의 상과 남·녀의 상 등 열 가지 상이 나타나더라도 이들에 대한 허물을 기억하여 좋아하지 않으며, 번뇌가 점점 줄어들고, 번뇌가 생기더라도 약해져서 힘이 없다. 안주하는 힘인 대상에 집중해 머무는 힘이 깊어져서 잠조차도 선정과 구분할 수 없을 정도가 되므로 이득이 많아진다.

요즘 큰 가르침에 의지하지 않고 작은 부분에만 의지하여 깨우칠 수 있다고 착각하는 견해를 가진 이들이 있는데, 그러한 이들은 외도와 공통적인 사마타조차도 제대로 이루기가 어렵다. 마하무드라〔착첸, 大手印〕에서 말하기를, 마음의 본성을 본다고 하는 것 등은 단지 속제 차원의 마음을 보는 정도일

---

54) 색계(色界)의 초선(初禪), 이선(二禪), 삼선(三禪), 사선(四禪)과 무색계(無色界)의 공무변처정(空無邊處定), 식무변처정(識無邊處定), 무소유처정(無所有處定), 비상비비상처정(非想非非想處定)을 말한다.

뿐이라고 했다. 그러므로 대단한 수행이라는 생각이 들더라도 이는 놋쇠 덩어리를 황금으로 착각하는 것과 같아서 목적 없이 삿된 길로 가고 있는 것일 뿐 아무것도 아니다.

미세한 혼침에 드는 것을 선정으로 착각해 닦는 것은 높은 선정의 세계인 색계나 무색계에 태어나는 원인마저도 될 수가 없다. 오히려 그것은 축생으로 태어나는 원인이 된다. '싸꺄 빤디따'께서 "어리석은 자가 대수인을 닦으면, 대부분 축생으로 태어나는 원인이 된다."라고 말씀하셨다. 그러므로 도(道)의 세 가지 핵심인 출리심·보리심·공성을 깨닫는 바른 견해 중 어느 하나에라도 수행이 되지 않은 상태에서 메마른 지혜〔乾慧〕[55]로 마음의 실체에는 색깔이나 모양이 없다고 여겨서 지나간 과거를 생각하지 않고 오지 않은 미래에 대해 미리 걱정할 필요 없이 오직 이 순간에만 머물러야 한다는 등으로 자신이 큰 수행을 하고 있다고 착각하는 것은 인생을 낭비하는 것일 뿐이므로 오도와 십지의 어떤 경지에도 이를 수 있는 수행이 아니다.

보리심으로 수행하면 대승 보살의 수행이 되고, 출리심과 공성을 깨닫는 바른 견해로 수행하면 해탈의 길로 가는 수행이 되며, 삼보에 대한 귀의심으로 수행하면 삿된 길에서 벗어나 부처님의 정법을 수행하는 데 입문할 수 있으니, 올바른 길로 바르게 수행하고자 한다면 이와 같이 해야 한다. 이러한 바탕 없이 마음의 실체가 밝고 비어 있으며 집착이 없음 등을 알아차리는 정도의 깨달음만으로는 아집에 대한 아무런 치료제가 될 수 없으며, 외도의 견해로 빠질 위험마저도 있다. 그러한 수준 낮은 도를 좋게 여기지 말고 올바른 도인지 아닌지를 잘 살펴서 구분할 줄 알아야 한다.

---

[55] 실질적인 체험 없이 경전을 단지 글로만 이해한 지혜를 말한다.

6) 지혜바라밀

이는 인무아(人無我)를 바르게 깨닫는 것, 법무아(法無我)를 바르게 깨닫는 것, 공성을 체득하고 난 뒤 위빠사나〔觀〕가 생기는 이치, 이 세 가지로 나눌 수 있다.

인무아(人無我)를 바르게 깨닫는 것에 허공과 같은 근본지(根本智)[56]를 기르는 방법과 그 뒤에 얻는 환상과 같은 후득지(後得智)[57]를 기르는 방법, 이 두 가지가 있다.

법무아(法無我)를 바르게 깨닫는 것에 유위법(有爲法)이 무자성(無自性)임을 바르게 깨닫는 것, 무위법(無爲法)이 무자성임을 바르게 깨닫는 것, 이 두 가지가 있다. 유위법이 무자성임을 바르게 깨닫는 것에는 색(色)이 무자성임을 바르게 깨닫는 것, 식(識)이 무자성임을 바르게 깨닫는 것, 불상응행(不相應行)이 무자성임을 바르게 깨닫는 것, 이 세 가지가 있다.

지혜를 상징하는 금강요령

무위법이 무자성임을 바르게 깨닫는 것에는 택멸(擇滅)과 비택멸(非擇滅), 허공과 공성 등을 바르게 깨닫는 것 등이 있다.

인무아와 법무아에 관해 불교 사대학파는 서로 다른 견해를

---

56) 무분별지(無分別智) 또는 여리지(如理智)라고도 하며, 바로 진리에 계합하여 능연(能緣)과 소연(所緣)의 차별이 없는 궁극적인 진리를 깨달은 지혜로서, 이것이 모든 지혜의 근본이며 후득지를 내는 근본이 되므로 이같이 말한다.
57) 여량지(如量智) 또는 권지(權知)라고도 하며, 근본지에 의해 진리를 깨달은 뒤에 다시 분별하는 얕은 지혜를 일으켜서 의타기성(依他起性)의 속사(俗事)를 요지(了知)하는 지혜를 말한다.

주장하고 있는데, 이에 대해 다음과 같이 살펴보고자 한다.

"대자대비의 마음으로 일체중생의 모든 상(相)을 제거하기 위해 바른 법을 설해주신 고따마 부처님께 예경합니다."라는 『중론(中論)』의 마지막 게송 하나로 위대한 스승 용수보살께서는 거룩한 부처님에 대한 소개를 세 가지 면에서 해주셨다. 첫째, 대자대비의 마음동기와 둘째, 일체중생의 전도된 견해를 제거하려는 목적과 셋째, 연기와 공성이 둘이 아닌 바른 법을 설하는 방법 등이다.

또한 '쫑카빠' 대사께서 연기법을 자유자재로 설해주신 면에서 부처님을 찬탄하신 『연기찬탄송(緣起讚歎頌)』에서 "부처님의 많은 가르침은 물론이고, 작은 부분의 뜻을 피상적으로만 이해해도 큰 기쁨을 준다네. 여래의 행 가운데 설법의 행, 설법의 행 중에서도 연기를 설함이 최고이니 지혜로운 이는 이것으로 부처님을 기억해야 하네."라고 하신 바와 같이, 『요의불요의선설장론(了義不了義善說藏論)』의 핵심인 유부와 경량부, 유식학파, 자립논증중관학파, 귀류논증중관학파의 인무아와 법무아에 관한 견해를 간략히 비교 분석한다.

(1) 유부와 경량부의 인무아와 법무아에 관한 견해

유부(有部)와 경량부(經量部)는 제법무아(諸法無我)라고 할 때의 무아와 인무아를 따로 구분하지 않으므로, 인무아〔我空〕를 인정하고 법무아〔法空〕는 인정하지 않는다. 왜냐하면 법무아와 반대로 모든 법에 실체성이 존재한다고 주장하기 때문이다. '모든 법이 무아'라고 할 때 모든 법은 '아(我)'와 '아소(我所)' 둘로 나누어 나는 독립적인 내가 아닌 것 즉 아공(我空)이며, 오온 등 나의 것은 모두 독립적인 나의 소유가 아닌 것 즉 아소공(我所空)이다. 그러므로 이 두 가지 면에서 모든 법이 무아라고 주장한다.

유부와 경량부에서 '무아(無我)'라고 할 때 '아(我)'는 보특가라를 의미하므로 '특별한 보특가라' 즉 '특별한 아'가 없다고 주장하며, 귀류논증중관학파는 '무아'라고 할 때 '아'를 독립적인 실체 즉 자성(自性)의 의미로 해석하기에 유부, 경량부의 견해와는 큰 차이를 보인다.

귀류논증중관학파는 모든 법이 가유(假有)라고 주장하지만, 자립논증중관학파, 유식학파, 유부와 경량부 모두는 가유는 반드시 실유(實有)를 토대로 성립한다고 한다. 예를 들면 나는 가유이지만, 나의 실유는 의식 속에 존재한다고 본다. 따라서 나는 가유이고 나의 식은 실유로, 고성제의 네 가지 특징인 무상(無常)·고(苦)·공(空)·무아(無我) 중 공과 무아의 차이는 상일주재(常一主宰)적인 자아가 없는 것은 공(空)이고, 독립적인 실체성의 아(我)가 없는 것은 무아(無我)라고 주장한다. 즉 공은 거친 무아이며, 무아는 미세한 무아라고 한다. 아래의 표를 참조하기 바란다.

		거친 무아	미세한 무아	아주 미세한 무아
경(境)[58]	아(我)	상일주재적인 자아	보특가라가 독립적으로 실제 성립한 자아	자성으로 성립한 자아
	무아(無我)	상일주재적인 자아가 없는 것	보특가라가 독립적으로 실제 성립하지 않는 무아	자성으로 성립하지 않는 무아
유경(有境)[59]	아집(我執)	상일주재적인 자아를 대상으로 집착하는 아집	보특가라가 독립적으로 실제 성립한 자아를 대상으로 집착하는 아집	자성으로 성립한 자아를 대상으로 집착하는 아집
	무아혜(無我慧)	상일주재적인 자아가 없음을 깨닫는 지혜	보특가라가 독립적으로 실제 성립하지 않는 무아를 깨닫는 지혜	자성으로 성립하지 않는 무아를 깨닫는 지혜
		외도	유부, 경량부, 유식학파, 자립논증중관학파	귀류논증중관학파

자증(自證)[60]을 인정하지 않고 외경(外境)이 실제로 있다고 주장하는 불교학파가 유부의 정의이고, 자증과 외경 둘 다 실제로 있다고 주장하는 불교학파가 경량부의 정의이다. 유부와 경량부는 더 이상 나눌 수 없는 무방분(無方分)의 극미를 인정하고 있기에 외경을 주장한다.

그러므로 유부와 경량부의 견해는 존재론(根), 수행론(道), 결과론(果)의 세 가지 면에서 설명할 수 있다. 먼저 존재론으로 진제와 속제의 이제와 고집멸도의 사성제를 말한다. 유부와 경량부의 진제와 속제의 정의는 다음과 같은 차이가 있다.

	유부	경량부
속제 (俗諦)	부수거나 인식으로 각각 분별할 때 그것을 인지하는 인식이 없어지는 법이 속제의 정의. 예를 들면 항아리와 염주 따위.	분별심으로 가립한 것으로만 성립하는 법이 속제의 정의. 예를 들면 무위의 허공 따위.
진제 (眞諦)	부수거나 인식으로 각각 분별할 때 그것을 인지하는 인식이 사라지지 않는 법이 진제의 정의. 예를 들면 무방분의 극미와 무찰나분의 심식, 무위의 허공 따위.	분별심으로 성립하지 않고 실제로 존재하는 법이 진제의 정의. 예를 들면 오온 따위.

유부는 진제(眞諦)와 실유(實有)를 동의(同意)로, 속제(俗諦)와 가유(假有)를 동의로 본다.

경량부는 사물(事物), 무상(無常), 진제(眞諦), 자상(自相), 유위법(有爲法)을 동의로, 비사물(非事物), 상(常), 속제(俗諦), 공상(共相), 무위법(無爲法)을 동의로 본다.

이제 유부와 경량부의 수행론에 관해 간략히 설명하자면, 도의 소단(所斷) 즉 수행해서 제거해야 하는 것은 번뇌장이며 소

---

58) 인식의 대상.
59) 자신의 대상을 가지고 있는 것.
60) 능취(能取) 또는 식(識)을 대상으로 한 식.

사성제 십육행상(四聖諦 十六行相)

(1) 고성제(苦聖諦)의 네 가지 특징

① 무상(無常) : 유루의 오온은 무상이다. 왜냐하면 원인과 조건에 따라 생기기 때문에.

② 고(苦) : 유루의 오온은 고통이다. 왜냐하면 업과 번뇌의 힘으로 끌려가기 때문에.

③ 공(空) : 유루의 오온은 공이다. 왜냐하면 오온을 좌우지하는 아(我)가 따로 없기 때문에.

④ 무아(無我) : 유루의 오온은 무아이다. 왜냐하면 독립적인 아로 존재하지 않기 때문에.

(2) 집성제(集聖諦)의 네 가지 특징

① 인(因) : 유루의 업과 번뇌는 원인이다. 왜냐하면 고통을 일으키는 뿌리이기 때문에.

② 집(集) : 유루의 업과 번뇌는 집이다. 왜냐하면 고통을 거듭거듭 반복해 생기게 하기 때문에.

③ 생(生) : 유루의 업과 번뇌는 생이다. 왜냐하면 고통을 강력하게 생기게 하기 때문에.

④ 연(緣) : 윤회에 대한 집착은 연이다. 왜냐하면 고통의 조건이기 때문에.

(3) 멸성제(滅聖諦)의 네 가지 특징

① 멸(滅) : 업과 번뇌를 완전히 멸한 열반은 멸이다. 왜냐하면 모든 고통을 멸한 그 자체이기 때문에.

② 정(靜) : 업과 번뇌를 완전히 멸한 열반은 정이다. 왜냐하면 번뇌로부터 고요해지기 때문에.

③ 묘(妙) : 업과 번뇌를 완전히 멸한 열반은 묘이다. 왜냐하면 흡족한 선물을 받은 것과 같이 빼어난 열반의 행복과 이익을 갖추기 때문에.

④ 리(離) : 업과 번뇌를 완전히 멸한 열반은 리이다. 왜냐하면 다시는 고통이 일어나지 않는 상태에 도달하기 때문에.

(4) 도성제(道聖諦)의 네 가지 특징

① 도(道) : 보살의 공성을 깨닫는 견도는 도이다. 왜냐하면 해탈로 가는 길이기 때문에.

② 여(如) : 보살의 공성을 깨닫는 견도는 여이다. 왜냐하면 번뇌를 대치하는 도이기 때문에.

③ 행(行) : 보살의 공성을 깨닫는 견도는 행이다. 왜냐하면 공성을 확실하게 깨달아 바르게 나아가기 때문에.

④ 출(出) : 보살의 공성을 깨닫는 견도는 출이다. 왜냐하면 고통과 번뇌의 뿌리까지 모두 제거하는 길이기 때문에.

지장은 주장하지 않는다. 하지만 번뇌가 있는 무지와 번뇌가 없는 무지는 인정한다. 번뇌가 있는 무지에 근본번뇌 여섯 개와 수번뇌 스무 개가 있으며, 주로 아집과 아소집을 말한다. 또한 번뇌가 없는 무지에는 시간이 너무 오래되어서 알 수 없는 무지와 거리가 너무 멀어서 알 수 없는 무지, 너무 광대해서 알 수 없는 무지, 너무 심오해서 알 수 없는 무지 등 네 가지가 있다.

수행 즉 도(道) 그 자체에는 자량도, 가행도, 견도, 수도, 무학도의 오도(五道)가 있고, 그 또한 성문의 오도와 연각의 오도와 보살의 오도가 있으며, 보살의 십지(十地)는 주장하지 않는다.

마지막으로 유부와 경량부의 결과론은 다음과 같다. 성문과 연각은 아라한과를 얻을 때 유여열반과 무여열반을 순차적으로 이루고, 보살이 성불할 때 번뇌가 있는 무지뿐만 아니라 앞서 말한 번뇌가 없는 무지 네 가지도 소멸된다. 또한 무위열반에 들 때도 촛불을 끄듯이 완전히 적멸의 상태로 들어간다고 한다. 화신과 보신을 인정하지 않고, 부처님께서 설하신 법은 오직 사성제의 법뿐이어서 대승의 법은 설하시지 않았다고 주장한다. 구경일승(究竟一乘)이 아닌 구경삼승(究竟三乘)을 말하고 있다.

(2) 유식학파(唯識學派)의 인무아와 법무아에 관한 견해

외경을 인정하지 않고 의타기성 가운데 식을 실제로 있다고 주장하는 불교학파가 유식학파의 정의이다. 모든 법이 오직 마음뿐이라고 주장하기에 '유식(唯識)'이라고 한다.

유식학파의 존재론에서는 주로 다음과 같이 변계소집성, 의타기성, 원성실성의 유식삼성(唯識三性)을 말한다.

분별심만으로 가립(假立)한 것은 변계소집성(遍計所執性)의 정의이다. 이를 나누면 존재하는 변계소집성과 존재하지 않는 변계소집성 두 가지가 있다. 존재하는 변계소집성의 사례는 공성을 제외한 모든 무위법이며, 존재하지 않는 변계소집성의 사례는 법무아의 부정 대상〔부정해야 할 바〕인 외경 따위이다.

원인과 조건에 의지해 생긴 것은 의타기성(依他起性)의 정의이다. 이를 나누면 청정한 의타기성과 청정하지 않은 의타기성이 있다.

소지장을 소멸할 수 있는 청정한 지혜의 궁극적인 대상은 원성실성(圓成實性)의 정의이다.

존재하는 변계소집성과 의타기성은 속제, 원성실성은 진제이다. 또한 변계소집성은 자상성립(自相成立)하지 않고 의타기성과 원성실성은 자상성립한다고 주장한다. 예를 들어 유식삼성을 항아리로 비유해 보면, 항아리 그 자체는 의타기성, 항아리가 항아리라고 부르는 소리와 항아리라고 인식하는 분별심의 바탕이 되는 그 자체는 존재하는 변계소집성이며, 항아리가 항아리라고 부르는 소리와 항아리라고 인식하는 분별심의 바탕으로 자성으로 성립하는 그 자체는 존재하지 않는 변계소집성이다. 항아리가 항아리라고 부르는 소리와 항아리라고 인식하는 분별심의 바탕으로 자성으로 성립하지 않는 그 자체는 원성실성이다. 조금 더 간추려 말하면, 항아리는 의타기성, 항아리가 외경으로 성립한 그 자체는 변계소집성, 항아리가 외경으로 성립하지 않는 그 자체는 원성실성이다.

다음으로 유식학파의 수행론에서는 인무아뿐만 아니라 법무아도 인정한다. 인무아는 유부부터 자립논증중관학파까지 공통으로 인정하는 보특가라가 독립적으로 실제 성립하지 않는 무아를 말한다. 법무아는 두 가지 관점에서 설명하고 있다. 첫째, 색과 색을 보는 량(量)[61]이 따로따로 없는 것 즉 체성이 둘이 아닌 것으로, 예를 들면 염주〔境〕와 염주를 보는 안식〔有境〕이 체성일(體性一) 반체이(反體異)[62]로 둘이 아니다. 둘째, 색이 색이라는 이름의 토대로 자성이 성립하지 않는 것 또는 색이 색이라고 하는 분별심의 토대로 자성이 성립하지 않는 것이다. 결론적으로 법무아의 두 가지 관점에서 본 주장은 외경이 존재하지 않고 마음으로부터 모든 법이 존재한다는 것이다.

도의 소단으로 번뇌장뿐만 아니라 소지장도 인정한다. 성문·연각은 주로 아집과 번뇌장을 소멸하기 위해 수행하고, 보살은 주로 법집과 소지장을 소멸하기 위해서 수행한다. 성문·연각 각각의 오도와 대승의 오도, 보살의 십지 등에 관해서 체계적으로 말하고 있다.

마지막으로 유식학파의 결과론에서는 성문·연각의 아라한과를 얻고 난 뒤에도 보리심을 일으켜 보살도를 닦아야 성불할 수 있다고 하는 구경일승을 주장한다. 또 자성법신, 지혜법신, 화신, 보신의 사신(四身)을 주장한다.

(3) 자립논증중관학파(自立論證中觀學派)의 인무아와 법무아에 관한 견해

제실성립(諦實成立)을 티끌만큼도 인정하지 않고 자성을 인정하는 중관학파는 자립논증중관학파의 정의이다. 가유는 실유를 바탕으로 존재하기 때문에 모든 존재에 자성이 있다고 주장한다.

---

[61] 대상을 처음 지각하는 바른 인식으로, 분류하면 현량(現量)과 비량(比量)이 있다.
[62] 체성일(體性一)은 무분별심으로 둘로 나눌 수 없는 것, 반체이(反體異)는 분별심으로 둘로 나눌 수 있는 것을 말한다.

모든 존재에 자성이 있다고 하는데, 가유는 실유를 바탕으로 존재하기 때문이라고 한다. 바른 인식으로 성립되는 것이 아닌 대상 그 자체의 면에서 존재하는 것이 자립논증중관학파가 부정하는 대상인 제실성립이다.

자립논증중관학파에는 유가행(瑜伽行) 자립논증중관학파와 경부행(經部行) 자립논증중관학파 두 가지가 있다. 유가행 자립논증중관학파는 유식학파의 견해와 같이 외경을 인정하지 않고 자증을 인정하는 중관학파이며, 그 사례는 '싼타락시타〔적호寂護〕'와 '까말라실라〔연화계蓮華戒〕' 등이다. 경부행 자립논증중관학파는 자증을 인정하지 않고 외경을 인정하는 중관학파이며, 그 사례는 '바바비베까〔청변淸辨〕'이다.

보특가라가 독립적으로 실제 성립하지 않은 무아는 인무아이며 모든 법이 제실성립하지 않은 것은 법무아이다. 유식학파와 자립논증중관학파는 인무아를 깨닫는 지혜로 번뇌장을 끊을 수 있고, 법무아를 깨닫는 지혜로 소지장을 끊을 수 있다고 주장한다. 아집은 번뇌장이며 법집은 소지장으로 인무아와 법무아의 부정해야 할 대상은 서로 완전히 다르다고 본다.

(4) 귀류논증중관학파(歸謬論證中觀學派)의 인무아와 법무아에 관한 견해

『입중론』에서 "무아는 중생들을 해탈시키기 위해 법(法)과 인(人) 둘로 구분해 설해졌다."라고 하신 바와 같이, 귀류논증중관학파는 무아라고 할 때 부정의 대상인 '아(我)'에 관해서 자립논증중관학파 이하의 견해와는 달리 자성을 말하며, 즉 무아와 무자성을 같은 의미로 본다. 인무아와 법무아가 부정해야 할 대상은 똑같지만, 그 기준이 다르다. 여기서 말하는 부정의 대상은 자성을 말하며, 나를 기준으로 자성이 없는 것 즉 내가 무자성인 것은 인무아이고, 오온을 기준으로 자성이 없는 것 즉 오온이 무자성인 것은 법무아이다. 이런 관점에서 모든 법에 자성이 없는 것을 제법무아(諸法無我)의 뜻으로 쉽게 이해할 수 있다.

이와 달리 자립논증중관학파 이하의 견해대로 무아의 뜻을 자아(atman)가 없다는 의미로만 이해하게 되면 제법무아의 뜻을 제대로 이해함에 어려움이 있다. 예를 들면 내가 무아라고 하는 것처럼 오온이 무아이고, 염주가 무아라고 하는 것을 이해하기 어려운 것과 같다.

귀류논증중관학파의 견해대로 자성이 없다고 하는 무자성과 무아를 동의로 보아 제법무아의 의미를 쉽게 해석할 수 있다. 예를 들면 모든 법을 나와 내가 아닌 법의 둘로 나누어 나의 자성이 없는 것은 인무아, 내가 아닌 모든 법의 자성이 없는 것을 법무아로 일관성 있게 주장할 수 있다.

법이 자성이 없다거나 실체가 없다고 말하기는 쉽지만, 자성과 실체가 없는 동시에 연기법으로 있다고 하는 존재 방식이 성립되어야 함에도 불구하고 명언위량(名言爲量) 또는 명언성립(名言成立)을 인정하기가 무척 어렵다. 다시 말해서 없다고 부정하기는 쉽지만, 있다고 증명하기는 어려운 것이다. 자성으로 없는 것과 연기법으로 있는 것, 이 두 가지가 모순 없이 한 대상에 양립할 수 있는 진공묘유의 뜻을 깨닫는 것이 중요하다. 나를 전체와 부분으로 나누어 분별할 때 마침내 이것이 '나'라고 할 수 있는 것이 아무것도 없음을 안다고 해서 진정으로 무아를 아는 것이 아니다. 왜냐하면 이는 불교를 공부하지 않은 일반인들도 쉽게 알 수 있기 때문이다.

진짜 무아와 공성을 안다고 한다면, 자신의 마음속 탐진치가 줄어들어 특히 아상과 아집을 직접적으로 대치할 수 있는 힘을 얻어야 한다. 무아와 무자성을 바르게 이해하려면, 다음의 세 가지 조건을 갖추어야 한다. 첫째, 공성을 바르게 가르쳐주신 스승을 잘 모셔야 한다. 둘째, 공성을 바르게 설하신 경전을 꾸준히 배워야 한다. 셋째, 공성을 바르게 이해할 수 있도록 수없이 많은 복덕자량을 쌓고 업장을 소멸하는 참회수행에 부지런히 정진해야 한다.

그렇다면 귀류논증중관학파가 부정하고 있는 대상인 자성이 무엇인지 묻는다면, 자성과 다음의 열네 가지 모두를 동의라고 주장한다.

① 자성성립(自性成立)　② 자상성립(自相成立)
③ 자체성립(自體成立)　④ 자력성립(自力成立)
⑤ 자재성립(自在成立)　⑥ 제실성립(諦實成立)
⑦ 승의성립(勝義成立)　⑧ 타방성립(他方成立)
⑨ 불의뢰성립(不依賴成立)　⑩ 실질성립(實質成立)
⑪ 본질성립(本質成立)　⑫ 불의고이성립(不依靠而成立)
⑬ 진여성립(眞如成立)　⑭ 본성성립(本性成立)

 불교 사대학파가 주장하는 존재 방식의 핵심을 간략히 설명하겠다. 외도는 오온과 별도로 항상 있고 나눌 수 없으며 독립적인, 즉 상일주재(常一主宰)적인 자아가 있다고 주장한다. 이와 반대로, 불교도는 이같이 오온과 별도로 있는 자아는 절대로 존재하지 않는다고 주장한다.

 하지만 유부부터 자립논증중관학파까지는 나의 존재 방식이 오온 가운데 있다고 주장한다. 예를 들면 유부가 오온이 나라고 주장하는 것과 유식학파가 아뢰야식이 나라고 주장하는 것, 경량부와 자립논증중관학파가 오온 가운데 식온이 곧 나라고 주장하는 것과 같다. 다시 말해 나 또는 보특가라, 유정(有情)은 가유이고, 진제가 아닌 속제의 측면에서 찾아보았을 때 어떤 실유가 반드시 존재해야 한다고 한다. 그래서 식이 나라고, 아뢰야식이 나라고 주장하면서 나는 가유, 아뢰야식은 실유라고 하는 것이다. 따라서 유부부터 자립논증중관학파까지는 오온 속에 나의 존재 방식이 반드시 있다고 굳게 주장한다.

이와 반대로 귀류논증중관학파의 나의 존재 방식은 오온 밖에도 없고, 오온 안에도 없으며, 오직 명언(名言) 즉 이름과 생각만으로, 가립으로, 가유로 있을 뿐 어떠한 실유도 존재하지 않는다고 주장한다.

조금 더 쉽게 설명하자면 유부와 경량부는 나의 존재 방식이 주관이 아닌 객관 즉 대상에 100% 존재한다고 본다. 이와 달리 유식은 객관이 아닌 주관 즉 식에 100% 존재한다고 보며, 자립논증중관학파의 경우 주관과 객관 각각 50%씩 있는 중관의 존재 방식을 주장한다. 그러므로 이 모든 학파는 자성이 있다고 하는 근본적인 견해를 가지고 나의 존재 방식에 관해 말하고 있다. 그러나 귀류논증중관학파는 이와 같은 존재 방식이 아닌 오직 명언만으로, 가립만으로, 가유만으로, 이름만으로, 생각만으로 존재할 뿐 주관과 객관에 티끌만큼의 자성도 없다고 주장한다.

무아에는 세 가지가 있는데, 오온과 별도로 항상 있고 더 이상 나눌 수 없고 독립적인 주체 즉 상일주재적인 자아가 없는 것은 거친 무아이며, 오온 가운데 몸과 마음에 의지하지 않고 보특가라 또는 내가 독립적으로 존재하지 않는 것은 미세한 무아이며, '나'라는 자성이 오온 밖에도 오온 안에도 티끌만큼도 존재하지 않는 나의 무자성은 가장 미세한 무아이다.

각각의 사대학파가 주장하는 요의경(了義經)과 불요의경(不了義經)에 관해 간략히 설명해 보면, 유부와 경량부는 부처님 말씀이라면 모두 요의경으로 주장하고 있으며,「반야경」등의 대승 경전은 부처님의 말씀으로 인정하지 않는다. 유식학파는 초전법륜(初轉法輪)과 중전법륜(中轉法輪)인「반야경」을 불요의경으로 인정하고, 종전법륜(終轉法輪)인 『도데공델〔해심밀경解深密經〕』은 요의경으로 인정한다. 그리고 부처님 말씀 가운데 겉으로 드러난 그대로 인정할 수 있는 경은 요의경으로, 그대로 인정할 수 없는 경은 불요의경으로 본다.

자립논증중관학파는 초전법륜과 종전법륜은 불요의경으로 인정하고, 중전법륜 가운데『반야심경』은 불요의경으로, 『팔천송반야경』은 요의경으로 인정한다. 그리고 부처님 말씀 중 그대로 인정할 수 있는 경과 진제를 중심으로 한 경은 요의경으로, 그대로 인정할 수 없거나 진제를 중심으로 하지 않은 경은 불요의경으로 본다. 귀류논증중관학파는 초전법륜에 요의와 불요의경 둘 다 있다고 인정하고, 중전법륜은 요의경으로, 종전법륜은 불요의경으로 인정하며, 속제를 중심으로 설하신 경은 불요의경으로, 진제를 중심으로 설하신 경은 요의경으로 본다.

그리고 귀류논증중관학파가 특별하게 주장하는 여덟 가지 견해는 다음과 같다.

첫째, 육식(六識)에 포함되지 않는 아뢰야식을 특별히 부정한다. 용수보살의 『장춥쎔끼델빠〔보리심석론菩提心釋論〕』에 '아뢰야식'이라는 용어는 나오지만, 유식학파가 주장하는 육식에 포함되지 않은 별도의 제7의 말라식과 제8의 아뢰야식은 귀류논증중관학파가 인정하지 않고 있다. 하지만, 업보의 토대와 같은 근본식과 다음 생으로 이어지는 연결식은 인정한다. 유식학파가 주장하는 별도의 아뢰야식은 외도가 주장하는 상일주재적인 자아와 다르지 않다고 논박하는 경향도 있다.

둘째, 자증(自證)을 특별히 부정한다. 자증을 인정하는 학파가 자증이 있다고 보는 핵심적인 이유는, 예를 들어 경량부의 경우 파란색은 파란색을 보는 안식(眼識)의 측면에서 진제로 존재하는 것과 같이 파란색을 보는 안식 또한 파란색을 보는 안식을 대상으로 한 자증의 측면에서 진제로 본다. 그뿐만 아니라 자증이 없다면 파란색을 본 안식을 다시 기억할 수 있는 근거가 없어지는 까닭이다. 왜냐하면, 파란색을 다시 기억할 수 있는 것은 파란색을 본 안식이 존재하기 때문이다. 유식학파의 경우 파란색이 존재하는 방식은 파란색을 보는 안식이 현현하는 것으로만 존재할 뿐 파란색 자체가 외부로부터 티끌만큼도 존재하지 않는다. 마찬가지로 파란색을 본 안식이 존재하는 방식 또한 파란색을 본 안식을 대상으로 한 자증이 현현한 것으로 존재한다고 본다. 다시 말해 파란색을 본 안식에 두 가지 측면이 있다. 자기 자신을 밝히는 측면과 자신이 아닌 다른 것을 밝히는 측면이다. 첫째는 자신을 밝히는 자증이고, 둘째는 파란색을 밝히는 안식이다. 따라서 다시 기억할 수 있는 이유로 자증이 있다고 주장하고 있지만, 귀류논증중관학파는 이 또한 무자성이 아닌 자성이 있다고 하는 주장을 토대로 한 것으로 보아 경과 유경은 서로서로 의존하고 있기 때문에 자중 없이도 기억할 수 있다고 주장한다.

셋째, 자립인(自立因)으로 공성을 깨닫는 바른 견해가 생기지 않는다. 자립인은 자성으로 성립된 바른 이치를 말한다. 공성을 깨닫는 바른 견해는 바른 이치로부터 생긴 것은 맞지만, 귀류논증중관학파의 견해에 따르면 자성으로 성립된 바른 이치는 존재하지 않는다. 왜냐하면 자성으로 존재하지 않고 제법이 무자성이기 때문이다. 자립논증중관학파와 귀류논증중관학파 둘 다 중관학파이지만 가장 큰 차이점은 후자는 무자성을 주장하고 전자는 무자성을 주장하고 있지 않은 점이다. 유부와 경량부는 나의 존재 방식이 주관이 아닌 객관 즉 대상에서 100% 존재한다고 보고, 유식학파는 객관이 아닌 주관 즉 식에서 100% 존재한다고 하며, 자립논증중관학파는 주관과 객관 각각 50%로 중관의 존재 방식을 주장하므로, 이들 학파는 자성이 있다고 본다. 하지만 귀류논증중관학파는 오직 명언이나 가립, 가유, 이름, 생각만으로, 연기법으로, 오직 조건에 의지해서 존재할 뿐 티끌만큼의 주관과 객관의 자성도 없다고 주장한다. 그러므로 자립논증중관학파와 귀류논증중관학파가 자성을 인정하고 인정하지 않는 차이를 알기는 매우 어렵지만, 이를 알지 못하면 공성을 바르게 깨달을 수 없기에 꾸준히 불교 사대학파 간 견해의 차이와 특히 용수보살과 월칭보살의 중관사상에 대해 배우는 것이 무척 중요하다.

넷째, 식이 존재하는 것처럼 외경(外境)도 인정해야 한다. 유부 이외의 모든 학파에서는 안식이 파란색의 소취상(所取相)을 본다고 주장한다. 이때 유식학파에서는 파란색을 보는 안식이 본 파란색의 소취상은 식이 습기로 현현한 것일 뿐으로 파란색과 파란색을 본 안식은 체성일(體性一) 반체이(反體異)라고 한다. 즉 파란색과 파란색을 보는 안식을 둘로 나눌 수 없는 능소이공(能所二空)으로 인정한다. 귀류논증중관학파는 파란색은 외부로부터 여러 가지 미세한 물질로 성립되어 주체가 아닌 객체의 면에서 존재하기에 외경으로 본다. 즉 파란색과 파란색을 보는 안식이 체성이(體性異) 반체이(反體異)로 따로따로 있다고 한다. 외부의 물질로부터 성립된 외경은 인정하지만, 무방분의 극미는 인정하지 않는다.

다섯째, 성문·연각도 법무아를 깨닫는 지혜가 있다. 자립논증중관학파는 법무아를 깨달은 보살이 성문이나 연각의 길로 쇠퇴한 경우에만 법무아를 깨달은 성문과 연각이 존재한다고 주장하지만, 귀류논증중관학파가 성문·연각에게도 법무아를 깨달은 지혜가 있다고 주장하는 것은 법무아를 깨닫지 않고서는 성문·연각·보살의 자량도 이상 도달할 수 없기 때문이다. 다시 말해서 성문의 자량도 이상과 연각의 자량도 이상, 보살의 자량도 이상의 수행자는 반드시 법무아를 깨달은 지혜를 갖추어야 한다.

여섯째, 법집도 번뇌임을 인정한다. 불교 사대학파가 아집을 번뇌장으로 인정하고, 유식학파와 자립논증중관학파가 법집을 소지장으로 인정한다. 하지만 귀류논증중관학파는 아집뿐만 아니라 법집도 번뇌장으로 인정하고 있다.

일곱째, 이괴멸(已壞滅)을 사물로 인정한다. 유부는 모든 법이 식을 생기게 하는 작용을 하기에 사물이라고 주장한다. 그래서 이괴멸 또한 사물로 본다. 하지만 귀류논증중관학파는 이괴멸 자체를 원인으로부터 생긴 것으로 또 다른 결과를 생기게 하므로 사물로 인정한다. 예를 들어 등불이 꺼지는 것과 등불이 완전히 꺼져 없어진 것 자체는 기름이 떨어진 원인으로 생기기에 사물로 인정한다. 이와 달리 경량부와 유식학파, 자립논증중관학파는 이괴멸이 사물이 아닌 비사물이라고 주장한다.

여덟째, 삼세(三世)에 대해 특별하게 주장한다. 경량부와 유식학파, 자립논증중관학파는 존재의 과거와 미래를 비사물로, 존재의 현재는 사물로 인정하고, 유부는 존재의 과거, 현재, 미래 모두를 사물로 인정한다. 예를 들면 보리싹의 과거와 미래 둘 다는 보리싹으로 인정한다. 이와 달리 귀류논증중관학파가 주장하는 존재의 과거, 현재, 미래가 사물로 존재하는 방식은 과거 보리의 종자에서 현재 보리싹으로, 또한 미래 보리로 변하는 흐름에서 삼세는 상호 의존할 뿐 자성이 없다고 주장하는 것과 같다.

이러한 여덟 가지 특징 외에도 다음과 같은 귀류논증중관학파의 특별한 주장들이 있다.
- 모든 법이 이름과 생각만으로 존재하는 것
- 모든 법아 가유일 뿐 실유는 티끌만큼도 없는 것
- 착란식(錯亂識)[63]이든 비착란식(比錯亂識)이든 식이라면 자신에게 현현한 것에 대해 바른 인식〔量〕임을 충족하는 것
- 재결식(再決識)[64]을 량(量)으로 인정하는 것
- 무여열반과 유여열반 둘 중 무여열반을 먼저 얻는 것
- 견도에 도달하기 전의 범부에게도 십육행상을 깨닫는 유가현량(瑜伽現量)[65]이 있는 것

---

63) 대상인 현현경(顯現境)을 실제와 맞지 않게 보는 식.
64) 이미 알고 있는 것을 다시 이해하는 식. 또는 이미 알고 있는 것을 다시 아는 량(量)이 아닌 식.

- 타생(他生)을 인정하지 않는 것
- 불이 연기에 의지하고 연료가 불에 의지하는 것과 같이 결과만 원인에 의지하는 것이 아닌 원인 또한 결과에 의지하는 것
- 현증(現證)과 현전(現前)을 동의로 인정하는 것
- 유부, 경량부, 유식학파, 자립논증중관학파의 견해에 따르는 아라한은 아라한이 아님을 충족하는 것
- 무루의 식을 제외한 범부의 모든 식은 착란식임을 충족하는 것

견고한 사마타를 이룰 때 드러난 번뇌의 머리만 눌러서 막는 세간의 위빠사나를 닦지 않고, 번뇌의 뿌리를 뽑아 윤회에서 벗어난 해탈을 얻기 위해 무아를 깨닫는 출세간의 위빠사나를 일으켜야 한다. 무아를 깨닫는 위빠사나가 일어나면, 세간의 높은 선정들을 일부러 닦지 않아도 머지않아 윤회에서 완전히 벗어날 수 있다.

무아를 깨닫는 출세간의 위빠사나를 이루기 위해 심오한 공성의 이치를 확실하게 깨달아야 한다. 공성의 이치를 깨닫지 않고는 해탈에 이를 수 있는 방법이 없으며, 보시부터 선정까지의 보살행들도 공성의 지혜를 갖추지 못한 보살행이 된다. 새에게 두 날개가 있어야 하는 것처럼, 방편과 지혜의 두 날개가 없으면 부처의 경지로 날아갈 수 없으므로, 방편인 보리심과 공성을 깨닫는 지혜를 각각이 아닌 함께 닦아야 한다. '쫑카빠' 대사께서도 "공성을 깨닫는 지혜를 갖추지 못하면 출리

---

65) 자신의 공통적이지 않은 증상연인 지관합일의 선정에서 생긴 분별식에서 벗어난 착란식이 아닌 성자의 도(道).

심과 보리심을 잘 닦더라도 윤회의 뿌리 자를 수 없기에 연기법을 깨닫기 위해 정진하소서."라고 말씀하셨다.

한편 공성에 대해서 단지 의심만 하더라도 옷을 갈기갈기 찢어버리거나 우박이 떨어져 곡식을 못 쓰게 만들어 버리는 것처럼 아집이 부수어진다. '아리야데바〔聖天〕'의 『사백론』에서 이르기를, "복이 없는 이는 공성에 대해 의심조차도 생기지 않는다. 의심이 드는 것만으로도 윤회를 찢어버린다."라고 했다.

공성을 깨닫기 위해서는 다음의 조건들을 갖추어야 한다. 첫째, 정법의 근거를 바르게 알고 있는 스승에 의지하여 공성을 바르게 설한 경전을 꾸준히 배워야 한다. 둘째, 공덕을 쌓고 업장을 소멸하는 데 부지런히 정진해야 한다. 셋째, 공성을 가르쳐주신 스승을 부처님으로 보아서 공경히 잘 모셔야 한다. 공성을 깨닫는 바른 견해가 생기게 하는 이 세 가지 조건들을 갖추지 못하면 공성을 깨달을 수 없다.

인도의 불교 사대학파는 서로 견해가 다르지만, 여기서는 중관학파 중에서도 주로 귀류논증파(歸謬論證派)의 견해를 따르고자 한다. 그것은 공성과 연기법이 하나라고 보는 것으로 공성이 연기법이고, 연기법이 공성이라고 하는 견해이다.

대자대비하신 부처님께서 제자의 마음의 근기에 따라 아집을 없애기 위해, 처음에는 상일주재(常一主宰)적인 자아가 없는 무아를 설하고, 근기가 더 깊어지면 유식삼성(唯識三性)과 외경(外境)이 없는 능소이공(能所二空)의 견해를 설하고, 그 뒤에 근기가 더욱 깊어지면 진실성립은 없지만 자성이 있는 자립논증파(自立論證派)의 견해를 설하고, 최상의 근기에게는 모든 법이 티끌만큼의 자성도 없는 무자성을 설해주셨다. 따라서 부처님의 궁극적인 최고의 견해는 마지막 귀류논증중관학파의 견해이다.

한편 유와 무의 양변에서 벗어나 부처님의 뜻을 밝히는 데 있어 비할 바 없는 이로 부처님께서 직접 수기하신 '나가르주나〔龍樹〕'를 따라 공성의 견해를 세워야 한다. 만약 그와 같이 따르지 않고 자기 마음대로 새로이 하나씩 발견해서 그것을 마치 새롭고 완벽한 견해인 양 주장하더라도 '나가르주나'의 견해와 맞지 않다면 바른 견해라고 볼 수 없다. 바른 견해인지 아닌지는 '나가르주나'의 견해와 일치하는지 하지 않는지에 달려있다.

예전에 인도와 티벳의 많은 대학자들조차 공성에 대한 견해에 혼동이 많았다고 한다. 어떤 학자들은 '나가르주나'의 견해를 따르면서도 그 뜻을 이해하지 못했고, 또 다른 학자들은 그의 견해에 반대하는 경우도 있었다. '나가르주나'와 그 제자들의 전통에 따른 견해에 의지하지 않고 그와 반대되는 자신이 만든 견해를 고집한다면 이는 외도가 되는 것이다. '짠드라끼르띠〔月稱〕'께서 『우마죽빠〔입중론入中論〕』에서 "용수보살의 견해에서 벗어난 이에게는 적정해탈을 얻을 방법이 없다. 이들은 진제와 속제의 이치에서 벗어나기에 해탈에 이를 수 없다."라고 말씀하신 바와 같이, 해탈로 가는 또 다른 문이 있다면 몰라도 '나가르주나'의 견해를 따르지 않고서는 윤회에서 벗어날 수 없다.

한편 '나가르주나'의 제자들 중에 어느 분을 따라야 하는지를 묻는다면, '아띠샤' 스승께서 "어떻게 공성을 깨달을 수 있느냐고 물으면, 여래이신 부처님께서 수기하고 법의 진리를 본 '나가르주나'의 제자 '짠드라끼르띠'로 전해온 가르침으로 법의 진리를 깨달을 수 있다."라고 말씀하셨듯이 '짠드라끼르띠'를 따라야 한다.

티벳에서는 '짠드라끼르띠'의 견해를 최고로 여겼지만, 그 이전에는 여러 학파 간의 견해에 대해 잘 아는 스승들이 많이 있었음에도 불구하고, 그분들을 따랐던 제자들이 서로 혼동하여 바른 견해를 갖기가 힘들었다. 후에 '쫑카빠' 대사도 바른 견해를 가지는 데 많은 어려움을 겪었다. 그 당시 많은 학자들 간에도 서로의 견해를 믿지 못했으므로, '쫑카빠' 대사가 티벳에서 인도의 거성(巨星) '루짱'과 '미뜨라' 등을 뵈러 가려고 하였으나, 스승 '호닥둡첸'이 이를 막고서 자신의 견해에 따라 공성을 깨닫는 여러 방법에 대해 가르쳤다. 그러나 이 같은 가르침에도 자신의 의심이 모두 해소되지 않아 근본스승과 문수보살께 기도하면서 공덕을 쌓고 업장을 소멸하는 고행을 오랫동안 하였다. 이러한 고행을 일념으로 한 끝에 문수보살께서 실제로 나투셔서 뵙게 되었다.

본존을 뵙는 방법에는 세 가지가 있는데, 기맥(氣脈)·기(氣)·정수(精水)의 밀교 수행을 통해 본존을 보는 것과 관상으로 보는 것과 눈으로 직접 보는 방법이 있다. '쫑카빠' 대사는 스승과 제자가 만나듯 문수보살을 눈으로 직접 뵈었다고 한다. 문수보살께 올바른 견해에 대한 근거를 질문하자 그 답변이 매우 깊어서 잘 이해할 수 없었는데, 문수보살께서는 견해에 대한 의문점들을 스승 '렌다와'에게 배워서 풀라고 지시하셨다. 그리고 "그렇게 해도 의심을 다 풀지 못할 것이니, 내가 지금 설한 것을 바탕으로 해서 정진하다가 어느 때가 되면 날란다의 논사들께서 쓰신 논서에 의지하여 심오한 견해를 깨우치게 될 것이다."라고 수기하셨다.

또다시 공덕을 쌓고 업장을 소멸하는 데 많은 노력을 기울인 '쫑카빠' 대사는 스승 '쌍게꺙〔불호佛護〕'을 직접 뵙고 그가 저술한 『우마〔중론中論〕』의 주석서 『붓다빨리따』를 봄으로써 귀류논증파의 견해를 확실하게 깨달으셨다. 그때 인도의 대논사들을 많이 뵙게 되었는데도 이를 대수롭지 않게 여기자 문수보살께서 "그것을 무시하지 마라. 너와 남에게 크게 도움이 될 것이다."라고 말씀하셨다. 이런 경위로 중관(中觀)의 견해를 하나도 빠짐없이 완벽하게 깨달았으며, 부처님에 대한 큰 환희심이 일어나 연기법을 설하신 면에서 부처님을 찬탄하는 『연기찬탄송(緣起讚歎頌)』 등을 저술하였다.

거지 행색을 한 어떤 수행자가 성지순례를 하면서 이것을 외우고 있었는데, 스승 '보동 촉레남걜'이 듣고서 처음에는 이것을 '나가르주나'가 저술한 것으로 생각했고, 중간에는 '짠드라끼르띠'가 저술한 것처럼 느꼈지만, 나중에 '나가르주나'와 '짠드라끼르띠' 두 분의 가르침에 의지한 내용이 나와서 이 두 분의 저술이 아님을 알고 그 순례자에게 누가 저술한 것인지를 물었다. '쫑카빠' 대사의 저술이라는 대답을 듣고 '쫑카빠' 대사에 대한 확고한 신심이 생겨서 그분을 뵈러 갔다.

그러나 이미 대사는 열반에 드신 뒤여서 뵐 수가 없었다. 그래서 공양을 올리려고 했던 황금과 은 등을 하늘에 던지면서 기도하자 그것이 도솔천에 뿌려졌다는 신비한 일화가 남아 있다. 그러므로 위없는 바른 견해는 '쫑카빠' 대사의 가르침 속에서 찾을 수 있다.

'쫑카빠' 대사는 인도에서 나온 경전들을 모두 본 뒤에도 견해를 확정짓지 않고 자신이 직접 문수보살께 여쭈었으나, 문수보살께서는 "'짠드라끼르띠'는 대보살이며, '나가르주나'의 깊은 견해를 설하기 위해 나투신 분이므로 그분의 견해는 틀림이 없다."라고 말씀하셨다.

공성에 관한 '쫑카빠' 대사의 가르침을 우리가 문사(聞思)로 배울 때 결코 이해하기가 쉽지 않지만, 다른 논서에서는 찾아볼 수 없는 특징들이 많이 있으므로, 이를 자주 보고 듣고 사유한다면 다른 논서보다 훨씬 더 크고 깊은 지혜를 얻을 수 있다.

'쫑카빠' 대사의 『학통쳰모〔보리도차제광론의 위빠사나 편〕』, 『학통충와〔보리도차제약론의 위빠사나 편〕』, 『렉쎼닝뽀〔요의불요의선설장론了義不了義善說藏論〕』, 『짜쎄띡쳰〔중론광석中論廣釋〕』, 『우마공빠랍쎌〔입중론석入中論釋〕』 등 다섯 논서는 공성의 견해에 관해 저술하신 것이다. 이들을 잘 배우고 익힌다면 인무아와 법무아에 관한 사대학파별 견해의 차이를 이해하고 '공성을 깨닫는 위빠사나'인 공성을 확실하게 체득한 지혜를 얻을 수 있게 된다.

대사께서 공성을 체득한 후 지으신 오도송인 『뗀델뙤빠〔연기찬탄송緣起讚歎頌〕』는 다음과 같다.

스승이신 본존 문수사리께 고개 숙입니다.

1. **부처님께 예경 올리기**
연기법을 완전히 깨달았기에 최고의 지혜를 갖추셨으며
연기를 자재로 설하시기에 위없는 설법자이신
승리자 부처님께 예경 올립니다.

2. **연기를 설하신 면에서 부처님께 예경 올리는 이유**
세간의 어떠한 허물도 그 뿌리는 모두 무지에서 비롯되니
무지를 멸하기 위해 연기를 설하셨다네.

그렇기에 현명한 이라면 연기를 깨닫는 것이
부처님 가르침의 정수임을 어찌 모를 수 있겠는가.

그러므로 인도자이신 부처님을 찬탄함에 연기를 설해주신
면에서 찬탄하는 것보다 더한 찬탄이 어디 있겠는가.

"조건에 의지하는 어떠한 것도 그 모두 실체가 없도다."라는
말씀보다 더 경이로운 가르침이 어디 있겠는가.

3. 연기라는 이유로 누구에게는 윤회하게 하고 누구에게는 해탈하게 하는 원인이 되는 것
어리석은 이는 연기를 보면 극단의 견해가 더 강해지고
지혜로운 이는 연기를 보면 무명의 그물을 끊는다네.

4. 부처님의 가르침보다 더 수승한 법이 없기에 부처님보다 더 위대한 설법자가 없음
이 가르침은 어디에도 없으니 부처님만이 바른 설법자이시네. 여우를 사자라고 부르는 것처럼 외도에게도 아첨이라네.

아! 세존이시여, 경이로운 귀의처시여,
설법자이시여, 위대한 구제주이시여!
연기를 바르게 설하신 설법자 당신을 예경합니다.

5. 공성과 연기를 모순으로 본 허물
대자비로 모든 중생을 돕기 위해 설하시어
불법의 정수 공성을 최상의 논리로 가르치셨네.

이러한 연기의 논리가 모순되거나 터무니없다고 여긴다면
부처님의 심오한 이치를 어찌 알 수 있겠는가.

6. 자성이 공함을 연기로 설함
부처님께서는 공성을 연기의 뜻으로 보셨기에
자성이 없는 것과 인과 사이에 모순이 없네.

이와 반대로 보아 공하다고 인과를 부정하고
인과라고 공을 부정하면 무서운 극단에 빠지게 된다네.

7. 무엇보다 연기를 보는 것이 최고라고 칭송함
그러므로 부처님 가르침 가운데 연기를 보는 것은 최고라네.
이 또한 아예 없다거나 자성으로 있다고 보는 것이 아니네.

8. 연기의 세 가지 이치
하늘의 꽃과 같이 의지하지 않는 것은 없으니 본질적으로
존재한다면 원인과 조건에 의지함은 모순이 되네.

그러므로 "연기하지 않는 어떤 존재도 없기에
자성 없는 공을 벗어난 어떤 존재도 없다."고 가르치셨네.

9. 연기가 자성으로 있다고 보았을 때의 허물
"자성은 변할 수 없기에 모든 존재에 자성이 있다고 한다면
열반은 불가능하며 무명은 멸할 수 없게 된다."고 말씀하셨네.

10. 누구도 부처님의 가르침을 반대할 수 없음
그렇기에 제법에 실재한 자성이 없다고 현명한 이들에게
거듭거듭 사자후로 설하신 것을 누가 반대할 수 있겠는가.

11. 공성과 연기 사이에 모순이 없을 뿐 아니라 서로 도움을 준다고 설하심을 특별히 찬탄함

제법에 자성이 없는 것과 이것에 의지해 저것이 생기는 연기
법 이 두 가지가 모순 없이 조화로움을 말해 무엇하겠는가.

"의지해서 존재하기에 극단의 견해에 빠지지 말라."고
바르게 설하셨기에 부처님이 최상의 설법자임을 증명하네.

"제법의 본래 공함과 연기로 나타나는 인과법 이 둘에 대한
이해는 모순 없이 서로를 돕는다."고 말씀하셨네.

이보다 더 경이롭고 더 훌륭한 말씀은 없다네.
이렇게 부처님을 찬탄하는 것보다 더 훌륭한 찬탄은 없다네.

12. 자성이 있다고 주장하는 불교 학파에 대한 안타까움

무지의 노예가 되어 부처님을 미워하는 이들이
자성이 없다는 말씀을 견디지 못함은 놀라운 일도 아니네.

부처님의 말씀 중 가장 보배로운 연기의 가르침을
받아들인 이가 공성의 사자후를 받아들이지 않음이
나에게는 놀라운 일이네.

공성으로 이끄는 최상의 문이 연기의 가르침임에도
연기는 이름으로만 인정할 뿐 자성이 있다고 믿네.

성스러운 이들이 지나갔던 비할 바 없는 문이며 부처님을
기쁘게 하는 최상의 길로 어떻게 이들을 이끌겠는가.

13. 자성이 있으면서 연기인 것이 없음

자성은 실재이며 의지함이 없고, 연기는 실재 없이 의지하는
데 이 둘이 어찌 한 대상에 모순 없이 양립할 수 있겠는가.

14. 이 이치로 부처님께서 연기를 환영과 같다고 설하심
그렇기에 "의지하여 존재하는 것은 본래부터 자성이 없음에
도 마치 실재처럼 보이는 것이 환영과 같다."고 말씀하셨네.

15. 부처님 가르침을 누구도 비판할 수 없음
불법에 제대로 된 누구의 비판도 찾을 수 없음을
부처님께서 연기를 토대로 설하셨기에 나는 믿네.

연기를 설하심으로써 현전(現前)과 비현전(非現前)에 대한
상견과 단견으로 빠질 우려를 완전히 없앴기 때문이라네.

16. 연기의 가르침에 대한 믿음으로 부처님의 다른 가르침들에 대한 확신이 생김
당신이 위없는 설법자임을 알게 하는 것은 연기의 가르침이네.
이로써 다른 가르침들도 참되다는 마음속 깊은 믿음이 솟네.

17. 부처님과 불법에 대해 공경해야 하는 이유
참되게 보고 바르게 설하신 선서를 따르는 제자들의 허물은
그 뿌리가 뽑히기에 모두 사라지네.

불법과 반대로 가는 이들은 오랫동안 고행을 하더라도
아집을 굳게 하기에 허물이 점점 불어나기만 하네.

아! 지혜로운 이가 이 둘의 차이를 깨닫는 그 순간
뼛속 깊은 곳으로부터 부처님을 공경하지 않을 수 없다네.

18. 불법의 작은 부분만 이해하더라도 큰 기쁨이 생김
부처님의 많은 가르침은 물론이고 작은 부분의
뜻을 피상적으로만 이해해도 큰 기쁨을 준다네.

19. 쫑카빠 대사께서 불법을 조금도 알지 못하였다고 하심(下心)을 함

오호! 저의 마음은 무지에 가려
이러한 참된 부처님의 말씀을 오래전부터 귀의하고
구하였지만 티끌만큼도 알지 못하였다네.

그럼에도 죽음을 향한 목숨의 흐름이 끊어지기 전에
부처님께 작은 확신이라도 생겼으니 이것 또한 행운이라
고 생각하네.

20. 연기의 견해를 핵심으로 보는 것이 부처님의 특징임

설법자 중에서도 연기법을 설하신 이
법을 깨닫는 지혜 중에서도 연기법을 깨달은 지혜
이 둘을 세상의 제왕처럼 최고로 잘 아시는 분이
부처님 이외에 다른 누가 있겠는가.

21. 부처님의 모든 가르침은 결국 연기법을 깨우치게 하려고 설해짐

부처님의 모든 가르침은 연기법을 깨우치게 하기 위해서
라네. 이 또한 열반을 얻기 위함이니 고통을 멸하지 않는
가르침이 없다네.

22. 부처님의 은혜를 잊지 않고 가르침을 공경하기

아! 세존의 가르침은 어떤 이의 귀에 닿든지
그들 모두 열반을 얻게 하니 누구든 공경할 수밖에 없다네.

모든 반론을 누르고 앞뒤 모순에서 벗어났으며
일시와 궁극의 목적 이루게 하니
불법에 대한 나의 환희심이 더 늘어나네.

23. 여래께서 연기를 깨닫기 위해 수많은 고행을 하심

여래께서 이 연기를 깨닫기 위해 때로는 자신의 몸과
목숨을 주고 사랑하는 자식과 재물까지도 무한 겁
동안 거듭 내어주셨네.

24. 연기에 대한 가르침을 직접 듣지 못함을 애석해함

낚싯바늘로 물고기를 낚듯 부처님의 마음을 이끌어준
연기법 이 가르침을 직접 듣지 못함은 얼마나 슬픈 일인가.

그 애절한 슬픔이 자애로운 어머니 마음이 자식을 떠나지
못하듯 내 마음에서 떠나지 않네.

그러나 존귀한 상과 종호로 장엄하고 후광으로 둘러싸여 빛나시
는 부처님을 관상이라도 하니 그 애절한 마음이 사라지네.

이렇게 부처님이 성스러운 음성으로 가르쳐주신 모습을
떠올리기만 해도 열병에 달빛처럼 약이 된다네.

25. 배움이 부족한 이들이 불법을 혼란에 빠지게 함

가장 탁월한 이 가르침을 배움이 부족한 이들이
발바자 풀이 뒤엉킨 것처럼 큰 혼란에 빠지게 하네.

26. 쫑카빠 대사께서 불법을 오랜 고행 끝에 깨닫게 되심

이러한 모습을 본 나는 지혜로운 이들을 따라
많은 노력으로 부처님의 뜻을 거듭거듭 숙고하였네.

불교도와 비불교도의 여러 문헌들을 배우던 그때 끊임없
는 의심의 그물 속에서 내 마음은 고뇌에 빠져 있었네.

부처님의 위없는 대승의 가르침은 유와 무의 양극단에서 벗어
나며 이를 용수가 완전히 밝힐 것이라고 수기하셨네.

허물 없는 지혜의 원만한 해가 가르침의 하늘을 자재로
떠다니며 극단적 견해의 어둠을 멸하고 그릇된 반론의 별을
압도하네.

월칭보살의 달빛으로 빛나는 주석서로 밝힌
용수보살의 달맞이꽃과 같은 논서를 스승의 덕으로 보았
을 때 내 마음은 마침내 평안을 얻었네.

27. 연기법의 가르침을 통해 부처님을 항상 기억하기
여래의 행 가운데 설법의 행, 설법의 행 중에서도 연기를
설함이 최고이니 지혜로운 이는 이것으로 부처님을 기억
해야 하네.

28. 쫑카빠 대사께서 앞서 찬탄들과 같이 부처님을 공경하심
세존을 뒤따라 출가하여 승리자의 말씀 부족함 없이 배우고
수행에 정진하는 한 비구가 이렇게 대선(大仙)을 공경하네.

29. 바른 스승과 만나 헤어지지 않게 회향하기
위대한 설법자의 가르침을 만난 것이 자애로운 스승 덕분이었
듯이 제가 쌓은 공덕으로 일체중생이 바른 스승과 만나
헤어지지 않게 하소서.

30. 불법을 지닌 이가 온 누리에 가득하길 회향하기
오직 중생만을 위하는 부처님의 가르침이 미혹의 바람에
흔들리지 않게 하고 사바세계가 끝날 때까지 확고한 믿음

갖춘 이 가득하게 하소서.

31. 자신 또한 불법을 바르게 지니기 위해 회향하기
연기법 밝히는 능인의 위대한 법을
태어나는 모든 생마다 몸과 목숨 다해 지켜
단 한순간도 놓치지 않게 하소서.

32. 항상 불법이 널리 퍼지도록 회향하기
중생들을 이끌어 주시는 위없는 분께서
많은 고행으로 얻은 소중한 가르침의 정수
어떻게 하면 널리 퍼지게 할 것인지
밤낮으로 살피게 하소서.

33. 수호존들께 수행자와 헤어짐 없이 항상 지켜주시기를 회향하기
순수한 동기로 이 법에 정진할 때
브라만과 인드라, 사천왕과 마하깔라 같은 수호존들이
헤어짐 없이 항상 지키게 하소서.

3.2. 사섭법(四攝法)을 행하는 법

이는 사섭법의 뜻, 사섭법인 이유, 사섭법의 작용, 제자를 이끌기 위해 사섭법에 의지해야 하는 이유, 사섭법의 조금 자세한 설명, 이 다섯 가지로 설명한다.

1) 사섭법의 뜻

보시섭(布施攝)은 앞서 설명한 육바라밀의 보시와 같다. 애어섭(愛語攝)은 중생에게 육바라밀 등의 내용을 애어(愛語)로 가르치는 것을 말한다. 이행섭(利行攝)은 가르친 내용을 실천하도록 하는 것을 말한다. 동사섭(同事攝)은 다른 사람에게 가르친 내용을 본인도 실천하는 것을 말한다.

2) 사섭법인 이유

중생들을 수행의 길로 이끌기 위해서는 우선 물질적인 보시를 통해서 일반적인 도움을 주어 기뻐하는 마음이 생기게 한다. 그리고 나서 수행의 길로 이끄는데, 처음에는 어떻게 해야 하는지에 대해 가르치고, 애어로 법을 설해 모르는 것과 의심들을 버리게 하여 바른 뜻으로 이끌어야 한다.

그다음 이행섭으로 가르친 내용을 아는 것만으로 그치지 않고, 이를 실천할 수 있도록 해주어야 한다. 본인이 실천하지 않으면서 남을 가르치면, 가르침을 받는 이들 또한 수행의 필요성을 느끼지 못하게 되므로 동사섭이 필요하다. 이와 같은 이유로 사섭법이 필요하다.

3) 사섭법의 작용

중생들에게 어떻게 행해야 하는지를 말한다. 보시섭으로 법을 듣게 한 후 그들도 법을 설하는 분을 공경하게 한다. 애어섭으로 법에 대한 믿음이 생기고, 그 뜻을 알아서 의심이 사라지게 한다. 이행섭은 실천하도록 하는 것인데, 법을 가르친 이가 실천하지 않으면 제자도 그 법을 오래도록 실천할 수 없으므로, 동사섭으로 법을 가르친 이와 가르침을 받은 이가 동시에 그 내용을 숙지하고 실천하여 법이 오래도록 지속되게 한다.

4) 제자를 이끌기 위해 사섭법에 의지해야 하는 이유

모든 중생의 일을 성취하기 위해서 모든 부처님께서 최고의 방편인 사섭법을 행하셨으므로, 우리도 그 방편을 의지해야 한다.

5) 사섭법의 조금 자세한 설명

이는 보시섭, 애어섭, 이행섭, 동사섭 이 네 가지로 설명한다.

(1) 보시섭
이는 앞서 육바라밀에서 설명한 바와 같다.

(2) 애어섭
이에 두 가지가 있는데, 하나는 '세간의 이치와 맞는 애어섭'이고, 다른 하나는 '바른 법을 설하는 애어섭'이다. '세간의 이치와 맞는 애어섭'은 성냄 없이 환히 미소 띤 얼굴로 안부를 물으면서 중생을 기쁘게 하는 것이다. 그리고 '바른 법을 설하는 애어섭'은 불법의 요의법을 올바르게 설해서 중생들을 열반의 세계에 이르도록 하는 것이다.

(3) 이행섭

이는 수행에 마음이 익지 않은 사람을 익게 하는 것이며, 마음이 익은 사람에게는 깨닫게 하는 것이다. '마음이 익지 않은 사람을 익게 한다'고 함은 불법을 모르는 이들이 불법에 입문할 수 있도록 하는 것을 말한다. 그리고 '마음이 익은 사람을 깨닫게 한다'고 함은 법에 대해 알고 있는 내용들을 깨달을 수 있도록 하는 것을 말한다. 이러한 이행섭에는 다음과 같이 세 가지가 있다.

첫째, 이번 생의 일을 성취하게 한다. 살아가는 데 필요한 모든 것을 올바르게 갖추는 것과 갖춘 것을 어떻게 지켜야 하는지, 또 어떻게 해야 그것이 늘어나게 할 수 있는지에 대해 법에 어긋남 없이 성취하도록 한다.

둘째, 다음 생의 일을 성취하게 한다. 물질적으로 갖추어진 것들을 모두 포기하고 탁발을 하며 살아가는 출가사문의 생활을 통해 오직 다음 생을 위한 수행만 하도록 법을 설한다.

셋째, 이번 생과 다음 생의 일 둘 다 성취하게 한다. 이는 재가자든 출가자든 세속적인 것과 세속적이지 않은 것들에 대한 집착을 버려서 이번 생에는 몸과 마음을 편안하게 하고, 다음 생에는 열반에 들도록 하는 것을 말한다.

한편 이행섭 중에서 실천하기 힘든 이행섭이 있는데, 이는 과거에 공덕에 대한 훈습이 없는 이가 공덕을 쌓도록 하는 것과 오직 물질적인 부만 누리고 집착하며 이것만이 전부라고 생각하는 이들을 수행의 길로 이끄는 것이 이에 해당한다. 또 외도의 견해에 깊이 길들여진 이들을 올바른 불법의 길로 이끄는 것 등이다.

이행섭을 실천하는 방법은 근기에 맞게 정법을 순서대로 배울 수 있도록 수행 방법을 보여주는 것이다.

(4) 동사섭
이는 남을 가르쳐서 실천하게 하기보다 본인이 그 이상으로 실천을 해서 보여주어야 한다.

요약하면, 사섭법에는 물질로 이끄는 것과 법으로 이끄는 것, 이 두 가지가 있으며, 보시섭은 물질로 제자를 이끄는 것이고, 나머지 애어섭과 이행섭, 동사섭은 법으로 제자를 이끄는 것이다.

보살의 행을 다 헤아릴 수 없지만, 이 모두는 육바라밀과 사섭법에 포함된다. 왜냐하면 보살의 모든 행은 성불의 원인이 되는 자신을 성숙하게 하는 육바라밀과 남을 바른 법으로 이끌어 성숙하게 하는 사섭법, 이 두 가지밖에 없기 때문이다.

육바라밀과 사섭법에 대한 자세한 내용은 무착보살의 『보살지론(菩薩地論)』을 참조하기 바란다.

3.3. 금강승의 가르침을 배우는 방법

먼저 하사도와 중사도의 수행차제를 충분히 닦아 경험한 후, 상사도차제에 의지하여 보리심을 닦은 경험과 공성에 대한 견해를 자세하고 정확하게 공부하고 나서 금강승(金剛乘)에 입문한다.

금강승에 입문하기 전에 출리심과 보리심, 공성을 깨닫는 바른 견해 등을 정확하게 배우지 않으면, 해탈과 위없는 완전한 깨달음의 차제로 나아갈 수 없다. 이는 어린아이를 훈련되지 않은 말 위에 태우는 것처럼 위험한 일이다. '도의 세 가지 핵심〔三要道〕'인 출리심·보리심·공성을 깨닫는 바른 견해 이 세 가지에 대해 충분히 닦고 난 뒤에 밀교에 입문하여 수행하면 속히 완전한 깨달음을 얻을 수 있게 된다.

밀교의 가르침은 부처님께서 세상에 나투시는 것보다 더 귀하다고 한다. 무상요가(無上瑜伽) 딴뜨라에 의지해서 짧은 한 생에도 부처의 경지에 이를 수 있으니, 여기에 입문하도록 해야 한다. 일시적으로 잠깐 일어나는 장애 등을 물리치는 방편으로 진언이나 밀교 의식을 하는 것이 아니라 스승의 모든 자격을 갖춘 금강 스승에게서 '구야싸마자', '헤루까', '야만따까' 등의 만달라를 통해 사신(四身)의 씨앗을 충분하게 받을 수 있는 청정한 관정을 받고, 이때 받은 계율은 자신의 눈동자를 지키듯이 청정하게 지켜야 한다.

이제 밀교의 수행체계에 대해서 현교와 밀교의 간략한 특징, 대승의 법 중에서도 밀법, 현교와 밀교를 구분할 수 있는 네 가지 특징, 근·도·과의 삼신, 세 가지 몸과 세 가지 마음, 현·밀의 수행으로 발심하고 자량을 쌓아 성불하는 이치, 중생제도를 위한 최상의 행인 설법, 종의와 승의 면에서 불법으로 들어가는 두 가지 문, 바라밀승과 금강승을 구분하는 주요 기준, 네 가지 딴뜨라 등 열 가지의 내용으로 나누어 살펴보고자 한다.

1) 현교와 밀교의 간략한 특징

티벳에서 '딴뜨라(tantra)'는 몸을 구제하고, '만뜨라(mantra)'는 마음을 구제한다는 의미로 이 용어들을 사용하고 있다.

현교에 법신을 이루는 방법에 관한 구체적인 설명은 있지만, 색신을 이루는 방법에 대해서는 없다. 하지만 밀교에는 색신을 이루는 방법에 관해서도 구체적인 설명이 있다.

번뇌장과 소지장에 관해서도 현교와 밀교에서 말하는 것이 서로 다르다. 현교에서 탐진치 삼독은 번뇌장이고 탐진치 삼독의 습기는 소지장이라고 하는데 반해, 밀교에서는 내가 평범하다고 여기는 인식 자체는 번뇌장이고 그같이 평범하게 나타나는 것은 소지장이라고 말한다.

2) 부처님 법 중에서 대승, 대승의 법 중에서도 밀법

밀법이 어떻게 전해져 왔는지에 대해서 먼저 설명하겠다.

불교를 믿는 부처님의 제자에는 밀교를 인정하거나 인정하지 않는 두 가지 부류가 있다. 밀교를 인정하는 제자들은 부처님을 만나는 것보다 밀교를 만나는 것이 더 귀하고 어려운 일이라고 생각한다.

예를 들면 지금 우리가 사는 이 지구가 생성해서 소멸하는 데에 1대겁의 긴 시간이 걸린다고 한다. 이 대겁의 이름을 '선한 겁'이라고 하는데, 이 겁 동안에 천두 분의 부처님이 나투고 그중에서 밀법을 설하는 부처님은 세 분밖에 계시지 않기 때문이다. 그 세 분의 부처님은 천두 분의 부처님 중 넷째 석가모니 부처님과 열한째 선안(善眼) 부처님, 그리고 마지막 신현(信顯) 부처님이다. 그 외 다른 부처님들은 밀교에 관해 설하시지 않는다. 왜냐하면 그 당시에 밀교의 가르침을 받아서 수행할 만한 근기를 갖춘 제자가 없었기 때문이다. 석가모니 부처님께서도 이 밀법을 소수의 제자에게만 은밀히 설하셨다. 그리고 석가모니 부처님 당시에 부처님께서 밀법을 설하신 것 또한 소수의 제자만 알고 대부분은 모르고 있었다.

인도에는 용수보살로부터 밀법이 전해져 널리 퍼지게 되었다고 한다. 그 시기는 6세기 말부터 11세기 말까지로 육백여 년 동안이다. 이때 밀교 수행을 통해서 성취하신 도인의 수가 삼백 명을 넘는다고 한다. 그중에서 '빠드마 삼바바', '뺀첸 비말라' 등 소수의 도인이 인도에서 티벳으로 와서 밀법을 전해주었다. 그분들로부터 밀법이 티벳으로 전해지면서 티벳에도 '둡톱 녱아' 또는 '제방 녱아'라고 부르는 '스물다섯 분의 도인'이 출현하였으며, 그 이후로 티벳에서 닝마, 싸꺄, 까규, 겔룩 등에서 소수의 도인이 출현하셨다고 한다.

도인에는 대도인, 중도인, 소도인이 있다. 이번 생에 이 몸으로 성불할 수 있는 분은 대도인(大道人), 그렇게 하지는 못해도 팔성취를 이루신 분은 중도인(中道人), 그 여덟 가지 성취 중 한두 개의 성취를 이루신 분은 소도인(小道人)이라 불린다. 예를 들어 소도인은 미세한 바람 즉 기(氣)를 자유자재로 다룰 수 있으므로 다른 이의 목숨을 끊을 수는 있지만 다시 살리는 능력은 없고, 중도인은 죽이고 살리는 둘 다를 자유자재로 할 수 있는 능력을 가졌다고 한다.

인도를 비롯한 동아시아와 서아시아의 몇몇 나라를 제외하고는 소승불교만 인정할 뿐 대승불교는 인정하지 않으며, 밀교는 더 말할 필요도 없다. 티벳은 과거에 밀교를 인정하지 않았던 역사적 기록이 없다. 그리고 밀법(密法)이라고 할 때 '밀

(密)'은 밀교 수행을 할 근기가 되지 않은 이, 즉 그릇이 아닌 이에게는 드러내어 보여주지 않고 숨겨야 한다는 의미이다. 그릇이 아닌 이들에게 숨겨서 은밀히 밀법을 행하면 성취할 수 있고, 그렇지 않으면 성취할 수 없기에 '밀'이라고 한다. 여기서 말하는 그릇이 아닌 사람은 밀법을 인정하지 않는 이들을 말한다.

밀교를 '만뜨라'의 의미로 설명해 보면, '만(man)'은 마음을, '뜨라(tra)'는 지니거나 구제한다는 뜻이 있다. 자기 스스로 마음이 평범하게 드러나는 것 또는 평범하게 보이는 그 자체와 자신을 평범하게 여기는 집착이나 인식에서 구제하기 때문에 '밀교' 또는 '만뜨라'라고 한다. 우리 마음에서 일어나는 이런 평범한 사고방식들을 인식하고 거기에서 벗어나 지금과는 다른 새롭고 특별한 사고방식으로 바꿀 수 있는 법이 바로 밀교이다.

3) 현교와 밀교를 구분할 수 있는 네 가지 특징

밀교의 여러 가지 특징 중에서도 주요한 네 가지 특징에 관해 설명하겠다.

첫째, 무지(無知)하지 않은 특징이 있다. 대부분의 사람들은 기본적으로 탐진치 삼독의 번뇌가 있는데, 밀교의 수행법에서는 오히려 이 탐진치 삼독의 번뇌를 버리지 않고 자신의 수행을 발전시키는 데 좋은 방편으로 삼는다. 현교의 수행법에서는 번뇌들을 제거해 버려야 하지만, 밀교의 수행법에서는 탐진치 삼독의 번뇌를 일부러 취함으로써 번뇌를 수행으로 변화시킨다. 예를 들면 나무에서 생긴 벌레가 도리어 나무를 먹어 없애듯이 일부러 번뇌를 일으켜 그 번뇌가 지속되지 않도록 다른 특별한 마음으로 변하게 하는 것, 즉 번뇌의 마음을 번뇌가 아닌 마음으로 이어지게 하려고 밀교 수행을 하는 것이다. 밀교에는 이 같은 방편과 지혜가 있으므로 무지하지 않은 특징이 있다고 한다.

둘째, 방편이 많은 특징이 있다. 복덕 자량과 지덕 자량을 보다 쉽고 빨리 쌓을 수 있으며, 악마와 귀신의 해침을 멀리할 수 있고, 여덟 가지 성취를 얻을 수 있는 등 밀교에는 현교에 없는 수많은 방편이 있으므로, 방편이 많은 특징이 있다고 한다. 예를 들어 아무리 현교 수행에 뛰어나 높은 경지에 있다고 해도 사람을 죽이는 행을 하면 안 되고, 만일 사람을 죽일 수 있다고 해도 다시 살릴 수 있는 방법이 현교에는 없다.

밀교에는 자신이 수행의 높은 경지에 올라 사람을 죽이고 다시 살릴 수 있는 능력을 갖추게 되면 특별한 이유로 사람을 죽일 수도 있고, 자신의 몸 안에 있는 기맥(氣脈), 기(氣), 정수(精水) 등을 사용해서 번뇌를 없애고 성불할 수 있는 수많은 수행 방법이 있다. 현교에는 마음을 바꾸는 수행법은 있지만, 몸을 바꿀 수 있는 방법은 없다. 또한 기계를 움직이는 엔진 같은 역할을 하는 마음을 움직이게 하는 기(氣)를 좋게 변화시킬 방법도 없다. 하지만 밀교에서는 마음을 바꿀 수 있을 뿐만 아니라 마음을 움직이게 하는 기맥, 기, 정수 등을 변화시켜 번뇌를 없앨 수 있는 뛰어난 방법이 있다.

셋째, 힘들지 않은 특징이 있다. 현교의 수행만으로 성불하려면 삼아승지겁 동안 끊임없이 수행 정진해야 하고, 십지의 경지를 이루는 데에도 현교 수행만으로는 칠지까지만 갈 수 있으며, 팔지부터는 반드시 밀교 수행을 해야만 성불에 이를 수 있다. 왜냐하면 기맥에 돌고 있는 번뇌를 일으키는 기를 수행자 자신의 힘으로 다룰 수 없다면 성불 또한 할 수 없기 때문이다. 이러한 밀교 수행의 원리로 빠르게는 이생에서 성불하거나 죽은 뒤 바르도 상태에서 성불하거나 십일 년 만에 성불할 수도 있다. 밀라레빠 스승은 십일 년 만에 성불하셨고, 마르빠 스승은 바르도 상태에서 성불하셨다고 한다.

넷째, 아주 상근기의 수행자만이 수행할 수 있는 특징이 있다. 소승불교를 믿는 이들은 밀법을 받아들일 준비가 되어 있지 않기에 밀교 수행을 하지 못한다. 대승불교를 따르는 이들 가운데서도 보리심과 중관의 견해를 체득하지 못한 이들은 밀교 수행을 할 수 없다. 보리심과 공성의 견해를 중요시하는 것은 현·밀 둘 다 똑같지만, 대락(大樂)의 마음으로 보리심과 공성의 견해를 일으키는 것은 밀교만의 특징이다.

밀교에서는 성불해서 자신이 머무는 곳, 자신의 몸, 재물 같은 쓰이는 것들과 중생제도의 행 등 불지의 과위에서 얻을 수 있는 이 네 가지 청정한 것들을 성불하기 전에도 이와 비슷한 모습으로 떠올려 관상해서 닦을 수 있다. 이렇게 나중에 성취할 수 있는 것들을 지금부터 관상을 통해 닦을 수 있는 수행이 현교에는 없는 반면, 밀교에는 나중에 얻을 수 있는 것도 지금부터 미리 준비해서 관상 수행할 수 있다. 이는 건축 설계사가 실제로 집을 짓기 전에 먼저 머릿속에 집을 그려보는 것과 같다. 현교에서는 수행을 통해 자신의 마음을 지속해서 발전시킬 수 있지만, 밀교에서는 이에 더해 부처의 경지에서 얻을 수 있는 특징들 하나하나를 미리 관상해서 닦을 수 있다.

4) 근(根)·도(道)·과(果)의 삼신(三身)

밀교는 자신의 몸과 마음의 특별한 요소들을 바탕으로 수행해서 성불할 수 있는 원리를 가지고 있다. 불지(佛地)에서의 법신과 보신, 화신을 이룰 수 있는 특별한 방법에 대해 말하고 있다. 이 삼신에 대해서 근(根)삼신, 도(道)삼신, 과(果)삼신으로 나누어 설명할 수 있다.

근삼신 중 근(根)화신은 지금의 '나'이다. 예를 들어 화신인 내가 가르치고 화신인 여러분이 배우며, 가고 오고 먹고 자는 등 현재 여러 가지 행을 하고 있는 나를 근화신이라고 한다. 꿈을 꿀 때의 나는 근(根)보신이다. 꿈꾸지 않을 때가 아닌 꿈을 꿀 때만 근보신인 이유는, 꿈을 꾸고 있을 때 깨어있을 때처럼 전오식(前五識) 모두가 작용하지 않으면서도 깊은 잠에 푹 빠져 있는 것도 아닌 상태로 꿈속에서 자신의 고향에 가거나 시장이나 다른 사람의 집에 놀러 갈 수도 있는 특별한 몸을 근보신이라 하기 때문이다. 그리고 근(根)법신은 깊은 잠에 푹 빠져서 꿈꾸지 않을 때의 나를 말한다.

근삼신에 대한 또 다른 설명으로, 이번 생 자신의 몸과 마음의 연결이 끊어진 죽음의 마지막 순간에 일어나는 마음이 근법신, 죽음에서 '바르도'로 이어질 때의 중음신은 근보신, '바르도'에서 다음 생을 받아 태어날 때의 몸을 근화신이라고도 한다.

도(道)삼신에도 생기차제에서 닦는 도삼신과 원만차제에서 닦는 도삼신이 있다. 생기차제에서 닦는 도삼신은 관상을 통해서만 가능하고, 원만차제에서 닦는 도삼신은 관상을 통해서뿐만 아니라 실제로도 닦고 있다. 예를 들면 설계자가 머릿속에 앞으로 지을 건물을 미리 그려보는 것과 현장에서 실제로 건물을 짓는 것의 차이와 같다.

과(果)삼신은 실질적인 삼신을 뜻하며, 일체종지와 두 가지 장애를 모두 여읜 멸성제의 공덕은 법신, 다섯 가지 특징을 갖춘 색신은 보신, 다섯 가지 특징을 갖추지 않은 색신은 화신이다.

이와 같은 근삼신의 특징을 이용해서 밀교의 도(道)삼신을 닦고, 이를 의지해 과(果)삼신을 얻을 수 있는 특별한 수행법이 밀교 수행의 특징이라고 볼 수 있다.

5) 세 가지 몸과 세 가지 마음

삼신에 대해 밀교 수행을 하려면 먼저 자신의 몸에 대해 바르게 이해해야 하고, 그다음 자신의 마음에 대해서도 바르게 이해해야 하며, 이렇게 몸과 마음에 대해 잘 이해하고 나면 몸과 마음의 공통적인 본성에 대해서도 바르게 잘 이해할 수 있게 된다.

먼저 몸은 거친 몸, 미세한 몸, 아주 미세한 몸의 셋으로 나눌 수 있다. 거친 몸은 살과 피부, 뼈 셋으로 이루어진 지금의 이 몸을 가리키며, 미세한 몸은 기맥(氣脈)과 기맥을 따라 흐르는 기(氣)와 정수(精水) 등을 가리킨다. 아주 미세한 몸은 기 또는 식 둘로 나눌 수 없는 상태의 가장 미세한 바람을 말하는데, 꿈속에서 말이나 비행기 등을 탈 필요 없이 내가 원하는 대로 갈 수 있는 것은 미세한 기와 식의 힘에 의지함으로써 가능한 일이다. 아주 미세한 몸은 마음과 둘로 나눌 수 없는 몸 그 자체이다. 아주 미세한 기와 식은 아주 미세한 몸과 마음이며, 이 두 가지는 둘로 나눌 수 없는 체성일(體性一) 반체이(反體異)의 관계이다.

마음에 대해서도 세 가지가 있다. 거친 마음, 미세한 마음, 아주 미세한 마음이다. 거친 마음은 전오식(前五識)을 말한다. 미세한 마음에는 열 가지 근본번뇌와 스무 가지 수번뇌, 팔십 가지 분별심이 있다. 아주 미세한 마음은 아주 미세한 몸과 함께하는 마음이다. 아주 미세한 몸과 마음은 항상 함께하고 있으며 작용면에서 구분할 수 있다. 아주 미세한 상태로 오고 가는 작용을 하는 면에서 아주 미세한 몸, 아주 미세한 풍(風), 아주 미세한 기라고 하며, 아주 미세한 상태로 대상을 인식하는 작용을 하는 면에서 아주 미세한 마음, 아주 미세한 식이라고 구분한다. 이러한 작용의 면에서 아주 미세한 몸과 마음으로 구분할 뿐, 아주 미세한 상태에 있는 기(氣)가 바로 식(識)이며 식이 바로 기라고도 볼 수 있다.

밀교에서 말하거나 호흡하는 것은 마음에 따라 움직일 수 있고, 마음과 대상을 연결하는 것은 기의 작용이며, 이 기를 자유자재로 다룰 수 있게 되면 복잡한 번뇌의 마음이 결코 일어나지 않아서 마음에 대해서도 원하는 대로 할 수 있게 된다고 한다. 이처럼 미세한 기를 다루는 방법에 있어 밀교는 심오하고 뛰어난 원리를 가지고 있다.

6) 현·밀의 수행으로 처음 발심하고 중간에 자량을 쌓아 마지막에 성불하는 이치

밀교에 대한 올바른 이해를 갖추기 위해 먼저 현·밀의 공통적인 도인 출리심·보리심·공성을 깨닫는 바른 견해인 도의 세 가지 핵심이나 하사도·중사도·상사도인 삼사도 수행의 근기를 반드시 갖추고 있어야 한다. 그러므로 기초적인 현교 수행을 잘 닦고 난 뒤에 밀교 수행으로 들어가는 것이 매우 중요하다. 따라서 먼저 현교에 대해 간략하게 소개하고 나서 밀교의 수행 차제에 대한 설명에 들어가도록 하겠다.

부처님께서 처음에 발심하고, 중간에 두 자량을 쌓아서, 마지막에 성불하신 것에 대해 빨리어 전통의 주장과 산스크리트어 전통의 주장 두 가지가 있다. 그리고 빨리어 전통의 초기 불교에서는 『구사론』에 나오는 대로 석가모니 부처님께서 석가마하무니 부처님 전에 처음 발심하고, 중간에 시기불이 나투실 때까지 첫 번째 무량겁의 자량을 쌓고, 연등불이 나투실 때까지 두 번째 무량겁의 자량을 쌓으며, 비바시불이 나투실 때까지 세 번째 무량겁의 두 자량을 쌓아서, 마지막에 카필라국 정반왕의 아들 싯다르타로 태어나 서른다섯 살이 되던 해 음력 4월 보름 초저녁에 사마(四魔)를 조복하고 한밤중에 자량도, 가행도, 수도에 차례대로 들어가 첫새벽 무렵 완전한 깨달음을 이루어 성불하셨다고 주장한다. 또한 사마를 조복하기 전까지는 범부보살로 인정하고, 여든 살에 열반에 들어 촛불이 꺼지듯 식의 흐름이 완전히 끝났다고 주장한다.

반면 산스크리트어 전통에서는 바라밀승의 주장과 금강승의 주장 두 가지가 있다.

바라밀승에서는 대승의 자량도와 가행도에서 첫 번째 무량겁의 자량을 쌓고, 초지부터 7지까지의 7불청정지(不淸淨地)에서 두 번째 무량겁의 자량을 쌓고, 8, 9, 10지의 3청정지(淸淨地)에서는 세 번째 무량겁의 자량을 쌓아서 밀엄색구경천(密嚴色究竟天)에서 완전히 깨달아 성불하셨다고 주장한다. 밀엄색구경천에 계신 보신불이 남섬부주에 화신불로 나투신 것이다. 이와 같은 부처님의 생애에 대해 한국의 팔상성도처럼 티벳에서는 십이상성도를 말하고 있다.

십이상성도(十二相成道)
① 도솔천에서 내려오심
② 마야 왕비의 모태에 들어가심
③ 룸비니 동산에서 탄생하심
④ 모든 학문을 배우고 무예를 닦으심
⑤ 태자비를 권속으로 맞이하심
⑥ 왕궁을 떠나 출가하심
⑦ 육년고행을 하심
⑧ 완전한 깨달음의 성취를 결심하심
⑨ 사마(四魔)를 물리치심
⑩ 보드가야 보리수 아래에서 성불하심
⑪ 바라나시에서 오비구에게 설법하심
⑫ 쿠시나가라에서 열반에 드심

금강승의 소작 딴뜨라와 행 딴뜨라에서 말하는 부처님의 성불 과정은 바라밀승에서 말하는 것과 크게 다르지 않다. 요가 딴뜨라와 무상요가 딴뜨라에서 말하는 부처님의 성불 과정은 두 가지가 있다.

요가 딴뜨라에 뛰어난 인도의 스승 '쌰꺄쎄넨'과 스승 '쌍게 쌍와'의 주장과 스승 '꾼가닝뽀'의 주장은 다르다. 앞의 두 스승의 주장은 석가모니 부처님이 정반왕의 아들로 태어나 네란자라 강가에서 육년고행을 할 때까지를 범부보살로 인정하고 있다. 육년고행을 하는 동안 색계 사선의 부동삼매(不動三昧)에 들어가 있을 때 시방의 부처님들이 손가락 튕기는 소리를 내며 이 선정만으로 성불할 수 없으니 거기에서 나오라고 하셨다. 그리하여 성불할 다른 방도를 여쭈니 싯다르타 왕자의 부모로부터 받은 성숙과인 육신은 네란자라 강가에 그대로 두고, 지혜의 몸은 색구경천으로 데리고 가셨다. 이곳에서 시방의 부처님으로부터 오방불(五方佛) 관정을 받아 오현각생차(五現覺生次)의 밀교 수행을 통해 보신불인 대비로자나 부처님으로 성불하고 나서, 수미산 정상에 올라 요가 딴뜨라를 설하고, 중생구제를 위해 다시 인간계로 내려와 네란자라 강가에 두고 갔던 육신으로 들어가서 그 몸으로 사마를 조복하고 부처를 이루는 모습을 보여주셨다고 주장한다.

이와 달리 스승 '꾼가닝뽀'의 주장은 다음과 같다. 삼아승지겁 동안 자량을 쌓고 마지막 보살의 십지에 이르러 색구경천의 부동삼매에 들어가 있을 때 시방의 부처님들이 손가락 튕기는 소리를 내며 이 선정만으로 성불할 수 없으니 거기에서 나오라고 하셨다. 그리하여 성불할 다른 방도를 여쭈니 싯다르타 왕자의 부모로부터 받은 성숙과인 육신은 네란자라 강가에 그대로 두고, 지혜의 몸은 색구경천으로 데리고 가셨다. 이곳에서 시방의 부처님으로부터 오방불 관정을 받아 오현각생차의 밀교 수행을 통해 보신불인 대비로자나 부처님으로 성불하고 나서, 수미산 정상에 올라 요가 딴뜨라를 설하고, 중생구제를 위해 인간계의 카필라국 정반왕의 아들로 태어나 성불하실 때까지의 십이상성도 모두 화신불로 나투신 것이라고 주장한다.

무상요가 딴뜨라에서 부처님이 성불하시는 과정에 대해 『깔라짜끄라밀경』이나 『헤루까밀경』과 달리 『구야싸마자밀경』에서 설명하고 있는 것을 간략히 말해 보면, 십지에 도달하신 대보살은 두 가지가 있다. 먼저 십지에 도달한 보살의 몸으로 바로 성불하지 못하고 한 번 더 몸을 받아서 성불할 수 있는 경우와 그 몸으로 곧바로 성불할 수 있는 경우 두 가지이다.

석가모니 부처님이 바라밀승 즉 현교 수행을 통해 삼아승지겁 동안 자량을 쌓고 마지막 보살의 십지에 이르러 그 몸으로 성불하기 직전 색구경천의 부동삼매에 들어가 있을 때 시방의 부처님들이 손가락 튕기는 소리를 내며 이 선정만으로 성불할 수 없으니 거기에서 나오라고 하셨다. 그리하여 성불할 다른 방도를 여쭈자 시방의 부처님들이 제3 지혜관정과 제4 설명관정을 차례대로 주시어 밀교의 궁극적인 수행을 통해 가장 미세한 소지장까지 멸해서 완전한 부처의 경지를 이루셨다고 한다. 그리고 보신 부처님은 색구경천의 밀엄찰토에 머물면서 십이상성도의 화신 부처님으로 나투신 것이다.

밀교 수행에 의지하지 않고 바라밀승의 수행만으로는 보살의 십지까지만 도달할 수 있지, 그 이상은 갈 수 없다. 따라서 성불하려면 무상요가 딴뜨라의 수행 과정을 반드시 거쳐야만 한다.

이상의 소승과 대승, 대승 중에서도 바라밀승과 금강승, 금강승 중에서도 네 가지 딴뜨라 등에서 말하는 성불의 과정에 대하여 밀교 경전을 토대로 설명하였다.

7) 성불한 후 중생제도를 위한 최상의 행, 설법

이와 같이 성불하고 난 뒤 법을 굴리는 것에 대해서 현교의 법을 굴리는 것과 밀교의 법을 굴리는 것, 이 두 가지가 있으며, 먼저 현교의 법을 굴리는 것에 대해 설명하겠다.

첫째, 부처님께서 성불한 후 사십구일 뒤에 처음으로 바라나시에서 다섯 비구에게 다음과 같이 고·집·멸·도의 본질에 대해 네 가지, 작용에 대해 네 가지, 결과에 대해 네 가지 등 사성제를 세 가지 측면에서 설해주셨다.

"비구들이여, 이 오온은 성자의 입장에서 보면 고통이다.
오온을 만드는 업과 번뇌는 성자의 입장에서 보면 고통의 원인인 집제이다.
업과 번뇌의 소멸은 성자의 입장에서 보면 멸제이다.
고통의 원인을 소멸할 수 있는 길은 성자의 입장에서 보면 도제이다.

오온은 고통임을 알아야 한다.
업과 번뇌는 소멸해야 한다.
업과 번뇌의 소멸은 얻어야 한다.
해탈의 길은 닦아야 한다.

고통은 알아야 하지만, 알아야 할 고통은 없다.
업과 번뇌는 소멸해야 하지만, 소멸해야 할 업과 번뇌는 없다.
업과 번뇌의 소멸은 얻어야 하지만, 얻어야 할 업과 번뇌의 소멸은 없다.
해탈의 길은 닦아야 하지만, 닦아야 할 해탈의 길은 없다."

이것이 바라나시에서 오비구에게 사성제에 대해 설하신 초전법륜(初轉法輪)이다. 이 초전법륜의 내용과 가까운 경에는 「사부율전」과 『정법념처경』, 『인과경』과 『본생담』, 『아함경』 등이 있다.

둘째, 중전법륜(中轉法輪)은 영축산에서 비구 대중과 보살 대중에게 설하신 「반야경」이다. 이 중전법륜의 내용과 가까운 경에는 『삼매왕경』, 『화엄경』, 『능가경』과 『보적경』 등이 있다.

셋째, 종전법륜(終轉法輪)은 바이샬리에서 유식의 견해를 가진 제자들을 대상으로 설하신 『해심밀경』이라고 하는 주장도 있고, 『여래장경』이라고 하는 주장도 있다.

귀류논증중관학파의 견해에 따르면 종전법륜은 불요의경으로 인정하며, 초전법륜과 중전법륜에서 미세한 공성에 대해 설하신 부분은 요의경으로 인정한다.

자립논증중관학파인 적호보살과 연화계보살의 견해에 따르면 초전법륜은 불요의경, 중전법륜은 요의와 불요의 둘 다의 내용을 담고 있다고 하며, 종전법륜은 요의경으로 인정한다. 자립논증중관학파인 성해탈군보살과 사자현보살의 견해 또한 적호보살과 연화계보살의 견해와 같다.

유식학파는 초전법륜과 중전법륜은 불요의경으로, 종전법륜은 요의경으로 인정한다.

설일체유부와 경량부 대부분은 초전법륜만 인정하고, 대승경전을 부처님이 설하신 경으로 인정하지 않는다.

그러므로 부처님의 가르침을 크게 나누면 팔만사천법문, 이를 요약하면 십이분경(十二分經), 이를 다시 요약하면 구분경(九分經), 또다시 요약하면 삼장(三藏)으로 분류할 수 있다. 또한 경을 부처님의 입으로 직접 설하신 경, 부처님의 가피로 설하신 경, 부처님의 허락으로 설해진 경, 이 세 가지로 나눌 수도 있다. 부처님의 가피로 설하신 경 역시 몸의 가피로 설하신 경, 말씀의 가피로 설하신 경, 마음의 가피로 설하신 경, 이 세 가지로 나눌 수 있다. 마음의 가피로 설하신 경을 다시 나누면 세 가지가 있다. 선정의 가피로 설하신 경, 자비의 가피로 설하신 경, 진실한 힘의 가피로 설하신 경이다.

이와 같이 석가모니 부처님께서 많은 법을 설한 후 열반에 드는 모습을 보여주신 뒤에 제자들이 모여 제1차 결집부터 세 차례 결집을 해서 부처님의 법이 전해져 내려오고 있다.

초전법륜의 견해의 부분을 해석하신 논장에는 「아비달마칠론」과 『대비바사론』, 『구사론』 등이 있으며, 행의 부분을 해석하신 논장에는 공덕광보살의 「율장」 등이 있다.

중전법륜의 견해의 부분을 해석하신 논장에는 용수보살의 「중관이취육론」[66]이 있고, 행의 부분을 해석하신 논장에는 성천보살의 『보리심의궤』와 월칭보살의 『칠십귀의송』 등이 있다. 또한 견해와 행 둘 다를 해석하신 논장에는 용수보살의 『집경론』, 적천보살의 『입보살행론』 등이 있다.

종전법륜의 견해의 부분을 해석하신 논장에는 무착보살의 『유가사지론』과 세친보살의 『장엄경론석』, 『변법법성론석』, 『변중변론석』, 『주소도리』, 『작업품』, 『오온품』, 『이십송품』, 『삼십송품』 등의 「팔품론」이 있다. 행의 부분을 해석하신 논장에는 미륵보살의 『장엄경론』과 무착보살의 『보살지론』이 있다.

이제 성불하고 난 뒤 밀교의 법을 굴리신 것에 관해 설명하겠다. 탐심을 뛰어난 방편으로 수행과 연결시킬 때, 수행자의 근기에 네 가지가 있으므로 밀교의 법도 네 가지로 나누어 설하셨다.

---

66) 대승불교의 근간을 이루는 중관사상을 널리 알린 용수보살의 6대 저작인 『중론(中論)』, 『회쟁론(回諍論)』, 『세마론(細磨論)』, 『육십송여리론(六十訟如理論)』, 『칠십공성론(七十空性論)』, 『보만론(寶鬘論)』을 말한다.

8) 종의(宗義)와 승(乘)의 면에서 불법으로 들어가는 두 가지 문

밀교의 법에 대해 좀 더 자세히 설명해보면, 불법으로 들어가는 문에는 종의(宗義)의 면에서 들어가는 문과 승(乘)의 면에서 들어가는 문, 이 두 가지가 있다. 종의의 면에서 불법에 들어가는 문 또한 유부, 경량부, 유식학파, 중관학파의 네 가지가 있으며 그 정의는 다음과 같다.

첫째, 자증(自證)을 인정하지 않고 외경(外境)이 실지로 있다고 주장하는 소승의 학파가 유부(有部)의 정의이다.

둘째, 자증과 외경 둘 다 실제로 있다고 주장하는 소승의 학파가 경량부(經量部)의 정의이다.

셋째, 외경을 인정하지 않고 의타기성(依他起性)을 실지로 있다고 주장하는 대승의 학파가 유식학파(唯識學派)의 정의이다.

넷째, 실제로 존재하는 법이 티끌만큼도 없다고 주장하는 대승의 학파가 중관학파(中觀學派)의 정의이다.

승의(勝義) 면에서 불법에 들어가는 문은 소승과 대승 두 가지가 있다.

소승의 정의는 자기 자신만을 위해 윤회에서 벗어나 해탈의 경지로 가거나 해탈에만 머무는 수행자이다. 소승을 나누면 성문승과 독각승 둘이 있다. 소승과 대승은 견해의 면에서가 아닌 방편의 면에서 나누는 것이며, 이 또한 일체중생을 위하는 이타의 마음 즉 방편과 자비심을 구족하거나 구족하지 않은 면에서 구분된다.

대승의 정의는 일체중생을 구제하는 목적으로 완전한 깨달음을 얻기 위해 육바라밀행을 하는 보살과 부처님이다. 대승을 나누면 바라밀승과 금강승 두 가지가 있다. 바라밀승과 정의승(定義乘), 원인승, 집착이 없는 도로 성불하는 무탐승(無貪乘) 등이 동의이며, 금강승(金剛乘)과 밀승(密乘), 결과승(結果乘), 방편승(方便乘), 유탐승(有貪乘), 불이승(不二乘), 최상승(最上乘) 등이 동의이다.

마음 한편에서 공성을 확신하는 지혜와 더불어 다른 한편으로 본존과 본존이 머무는 정토인 만달라까지 뚜렷하게 드러나는 방편을 금강처럼 견고하게 지혜와 방편 둘이 아닌 하나로 수행하기에 '금강승(金剛乘)'이라고 한다.

수행의 근기가 되지 않은 이에게는 비밀로 하고, 스스로도 드러내지 않고 은밀히 해야 하기에 '밀승(密乘)'이라고 한다.

결과인 불지에서 얻을 수 있는 청정한 정토와 청정한 몸, 청정한 소유물, 중생제도의 행 등 네 가지 청정함을 수행 과정에서도 관상해서 닦을 수 있기에 '결과승(結果乘)'이라고 한다. 바라밀승보다 더 뛰어난 수행 방법이기에 '방편승(方便乘)'이라고 한다.

집착을 도로 변화시켜 성불할 수 있는 수행 방법이기에 '유탐승(有貪乘)'이라고 한다.

지혜와 방편을 둘이 아닌 하나로 수행하기에 '불이승(不二乘)'이라고 한다.

9) 바라밀승과 금강승을 구분하는 주요 기준

바라밀승과 금강승을 구분하는 기준은 결과인 과위의 면에서 있지 않다. 왜냐하면 이 두 가지 승의 목적인 모든 허물을 여의고 일체 공덕을 갖춘 부처의 경지에 높고 낮음이 없기 때문이다. 그리고 보리심을 일으켜 육바라밀을 수행하는 면에서도 있지 않다. 왜냐하면 이 두 가지 승은 보리심을 일으켜 보살의 육바라밀행을 하는 면에서 차이가 없기 때문이다. 또한 공성을 깨닫는 지혜의 면에서도 구분할 수 없고, 성불이 빠르고 빠르지 않거나 이근과 둔근 등으로도 이 두 가지 승을 구분할 수 없다.

바라밀승과 금강승을 구분할 수 있는 중요한 관점은 다음과 같다. 대승 수행자의 목적은 남을 돕는 것과 자신이 깨닫는 것 둘 중에서 남을 돕는 이타행이 가장 중요하고, 자신이 깨닫는 것은 중요하지 않다. 왜냐하면 남을 돕는 이타행을 하기 위해서 자신이 깨닫는 것을 필요로 할 뿐이기 때문이다. 예를 들어 목마른 사람에게는 갈증을 해소하는 물이 중요하지 물을 마실 때 필요한 그릇이 중요하지 않은 것과 같다.

이와 마찬가지로 보리심 수행자가 간절히 추구하는 것은 법신과 색신 둘 중에서 색신이지 법신이 아니다. 왜냐하면, 색신인 보신과 화신 부처님으로는 직접 중생 가까이 나투어서 제도할 수 있지만, 법신은 그럴 수 없기 때문이다. 따라서 결과인 색신을 이루는 특별한 수행의 체계는 바라밀승이 아닌 금강승에만 있으므로 이는 두 가지 승을 구분하는 데 주요한 기준이 된다. 현교에 법신을 이루는 수행체계는 있지만, 색신을 이룰 수 있는 수행체계는 현교에는 없고 밀교에만 있다. 색신을 이루는 수행 방법은 다음과 같다.

자신을 본존으로 관상하고 관상한 본존이 바로 자기 자신이라고 여기는 마음과 자신을 본존으로 뚜렷하게 관상해 일으킨 기쁜 마음으로 공성을 체득함으로써 닦는 것이 금강승 밀교의 특징이다. 다시 요약하면 특별한 방법으로 일으킨 대락(大樂)의 지혜 하나로 방편적인 수행인 본존으로 관상하는 것과 지혜 면에서 본존과 만달라 모두 공함으로 보는 두 가지 수행이 가능하기에 법신과 색신을 원만하게 속히 성취할 수 있다.

그리고 법신을 이루는 데 있어 법신을 이룰 수 있는 체계적인 수행이 필요한 것과 마찬가지로 색신을 이루는 데에도 색신을 이룰 수 있는 체계적인 수행이 반드시 요구된다. 현교에서는 법신을 이루는 수행의 체계에 대해서만 자세히 설명하고 있지만, 색신을 이루는 수행의 체계에 대한 설명은 거의 없다. 이러한 현교와는 달리 밀교에서는 색신을 이루는 수행의 체계에 대해서도 자세하게 설명하고 있다.

따라서 색신을 이루려면 색신을 이룰 수 있는 수행의 체계가 필요하다. 왜냐하면 법신을 이루려면 법신을 이룰 수 있는 수행의 체계가 필요하기 때문이다. 성불하는 데 있어서 법신을 이루는 수행의 체계가 필요하듯이 색신을 이루는 수행의 체계도 똑같이 필요하다. 있으면 둘 다 있어야 하고, 없으면 둘 다 없어야 한다.

10) 네 가지 딴뜨라

바라밀승보다 더 수승한 금강승에는 네 가지 딴뜨라가 있다. 딴뜨라의 네 가지 분류에 대해 여러 가지 다른 주장들이 있지만, 주로 공성을 깨닫는 지혜와 본존요가 수행으로 집착을 도(道)로 변화시키는 데 네 가지 근기가 있으므로 딴뜨라도 네 가지로 나누어진다.

첫째, 소작 딴뜨라(Kryatantra): 관상의 대상인 아름다운 여인을 보고 생긴 탐심의 즐거움을 수행으로 변화시킬 수 있는 근기로 본존요가의 수행보다 외적인 의례에 중점을 둔 밀경이나 밀교 수행이다.

둘째, 행 딴뜨라(Caryatantra): 관상의 대상인 아름다운 여인을 보고 생긴 탐심의 즐거움과 서로의 눈을 보며 교감하는 탐심의 즐거움까지 수행으로 변화시킬 수 있는 근기로 본존요가의 수행과 외적인 의례를 동등하게 중시하는 밀경이나 밀교 수행이다.

셋째, 요가 딴뜨라(Yogatantra): 관상의 대상인 아름다운 여인을 보고, 서로의 눈을 보며 교감하면서 생긴 탐심의 즐거움뿐만 아니라 서로 손을 잡아서 생긴 탐심의 즐거움까지도 수행으로 변화시킬 수 있는 근기로 본존요가의 수행에 중점을 둔 밀경이나 밀교 수행이다.

넷째, 무상요가 딴뜨라(Anuttarayogatantra): 관상의 대상인 아름다운 여인을 보고, 서로 눈을 보며 교감하고, 손잡아서 생긴 탐심의 즐거움뿐만 아니라 서로 껴안아 합일해서 생긴 탐심의 즐거움까지도 수행으로 변화시킬 수 있는 근기로 본존요가의 수행을 위주로 한 밀경이나 밀교 수행이다.

네 가지 딴뜨라 중에서 끄리야·짜리야·요가 딴뜨라는 하위 딴뜨라이고, 아눗따라요가 딴뜨라는 상위 딴뜨라이며, 세 가지 하위 딴뜨라의 수행 차제는 유상(有相)요가와 무상(無相)요가로 나뉜다.

유상요가는 상이 있는 요가 수행이며, 상이 없는 요가 수행은 무상요가 수행이다. 상이 있는 것과 없는 것의 차이는 귀류논증중관학파가 말하는 미세한 공성을 깨닫지 못하거나 깨달은 차이이다.

상위 딴뜨라인 아눗따라요가 딴뜨라의 수행 차제는 생기차제(生起次第)와 원만차제(圓滿次第)로 나누어져 있다. 아눗따라요가 딴뜨라의 수행은 수행자 자신의 신구의(身口意)를 부처의 신구의로 변화시키기 위해 먼저 생기차제 수행을 하고 난 뒤 원만차제 수행을 해야 한다.

생기차제는 원만차제 수행의 예비 수행에 해당하며, 관상을 되풀이해서 익힌 힘으로 기(氣)가 중맥(中脈)에 흘러 들어가 머물며 스며들게 하는 과정의 요가수행이다. 원만차제는 관상을 계속 반복해서 익힌 힘으로 기가 중맥에 흘러 들어가, 머물며, 스며듦으로써 생긴 요가수행이다. 생기차제 수행은 거친 생기차제 수행과 미세한 생기차제 수행으로 나누어지며, 이는 생기차제에서 만달라를 뚜렷하게 관상하는 것과 집중하는 힘의 세기로 구분된다. 예를 들면 거친 단계에서 만달라를 크고 흐릿하게 관상하지만, 미세한 단계에서는 만달라를 작고 뚜렷하게 관상할 수 있다.

'구야싸마자 딴뜨라'의 수행체계를 이해하게 되면 다른 밀교 수행의 체계를 이해하기가 훨씬 더 쉽다. 예를 들면 가장 높은 산에 올라 다른 산들을 내려다보는 것과 같은 이치이다. 『구야싸마자밀경』에서 설한 원만차제는 신적(身寂)·어적(語寂)·의적(意寂)·환신(幻身)·정광명(淨光明)·합일(合一) 차제의 여섯 가지로 나눌 수 있다.

이와 같은 현·밀의 수행 차제로 부처님은 대금강지불의 경지에 도달하셨다. 처음에 중생을 구제하기 위해 깨달음을 성취하고자 보리심을 일으키고, 중간에 지덕와 복덕의 두 자량을 원만히 쌓아, 마지막에 완전한 깨달음을 이루어 중생의 근기와 습성에 맞는 한량없는 가르침을 베풀어 주셨다.

이처럼 어떠한 존재도 본래부터 깨달음을 가지고 태어날 수 없으며, 부처님 역시 무량겁 동안 수행하여 깨달음을 얻으셨듯이 우리도 꾸준히 수행 정진한다면 누구나 현교와 밀교의 수행 차제를 통해 칠지화합(七支和合)[67]의 금강지불의 경지를 속히 성취할 수 있다.

이와 같이 현교와 밀교의 모든 수행법을 차제대로 잘 배운다면 부처님의 모든 가르침을 구체적으로 실천하게 되기에 배우는 방법이 무엇보다도 가장 중요하다. 이렇게 수행의 차제를 잘 안다면 처음에 스승을 찾는 것에서부터 금강승의 밀법까지의 모든 도를 잘 실천할 수 있게 된다. 여기서 밀교의 관정을 받지 않고는 자세하게 말할 수 없으니, 다음에 스승으로부터 관정을 받고 배우도록 해야 한다.

---

[67] 밀교의 본존인 금강지불의 일곱 가지 특징으로 ①원만수용, ②화합(化合), ③대락(大樂), ④무자성(無自性), ⑤대비(大悲), ⑥항상(恒常), ⑦무진(無盡) 등을 말하며, 이 가운데 앞의 세 가지는 오직 밀교에서만 볼 수 있고, 나머지 네 가지는 현교와 공통적인 것이다.

| 마무리 글 |

람림 전체의 의미를 『보리도차제광론』 마지막에 다음과 같이 요약하다

수행의 시작은 근본스승을 찾는 것에 달려있다고 해도 과언이 아닙니다. 그러므로 잘 살펴서 스승의 자격을 모두 갖추신 분을 찾아 근본스승으로 모시는 것이 매우 중요합니다. 그 후 유가구족(有暇具足)의 의미를 잘 새기면, 귀한 인간의 몸을 함부로 낭비하지 않고 수행하려는 마음이 저절로 우러나서 꾸준히 수행해야 하는 의미도 알게 됩니다.

이번 생에 대한 집착을 버리지 못한다면 다음 생을 위하는 마음은 더더욱 내기 어려우므로, 기약할 수 없는 우리의 수명이 무상(無常)함과 죽은 후에 삼악도에 태어날 수 있음에 대해 잘 살펴보아야 합니다. 그리하여 삼악도의 고통을 두려워하는 마음과 거기서 구제해 줄 수 있는 힘이 오직 삼보에만 있다는 믿음으로 삼보에 귀의함으로써 해야 할 것과 하지 말아야 할 것을 잘 구분해서 실천해 나가야 합니다. 그다음 모든 행복의 근원이 되는 인과(因果)에 대한 바른 믿음을 여러 가지 방법으로 일으켜야 합니다. 십계(十戒)를 바탕으로 사대치력(四對治力)을 통해 아무리 사소한 죄라도 늘 참회하며 살 줄 알아야 합니다.

 그와 같이 하사도차제(下士道次第)의 수행을 모두 마치고 나면, 윤회의 뿌리인 업과 번뇌의 실체를 알아서 십이연기(十二緣起)를 통해 닦고자 하는 마음을 끊임없이 일으켜야 합니다. 또한 윤회에서 벗어날 수 있는 길인 계(戒)·정(定)·혜(慧) 삼학(三學)을 닦아야 하며, 그중에서도 특히 계학에 속하는 별해탈계(別解脫戒)를 잘 닦아야 합니다.

 그렇게 해서 중사도차제(中士道次第)의 수행을 잘 마치고 나면, 일체중생의 고통을 사유하고 실제로 자신이 윤회세계에 머물며 극심한 고통을 겪고 있다고 관상해서 자애심과 연민심을 바탕으로 보리심(菩提心)을 깨달을 수 있도록 해야 합니다. 그렇지 않으면 육바라밀과 밀교에서 말하는 생기차제와 원만차제 등의 수행은 마치 기초 없이 집을 짓는 것과 같아지기 때문입니다.

 보리심을 일으키려는 마음이 생기면 보살계를 받아야 하고, 그 가르침을 열심히 배워 나가야 합니다. 또한 자신의 마음을 익히기 위해 육바라밀(六波羅蜜)을 실천하고, 타인의 마음을 깨우치게 하려면 사섭법(四攝法) 등을 행할 줄 알아야 합니다. 특히 보살계 중 근본이 되는 상사도차제(上士道次第)에서 다룬 열여덟 가지 서언을 자신의 목숨보다 더 소중하게 여기고 지켜야 하며, 번뇌로 인해 생기는 또 다른 죄들은 바로바로 참회해야 합니다. 그 후 특히 선정과 지혜를 닦는 방법을 잘 배워서 삼매를 성취하고 인무아(人無我)와 법무아(法無我)의 바른 견해를 바탕으로 수행해 나가야 합니다.

기초적인 수행을 닦을 때 더 나은 수행을 듣고 싶은 마음이 일어나고, 또 더 나은 수행의 내용을 들었을 때 기초적인 수행을 닦아 나아가고자 하는 마음이 더 크게 일어난다면, 이는 바르게 수행하고 있는 것입니다. 이와 같이 '람림'의 내용을 깊이 사유하여 마음을 바르게 닦는 것이 무엇보다도 중요합니다.

근본스승에 대한 공경심이 줄어들면, 모든 행복의 근원이자 모든 깨달음의 뿌리이신 근본스승의 은혜를 생각해서 공경심을 키워야 합니다. 열심히 수행하지 못하고 있다면, 유가구족의 귀한 인간의 몸을 다시 받기가 매우 어려움을 깊이 사유하여 수행 정진해 나가야 합니다. 이번 생에 대한 집착이 생기면, 무상함과 삼악도에 태어나는 고통을 사유하여 그 집착하는 마음을 없애야 합니다. 계를 받아 잘 지키지 못하면, 주로 인과에 대해 사유해야 합니다. 윤회세계의 고통을 알지 못하면, 주로 윤회세계의 허물에 대해 자세히 살펴보아야 합니다. 모든 행이 일체중생을 위하는 것이 아니라면 대승의 길로 입문하지 못하므로 원보리심 등을 부지런히 닦아야 합니다.

보살계를 받고 나서도 육바라밀을 닦을 때 '나'가 있다고 생각하는 자아(自我)를 아주 강하게 느낀다면, 근본스승으로부터 무상(無常)·무아(無我)·무자성(無自性)에 대해 논리적으로 잘 배워서 허공과 같은 근본지(根本智)를 일으키는 방법과 그 뒤에 얻는 환상과 같은 후득지(後得智)를 일으키는 방법을 닦아야 합니다. 마음이 선행에 머물지 않고 산란함의 하인이 되어간다면, 한 대상에만 집중하는 선정(禪定)을 잘 닦아야 한다고 '람림'의 모든 스승들께서 말씀하셨습니다.

끝으로, 기초 없이 수행의 일부만 배워서 그것을 전부인 양 여기고 평생을 수행하더라도 이는 고생만 더하게 할 뿐 바른 수행이 되지 못하므로, 어느 한 부분에만 치우치지 말고 '람림'의 전반적인 내용에 의지하여 수행하는 것이 매우 중요하며, 아래의 『람림쎠르곰』을 날마다 읽고 사유하여 보리도차제의 요지를 가슴속 깊이 새긴다면 일시와 궁극의 큰 이익을 속히 성취하게 될 것입니다.

1. **도의 뿌리인 스승을 바르게 의지하기**
  시방삼세 모든 부처님의 화현이시며
  교법과 증법, 일체 가르침의 근원이시자
  모든 성스러운 승가 대중의 중심이신
  직·간접의 은혜로운 바른 스승들께 귀의합니다.

  거룩하신 스승들이시여
  제 마음이 항상 불법을 향하고
  불법을 향할 때는 바른길로만 가게 하소서.
  바른길 갈 때에도 장애 없이 나아갈 수 있도록
  간절히 청하옵나니 가피를 내리소서.

  제가 붓다의 경지 얻을 때까지
  밀라레빠 존자님과 선재동자처럼
  지극한 몸과 마음으로 스승을 공경하고
  스승의 모든 행을 옳은 것으로 보아
  그분의 말씀대로 쉼 없이 정진하도록 가피를 내리소서.

2. **하사도 - 유가구족, 무상, 귀의, 인과에 관해 사유하기**
  큰 뜻 갖춘 유가구족의 이 좋은 몸
  얻기엔 매우 어렵고 무너지기는 쉬우니

심오한 인과법, 참기 어려운 삼악도의 고통을 알아
마음 깊이 삼보에 귀의하게 하소서.
악업을 참회하고 선업을 법답게 행하도록 가피를 내리소서.

3. **중사도 - 삼학에 의지해 해탈을 구하기**
 하사도 수행의 결과로 다음 생에 사람과 신의 몸은
 얻을지라도 번뇌를 제거하지 못하면 사바세계의 한없는
 고통 피할 수 없나니 윤회의 실상을 바르게 깨달아
 해탈의 핵심 방법인 보배로운 계·정·혜 삼학을
 밤낮으로 쉼 없이 닦도록 가피를 내리소서.

4. **상사도 - 대승의 입문인 보리심을 일으켜 육바라밀행을 하기**
 중사도 수행의 결과로 자신의 해탈은 얻을 수 있지만
 육도의 모든 중생이 나의 부모 아니었던 적 없기에
 이들의 행복을 위해 저만의 해탈을 구하는 마음에서
 벗어나게 하소서.
 나와 남 평등하게 여기는 최상의 보리심을 일으켜
 보살의 육바라밀행을 원만히 닦도록 가피를 내리소서.

5. **밀교의 입문인 관정을 받고 밀교계를 지켜 금강지불의 경지 이루기**
 이와 같이 공통적인 하사도, 중사도, 상사도를 닦았기에
 저 자신은 오랫동안 윤회의 고통을 겪어도 괜찮지만
 일체중생 속히 돕기 위해 더욱더 자비심 일으키게 하소서.
 지름길인 금강승에 입문하고 밀교계를 목숨 다해 지켜
 오탁악세의 짧은 생 안에 대금강지불의 경지 속히 얻도록
 가피를 내리소서.

| 부록 |

보리도차제 기원문

쫑카빠 대사

오랜 정진으로 이 가르침을 지어 쌓은
무량한 두 자량의 공덕으로
눈먼 무명 중생 모두 이끌기 위해
제가 부처의 경지를 이루게 하소서.

이 경지를 이루기 전 모든 생마다
문수보살께서 자비로 이끌어
모든 불법의 요지인 최고의 가르침과 만나
실천수행으로 부처님들을 기뻐하게 하소서.

제가 바르게 깨달은 보리도차제의 요지
대자대비의 뛰어난 방편으로
중생의 어두운 마음 밝혀
불법을 오래도록 지니게 하소서.

보배로운 불법이 미치지 않거나
미쳤으나 쇠퇴하는 곳에
대자비의 마음으로 이익과
행복의 원천인 불법을 밝히게 하소서.

불보살님의 신비한 덕으로
이루어진 보리도차제가
해탈을 원하는 이들의 마음에 힘이 되고
부처님의 행이 오래도록 널리 퍼지게 하소서.

보리도차제를 완성하는 데 도움을 주고
장애를 제거해준 사람과 천신 모두
세세생생 부처님께서 찬탄하신
청정한 도와 떨어지지 않게 하소서.

최상승 열 가지 행으로 이치에 맞게
수행할 때 호법신들 항상 지켜
시방 모두에 길상이 원만하고
불법이 널리 퍼지게 하소서.

공성을 분석하는 방법에 대한 핵심 요약

법을 확실하게 분별하는 지혜에 예경하나이다.

공성의 의미에 대해 올바르게 이해하려면 공성의 부정대상에 대한 바른 개념을 갖는 것이 필수적이다. 부정대상을 이해하는 방식은 쫑카빠 대사의 《보리도차제광론(菩提道次第廣論)》의 다음과 같은 구절을 통해서 이해할 수 있다.

[거울 속에서 마치 실물처럼] 얼굴이 현현하는 이 '영상映像'이 자신의 본성으로 성립하여 [본질적으로] 존재한다고 여기는 것이 실집實執(혹은 제집諦執, 실재에 대한 집착)이다. 이것이 자신의 심상속 안에도 존재한다는 것은 스스로의 경험을 통해서도 알 수 있다. 그렇지만 [거울 속의 영상으로] 무자성의 비유가 가능한 것은 현현하는 것은 무엇이든지 그 본성으로부터 비어있기 때문이다. 현현하는 것 자체가 자성이 없음은 현량現量으로 입증되기 때문에 이것(영상)에 비유한 것이다. 싹과 같은 대상에서 '현현하는 것은 무엇이든지 자성이 비어있다.'는 사실을 량量으로 알게 되는 것은 싹의 무자성을 깨닫는 것이기에 영상 등과는 다르다.

위 인용문에서 밝혔듯이 [거울 속] 영상을 자신의 본성으로 성립한 [본질적인] 존재로 여기는 것을 자신의 경험을 통해 알 수 있다는 사실은 싹과 같은 다른 대상들에서도 마찬가지로 [본질적인 존재로 여기고 있음을] 알 수 있다. 이러한 이치를 쫑카빠 대사의 《중론(中論)》의 주석서인 《중론광석(中論廣釋)》 제24품에서 매우 쉽게 설명하고 있다.

이것은 상호 의존해야 하기에 자립적인 자성이 있다는 것은 진실이 아니다.

이와 같이 부정대상을 제거하는 이유와 비유는 우리에게 법이나 사람(유정) 등이 현현할 때마다 자립적으로 나타나는 현상이 우리의 심상속 안에 존재함을 인지할 수 있게 한다. 그래서 경험으로 입증된다고 하는 방식이 이와 같다고 생각한다. 마치 무지개와 모래더미가 자립적으로 존재하지는 않지만 자립적으로 존재하는 것처럼 보이는 것과 같다.

이처럼 [자립성을] 부정하는 것은 '가립假立된 의미를 찾아서' 이루어진다. 그렇다면 부정하는 방식은 무엇인가. '가립된 의미를 찾아서'라는 구절에서 말하는 가립된 의미와 그것을 찾는 방식은 쫑카빠 대사의 《중론광석》 제1품에서 다음과 같이 설명한다.

원인과 결과 둘 다 이름으로만 가립한 것이 아닌, 즉 [원인과 결과라는] 명언名言을 부여하여 가립된 것이 자신의 본성으로 성립하는 소생(所生 생겨야 할 바, 결과)과 능생(能生 생기게 하는 것, 원인)으로 존재한다고 여기는 것을 부정대상으로 취하는 것이다.

또 쫑카빠 대사의 《선설장론(善說藏論)》에서는 다음과 같이 설명한다.

그렇다면 이름과 명언의 측면에서 설정되지 않은 어떠한 것을 부정한다는 것인가. '사람'이라는 것은 명언으로 가립된 것이기에, 만약 그것이 자신의 자상自相으로 성립한다면 그 의미가 자신의 본성으로 존재하게 되기에 유경有境인 명언의 측면에서 존재하지 않게 되므로 그것을 부정하는 것이다.

예를 들어, '물병의 가립된 의미를 찾는다.'라고 할 때 가립된 의미로서 '물병'이 자성으로 성립되었다는 것에서 의미를 찾아야 하는 것이지, 물병 그 자체에서 물병을 찾는 것이 아닐뿐더러 그것은 합당하지 않다. 이것은 쫑카빠 대사의 《입중론석(入中論釋)》의 다음과 같은 내용을 통해 알 수 있다.

> 이와 같이 공성(진제眞諦)을 분석하는 논리로 속제俗諦들을 분석한다면 세간의 명언, 즉 세속제의 모든 체계가 무너지게 됨을 알아야 한다.
> 명언으로 성립된 [속제의] 뜻을 진제로 분석하면 안 된다고 거듭 말씀하셨기 때문이다.

그렇다면 설일체유부가 물병을 속제로 간주하는 방식과 다른 차이점은 무엇인가. 이는 물병 자체가 자립적으로 존재하는 물병으로서 존재하는지 아닌지를 찾는 것이 아니다. [설일체유부의 분석은] 물병의 부분을 나누고 또 나누어 들어가 궁극적으로 극미(미세입자)가 물병인지 아닌지를 분석하는 것이며, 결국 그 부분 속에서 물병이 없음을 입증하는 것이 [물병의] 속제라고 하는 것이므로 앞에서 말한 분석과는 완전히 다르다.

이러한 자립적 존재를 부정함에 있어서 주로 사용되는 부정 방식은 능편불가득정인能遍不可得正因[68]으로서 "싹은 자성이 없

[68) 인도 인명학에서는 바른 이유 즉 정인(正因)을 자성정인(自性正因),

다. 왜냐하면 자성이 하나(一) 혹은 다수(異) 그 어느 것으로도 존재하지 않기 때문이다."라는 논리식(하나와 다수에서 벗어난 논리식)이다. 그 부정 방식은 월칭 논사가 《입중론》에서 밝히고 있다.

온(蘊)이 다섯 가지로 있기에 한 사람인 나 또한 다섯이 된다.

이와 관련하여 쫑카빠 대사는 《입중론석》에서 다음과 같이 설명한다.

이것은 다수인 오온과 나의 본성이 하나(一)임을 인정하는 정도만으로는 문제가 발생하지 않으며, 나와 온 둘이 차이가 전혀 없는 완전한 하나(一)라고 인정할 때 문제가 되어 논리식을 제시하는 것이다. 물론 상대가 처음부터 나와 온을 완전한 하나(一)라고 인정하지는 않을 것이다. 속제의 측면에서 [나와 온의] 본성이 하나이거나 다수라고(본성 면에서는 하나이지만, 반체反體의 측면에서 각각으로 존재함) 하는 것은 문제가 되지 않지만, 나와 온 둘이 실재한다고 인정하여 나와 온의 본성이 하나라고 하게 되면 결코 둘로 나눌 수 없는 완전한 하나가 될 수밖에 없다는 결론에 이른다. 그렇다면 온이 다섯 가지인 것처럼 내가 다섯이 되게 되는 허물과 내가 하나인 것처럼 온도 하나가 되어 버리는 모순에 귀결되는 것이다.

이 내용은 케둡제의 《공성에 대한 직설-어둠을 멸하는 등불(見解引導除闇燈火論)》에 나오는 다음과 같은 자세한 설명을 통

과정인(果正因), 불가득정인(不可得正因) 셋으로 분류한다. 능편불가득정인(能遍不可得正因)은 불가득정인의 한 종류로 어느 것도 취할 수 없다는 논리 방식이다. 예를 들어 사람이 아니면 한국사람도 티벳사람도 아니다.

해 잘 이해할 수 있으리라 생각한다.

'내가 자성으로 존재한다면, [내가] 몸의 안팎이나 상·중·하 어딘가에 실제로 존재해야 하는데, 이 중 어디에도 내가 없기 때문에 나는 자성이 없다.'라고 생각하는 것은 공성을 아주 잘못 이해하고 있는 것이다. 내가 자성으로 성립한다면, 어떻게 성립하는지 그 존재방식을 분석해야 한다.

[일반적으로] 존재한다면 하나(一) 아니면 다수(異), 이 둘 중에 어느 하나로 존재할 수밖에 없듯이 실제로 존재하는 것도 실재인 하나와 실재인 다수 둘 중 어느 하나로 존재해야만 한다. 그러나 이 둘 중 어떤 방식으로도 존재하지 않는다면 실제로 존재할 수 없어야 한다.

따라서 '하나와 다수에서 벗어나는 논리식(능편불가득정인)'으로써 비실재를 깨닫게 되는 것처럼 만약 자성으로 성립한다면 성립하는 방식이 하나와 다수 둘 중 어느 하나로 성립해야만 함을 분석해 결단해야 하는데, 이 둘 중 어디에도 성립하는 방식을 찾지 못한다면 없는 것이라고 확신이 생기게 된다.

[반면에] 자성으로 성립한다고 해도 성립하는 방식이 이 둘 중에 있을 필요가 없다고 한다면, 성립하는 방식이 이 중에 없다는 이유만으로는 자성으로 존재하지 않음을 결단할 수 없다. 내가 자성으로 성립한다면, 내가 내 몸의 안팎이나 상·중·하 어딘가에 있을 필요가 없다.

왜냐하면 내가 자성으로 존재한다면, 내가 내 몸과 자성으로 성립된 하나나 다수 그 어느 하나로 존재해야 하는데, 만약 '내가 내 몸과 자성으로 성립된 하나로 존재한다'면 내가 내 몸과 둘로 나눌 수 없는 완전한 하나여야 하고, 내가 내 몸과 완전히 하나라고 한다면 나의 존재 방식이 내 몸 어디에 있는지 분석하는 것이 무관한 일이 되고, 또한 '내가 내 몸과 자성으로 성립된 다수로 존재한다'고 해도 나와 내 몸이 아무런 관련 없이 완전히 다르게 존재해야 하고, 나와 내 몸이 아무런 관련 없이 완전히 다르게 존재한다면 나의 존재 방식이 내 몸 어디에 있는지 분석하는 것이 전혀 무관하게 되는 까닭이다.

공성에 대한 이러한 분석 방식은 마차 가운데 마차가 어디에 존재하는지를 아무리 찾아보아도 마차가 발견되지 않는 이치와 유사하다. 이는 연기의 체계를 파멸하는 단견에 빠지게 한다고 설명되며, 뿐만 아니라 마차가 자성으로 성립함을 가정하여 마차가 마차의 어느 부분에 존재하는지를 분석하는 것 역시 공성을 분석하는 논리로써 명언으로 존재하는 속제를 분석하는 것이기에 타당하지 않다고 설명하는 것이다.

이와 같은 분석 방식은 쫑카빠 대사의 《보리도차제광론》에 나오는 다음과 같은 내용으로도 이해할 수 있다.

그렇지 못한 일부 권위 있는 논서에서는 물병 등이 그 부분과 하나인지 혹은 다수인지 분석하는 논리를 무자성을 확정하는 진술의 의미로 잘못 이해하여 물병 등이 물병의 주둥이와 목 등과 같은 부분 중 어느 것인지를 분석하여 그 어디에서도 물병을 찾지 못한다면 '물병이 없구나.'라고 확신을 갖는다. 그런 다음 [물병을] 분석한 이에게도 동일한 분석을 적용하여 '분석하는 이 또한 없구나.'라고 확신하게 된다. 그때 '분석하는 이를 찾을 수 없다면 물병 등이 없다는 사실을 누가 알 수 있다는 것인가.'라고 판단하여 '있는 것도 아니고 없는 것도 아니다.'라는 결론에 이르게 된다. 이와 같이 잘못된 추론 하나로써 전도된 확신에 도달하여 [중관의] 견해를 얻었다고 간주하는 것은 착각이며, 이 정도의 이해는 아주 쉬운 것에 불과하다.

또한 《보리도차제광론》과 《보리도차제약론》에서도 다음과 같이 말한다.

따라서 논리적인 분석을 통해 사람 등에 대해 '자신의 본성으로 성립하는 대상에는 존재할만한 것이 조금도 없다.'라고 생각하는 것과, 이를 근거해서 고정된 실체가 없다는 사실을 아는 것은 어렵지 않다. 이러한 이해는 중관의 교리에 대한 [이해를] 염원하고 무자성의 방식을 설시하는 법을 조금이라도 들은 모든 이에게 생길 수 있는 것이다. 하지만 어려운 점은, ⑴자신의 본성으로 성립하는 어떤 것도 없다는 확신과 ⑵자성이 없는 사람 등이 업을 쌓는 자, 과보를 받는 자 등으로 간주되는 것에 대해 깊이 확신하는 이 두 가지 견해의 양립을 이해하는 것이 거의 불가능하므로 중관의 견해를 얻기란 매우 어렵다는 것이다.

중관학파의 견해를 이해하기 위해서는 마차에서 마차가 자성으로 성립하는지를 찾은 결과로써 마차가 자성으로 존재하지 않음을 알아야만 한다. 이것을 알지 못하고 위에서 명시했듯이, 속제의 측면에서 마차에서 마차를 찾아 대상에서 마차를 얻지 못하는 정도만으로 마차의 무자성의 의미를 이해하는 이들은 바른 견해에 도달하지 못했음을 보여준다.

더불어 위의 인용문에서 '자신의 본성으로 성립하는 대상을 찾는 것'의 허물을 밝힌 것처럼, 자신의 본성으로 '성립하는' 대상이라고 표현한 부분에서 그 오류를 드러내고 있다. 이와 같은 내용은 위의 《보리도차제광론》의 인용문에서도 설명했듯이 권위가 있는 경전에서 자성의 유무를 분석하는 방식을 따르지 않은 실수를 지적한 부분과 다음에 인용할 《보리도차제약론》에서 부정대상을 잘 이해하지 못한 허물로 인해 잘못된 분석 방법이 도출된 이치를 밝힌 부분에서도 그 내용이 상통한다고 할 수 있다. 이에 대해서는 추가적인 연구가 필요하다.

위의 요점은 다음에 나오는 《보리도차제약론》의 구절에서 더욱 명확하게 이해할 수 있다.

둘째는, 앞에서 언급한 부정대상의 범위를 잘 이해하지 못한 채, 대상을 논리적으로 분석하여 [결국] 대상이 해체되어 버린다면 '대상은 없는 것이구나.'라는 생각이 먼저 떠오르게 된다. 그러고 나서 '분석하는 이' 역시 이와 같다고 보아서 [대상의 존재 여부를 확인한] 분석가 또한 존재하지 않기 때문에 어떤 것에서도 '이것이다', '이것이 아니다'라고 결정할 방법이 사라져 버린다. 그래서 고정되어 있지 않음이 드러나더라도 자성의 유무와 [일반적인] 유무를 구별하지 않은 것에 근거하여 발생했기 때문에 이와 같은 공성 역시 연기를 파멸하는 공성이 된다. 따라서 이같이 깨달아 고정되어 있지 않음이 드러나는 것 또한 '환幻'과 같은 의미로 보는 것은 결코 아니다.

그렇다면, 《중관보만론(中觀寶鬘論)》의 게송과

사람은 지地도 아니고
수水도 아니며
식識도 아니고 모든 것도 아니네.
이 외에 사람이란 무엇인가.

《입보살행론(入菩薩行論)》 제9품의 게송,

몸은 발도 아니고, 종아리도 아니며
허벅지와 허리 또한 몸이 아니네.
배와 등 역시 몸이 아니며
가슴과 어깨 또한 몸이 아니네.

그리고 다음에 나오는 《입중론(入中論)》의 게송에 대해 어떻게 설명해야 할까?

[마차가] 일곱 가지 면에서 존재하지 않는다면 그 존재 방식은 어떠한 것인가.
[자성으로] 있다는 것, 유가행자는 이 있음을 얻지 못하고
그로써 그것(공성)에도 쉽게 들어가야 하기에
여기(귀류논증학파)에서 그 존재는 이와 같이 이해되어야 한다네.

이것은 《입중론》에서 "온이 다섯 가지로 있기에 나 또한 다섯이 된다."고 하는 의미에 대해 앞서 《입중론석》에서 설명한 바와 같다. 또 갤찹제의 《입보살행론석(入菩薩行論釋)》에서 다음과 같이 설명한다.

관절 역시 부분으로 나누고 또 나누어 분석해 들어가 보면 자성으로 성립된 실체가 없고, 관절의 부분을 다시 극미까지 계속 나누어 분석해 들어가 보면 자성으로 성립된 것은 아무것도 없다.
여기서 설명하는 것은 《중관보만론》에서 지·수·화·풍·공·식 육대六大가 사람임을 부정하는 것과 같은 의미이다.

따라서 이러한 전거典據들이 자성으로 성립된 하나(一)와 다수(異)에 대해 분석하는 논리로써 기술되었다는 사실은 명백해 보인다. 더불어 《중론광석》 제22품의 다음과 같은 내용을 통해서도 잘 이해할 수 있으리라 생각한다.

'해진'이라는 사람이 소를 가지고 있고 귀를 가지고 있다고 할 때의 '소유 방식'처럼 '여래가 온을 가지고 있다.'고 하는 것 역시 본질적으로 가지고 있다는 것이 아니다. 왜냐하면 [여래는 온과] 자성으로 다수(異) 혹은 하나(一) 그 어느 것으로도 성립하지 않기 때문이다.
[하나와 다수, 소의所衣와 능의能依, 소유 이 다섯 중에] 나머지 셋(소

의, 능의, 소유)은 첫 번째(하나)나 두 번째(다수)에 포함되기에 하나(一)와 다수(異)로 분석하는 부분에 포함되지만, 살가야견이 아我를 취하는 방식에 따라서 이 품(22품)과 10품에서 다섯 종류로 설한 것이다.

이제까지 위에서 밝힌 내용의 핵심은 《중론광석》 제18품에서 다음과 같이 말한다.

이와 같이 내가 자성으로 성립한다면, 나와 온 둘이 자성으로 성립된 하나(一)나 다수(異) 중 어느 하나로 존재해야 한다. 그러나 이 두 가지 방식 모두가 논리적으로 타당하지 않다는 것을 알게 되면, '나'는 아주 조금도 자신의 본성으로 성립하지 않는다는 확신을 얻게 된다. 이것은 선천적인 살가야견(俱生壞聚見)이 나라고 집착하는 대상의 무자성을 깨달은 것이다.

이 구절과 다른 전거들에 의해서 앞서 케둡제가 명시한 의미에 대해 깊은 믿음이 생기게 된다. 겸허히 존경의 마음으로 글을 마친다.

이 글은 2020년 1월 10일 게시 빨덴닥빠가 자신의 배운 바를 잊지 않고, 자기와 비슷한 행운을 갖춘 이들 몇몇에게 도움이 되길 바라는 마음으로 지었다. 여러 경전의 내용을 모아 요약한 공덕이 해탈과 성불을 이룰 때까지 늘어나게 하소서.

한국티벳불교사원 광성사 게시 소남걀첸이 2020년 10월 6일 번역하다. 이 공덕으로 어머니였던 모든 중생에게 공성의 올바른 견해가 속히 일어나기를 삼보전에 간절히 기원하나이다.

진정한 평화와 행복의 바탕이자 뿌리인 자애와 연민에 관하여

인도의 위대한 논사 월칭보살께서 《입중론(入中論)》에서 다음과 같이 말씀하셨다.

> 오직 대비심만이 원만한 부처의 과위를 이룸에
> 처음에 종자와 같고, 중간에 자라게 하는 물과 같고
> 마지막에 함께 열매를 나누는 것과 같기에
> 저는 가장 먼저 대비심을 찬탄하나이다.

대비심大悲心은 부처님의 원만한 결실의 씨앗 혹은 뿌리와 같다. 그래서 비심은 처음에도, 중간에도, 마지막에도 중요하다. 처음에 중요한 것은 비심이 부처님의 원만한 과위가 생기지 않은 데서 생기게 하기에 씨앗과 같다. 중간에 중요한 것은 비심이 육바라밀 등 보살행의 실천을 더욱더 증장시키므로 씨앗이 자라나게 하는 물과 같기 때문이다. 마지막에도 중요한 것은 비심이 모든 중생에게 부처님의 감로와 같은 법을 오래도록 듣고 배울 수 있게 하므로, 여러 사람과 함께 결실을 나눌 수 있기 때문이다. 대비심이 있기에 부처님의 설법으로 오

늘날까지 불법이 이어지고 있으므로, 대비심이 처음에도, 중간에도, 마지막에도 중요하다고 하는 것이다. 그래서 가장 먼저 월칭보살께서 이 논서의 처음에 크나큰 믿음과 존경으로 대비심을 찬탄하시고 있는 것이다.

이와 마찬가지로 우리도 대비심에 관해 환희의 믿음, 확신하는 믿음, 추구하는 믿음 등 세 가지 믿음을 바르게 일으키는 데 정진해야 한다. 그러므로 먼저 대비심을 바르게 인식하는 것이 중요하다. 이를 위해 다음과 같이 1.대비심의 정의, 2.대비심의 분류, 3.대비심이 생기는 원인, 4.대비심이 생겼다고 할 수 있는 기준, 5.대비심을 논리로 증명하기, 6.대비심을 닦는 방법, 7.대비심을 익히는 차제 등 일곱 가지 관점에서 대비심을 설명하겠다.

1. 대비심의 정의

일체중생을 대상으로 모든 허물과 고통으로부터 완전하게 벗어나기를 바라는 마음이 가슴속 깊이 저절로 생긴 연민심을 '대비심大悲心'이라고 한다.

일체중생을 대상으로 모든 이익과 행복을 갖게 되기를 바라는 마음이 가슴속 깊이 저절로 생긴 자애심을 '대자심大慈心'이라고 한다.

이 둘의 차이점은 대비심이 모든 허물에서 벗어나기를 바라는 마음인 반면, 대자심은 모든 이익을 갖추기를 바라는 마음이라는 점이다.

2. 대비심의 분류

대비심은 중생을 대상으로 하는 대비심[중생연자비衆生緣慈悲], 법을 대상으로 하는 대비심[법연자비法緣慈悲], 무자성을 대상으로 하는 대비심[무연자비無緣慈悲] 등 세 가지로 나눌 수 있다.

이 세 가지 대비심의 차이는 다음과 같다. 첫째로 중생이 무상無常이나 무자성無自性임을 깨닫지 않고 일으킨 대비심을 '중생연자비'라고 하고, 둘째로 중생이 무자성임을 깨닫지 않고 무상임을 깨달은 지혜로 일으킨 대비심을 '법연자비'라고 하며, 셋째로 중생이 무자성임을 깨달은 지혜로 일으킨 대비심을 '무연자비'라고 한다.

이 또한 첫째로 모든 중생이 윤회의 고통에서 벗어났으면 하는 정도의 대비심과, 둘째로 중생들이 무상無常인데 상常이라고 착각하여 괴로워하는 데서 벗어났으면 하는 정도의 대비심과, 셋째로 중생들이 무자성인데 자성이 있다고 착각하여 괴로워하는 데서 벗어났으면 하는 대비심을 순서대로 세 가지 비심의 정의로 보아도 된다고 생각한다.

3. 대비심이 생기는 원인

대비심은 어떤 공통적이지 않은 주된 원인에서 생겨나는가?
나를 비롯한 일체중생은 그 생의 시작이 없기에 나의 어머니였던 적이 없는 중생은 아무도 없으며, 모든 중생이 이번 생의 어머니와 다를 바 없다고 확신하는 ①지모知母와, 내 어머니였을 때 자신이 할 수 있는 최선을 다해 모든 이익과 행복을 다 베풀어서 온갖 해침과 고통에서 지켜주신 은혜를 기억하는 ②염은念恩과, 과거에 내가 행복을 여의고 고통으로 괴로워할 때 자신의 몸과 목숨까지도 아낌없이 내놓으면서 자식이 고통에서 벗어나 행복하길 바라는 마음으로 수없이 많이 베풀어 주신 분이기에 어떻게 해서라도 그 은혜를 반드시 갚아야겠다고 생각하는 ③보은報恩과, 특히 모든 중생을 항상 귀하고 소중하게 여기는 ④자심慈心 등 이 네 가지에서 비심悲心이 생겨난다고 한다.

이 또한, 은혜롭고 나이 드신 어머니였던 모든 중생이 매우 소중하고 귀하다고 반드시 기억해야 한다. 과거에 내가 몹시 힘들고 어려울 때 큰 은혜를 베풀어 주셨던 분들이 지금은 과거의 나와 같은 어려운 처지에 놓인 것을 알아야 한다. 그들은 내가 반드시 은혜를 갚아야 할 고마운 분들이므로, 모든 중생이 소중하고 귀하다고 하는 이유에 관해 거듭거듭 사유해야만 대비심이 일어난다고 생각한다.

4. 대비심이 생겼다고 할 수 있는 기준

일반적으로 대비심 등 마음을 닦는 '로종' 수행을 할 때 다음과 같은 세 가지 경우가 있다고 생각한다. 첫째로 남을 흉내 내거나 말로만 할 뿐 자신의 마음을 고치지 않고 그럴듯하게 거짓으로 꾸미는 경우와, 둘째로 첫째와 같이 꾸밈없이 진심으로 마음을 닦는 수행을 하고는 있지만, 저절로 일어날 정도로 꾸밈없는 경험에는 도달하지 못한 경우와, 셋째로 마음을 닦는 수행이 저절로 되어 꾸밈없는 경험에 도달한 경우이다.

이 중에서 첫 번째 경우는 대비심이 전혀 아닐 뿐만 아니라, 두 번째 경우도 진정한 대비심이 아닌 가립된 대비심 정도로 볼 수 있으며, 진정한 대비심을 일으키려면 세 번째 경우와 같이 저절로 꾸밈없는 경험에 도달할 수 있을 정도로 마음을 닦아야 한다. 이 또한 대비심이 노력 없이도 자연스럽게 저절로 일어나는 상태가 되어야만 진정한 대비심이 일어났다고 말할 수 있다.

5. 대비심을 논리로 증명하기

이와 같이 자연스럽게 저절로 일어나는 꾸밈없는 대비심이 생길 수 있는 논리적인 이유는 무엇인가?

이에 대해 일반적으로, 위대한 적천보살의 《입보살행론(入菩薩行論)》에서 "익숙해지면 쉬워지지 않는 그 어떤 것도 존재하지 않는다."라고 하고, 논리에 정통한 위대한 법칭보살의 《석량론(釋量論)》에서도 "마음이 자비 등에 익숙해지면 저절로 생기게 된다."라고 하는 등으로 논리적인 이유를 들어 자세히 설명하셨다.

핵심을 간추리면, 꾸미지 않은 대비심이 생길 수 있는 근거를 다음과 같이 바른 논리로 증명할 수 있다고 생각한다.

- **주장** : 모든 중생이 고통에서 벗어나기를 바랄 때 노력해야 생기는 비심을 논제로 삼아 [비심을] 익숙하게 하려고 하는 조건들을 빠짐없이 닦고 익힌다면 [비심은] 저절로 생길 수 있다.
- **이유** : 왜냐하면 의지처인 마음이 견고하고, 익숙해

지면 노력이나 반복할 필요 없이 저절로 생기
는 것이 마음의 특성이기 때문이다.
- **비유**: 예를 들면 집착과 같이.

6. 대비심을 닦는 방법

무아를 닦는 것과 같이 대상을 뚜렷하게 보는 것을 위주로 하는 경우에는 주로 족꼼[집중명상]을 해야 하고, 자비를 닦는 것과 같이 마음의 힘을 증장시키려고 하는 경우에는 주로 여러 가지 이유에 관해 분석하는 쬐꼼[분석명상]을 해야 한다.
이 또한 무시이래로 모든 중생이 헤아릴 수 없을 정도로 많이 나의 은혜로운 부모였다고 거듭거듭 사유해서 대비심을 길러야 한다고 생각한다.

7. 대비심을 익히는 차제

대비심을 닦는 초심자는, 먼저 자신의 은혜로운 부모나 일가친척, 친구 등을 대상으로 비심을 닦고, 그 다음에 자신을 도와주거나 해친 적이 없는 주변 사람들을 대상으로 닦고 난 뒤, 크고 작은 해침을 준 원수에 대해서도 비심을 닦아야 한다.
또는 다양한 병에 걸리고, 배고프거나 목마르고, 덥거나 춥고, 법의 처벌을 받고, 도살장에서 죽임을 당하고, 폭행을 당하는 등의 고통을 받거나, 지수화풍으로 인한 큰 재난으로 고통받는 수많은 중생들을 사유하고, 이들이 모든 고통에서 벗어나 진정한 행복을 얻기를 발원해야 한다.

그 뒤 업과 번뇌의 힘에 끌려가는 삼계의 모든 중생이 모든 허물과 고통에서 벗어나 모든 행복과 이익을 얻기를 간절히 바라는 마음이 가슴속 깊이 우러난 대자대비심이 일어나도록 노력하고, 이에 익숙해져야 한다고 생각한다.

이와 같은 대비심이 우리 모두에게 바르게 일어나도록 크나큰 발원과 함께 게시 빨덴닥빠가 2011년 8월 3일 이 글을 쓰고, 2017년 8월 25일 다시 교정하다. 이 공덕으로 길상과 행복이 늘어나게 하소서.

한국티벳불교사원 광성사 게시 소남걀첸이 2021년 1월 28일 단번에 번역하다. 이 공덕으로 어머니였던 모든 중생에게 대자대비의 마음이 속히 일어나기를 삼보전에 간절히 기원하나이다.

진언

석가모니불 진언

옴 무니 무니 마하무니예 쏘하

관세음보살 진언

옴 마니 뻬메 훔

따라보살 진언

옴 따레 뚜따레 뚜레 쏘하

문수보살 진언

옴 아라빠짜나디

금강수보살 진언

옴 벤자빠니 훔

금강살타 백자진언

옴 벤자싸뜨싸마야　　마누빨라야　　벤자싸뜨떼노빠띡타

디도메바와　　쑤또카요메바와　　쑤뽀카요메바와

아누락또메바와　　싸르와씯디메따야짜

싸르와까르마쑤짜메　　찔땀씨리얌꾸르훔

하하하하호　　바가완　　싸르와따타가따벤자마메무짜

벤자바와　　마하싸마야싸뜨아훔펫